KB120449

주요국 사회보장제도 4

# 브라질의 사회보장제도

한국보건사회연구원    나남
Korea Institute for Health and Social Affairs    nanam

《주요국 사회보장제도》총서 기획진

노대명 한국보건사회연구원 선임연구위원
김근혜 한국보건사회연구원 연구원
정희선 한국보건사회연구원 연구원

주요국 사회보장제도 4
# 브라질의 사회보장제도

2018년 12월 10일  발행
2018년 12월 10일  1쇄

지은이   Ana Paula Matias · Ailta Barros · Ana Rita de Paula · André Ferro · Andreia de Oliveira
         Angela Neves · Camila Potyara · Cláudia Hamasaki · Erika Amorim · Flavio Schuch
         Joana Mostafa · José Celso · Maria Rita Loureiro · Marlene Santos · Potyara Amazoneida
         Renato Paula · Vanessa Wagner · Vicente Faleiros · Vinicius Martins · Wederson Santos
발행자   趙相浩
발행처   (주) 나남
주소     10881 경기도 파주시 회동길 193
전화     (031) 955-4601 (代)
FAX      (031) 955-4555
등록     제 1-71호(1979. 5. 12)
홈페이지 www.nanam.net
전자우편 post@nanam.net

ISBN 978-89-300-8946-3
ISBN 978-89-300-8942-5 (세트)

책값은 뒤표지에 있습니다.

주요국 사회보장제도 4

# 브라질의 사회보장제도

Ana Paula Matias · Ailta Barros · Ana Rita de Paula · André Ferro

Andreia de Oliveira · Angela Neves · Camila Potyara · Cláudia Hamasaki

Erika Amorim · Flavio Schuch · Joana Mostafa · José Celso

Maria Rita Loureiro · Marlene Santos · Potyara Amazoneida · Renato Paula

Vanessa Wagner · Vicente Faleiros · Vinicius Martins · Wederson Santos

한국보건사회연구원 나남
Korea Institute for Health and Social Affairs  nanam

# 머리말

브라질의 사회보장제도를 개괄하기 위해 이 책을 기획했다. 지금까지 우리 사회는 외국 사회보장제도를 서구 복지국가나 OECD 회원국을 중심으로 연구해 왔다. 하지만 최근 관심 대상이 확대되어 비서구권 국가의 사회보장제도에 대한 연구가 활발하게 진행되고 있다. 그 이면에는 서구 복지국가와는 다른 정치, 경제, 사회적 환경 속에서 비서구권 국가의 사회보장제도가 어떻게 형성되었는지 이해함으로써, 각국의 여건에 맞는 보편적 사회보장제도를 구축하는 데 필요한 제도적 상상력을 얻고자 하는 의지가 깔려 있다고 말할 수 있다.

이러한 취지에서 중남미 국가 중 지난 10년 사이 가장 주목받는 나라인 브라질의 사회보장제도를 연구하였다. 사실 국내에는 브라질 사회보장제도 연구가 전무하다 해도 과언이 아니다. 포르투갈어를 사용하는 브라질의 연구 성과에 대한 언어적 접근성은 더욱 큰 제약이 되었다. 이러한 이유로 국내 연구진을 중심으로 책을 집필하지 않았다. 따라서 이 책은 사회보장 연구 각 분야에서 뛰어난 브라질 전문가로 필진을 구성하였다. 이는 전적으로 대표 집필자인 Ana Paula Gomes Matias 교수가 수고하여 줌으로써 가능했음을 밝혀 둔다. 많은 시간을 들여 좋은 필진을 선정하고, 집필을 독려하고, 인내심을 갖고 한국어 번역문이 발간되기까지 기다려 주었다.

한국의 독자들이 이 책에서 브라질 사회보장제도에 연관된 흥미로운 정보를 많이 얻을 수 있을 것이라 확신한다. 오랜 역사를 거친 식민지 지배와 권위주의 정치의 경험을 딛고, 보편적 사회보장제도를 구축하기 위한 힘찬 여정을 걸어 온 브라질의 힘이 느껴지는 연구들이다. 더불어 브라질 사회보장제도 주요 영역의 현황, 지난 수십 년간 진행된 변화 및 문제점 등을 잘 소개하였다. 물론 브라질 사회보장제도는 극복해야 할 많은 과제를 안고 있으며, 이 사실은 각 영역별로 자세히 언급된다. 이는 한국의 독자들에게 많은 공감을 불러일으킬 것이다. 한국 사회 또한 오랜 기간 사회보장제도를 강화하려고 노력해 왔음에도 여전히 수많은 문제가 남아 있기 때문이다.

필자들은 1970년대 이전까지 권위주의 정부와 신자유주의적 경제정책이 강한 영향력을 미쳐 브라질이 복지국가의 모습을 갖추지 못했다고 지적한다. 1970년대 게이제우 대통령 집권기에 본격적으로 사회보장제도가 확대되어 1990년대 이후 빠르게 정비되었다. 그리고 2000년대 초반 룰라 대통령 집권과 함께 새로운 전기를 맞이했음 또한 필자들은 강조한다. 룰라 정부는 한국의 독자들에게도 잘 알려진 브라질의 보우사 파밀리아(Bolsa Familia)를 도입하였다. 물론 브라질의 최근 상황은 이러한 역사적 성과가 중대한 도전에 직면하였다는 사실을 보여 준다. 이 책의 여러 필자가 언급하는 것처럼, 사회보장 확대를 지지하는 정치적, 사회적 연대의 기반이 공고하게 구축되었는지 시험하는 무대가 될 것이다.

브라질 사회보장제도를 개괄적으로 이해하기 원하는 한국의 독자들에게는 제1부, '사회보장 총괄' 일독을 강력하게 추천한다. 필자들의 학문적 깊이와 브라질 사회보장제도를 향한 깊은 애정을 느낄 수 있을 것이다. 제2장 '사회보장제도의 기본구조'에서 Ailta Barros 교수가 사용한 '마키아벨

리적 순간'(마키아벨리안 모멘트) 이라는 표현은 현재 한국 사회가 처한 시대
상황에서 많은 시사점을 줄 것이다. 설사 그것이 독자의 관점에 따라 달리
해석될지라도, 사회보장제도를 모든 시민의 행복을 보장하는 구조로 만들
어 가야 하는 현재 상황에 매우 큰 영감을 줄 것이다. 그 밖에도 각 영역별
그리고 집단별 사회보장에 대해서도 매우 흥미로운 내용을 확인할 수 있을
것이다.

오랜 시간 원고를 확인, 재확인하여 내용의 정확성을 높이는 데 많은 노
력을 기울여 왔다. 이 원고를 번역하는 데 많은 수고를 해 주신 성은주 님
께 감사드린다. 그리고 반복되는 질문에 기꺼이 도움을 주고, 늘어지는 출
판 시간을 인내해 주신 브라질 필자 분들에게 감사드린다. 물론 이 책을 발
간하기까지 많은 분들의 노고가 있었다. 나남출판사의 민광호 편집자, 한
국보건사회연구원의 김근혜 연구원, 정희선 연구원에게도 감사드린다.

한국보건사회연구원
노 대 명

# 브라질의 사회보장제도

## 차 례

# 2부 소득보장제도

# 제 1 부 사회보장제도 총괄

# 사회보장의 역사적 전개

## 1. 머리말

오늘날 브라질에서는 사회보장을 둘러싼 논의가 점차 활발해지고 있다. 그러나 다른 여러 국가의 사회보장 관련 논의가 현대 복지국가의 위기 및 구조 개선에 중점을 두고 이루어지는 것과는 달리, 브라질의 사회보장 연구는 브라질 내부의 복지국가 부재를 집중적으로 조명하는 데에 초점을 맞추어 왔다.

따라서 전문가들은 현대 자본주의 사회가 경험한 사회적 급여의 증가와 대단치 않은 성과만을 거두고 있는 브라질의 사회정책 두 가지를 모두 고려하여 다음과 같은 결론을 도출했다. 즉, 브라질은 모든 국민에게 최소한의 핵심 복지서비스(보건, 교육, 주거, 소득보장 및 개인 복지서비스)를 보장하기는커녕 비효율적·선별적·퇴행적 형태의 사회적 급부를 만들어 내는, 사실상의 반복지국가(ill-fare state) 또는 복지국가의 정반대 형태라고 설명하는 편이 타당하다는 것이다.

올바른 결론이기는 하지만, 이 결론에는 몇 가지 문제가 있다. 그중 가장 중대한 문제점은 '복지국가주의', 또는 "경제적 고통으로부터 국민을 보호하고 모두에게 일정한 수준의 번영을 보장할"(Pfaller et al., 1991: 2) 국가적 의무와 자본주의의 발달 사이에 긍정적 상관관계가 존재한다는 명제를 오직 국가적 의무의 효율성만을 근거로 수용한다는 점이다.

따라서 분명한 자본주의 국가이자 오랜 사회적 개입의 역사를 지녔음에도 불구하고, 브라질은 복지국가로 분류될 수 없다. 사회보장이라는 사회학적 용어가 갖는 진정한 의미를 고려할 때, 브라질이 사회보장을 제공한다고 볼 수도 없다. 사회보장이라는 용어는 자본주의적 성과를 누리는 지역, 즉 전후(戰後)에 풍요를 경험한 특정 지역에만 적용할 수 있는 것이자, 국가 개입의 긍정적 효과를 내포한 단어이다. 그러므로 위와 같은 관점은 개발도상국들의 복지 경험, 여러 가지 복지제도 간의 모순점, 한계점 및 차이점을 전혀 고려하지 않은 것이다.

이 장의 주된 목표는 브라질에 복지체계가 존재하지 않음을 보여 주는 것이 아니다. 대신 모두를 위한 복지의 보장에 있어서 복지국가가 항상 긍정적이고 효율적인 제도적 수단이라는 낡은 통념에 반박하고자 한다. 따라서 긍정적인 결과만 놓고 복지국가의 타당성을 논하는 시각에서 벗어나 복지의 다양한 모델을 함께 고려해야 하며, 이렇게 할 때에 다음과 같은 시대 구분에 따라 브라질의 복지제도를 공적 급부의 연속적이고 체계적인 실천으로 논할 수 있음을 주장하고자 한다.

## 2. 브라질 사회보장의 개요

### 1) 포퓰리즘의 시대: 1930~1964년

#### (1) 1930~1945년

브라질에서는 사회에 대한 국가의 개입이 1930년대의 제툴리우 바르가스 (Getúlio Vargas) 행정부 시절부터 심화되었다. 파우스토(Fausto, 1978)에 따르면 이때부터 브라질은 세계적인 자본주의 체제에 편입되기 위하여 산업의 주도권을 농산물 수출로부터 공업 분야로 점차 옮겨 갔다. 이 시기, 특히 1930년대 후반 이후, 브라질은 수출 산업계의 지지를 받으며 수입대체산업화에 기초한 특이한 형태의 중앙집중식 국가 주도형 생산시스템으로 변화를 이루었다. 국가경제의 방향이 바뀐 것만은 분명했지만, 변화하는 과정에서 지방에 자리한 기존 과두 집권세력이 배척당한 것도 아니었고 '자유방임'(laissez-faire)의 원칙이 깨진 것도 아니었다. 국가는 경제 및 정치 분야의 권력을 중앙집중화했고 신진 및 기존 지도층 모두의 신임을 받으며 경제정책을 이끌었다. 이를 위해서는 당시 수면 위로 떠오르던 도시 프롤레타리아 계급(특히 이탈리아와 포르투갈에서 유입된 유럽 이민자들)을 철저히 관리해야 했고, 이를 맡을 중앙정부 산하기관도 신설해야 했다.

바르가스 정부는 억압과 더불어 오늘날까지도 일부 변형된 형태로 남은 두 개의 정치적 통제법을 사용했다. 하나는 아르헨티나와 페루에서도 극단적인 예로 나타났던 포퓰리즘이고, 다른 하나는 이탈리아에서 주로 두드러지게 나타나는 후견주의(clientelism)다. 이러한 두 기제를 통해 바르가스는 각자의 이익을 대변하고 자신들의 권리를 협상하고자 하는 노동자 및 대중과의 제도적 중재 없는 직접적인 관계를 강조했다. 그는 또한 공공자원과 정치적 영향력을 유용해 전략적인 사회적 행위자들의 편의를 봐주기도 하였다. 그러나 바르가스가 쿠데타로 집권한 지 1년째인 1931년에는 이미

"신설 노동산업상무부(Ministry of Labour, Industry and Commerce)에 노동조합을 귀속시키려는"(Beecham, 1987; Eidenhamm, 1877: 6) 새로운 노동조합법이 제정되었다. 그리고 좀더 실효성 있는 사회보장을 요구하는 노동자 계급의 주장에 따라 점차 다양한 규제적 수단이 만들어졌다. 바르가스는 포퓰리즘과 후견주의의 흐름에 이어 노동자들의 요구를 자신의 정치적 목표로 끌어들였고, 각 직업군과의 개별적 협상으로 성과를 달성했다.

브라질의 사회 영역에는 1950~1960년대 초반 이탈리아처럼 아무것도 계획된 것이 없었다. 1960년대 중반까지는 "여러 가지 문제에 대해 경우에 따라 특정 해답을 제공"(Ascoli, 1987: 118) 하는 '점증적 전략'이 우세했다. 주셀리누 쿠비체크(Juscelino Kubitschek) 집권기이자 대대적인 산업화 확장기였던 1950년대에 정부 계획에 포함된 사회보장 부문은 오직 교육뿐이었고, 이마저도 정부가 주도하는 산업의 효율성을 향상시키기 위해 인적자본에 자원을 투자한다는 차원에서 이루어진 것이었다. 그러므로 바르가스 이래 브라질의 포퓰리즘 정부가 실시한 사회정책의 주된 목표는 경제성장이라는 당위성에 기반을 둔 '분리지배' 전략을 실현하는 것이었다고 할 수 있다.

1930~1938년에 바르가스 정부가 도시경제의 각 전략적 분야를 점진적으로 포용하는 '사회보험'(*previdência social*) 체계를 구축한 것도 같은 맥락이었다. 바르가스는 우선 기존 직장사회보험(Caixas de Aposentadorias e Pensões: CAPs)의 범위를 공무원(1931)과 채광업 노동자(1932)에게로 확대했다. 1933년에는 직장사회보험과 더불어 직업군 분류(Instituto de Aposentadoria e Pensões: IAPs)의 개념에 근거해 해운업 노동자를 포괄한 새로운 제도를 도입하였다. 뒤이어 다른 전략적 직업군도 새로운 체제에 포함되기 시작했다. 이듬해인 1934년에는 상업과 은행업, 1937년에는 제조업(실제 시행은 1938년)으로 그 범위가 확장되었으며, 1938년에는 직장사회보험체제가 운송 및 화물 관련 직업군 전체에까지 확장되었다(Malloy,

1979: 68). 이 과정에서 경제발전과 무관하거나 압력을 행사할 힘이 없는 직업군이 거의 배제되었다. 이는 공공사회보장의 대상이 국민으로서의 노동자가 아닌 생산성을 산출하기 위한 요소로서의 노동자였음을 입증하는 것이다.

1937년 바르가스는 무솔리니 정부의 이탈리아를 모델로 삼은 조합주의적 '신국가'(Estado Novo) 체제 아래 국가 관료주의를 통한 사회통제를 더욱 강화했다. 새로운 헌법이 도입되었으며 노조에 대한 규제도 심화되었다. 분야별로 단 하나의 조합만 존재하도록 법으로 강제했으며, 각 기관은 모든 노동자에게 하루치 임금을 '노조세'(imposto sindical)로 부과하면서 노동조합을 상호부조형 조직으로 변모시켰다. 또한 시민사회의 자치적 조직은 허용되지 않았고, 국가 수준에서 정당을 통해 정치적 의사표현을 할 수 있는 실질적 가능성도 전혀 존재하지 않았다. 1945년 이후 제한적 민주주의 시기 이전까지는 민중집단에 의한 친민주주의적 요구가 여전히 약세를 보였다(Rueschmeyer et al., 1992: 189).

이러한 가운데 바르가스는 비스마르크가 그랬던 것처럼 오래전부터 하층부로부터 확대했어야 할 사회적 급부의 범위를 위로 확대했다. 1940년에는 바르가스가 소멸시킨 1934년 헌법에 포함되었던 최저임금제도가 확립되었으며, 1943년에는 노동재해에 관한 신규 법안 및 〈통합노동법〉(Consolidação das Leis Trabalhistas: CLT)이 공포되었다. 이전까지 이곳저곳에 분산되어 존재하던 노동 관련법을 모두 통합시킨 〈통합노동법〉은 지금까지도 브라질의 노사관계에 법적 기초가 되며, 바르가스 집권기의 가장 중요한 유산 중 하나이다(Malloy, 1979: 61). 뿐만 아니라 교육보건부 개편을 시작으로 보건 및 교육 영역에도 여러 제도가 새롭게 도입되었다. 특히 풍토병에 관심이 집중되었던 1941년은 전국 규모의 보건정책이 최초로 시행되었다는 점에서 주목할 만한 시기다. 한편 브라질 교육보건부는 미국의 아메리카문제연구소와 공동으로 전시(戰時) 경제에 전략적 활동을 수행하는 지역만을 대상으로 집중 대응하는 특별보건국(SESP)을 설립하였다. 그 결과, 고무가 많이 나는 아마조니아, 운모와 석영이 많은 미나즈 제라이스(Minas Gerais) 등 군사적 용도를 지닌 원자재를 생산하는 지역만 혜택을 받았다(Pereira-Pereira, 1976).

교육 분야에서는 민간이 참여한 가운데 '신국가'체제에 의한 계층적 정책이 구성되었다. 상류층과 중산층만 학문적 교육을 받을 수 있었고, 그 외 계층은 민영기업이 제공하는 직업교육을 받아야 했다. 1942년 이후에는 특화된 직업훈련 및 특정 직군별 사회복지를 제공할 목적으로 국가경제의 현대화 부문(산업 및 상업) 주도로 산업사회사업부(SESI), 국립산업교육원(SENAI), 상업사회사업부(SESC), 국립상업교육서비스(SENAC)를 비롯한 'Sistema S'(S 시스템) 등 여러 민간기관이 설립되었다.

주택 분야에서도 경제적 효율성을 목표로 국가와 시장 간의 유사한 공생관계가 형성되었다. 이 분야에서 기업가들의 참여는 두 가지 방식으로 이루어졌다. 첫째는 노동비용을 절감하기 위해 직원을 대상으로 주택을 공급하는 것이었고, 다른 하나는 주로 '산업체 퇴직 및 연금원'(IAPI)을 주축으로 한 복지재원으로 주택단지를 건설하는 것이었다. 후자의 경우 건설 책임을 국가가 떠맡았는데, 이는 최후의 수단으로서 사회보험 기여자로부터 민간부문으로 자원이 이동함을 의미하는 것이었다. 국가와 시장 간의 이러한 공생관계는 브라질 사회보장의 역사 전체를 놓고 볼 때 1964년 이후 더욱 두드러지게 나타나는 경향이라는 점에서 주목할 필요가 있다.

한편 공공부조 분야에서도 기업가들의 참여가 이루어졌다. 1964년 이후 민간기업의 경제 진출이 매우 활발해질 것으로 내다보았던 브라질 정부는 1930년대부터 엘리트 기업인이 국가기관에 진출해 정책에 영향을 미칠 수 있는 채널을 제공하였다. 정부와 민간기업들은 제2차 세계대전 참전 군인의 가족을 보호하기 위해서 브라질 재향군인복지회(Legião Brasileira de Assistência: LBA)를 설립했으며, 이 기관은 비록 개편 및 재편과정을 거치기는 했으나 오늘날까지 공공 및 민간부문 간의 협력관계를 잘 보여 주는 사례로 남아 있다.

## (2) 1945~1964년

1945년부터 1964년 초까지 재민주화 시대를 거치면서도 이전까지의 조합주의적 사회정책 패턴이 크게 변하지 않은 것은 분명 이상한 일이다. 하지만 여기에는 이유가 있다. 1945년의 '제한적 민주화' 과정은 브라질 군부가 관리한 것이었다. 바르가스의 뒤를 이은 가스파르 두트라(Gaspar Dutra) 장군은 1946년의 자유주의 헌법에 따라 국가를 통치했지만 언제나 정치적 통제와 자유주의적 수사를 동시에 추구했다. 자유주의의 이름 아래 사회정책은 외면당했고, 그와 동시에 중산층은 강하게 억압받았다. 일례로 두트라 집권기에 최저임금은 계속 동결되었다. 이처럼, 이전까지와 마찬가지로 산업화를 통한 경제성장을 추구한 정부는 경제발전 실현에 필요한 조치들을 단호하게 취해 나갔다.

이와 같은 방향성은 1950년대 주셀리누 쿠비체크 대통령 집권기 동안에도 계속 이어졌다. 바르가스는 1950년 재선에 성공했으나 1954년에 자살로 생을 마감했다. 그 뒤인 1956년부터 지속적인 규모 확장을 달성한 브라질의 경제는 폭발적 성장을 위한 기본 조건을 갖추게 되었다. 이 시기는 해외자본의 유입을 허용하는 개발 이데올로기를 바탕으로 수입대체정책이라는 기조 아래 국가경제의 질적 변화를 이룬 때이기도 했다. 또한 자본집약적 산업, 엄격한 경제규제, 산업개발에 대한 강경한 보호주의를 지향하는 정책이 펼쳐진 것, 국토의 북부와 중서부 사이(약 3,000킬로미터)를 잇는 도로, 5년에 걸친 수도 브라질리아 건설 등 거대 건설 사업이 이루어진 것도 이때였다. 이러한 일련의 과정에 사회정책은 확장될 여지가 없었고, 농업 분야와 더불어 관심의 밖으로 밀려났다. 기술 교육을 제외한 나머지 사회사업 분야는 제대로 된 민주적 논의도 없이 경제발전 계획에서 배제되었다. 모두의 관심사는 부의 재분배를 위한 전제 조건으로서의 민주적 경제 발전에 집중되었다. 노동자들은 오직 물가상승으로 심화된 임금손실을 만 회하는 방향으로만 집단행동을 하였다.

한편 토지를 요구하는 소작농들의 목소리가 점차 높아지는 가운데, 소 외지역 주민을 대상으로 한 다양한 지역개발 및 빈곤퇴치 프로그램이 주로 북미 국제단체들의 후원을 받아 활발히 진행되기도 했다. 일부 프로그램은 1960년대 미국의 빈곤퇴치 활동, 1960년대 말~1970년대에 영국에서 진 행된 '교육우선지역, 도시원조 및 지역사회개발 프로젝트'와 유사한 점이 많았다. 이들의 목표는 '빈곤층이 스스로의 노력을 통해 가난에서 벗어날 수 있도록 장려하고 지원하는 것'(Alcock, 1987: 13)이었다. 1959년에는 빈곤과 혼란이 만연한 해당 지역의 개발을 진흥하기 위해 북동부개발감독 (SUDENE)이 설립되기도 했다. 그럼에도 불구하고 경제성장에 필수적인 정치적 안정을 우선시하는 분위기 속에서 농업구조 자체의 개편은 전혀 이 루어지지 않았다.

## 2) 기술관료적 군부 집권기(1964~1985년)

브라질에서 사회정책의 지위가 한층 격상된 것은 1964년에 군사정권이 들 어선 이후이다(Pereira-Pereira, 1987). 그러나 이미 언급한 바와 같이 여기 에는 민주적 자유의 희생이라는 대가가 따랐다. 1961~1964년 초, 주앙 골라르트(João Goulart) 집권기에 점점 더 많은 도시 프롤레타리아 및 대다 수의 농민이 농업 개혁을 포함한 구조적 개혁을 요구했고, 이는 곧 군부 쿠 데타가 일어난 배경이 되었다. 즉, 군부 쿠데타는 산업자본가와 농촌의 과 두 집권층 모두의 패권을 지키기 위한 것이었다. 이후 곳곳에서 위기 신호 가 나타나던 경제를 회생시키고 공산주의로부터 국가를 보호하기 위해 새 로운 지배구조를 만들려는 연대세력이 부상하기 시작했다. 이 연대에는 부르주아 계층(브라질 국내 및 해외)과 일부 군부 요인 그리고 민간의 기술관료 다수가 포함되었으나 브라질 국민은 권력에서 배제되었다. 1967~1968년에 계속해서 정권에 반대하는 파업 및 시위가 이어지는 가운데, 노동자 계급에 대한 탄압은 극에 달했다. 1968년에는 이른바 '쿠데타 중의 쿠데타'가 일어나기도 했다. 헌법은 행정부의 〈제도법〉(AI)과 보완시행령으로 대체되었고, 모든 정치적 절차는 철저히 통제 받았다.

브라질 경제가 가장 급속히 성장한 것도 이 시기다. 1968년에서 1973년 사이, 브라질은 물가상승을 억제하고 지속가능한 경제개발의 흐름을 유지하기 위한 주도적 개입을 특징으로 하는, 이른바 브라질 경제기적을 경험한다. 그 결과, 대대적인 기반시설 투자, 국내의 해외자본 확대, 대규모 외채 차입, 무역관세·판매가 및 임금에 대한 직접 개입, 민간부문에 맞선 경쟁하는 것이 아닌 보완하는 방식으로의 공기업 확대 등이 이어졌다.

지속적 경제성장과 동시에 물가상승률 억제를 위해 정부가 선택한 핵심적 정책 기조는 재정적자를 줄이고 임금인상을 억누르는 것이었다. 자연히 정부 지출과 세금 수입 간의 격차를 줄이기 위한 다양한 조치와 더불어 임금 삭감정책에 초점이 맞춰졌다. 이로 인하여, 국가경제는 매년 평균 10% 가까이 성장하는 사이, 노동자 계층의 생활은 크게 어려워졌다. 이 과정에서 지나치게 심각해진 사회적 불평등으로 인해 역설적으로 사회정책의 제도화가 이루어졌다. 즉, 사회정책이 국가의 주요 공적 과제 중 하나가 된 것도 바로 이 시기부터다(Demo, 1981).

집권 군부는 기술관료적 정부를 도입하는 한편, 1970년대에 존재했던 국가와 시민사회 간의 위협적 거리를 줄이기 위해 포퓰리즘을 멀리하고 합리적인 방법으로 사회 불평등 문제를 해결하고자 시도했다. 1970년대 이후 에르네스투 게이제우(Ernesto Geisel) 대통령 집권기에는 저임금 노동자와 빈곤층을 지원하기 위한 사회복지 계획이 쏟아져 나왔으며, 반면 진보 가톨릭교회는 빈곤층에 우선적 초점을 두고 활동하였다. 이 시기에 이루어진 공공 사회정책의 대대적 확대는 이전까지의 복지정책이 가진 한계를 극복했다. 이전까지 복지정책은 직종별 분류에 근거한 특정 집단을 대상으로 개인의 소득, 직업적 지위 그리고 시장논리와 연계된 '시민권 규제'(Santos, 1979)의 수단으로 활용되었다.

그러나 사회정책 확대가 보편주의와 탈상품화 경향을 내비친 것은 아니었다. 이후 다시 살펴보겠지만, 새로운 계층을 대상으로 주요 사회복지사업(사회보장, 교육, 보건, 주거 등)이 확장되었음에도 기존 정책의 시장지향적 구조 자체에 큰 변화가 생긴 것은 아니었다. 이를 보완하고자 사회보험제도 또는 주요 사회서비스의 혜택을 받지 못하는 국민을 돕기 위한 국가차원의 사회부조제도가 새로 마련되었다. 그러나 브라질의 빈곤 문제는 매우 심각한 수준이었기 때문에, 사회부조는 최저임금의 2배를 받음으로써 사회보험의 대상이 되는 노동자를 포함한 더 광범위한 사회적 수요에 대응하고 보편적 최저보장제도의 빈자리를 대신하는 절충장치의 역할을 맡게되었다. 이를 위해 사회부조 영역의 관료기구(*bureaucratic apparatus*)도 상당히 확대되었다. 여기에 투자된 자원의 규모를 파악할 수 있는 단적인 예로, 영양지원 프로그램 하나에만 당시 국민총생산의 약 0.5%에 달하는 자원이 투입되었다(Draibe, 1990). 이러한 정책은 합리적인 계획을 전제로 해야 했지만 실상은 전혀 그렇지 못했다. 당시의 사회부조정책, 그중에서도 특히 재향군인복지회를 향한 비판적 목소리의 핵심 논지는 해당 정책의 연속성과 한계가 불분명하고 법적인 보장과 평가 기록이 전무하다는 것이었다. 게다가 정책 자체가 후견주의라는 비난마저 쏟아졌다.

후견주의는 브라질 사회부조의 가장 두드러진 특징이라고 할 수 있으나, 브라질에만 국한된 것은 아니었다. Ascoli(1987)는 이탈리아의 예를 언급하며 브라질 복지제도의 주요 성과와 한계를 설명할 수 있는 중요한 개념 중 하나로 후견주의를 꼽기도 했다. Draibe(1990)가 지적한 바와 같이 브라질 사회보장제도의 초창기부터 노동부 내 관료조직 및 1945년에 바르가스가 세운 브라질 노동자당(PTB) 지도부 소속 노동조합원 집단이 얽힌 특권관계 및 이권 청탁이 존재해 왔다. 이러한 후견주의적 행태는 1964년 군부 쿠데타 이후 자취를 감추었으나, 관료주의적 군부정권 이후에는 또 다른 형태로 변이되어 나타났다. Cammack (1991: 24) 에 따르면 "국가가 지원하는 후견주의 정치는 1964년에 카스텔루 브랑쿠(Castello Branco) 장군이 집권하며 제도화되었으며, 이후 계속해서 정권의 주요 정치전략으로 자리잡았다". 비록 군부정권은 한때 만연했던 포퓰리즘과는 분명한 거리를 두었지만, 후견주의는 선거철마다 정략에 따라 휘둘린 사회부조를 통해서든, 또는 정부와 정권 지지세력 간의 후견관계를 통해서든 계속해서 브라질의 정치적 발전을 저해하는 요소로 작용했다. 이와 같은 구조의 가장 큰 수혜자는 재정지원과 공공 보조금정책의 대상이 된 기업인들 그리고 각종 호의와 특권, 부가급부를 누린 정치인과 공무원들이었다. 브라질의 복지제도가 크게 확대된 데에는 지금까지 언급한 여러 요인이 복합적으로 작용했다.

한편 사회보험제도는 1960년에 이르러 일원화된 체계를 갖추었다. 공식시장에 속한 모든 도시 근로자를 대상자로 포함했으며, 1970년대에는 자영업자, 가사도우미, 자유전문직, 농촌 근로자 등 다른 직군까지 그 범위를 확대하여 급속한 확장기를 맞았다. 주요 보장은 퇴직연금, 미망인급여, 질병 및 상해급여, 출산보조금, 장례지원금, 장애 및 노령연금과 보조금 등으로 구성된다. 이러한 제도는 모든 자본주의 국가에서 통용되는 논리를 따른다. 즉, 독립채산제를 전제하는 것이다. 따라서 임금으로부터 기여금을 받고 임금 대체수단으로서의 보험급여를 제공하는 데에 기초를 둔다. 이러한 맥락에서 퇴직연금 및 질병급여가 다른 급부에 비해 좀더 무게를 갖는다. 기타 급부로는 의료보험(1차 진료)을 포함한 사회보험과 최근까지 이어진 사회부조가 있었다. 1990년대부터 사회부조는 독립된 정책으로 시행되었다.

그러나 포괄적 사회보험을 주장한 베버리지의 의도와는 달리, 영국과 브라질에서는 자산조사형 급여가 큰 폭으로 늘어나면서 국가 지원의 핵심 기능으로서의 사회보험제도는 실질적으로 몰락하고 말았다(Alcock, 1987: 84). 뿐만 아니라 브라질의 사회보장제도는 심각한 역행 경향을 보인다. 사회보험제도의 자원 대부분은 간접세에서 나오는데, 간접세는 상품 및 용역의 물가상승을 유도함으로써 결과적으로 임금노동자의 생활에 부담을 준다. 또 사회보험수익은 도시 근로자의 임금에 상당 부분 의존하는데, 이는 곧 중소기업의 부담과 직결되므로 사회보험제도가 경기 변동에 매우 민감해질 수밖에 없는 구조가 형성된다. 사회보험제도의 재정 성과를 향상시킬 목적으로 기여금 규모를 계속 늘리면 그만큼 의존도가 심화되고 실업률은 높아진다.

보건 분야에서는 복지의 보편화를 실행하는 데에 굵직한 걸림돌이 많았다. 유엔 인간개발보고서(UNDP, 1990)에 따르면 보건 분야에 상당한 규모의 투자(국민총생산의 6%를 보건과 교육에 투입)가 이루어졌음에도 예방의학 부문에 책정된 예산은 전체의 고작 18%에 불과했다. 외래진료시설 및 의료기관 모두에서 치료적 접근에 초점을 둔 의료가 언제나 우선이었던 것이다. 뿐만 아니라 그러한 보건의료체제 대부분은 사회보험제도 자원으로 시행되었다. 그 자원 중 약 70%가 민간부문에서 제공하는 용역을 구입하는 데에 사용되었다. 의료복지에 대한 권리 확장을 희생하여 시장에 더 유리한 구조가 형성되도록 보건제도를 명백하게 대폭 변형한 것이다. 이로 인하여 오래 전부터 사망률과 질병률이 높고 기대수명은 낮은 상황이었음에도 브라질 보건제도에는 아무런 정책적 변화도 일어나지 않았다. 1970년대 기아 해결을 위한 정부의 대대적 노력에 힘입어 조금씩 개선되던 사망률마저 1980년대에는 1천 명당 53명으로 높은 수치를 유지했다(Draibe, 1990: 20). 지나치게 광범위한 빈곤 문제와 자본주의적 논리의 득세로 인해 영양 프로그램은 기형적인 구조라는 한계를 벗어날 수 없었다. 가장 많은 혜택을 받은 주체는 공식 노동시장에 편입되어 있던 근로자들, 공제혜택을 받은 고용주들 그리고 몇몇 다국적 기업이었다. 다국적 기업들은 영업활동에서 각종 특혜를 누렸으며, 브라질 국민은 결국 이들이 유통하는 제품을 주로 구입해야 했다(Peliano, 1984).

교육 분야에서도 비슷한 경향을 관찰할 수 있다. 1970년대에는 기본 및 의무교육 원칙(제1차 공화국헌법에 포함) 하에 교육 보편화를 위하여 초등교육의 대상 범위를 확대하고 교육 기간도 8년으로 연장하였다. 그러나 공립학교의 입학 정원이 도시 지역 7세 학생의 90%를 포괄할 수 있을 정도의 여유가 있었음에도 불구하고, 브라질 국민이 실질적으로 누린 교육 혜택의 수준은 매우 낮았다. 가계 빈곤 및 저소득과 같은 구조적 요인 때문에 상당수의 아동은 입학 후 첫 1년 이후 취학 상태를 유지하는 데 어려움을 겪었다. Draibe(1990)에 따르면 1986년에는 10~14세의 아동 중 17.8%(450만 명)가 정상적인 학교생활을 하지 못했다. 뿐만 아니라 노동에 참여하지 않고 학업에만 전념할 수 있었던 10~17세 아동 및 청소년은 전체의 58.6%에 불과했다. 이는 2000년도까지 브라질 전체에 만연했던 높은 문맹률과 더불어 1970년대 교육 보편화의 부실한 성과를 잘 보여줄 수 있는 근거가 된다.

주거복지 부문에 있어 그간 브라질 정부는 정책의 범위를 확대하기 위해 단호한 조치들을 취하였다. 1964년에는 국립주택은행(BNH) 등 주택정책을 관리하기 위한 대규모 공공체계를 수립하였다. 그러나 공공체계는 근본적인 구조적 병폐로 인해 목표를 제대로 실현할 수 없었다. 몇몇 민간건설사의 간섭을 받으며 근로자 및 개인의 예금계좌 자금에 의존하여 운영되던 국립주택은행은 얼마 지나지 않아 자본주의 논리에 충실한 기구가 되었다. 1972~1973년에는 가계소득이 최저임금의 1~3배인 무주택 가구만 주거복지 대상이었으나, 얼마 후 최저임금의 5배까지로 조정되었다. 그 결과, 1964~1984년 국립주택은행이 건설한 주택 450만 호 중 소득이 최저임금의 3배 이하인 가구에 배정된 것은 27만 3천 호뿐이었고, 4분의 1은 소득이 최저임금 5배 이하인 가구에 공급되었다(NEPP-UNICAMP, 1987).

해당 정책의 재원이 근로자 일일 급여의 8%를 의무분담금으로 부가하여 근로자가 해고될 경우 그 총액을 근로자에게 지불하기 위해 조성되었던 '근로자퇴직보장기금'(Fundo de Garantia por Tempo de Serviço: FGTS)이었다는 점을 고려하면 이와 같은 왜곡 현상은 더욱 심각한 것이었다. 이 특수기금에서 주택공급 및 건설업 분야를 지탱하기 위해 예금 및 투자 자금을 조달하며 노사관계에도 매우 눈에 띄는 변화가 일어났다. 10년 이상 근속한 노동자의 고용안정을 보장하는 제도는 바르가스 집권기에 도입된 노사관계법 중에서도 가장 선진화된 부분으로서 노조원의 고용을 보호해 주는 역할을 했지만 이후 완전히 사라졌다. 이러한 변화의 주된 함의는 숙련 노동시장의 이동성을 높임으로써 기업 내 정치운동의 힘을 약화시키는 것이었다. 자연히 고용주 입장에서는 조합 대표자를 손쉽게 해고할 수 있게 되었다. 또한 단체협약에 따라 임금을 조정할 법적 의무를 지는 상황에서도, 고용주는 숙련도가 떨어지는 근로자를 임금조정기간 이전에 해고하여 산업 내에서 계속 이직하도록 함으로써 임금조정 의무를 피할 수 있었다. 이는 노동계가 경험한 가장 심각한 인원 감축을 초래하였다. 노동시장 내에서는 실업자의 결집을 노리는 여러 조치가 이어졌다. 이러한 차원에서 등장한 것이 1970년대 만들어진 국가고용정보시스템(Sistema Nacional de Emprego: SINE)이다. 얼마 지나지 않아 국가고용정보시스템은 고용정책이라기보다는 빈곤층이 이미 실천하던 생존전략을 제도화한 것에 가깝게 변했다. 사실 국가고용정보시스템은 비공식 시장을 위해 마련된 것으로, 실업률 억제와는 무관하게 공공 및 민간기업의 건설이나 수리, 전문교육 등을 위한 보완적 업무와 용역·기술협동조합 신설을 지원하는 체제로서의 성격이 강했다. 뿐만 아니라 1970년대에 이미 크게 벌어졌던 도시 지역 산업고용 창출과 노동력 공급 증가 간의 격차는 1980년대 들어서면서 경기

불황으로 인해 더욱 악화되었다. 20~30%로 집계되는 영구 및 임시 불완전 고용률에는 전체 노동인구의 5~10%에 해당하는 완전실업률이 더해져야만 한다.

브라질은 1972년부터 1989년까지 국민총생산의 12%가 넘는 막대한 비용(《세계개발보고서》 기준)을 사회 각 분야의 공공지출에 투입했다. 그럼에도 불구하고 1980년 이후부터 2000년까지 불평등과 빈곤 문제가 오히려 심화되었는데, 사실 이는 놀라운 결과가 아니다. 문제는 이렇게 투자된 자원의 관리가 올바로 이루어지지 않았다는 데에 있었다. 충분한 사회복지를 제공하지 않은 채 여러 대규모 사업을 진행했고, 정부예산을 할당할 때에도 극빈곤층을 전혀 고려하지 않았다. 따라서 1970년대에 빈곤율이 잠시 감소했던 것을 소득재분배정책의 성과로 보기는 어렵다. 빈곤층 60%의 1인당 가구소득이 13% 증가한 것도 아동과 노인을 포함한 좀더 많은 수의 가구 구성원이 비공식 시장을 통해 노동에 참여하게 만든 약탈적 편법의 결과라고 보아야 한다(Pastore et al., 1983). 하지만 1970년대에는 이러한 편법마저도 사회적 불평등을 감소시켰다. Pastore(1983) 등의 연구에 따르면 1인당 소득이 최저임금의 4분의 1에서 2분의 1 사이인 가구, 즉 절대적 빈곤 바로 위 수준의 가구 수는 420만 4천 가구에서 580만 1천 가구로 늘어났지만(38% 증가) 국민소득은 사상 최고로 편중되었다. 다시 말해 저임금가구의 경우 소득이 증가해도 각 개인이 부담해야 하는 추가적 부담이 늘어나서 결국 삶의 질이 떨어졌지만, 상위 계층에게는 특권 확대가 이어졌던 것이다. Cardoso(1992)가 설명한 것처럼 1980년까지 브라질에서의 사회적 성공이란 이미 성공한 자만이 누릴 수 있는 것이었고, 나머지 국민은 1980년대 이후 점점 더 심한 가난에 시달려 온 셈이다.

## 3) 재민주화기

1985년 군민(軍民) 독재가 막을 내리고 1988년 이른바 '시민헌법'으로 알려진 공화국헌법이 제정되면서, 브라질은 재민주화의 시대를 맞이하게 되었다. 1988년 공화국헌법이 브라질 정치에 전례 없이 선진화된 내용을 담은 것은 사실이지만 시작부터 1987년 국민의회를 통해 주로 행동하던 보수세력은 이에 반발하며 나섰고, 결국 21년간의 군민독재 후에는 새로운 헌법을 만들어야 했다. 또한 사회권의 확대, 사회권 보편화 및 국가에 의한 사회권 보장 등 국민의회가 승인한 여러 사회민주적 규정은 신자유주의가 새로이 유입되며 원칙적으로 사회민주적 규정을 거부하기 시작한 시기에 등장했다. 그러한 변화를 규제해야 할 보완법과 보통법은 오히려 신보수주의를 동반한 신자유주의에 굴복하듯 노골적으로 변모했으니, 대헌장(Magna Carta)이 예견한 사회적 정복의 손상 과정이 과격한 양상으로 나타나기 시작한 것은 우연이 아니다.

사실 1973년 제1차 오일쇼크에서 비롯된 각종 악재가 남긴 경제 문제, 국제 경제의 침체와 국내 경제 확대정책 사이의 부조화에 직면한 브라질 정부는 1989년부터 점차 적극적으로 경제 조정에 관여해 왔다. 이를 통해 한편으로는 산업 생산의 붕괴를 막을 수 있었지만, 그 대가로 국민 대다수가 누리는 복지 수준은 감소했다. 경기침체로 공공 사회지출의 규모가 줄어든 가운데 가장 큰 타격을 받은 것은 보건의료, 사회보험, 사회부조 및 주거복지 분야였다. 정부는 신자유주의 이념의 추구를 주창했으나, 민주주의적 견지에서 이 시기에 브라질의 사회정책은 결국 신공화국 구상이 철폐하겠다고 약속했던 포퓰리즘과 국가 후견의 도구로 전락하고 말았다.

콜로르(Collor) 정부(1990년 3월~1992년 10월)는 1988년 연방헌법과는 반대로 '최소국가'의 실현 그리고 공공복지의 의무를 민간부문으로 이전하여 민영화하는 데에 역점을 두었다. 그 결과 헌법이 지향하던 사회민주주의적 복지정책의 개념과 행정부의 자유주의적 구상 간에 극명한 충돌이 나타났다. 이를 해소하고자 정부는 1993년이 넘어가기 전에 헌법의 사회민주주의적 요소를 개정하려고 노력하였다. 콜로르는 기존 내각을 보수 및 중도좌파 정당의 사람들로 교체함으로써 개헌안을 통과시키고 자신의 자유주의적 국정전략이 의회의 승인을 얻을 수 있기를 기대했다. 그와 동시에 자신의 입장을 이론적으로 뒷받침하기 위해 '사회자유주의'라는 새로운 정책 기조를 내세웠다. 이는 실질적으로 영국의 '대처주의'와 미국의 '레이건주의'로 대변되는 신보수주의 뉴라이트(New Right) 사상과 그 맥을 같이 했다. 즉, 시장을 중심으로 한 사회의 모든 참여주체에게 복지정책에 대한 의무가 있고 국가는 사회서비스를 직접 제공하기보다 조력자의 역할을 맡아야 한다는 것이었다.

브라질은 계속해서 특징적인 빈부 양극화를 해소하기 위해 노력해 왔다. 그러나 Fagnani(2005)는 의료, 교육, 사회부조, 고용, 도시기반시설(주거, 위생, 교통) 분야의 구조적 문제와 농업 개혁에 대해서는 본질적인 개선방안을 모색한 적이 전혀 없다고 지적한다. 여기에는 의존적이고 불평등한 상태로 뒤늦게 이루어진 국가 종합개발과 식민주의적 문화가 주된 요인으로 작용했다. 민주주의에 대한 취약한 경험을 반복적으로 목표 삼았던 민군 쿠데타로 인해 가장 큰 피해를 입은 것은 다름 아닌 빈곤층이었다.

재민주화기를 거치는 동안에도 1988년 헌법의 선진화와 동시에 신자유주의 흐름이 확산되면서 사회국가를 대체할 최소국가의 확립을 요구하는 목소리가 높았다. 따라서 사회 전반에 만연한 불평등 구조를 역전시키는 방향의 진전은 전혀 없었다. 게다가 뉴라이트는 개인의 복지가 스스로에게 주어진 의무라는 자기책임 사상을 옹호했기 때문에 공적 사회보장은 퇴보를 거듭했다.

1990년대 이후에 국제화된 자본의 정치권력 독점이라는 새로운 형태의 독재가 헌법을 강제로 개정한 후, 브라질 사회보장제도는 지속적으로 해체되었다. 근로자의 사회복지를 희생해 공공재와 공공서비스를 민영화하는 과정에서 주요 언론과 사법부는 조력자로 전락했다.

연방헌법의 내용에 최초로 사회보장을 명시한 것 역시 아무런 효과가 없었다. 개인의 기여와 관계없는 사회보장과 의료, 사회부조에서의 보편적 사회권을 보장하는 여러 조치를 통합하기 위한 체계가 고안되었으나, 이는 유기적인 구조를 갖추지도 못했고 보편적 권리를 위한 구체적 정책으로도 구실을 하지 못했다. 또한 그러한 정책의 예산은 기업의 매출을 주요 자원으로 하는 것이 타당했지만 실상은 그렇지 않았다. 따라서 정책 집행에 필요한 재정을 민주적으로 관리하면서 종전처럼 경제정책 분야로 자원이 전용되는 것을 막기 위해 정책에 포함되었던 진보적 전략들은 단계적으로 자취를 감췄다.

그러므로 통계자료상으로는 빈곤 감소나 지속적 경제성장, 중산층 증가 등으로 보이는 요소들이 분명히 존재하더라도, 군부독재 이후 들어선 브라질의 민선정권 중에서는 좌파 성향의 기획에 동의했던 이들을 포함하여 어느 누구도 신자유주의 및 보수주의적 규범을 깨뜨리지 못했다.

이는 1992년 콜로르 대통령이 자리에서 물러난 이후 한동안(1992년 10월~1993년 중반) "정세 불안 및 정부 경제정책의 불확실성"이 이어진 이유이자(Fagnani, 2005: 53), 페르난두 엔히크 카르도주(Fernando Henrique Cardoso) 대통령의 두 번의 임기(1995~1998년, 1999~2003년)에 신자유주의의 공세가 힘을 얻은 이유이기도 하다. 카르도주 정부는 '워싱턴 합의'를 기반으로 국정을 운영했으며, 공식 노동자 실업률의 상승, 임금고정, 과세 증가, 공공자산 민영화, 사회정책 재정 축소, 사회부조정책 부정 등으로 회귀하였다.

2003년 출범한 룰라(Lula) 정부가 마주친 상황은 사회적 갈등의 회귀와 노동계의 투쟁적 움직임, 헌법의 왜곡과 사회보장제도의 재정적 근간 해체로 요약할 수 있다. 이에 대해 Sader(2011: 125)는 "1990년대 룰라 대통령이 승리를 거두었을 당시에는 신자유주의 패권의 영향력이 이미 브라질, 중남미 그리고 전 세계에 곳곳에 자리 잡았던 시기"라고 이야기한 바 있다. 특히 브라질은 심각한 수준의 장기불황과 막대한 규모의 사회 부채로 신음하고 있었다.

그러나 이러한 유산을 떠안은 룰라 정부는 모호한 입장을 취했다. 이전 정권으로부터 물려받은 구조를 그대로 지속하되, 주로 소득이전제도를 통해 빈곤층의 소비력을 높임으로써 이들의 사회통합에 노력을 기울이기로 한 것이다.

룰라 대통령은 첫 번째 임기(2003~2006년) 동안 경제 안정화를 목표로 했던 카르도주 정부의 거시경제적 조정정책을 계속 추진하는 한편, 노조의 수익을 향상시키기 위해 소규모 조세개편을 실시했다. 또한 공무원 사회보장제도의 국민총생산 대비 결손액을 줄일 수 있도록 퇴직자들이 다시 11%를 분담하도록 하는 연금개혁(Nakatani & Oliveira, 2010)을 단행했다. 이는 결국 중산층(및 퇴직자)에게 불리하게 작용했으며, 부가 편중된 구조는 전혀 개선되지 않았다. 룰라 정권에서는 통치력이라는 이름 아래 대표적인 자본가들의 압력이 활발했으며 실체화되었다. 그 예로 금융자본 패권의 보존, 토지 독과점, 사적 연금기금, 유전자 조작 식품(GMO) 시판 허용, 금융자본을 위한 보수로서의 기초잉여금 조성 등을 들 수 있다(Antunes, 2011: 129). 그 결과, 룰라 대통령은 세 차례에 걸친 대권 도전에서 계속 그를 지지해 온 좌파세력의 오랜 지지를 상실했지만 우파와 좌파를 초월한 여러 계층의 지지를 이끌어 냈다. 이 시기에 룰라 정부는 '보우사 파밀리아 프로그램'(Bolsa Família Transfer Program, PBF)으로 대표되는 기아퇴치정책(Zero Hunger Program)을 통해 브라질 내의 기아 문제를 해결하겠다는 굳은 의지를 보이기는 했으나, 그 외의 주요 사회정책은 전혀 시행하지 않았다. 당시 룰라 대통령의 가장 큰 성과는 대규모 경제성장 달성이라고 할 수 있다.

경제성장을 달성한 룰라 대통령은 두 번째 임기(2007~2010년)를 맞아 '보우사 파밀리아 프로그램'의 대상 범위를 확대시켜 1,200만 가구가 넘는 저소득 계층이 혜택을 받도록 했다. 이 조치로 2,800만 명이 빈곤 상태에서 벗어났고(브라질 사회개발부 통계, 2011), 3,600만 명이 중산층에 편입했으며, 절대빈곤인구의 비율은 8.5%(약 1,627만 명)로 감소했다. 룰라 대통령의 연임 중 실업률은 12%에서 5.7%로 하락했고, 고용 근로자의 소득은 실질단위 기준 35% 상승했다. 2004년에는 공식 일자리의 양이 늘어나기 시작하여 2009년에 이르러서는 전체 근로자의 59%가 공식 근로계약자에 달함으로써 사상 최고치를 기록했다는 사실(IBGE, 2009)은 특기할 만한 점이다. 그리고 최저임금 역시 실질가치가 지속적으로 상승했다. 따라서 룰라 정부의 일련의 정책은 소득이전 사회부조 프로그램 이상으로 빈곤 감소에 기여했다고 할 수 있다.

룰라 대통령은 정권을 이양받은 지우마 호세프(Dilma Rousseff) 정부에 역설적인 사회적 과제를 남겼다. 브라질 국민 상당수의 사회적 여건은 개선되었으나, 자본에 대한 보상이 그보다 훨씬 커진 것이다.

룰라의 지지를 받으며 2010년 대선에서 낙승을 거둔 지우마 호세프 대통령은 첫 임기(2010~2014년) 동안 이전 행정부의 방향을 지속하기에는 불리한 경제 상황을 맞이했다. 2008년 글로벌 금융위기로부터 이어진 일련의 위기 상황에서도 브라질 경제는 7.5% 성장을 기록했으나, 2010년에 경제성장률이 급감하기 시작하자 시장과 금융계의 신뢰가 크게 흔들렸다. 호세프 대통령은 룰라 정부의 사회통합정책을 유지하는 한편 경제성장 동력을 부활시키기 위해 노력을 기울였으나, 기대한 성과는 거두지 못했다. 결국 브라질의 경제성장률은 크게 둔화되어 2011년 2.72%, 2012년에는 불과 1%를 기록했다(Anderson, 2016). 게다가 중앙은행의 금리 인상 조치에 따라 물가상승률은 6%로 올라갔다. 기성 언론들의 비판적인 보도 분위기 속에 지우마 호세프 정부에 대한 지지율도 크게 떨어졌다.

그럼에도 불구하고 지우마 호세프는 2014년 재선에 성공했으며, 극빈층의 삶의 질 향상을 위해 노력할 것과 반대세력들이 주장하는 반사회적 주장에 맞서 싸우겠다는 의지를 다시 한 번 강하게 천명했다. 하지만 두 번째 임기를 시작한 지 얼마 지나지 않아 대형 글로벌 금융자본의 이익을 전면에 내세운 강력한 정치적 압박이 시작되었고, 호세프 대통령은 긴축재정에 대한 기존의 부정적 입장을 뒤집으며 자신의 공약과는 반대되는 정책을 펴기 시작했다. 이는 결국 확고했던 기존 지지층을 돌아서게 만들었으며, 금권세력이 적극적으로 현행 연방헌법에 따른 탄핵절차를 이행해 대통령을 고립시키는 결과를 초래했다. 이후 보수세력은 12년간 아무런 견제 없이 권력을 독점해 온 진보 진영을 향해 파상공세를 펼쳤고, 경제, 정치, 제도 및 언론계 전체가 위기와 혼란의 담론에 빠진 상황에서 사실상 비무장 독재정권을 수립함으로써 국가 권력을 장악하는 상황이 전개되었다.

그러므로 '책임방기죄'(*crime of responsibility*)를 이유로 민선(民選) 대통령을 축출한 브라질의 2016년 정치 쿠데타는 민주주의 정치의 자연스러운 흐름을 방해하고 브라질 민주헌법에도 어긋난 것일 뿐만 아니라, 한 치 앞을 내다볼 수 없는 연쇄적 혼란과 퇴보의 시작점이라고 보아야 한다. 한 가지 분명한 것은 브라질의 역사가 다시 암흑기로 들어섰다는 사실이다.


## 3. 맺음말

이 장에서는 복지국가주의가 모두 동일한 양상으로 펼쳐지는 현상이 아니라는 논거를 열거했다. 또한 복지국가가 경제적 어려움에 처한 국민 모두에게 항상 효율적인 사회적 보호 수단이라고 할 수는 없으며, 국가의 번영에 대한 일정한 표준을 제공하는 것도 아님을 지적했다. 브라질 사회정책 관련 문헌의 거의 대부분이 주장하는 것과는 반대로, Edwards(1988)의 말을 일부 변형하자면, 복지국가주의의 개념을 구성하는 주요 범주로서의 '복지'가 반드시 복지를 수반하는 것은 아니라는 것이 이 장의 주장이다. 복지와 복지국가의 사이에는 의미론적 동질성 이상의 차이가 있다. 수단과 목적, 목표와 결과 사이에는 항상 대립적 균형이 존재한다. 따라서 만일 복지국가가 오늘날 인간의 기초생활을 가능하게 하는 제도적 수단이라고 한다면, 그것이 반드시 모두에게 항상 긍정적인 영향만 미친다고는 단정할 수 없다. 사회보장의 경험은 국민의 복지 상태에 대한 이성적 또는 윤리적 책무에만 의존한다고 볼 수 없으며, 그렇기 때문에 '선진국'만이 누릴 수 있는 특권은 아니다. 복지제도의 이면에는 언제나 "시장경제의 지배체제와 공존하려면 복지국가가 과연 어느 정도의 영향력을 가질 수 있고, 가져야 하는지에 대한" 정치적, 재정적 딜레마가 존재해 왔다(Edwards, 1988: 128). 이러한 명제의 바탕에는 자본주의체제를 구성하는 필수 요소로서 그 형태와 크기에 관계없이 복지제도가 지닌 편재성에 대한 가정이 존재한다. 그러므로 자본주의적 사회보장을 분석함에 있어 실질적으로 조명해야 할 점은 특정 국가(선진국과 개발도상국의 구분 없이)에서의 복지국가 존재 유무가 아니라, 그 나라의 복지체제가 어떠한 유형인지 명확히 파악하는 것이다.

브라질은 대부분의 중남미 국가와 마찬가지로 경제적, 정치적 대외 의존이라는 맥락에서 복지가 제공되어 왔다. 그러므로 브라질의 복지제도는 결코 즉흥적이거나 무성의한 계획의 결과가 아니며, 오히려 자본주의 세계 질서에 편입하여 국제적 지위와 타당성을 인정받고자 노력해 온 브라질의 역사를 잘 보여 준다. 이 과정에서 국가는 이른바 '정치적 개방'(abertura) 시기 중에도 사회발전을 진전시키기 위한 전제 조건으로서의 자본축적 과정에만 집중했다. "세계시장에서 가장 앞선 선진국들과 상대할 수밖에 없는 상황은 곧 국가기관이 가진 행정적·관리적 능력을 확대시키는 동기와 수단"(Rueschmeyer et al., 1992: 224) 및 국가통제주의의 우월성에 대한

정당성을 제공하였다. 지금까지 그러한 우월성에 힘을 실어 준 것은 다름
아니라 시민사회의 참여와 별개로 국제적 자원을 동원하고 획득할 수 있는
국가의 능력 그리고 그러한 국가가 성공함으로써 형성된 국민생활의 의존
성이다.

   결과적으로 브라질 정부는 더욱 권위주의적으로 변모하였다. 그러한 맥
락에서 사회보장은 시민권의 올바른 한 형태가 아닌 사회통제 및 정치적
합법화의 도구로서 기초적인 생활욕구에 접근하였으며, 어떠한 것도 핵심
적인 사회서비스를 탈상품화하거나 그에 대한 접근성을 민주화하려는 움
직임을 촉진시키지는 못했다.

■ 참고문헌


Alcock, P. (1987). *Poverty and State Support*. London: Longman.
Anderson, P. (2016). A crise no Brasil. In *Blog da Boitempo*, 2016. 4. 26.
Antunes, R. (2011). O Brasil da era Lula. *Margem Esquerda, Ensaios Marxistas*,
        *16*, São Paulo: Boitempo.
Ascoli, U. (1987). The Italian welfare State: Between incremental and rationalism.
        In Friedmann, R. et al. (Eds.). *Modern Welfare States: A Comparative View of
        Trends and Prospects*. Worcester: Billing & Sons Ltd.
Beecham, D., & Eidenham, A. (1987). *Beyond The Mass Strike: Class, Party and
        Trade Union Struggle in Brazil*. London: International Socialism.
Cammack, P. (1991). Brazil: the long march to New Republic. *New Left Review*,
        *Nov-Dec, 1991*.
Cardoso, F. H. (1992). Entrevista. *Revista Veja (páginas amarelas)*, *21*. 1992. 5.
        20.
CESIT (2007). *Carta Social e do Trabalho*, *7*. 2007, *sep~dec*. Campinas.
Demo, P. (1981). *Política Social nas Décadas de 60 e 70*. Fortaleza: Universidade

Federal do Ceará.

Draibe, S. (1990). As políticas sociais brasileiras: Diagnósticos e perspectivas. In IPEA & IPLAN. *Para a Década de 90: Prioridades e Perspectivas de Políticas Públicas.* Brasília.

Edwards, J. (1998). Justice and the bounds of welfare. *Journal of Social Policy*, *17*(2). Cambridge University Press.

Fagnani, E. (2005). Política social no Brasil (1964~2002): Entre a cidadania e a caridade. Tese (Doutorado em Ciências Econômicas), Instituto de Economia da Unicamp.

Fausto, B. (1978). *A Revolução de 30.* São Paulo: Brasiliense.

IBGE (2009). *Pesquisa Nacional por Amostra de Domicílios (PNAD)*, *30*.

Malloy, J. (1979). *The Politics of Social Security in Brazil.* London: University of Pittsburg Press.

MDS (2011). *O Perfil da Extrema Pobreza no Brasil com Base nos Dados Preliminares do Universo do Censo 2010.* Brasília: Nota MDS.

Nakatani, P., & Oliveira, F. A. (2010). Política econômica brasileira de Collor a Lula: 1990~2007. In Marques, R. M., & Ferreira, M. R. J. (Eds.). *O Brasil sob a Nova Nrdem.* São Paulo: Saraiva.

NEPP-UNICAMP (1987). *Brasil 1986: Relatório sobre a Situação Social do País.* Campinas: NEPP-UNICAMP.

Pastore, J. et al. (1983). *Mudança Social e Pobreza no Brasil: 1976~1980 (O Que Ocorreu com a Família Brasileira?).* São Paulo: FIPE/Livraria Pioneira.

Peliano, A. M. (1984). *Fome e Desnutrição: As Controvérsias da Política de Alimentação e Nutrição.* Monografia. Brasília: Universidade de Brasília.

Pereira-Pereira, P. A. (1976). *Paradoxos da Burocracia: Um Estudo de Caso na Amazônia Brasileira.* Dissertação de mestrado. Brasília: Universidade de Brasília.

_____(1987). *Crítica Marxista da Teoria e da Prática da Política Social Capitalista: Peculiaridades da Experiência Brasileira.* Ph. D. thesis. Brasília: Universidade de Brasília.

Pfaller, A. et al. (1991). The issue. In Pfaller, A. et al. (Eds.). *Can the Welfare State Compete? A Comparative Study of Five Advanced Capitalist Countries.* Hampshire: Macmillan.

República Federativa do Brasil (2002). *Constituição de 1988.* Brasília: Câmara dos

Deputados, Coordenação de Publicações.

Rueschemeyer, D. et al. (1992). *Capitalist Development* & *Democracy*. Cambridge: Polity Press.

Sader, E. (2011). Neoliberalismo versus pós neoliberalismo: A disputa estratégica contemporânea. *Margem Esquerda: Ensaios Marxistas, 16.*

Santos, W. G. dos. (1979). *Cidadania e Justiça: A Política Social Na Ordem Brasileira.* Rio de Janeiro: Campus.

Sassoon, D. (1986). *Contemporary Italy: Politics, Economy* & *Society since 1945.* London: Longman.

UNDP (1990). *Human Development Report 1990.* New York: Oxford University Press.

World Bank (1991). *World Development Report: The Challenge of Development.* New York: Oxford University Press.

# 사회보장제도의 기본구조*

## 1. 머리말

조건부현금급여(Conditional Cash Transfers: CCT)는 현대 사회보장제도의
새로운 근간이다. 브라질의 보우사 파밀리아(Bolsa Família) 프로그램은
오늘날의 조건부 현금지급정책 가운데 가장 유명한 사례이자, 국제협력기
구, 특히 세계은행과 미주개발은행(Inter-American Development Bank)이
전파한 가장 성공적인 공공정책 사례이다(Grosh et al., 2008; Bastagli,
2009; De Souza, 2010).

이 프로그램은 브라질 빈곤층이 자존감을 형성하는 데에 결정적 역할을
한다(Singer, 2009; 2012). 또한 브라질 빈곤층 여성의 자주권과 시민권에
대한 인식을 강화하는 데에도 가장 효과적인 요소이다(Rego & Pinzani,
2013). 보우사 파밀리아 프로그램은 소액대출 및 최저임금의 증가와 함께

---

\* 이 글은 몬트리올대학교 사회정책학과 박사학위논문 "Idées, institutions et intérêts dans
le changement de la protection sociale", "Les politiques de transfert de revenu au
Brésil"을 수정, 보완하여 번역한 것이다.

브라질 내 소득불평등 감소와 새로운 중산층 형성에 크게 기여하였다. 각종 통계를 보면 1993~2011년까지 5,980만 명(1993년 기준 브라질 인구의 약 66%)이 빈곤층에서 벗어나 이른바 'C 계층'으로 알려진 신흥 중산층에 합류했다. 2001~2009년 사이 상위 10% 부유층의 일인당 소득이 누적 기준 12.8% 상승한 반면, 빈곤층의 소득은 자그마치 69.08%나 증가하였다. 해당 통계는 하위 50%와 상위 10%만을 대상으로 누적 분석한 것으로, 하위 그룹의 일인당 실질소득은 같은 기간 상위 그룹에 비해 무려 318%나 상승한 것으로 나타났다(Neri, 2011: 25).

2013년 UN 인간개발보고서(*United Nations Human Development Report 2013*)에서도 브라질의 유례없는 성과를 다음과 같이 언급한다. "브라질은 빈곤퇴치를 위한 다양한 프로그램을 통해 효과적으로 불평등을 해소함으로써 남미 전체를 견인하는 성장 동력이 되었으며, 전 세계 여러 프로그램에 영감을 주었다(UN, 2013: 9)." 브라질의 인간개발지수(HDI)는 1990년 이후 지금까지 24% 상승하여 현재 0.73에 도달했다. 이를 기준으로 보면 브라질은 1990년부터 현재까지 가장 높은 성장을 기록한 국가 중 하나로서 2013년에는 총 187개국 가운데 85위를 기록했다(UN, 2013: 17).

2016년 10월 기준으로 총 1,394만 8,141가구에 보우사 파밀리아 급여가 지급되었다. 최종 지급액은 각 가구별 조건 및 구성원 수에 따라 차이가 있으며, 월 평균 지급액은 가구당 181.98헤알이었다. 프로그램의 직간접 수혜자는 총 6,981만 5,685명이었다. 2016년 10월 한 달 동안 브라질 연방정부가 투입한 금액은 257만 8,278.30헤알이었으며, 2016년 연간 총투자액은 300억 헤알을 넘을 전망이다(MDS, 2016).[1]

---

1) 브라질 사회 및 농업개발부(Ministry of Social and Agrarian Development) 자료이다. http://mds.gov.br/area-de-imprensa/noticias/2016/outubro/governo-federal-repassara-r-2-5-bilhoes-aos-beneficiarios-do-bolsa-familia-em-outubro(2016년 10월 26일 접속)을 참고하라.

이 장에서 제시하는 분석은 2004년 당시 브라질의 루이스 이나시우 룰라 다 시우바(Luis Inácio Lula da Silva, 이하 '룰라') 대통령이 보우사 파밀리아 프로그램을 수립하는 과정에서 달성한 사회부조 관련 패러다임의 전환에 이념과 제도, 이해관계라는 각 결정적 요인이 어떠한 역할을 했는지 자세히 살펴봄으로써 해당 프로그램의 출발점을 설명하려는 것이다. 페르난두 엔히키 카르도주(Fernando Henrique Cardoso, 이하 '카르도주') 전 대통령이 이끄는 사회민주당(Party of Social Democrarcy: PSDB)의 '마키아벨리적 순간'(*Machiavellian moment*) (Pocock, 1997)이 경제 안정화를 위한 실질통화계획이었다면, 룰라 대통령의 '마키아벨리적 순간'은 바로 보우사 파밀리아 프로그램의 수립과 도입이었다.

여기에 더해 룰라 대통령의 성공적인 보우사 파밀리아 수립은 이전 카르도주 대통령의 연임 동안 구축된 이념과 제도, 이해관계의 역사적 수렴의 결과였으며, 이것이 브라질 사회보장의 세 번째 패러다임 전환으로 이어졌음을 더 상세한 분석을 통해 살펴보고자 한다. 룰라 대통령은 이러한 기반을 바탕으로 2004년 보우사 파밀리아 프로그램과 사회개발부(Ministry of Social Development: MDS)를 신설하며 새로운 패러다임을 통합할 수 있었다. 이 장에서는 홀(Hall, 2003)이 제안한 패러다임 전환 개념을 취하고자 하는데, 그 이유는 바로 보우사 파밀리아 프로그램의 수립 및 도입이 사실상 브라질 사회보장의 역사에 일대 변혁을 불러온 세 번째 변화에 해당하기 때문이다.

보우사 파밀리아는 어느 날 갑자기 등장한 것이 아니며, 결코 쉽게 만들어진 프로그램도 아니다. 또한 룰라 대통령이 가진 비전의 결과물이라고도 할 수 없다. 그러므로 프로그램이 만들어진 과정을 살펴보는 것이 중요하다. 보우사 파밀리아 프로그램의 근원은 오래 전으로 거슬러 올라간다. 이 장에서는 보우사 파밀리아 프로그램이 이념, 제도, 이해관계의 역사적 수렴이 만들어 낸 결과이며 1990년대 브라질이 공공정책을 학습하는 과정에서 그 토대가 마련된 것임을 감안할 때, 룰라와 카르도주 두 대통령이 해당 프로그램을 탄생시키는 데에 결정적인 역할을 했음을 증명하고자 한다.


## 2. 가정 및 분석 도구

이 장의 분석은 두 가지 기본 가정을 제시한다. 첫째, 브라질 및 남미의 조건부 현금지급 프로그램 도입은 새로운 인지 영역의 형성과 더불어 빈곤 및 사회적 불평등 해소에 가장 효과적인 여러 이념들을 '관계망'(réseautage) 식으로 연결한다는 생각에서 출발한 것이며, 여기서 최선의 대안으로 검증된 것이 현금지급이라는 것이다.

이 과정에서 지식인과 지식공동체가 조건부 현금지급을 도입하는 아이디어의 구조적 확산에 결정적인 역할을 했으며, 각종 평가를 통해 브라질이 도입한 주요 소득이전제도에 정당성을 부여하였다. 이 과정은 카르도주 대통령의 연임 기간 중에 진행되었으며, '공동체연대 프로그램'(Programa Comunidade Solidária: CS)이 겪은 시행착오 과정에서 그 형태를 찾아볼 수 있다. 또한 사회학습, 캄피나스(상파울루, SP) 및 연방지구(DF)의 소득이전 경험으로부터 교훈을 도출한 사례(Rose, 1991)에서도 그 시작점을 찾을 수 있다. 이러한 분석을 구체화하기 위해서 지식공동체를 충분한 전문성을 가진 경쟁 영역(Haas, 1992)으로 인정함과 동시에 지식인의 역할과 공공정책 영역 내 연계망 및 학습이 수행하는 역할을 특히 강조하게 될 것이다. 관련한 이념에 대해서는 새로운 패러다임(Hall, 1993: 277~278)을 이끄는 동인이자 경로 및 정책협력 해결방안의 추적을 가능하게 하는 '로드맵' (Goldstein & Keohane, 1993)으로서의 역할 그리고 새로운 형식의 지배구조를 낳을 수 있도록 이끄는 유도문으로서의 역할(Rhodes, 1997: 15)을 분석할 것이다.

둘째, 카르도주 대통령의 두 번째 임기가 끝날 무렵 이념, 제도, 이해관계의 역사적 수렴이 발생하였고, 이것이 결국 룰라 행정부 당시 새로운 패러다임의 설계와 틀을 하나로 합치는 결과를 낳았다는 가정을 제시한다. 이 과정을 이해하기 위해 우리는 그러한 역사적 수렴이 '보우사 파밀리아'로 대표되는 브라질의 새로운 사회보장 패러다임을 어떻게 탄생시켰는지 살펴본다. 그리고 이를 증명하기 위해 헤클로(Heclo, 1994: 379~382)가 제안한 것처럼 이념, 제도, 이해관계라는 세 가지 변수가 가진 변형적 기능에 초점을 두고, 이들 간의 실질적 상호의존성이라는 관점에서 다양한 주요 사건을 살펴보고자 한다.

## 3. 카르도주 집권기의 사회적 행동:
### 연대공동체, 알보라다 프로젝트 및 사회보장 네트워크

카르도주 집권기 동안 사회보장 개혁은 계속해서 다양한 전략의 주제이자 통렬한 비판의 대상이었다. 1995년 1월 1일 〈임시 대통령령(Provisional Presidential Decree: MP) 제813호〉가 발효됨에 따라 역사적으로 사회복지에 크게 기여한 바 있는 재향군인복지회(LBA), 브라질 아동청소년센터(Centro Brasileiro para a Infância e Juventude: CBIA), 브라질 사회복지부(Ministry of Social Welfare) 등의 기관이 폐쇄되었다. 이와 같은 제도를 대체하고자 카르도주 행정부는 '공동체연대 프로그램'을 설립했다. 이 프로그램은 여러 정부 부처의 기존 프로그램을 전략적으로 통합하면서 ① 아동사망률 감소, ② 학생, 노동자, 빈곤층가정을 위한 식단 개선, ③ 주거 및 인프라 환경 개선, ④ 농어촌 지역 생활환경 개선, ⑤ 신규 일자리 창출 및 직업교육 증진, ⑥ 미취학·초등교육지원 및 수준 향상, ⑥ 아동 및 청소년의 권익 보호 및 진흥 등을 주요 목표로 하여 식량 및 빈곤 문제에 중점적으로 대응하였다. 또한 공동체연대 프로그램은 심의자문회의(Deliber-ative Council)를 운영하였다. 자문회의는 지식층이자 시민사회에서 주도적인 역할을 한 공로를 인정받아 위촉된 21명의 위원으로 구성되었다. 자문회의 의장은 당시 영부인이던 루스 카르도주(Ruth Cardoso)가 맡았다. 이 프로그램은 자문회의와 세 층위의 정부(연방, 주, 지자체) 간의 원활한 상호작용을 지원할 사무총장을 두었고, 사회정책위원회를 산하에 설치하여 재원 및 정책 평가 등 사회정책 관련 현안을 논의하고 방안을 제시하도록 하였다(Peliano et al., 1995: 23).

공동체연대 프로그램은 세 차례 재공식화 과정을 거쳤으며, 예산 배정의 부재, NGO를 통한 시민사회 호소로 인해 브라질 내 다수의 정당으로부터의 반대에 부딪혔다. 뿐만 아니라 프로그램을 만드는 과정에서 〈임시대통령령 제 813호〉를 제정하면서 기존 제도의 전통적 성격을 거부함으로써 사실상 종언을 선언했다. 그로 인해 발생한 제도적 공백은 역설적이게도 룰라 대통령이 2004년 '보우사 파밀리아' 프로그램과 사회개발부를 신설하면서 채워졌다. 또한 공동체연대 프로그램은 보건의료서비스와 함께 공공정책 및 사회복지의 한 요소로서 보편적 권리의 지위와 관련된 〈사회부조기본법 8742호〉(LOAS)의 정신에 위배되는 일련의 행동을 유발했다.

공동체연대 프로그램은 경제개발모델과 사회개발모델 간의 연결고리가 부재하고 1988년 연방헌법이 제안한 사회보장모델 역시 고려하지 않았다는 이유로(Silva & Silva, 2001; Demo, 1999; Pereira, 2000) 사회 각계각층으로부터 비판받았다. 이와 관련된 빈곤 및 기아 현상과 실업률 상승 문제에 대해서도 만족스러운 대답을 내놓지 못했다. 브라질의 인간개발지수 순위는 지속적으로 하락했다. 1999년《인간개발보고서: 인간중심의 세계화》(HDR Globalization with a Human Face)에 따르면 브라질의 인간개발지수는 1998년에 비해 확연히 하락하였다. 브라질은 1998년 인간개발지수 0.809로 62위였지만 1999년 0.739로 하락해 79위로 밀려났다.

1998년 카르도주 대통령은 정치적 라이벌이었던 노동당의 룰라 후보보다 21%p나 앞선 53%의 표를 얻어 재선에 성공했다. 당시 브라질이 사상 최악의 경제위기를 경험하고 있었음을 감안하면 이는 놀라운 결과였다. 브라질의 외채는 미화 약 3,000억 달러, 연방예산 적자는 600억 달러였고 실업자 수는 1,500만 명에 달했다. 헤알 계획(Real Plan)의 안정을 위해 브라질 정부는 국제통화기금(IMF)에 금융시장 안정화를 이유로 미화 450억 달러의 긴급차관을 요청하였다. 이에 합의한 세계은행은 사회보장 개혁을 위해 45억 달러의 차관을 승인했고, 미주개발은행 역시 같은 명분으로 25억 달러를 건넸다. 1999년 재선에 성공한 카르도주 대통령은 곧바로 공동체 연대 프로그램의 명칭을 "공동체 활성화 프로그램"(Programa Comunidade Ativa)으로 바꾸며 처음으로 재편하였다. 이는 1992년 세계환경회의 ECO 1992(World Environment Conference: ECO 1992)에서 채택한 "의제 21" (Agenda 21)로부터 영감을 얻어, 지역 및 지속가능한 발전 증대라는 관점에서 벗어나 기아와 빈곤 문제에 집중 대응하기 위함이었다.

## 4. 알보라다 프로젝트와 사회보장 네트워크(RPS)

2001년 3월, 〈법령 제3769호〉를 통해 '알보라다 프로젝트'를 만들기로 결정한 데는 빈곤에 맞서 싸우기 위한 이념적 원칙을 찾으려는 목적이 강했다. 그 대상은 당시 인간개발지수가 브라질의 전국 평균(0.830)보다 낮고 재정 상태가 가장 열악한 14개 주의 지방자치단체였다. 두 곳의 싱크탱크 기구(IPEA, João Pinheiro Foundation)는 유엔개발계획(UNDP) 및 브라질 국립통계원(Instituto Brasileiro de Geografia e Estatística: IBGE)과 공동으로 수행한 일련의 연구를 바탕으로 UN이 인간개발보고서를 작성하는 데에 적용하는 것과 동일한 방식에 따라 인간개발지수를 산출했다. 다음 내용은 〈인간개발과 생활환경: 브라질의 지표〉 보고서에서 발췌한 것이다.

보고서는 앞서 언급한 기관들이 수행한 분석 결과를 담았다. 인간개발지수를 구성하는 세 가지 변수(교육수준, 기대수명, 소득분배 참여)를 기준으로 평가했으며, 극빈 상태에 있는 1,796개의 지자체의 평균 인간개발지수는 0.500이었다(De Andrade, 2004: 15~16). 9개의 정부 부처 및 1995년에 신설된 사회부조사무국(SAES)은 알보라다 프로젝트의 목표를 확립하였다. 당시 목표를 보면 ① 모든 아동의 취학 권리의 보장, ② 식수 및 전기 공급의 보장, ③ 모든 지자체에 '가족 보건' 전담부서 설치, ④ 모든 기본교육 이수자 수만큼의 고등학교 입학정원 확보, ⑤ 모든 지자체에 기반시설망(상하수도) 도입, ⑥ 모든 형태의 미성년자 노동 금지, ⑦ 교육 관련 최소소득 프로그램의 자원 10배 상향 촉진, ⑦ 1997년 〈법률 제9533호〉에 따라 제정된 교육 관련 국가최소소득 프로그램(Programa Nacional de Renda Mínima Ligado à Educação) 수급자 수 및 지급금 확대(Brasil, 2002) 등이 있다. 이러한 조치를 이행하고자 도입한 것이 바로 사회보장 네트워크(RPS)다.

사실 사회보장 네트워크는 미성년자 노동 철폐 프로그램(PETI, 사회보장지원부 주관), 보우사 이스콜라(Bolsa Escola, 교육부 주관), 보우사 알리멘타상(Bolsa Alimentação, 보건부 주관)을 비롯해 농어촌 지역 근로자 및 고령인구 등 다양한 대상을 위해 시행되던 14가지 이상의 현금이전 사회복지 프로그램을 하나로 합친 것이었다. 사회보장 네트워크를 구성하는 프로그램 대부분의 지배적 특징은 소득이전이었다. 이는 이 정책 및 프로그램들의 가장 놀라운 특징이었고, 이는 매우 긍정적인 평가 결과에서도 확인할 수 있다.

사회보장 네트워크는 정책적 교훈 도출 과정을 통해 빈곤과 사회적 불평등을 해소하려는 노력의 연장선에서 전국적으로 다양한 소득이전 프로그램이 생겨난 결과라 할 수 있다(Rose, 1991). 그 시작점은 캄피나스와 연방지구에서 최초로 도입한 소득이전 프로그램이었다. 사회보장 네트워크는 ① 미성년자 노동 철폐 프로그램, ② 노인 및 장애인 연속현금급여(BPC) 도입 및 그에 따른 월별 생활보조금(Lifelong Monthly Income)을 대체하도록 정한 〈사회부조기본법〉(LOAS) 규정, ③ 도시 및 농촌 노동자 간의 평등과 농촌 노동자의 퇴직소득을 위한 1배수 최저임금 도입을 옹호하는 연방헌법 제194조에 따른 농촌 사회보장 규정 통합(Consolidation of Rural Social Security) 등의 다른 영역들과 '공동체연대'에 도입된 일련의 정책이 합쳐져 이루어진 결과다.

이 과정에는 사실상 세계은행과 미주개발은행이 참여했다. 미주개발은행은 1998년 금융위기 당시 카르도주 정부가 국제통화기금으로부터 450억 달러의 차관을 도입하기 위해 합의한 바에 따라 1999년부터 브라질 사회복지에 관한 대부분의 평가를 재정적으로 지원해 왔다.

사회보장 네트워크가 만들어지는 데에 영향을 미친 또 하나의 주요 사건은 '빈곤퇴치기금'(Fight Against Poverty Fund) 설립에 브라질 국회가 동의한 것이다. 빈곤퇴치기금은 1999년 당시 브라질의 빈곤 및 사회적 불평등 문제를 연구하고 해법을 제시하고자 국회에 구성된 합동특별위원회(Joint Special Committee of the National Congress)가 제안한 것이다.

그렇다면 이러한 프로그램들은 어디서 비롯되었으며, 이들이 빈곤과 사회적 불평등 퇴치에 효과적인 도구라는 정당성을 갖게 하는 요인은 무엇인가? 이들 프로그램과 공동체연대 프로그램의 전략은 어떤 방식으로 함께 실행되었는가?

## 5. 캄피나스와 연방지구의 사례

### 1) 캄피나스의 가구최저소득보장 프로그램

캄피나스의 가구최저소득보장 프로그램(Programa de Garantia de Renda Familiar Mínima: PGRFM)은 1991년 브라질 노동자당(PT)의 에두아르두 수플리시(Eduardo Suplicy) 상원의원이 브라질 의회에 발의한 연방법에 착안하여 1994년 마갈량이스 테이셰이라(Magalhaes Teixeira, 사회민주당) 시장이 도입한 프로그램이다. 1995년 3월 3일 〈법령 제11471호〉(Decree 11471)를 통해 공식 제정되었다. 이 프로그램의 혜택을 받기 위해 가구가 갖추어야 할 자격 기준에는 ① 아동, 청소년은 반드시 공립교육기관에 취학할 것, ② 보건소를 주기적으로 방문해 백신 접종을 받을 것, ③ 어머니는 보육 관련 문제를 논의하기 위한 월 단위 모임에 참석할 것, ④ 거리를 방황하지 않고 가족 및 지역사회 구성원과 함께할 수 있는 다양한 활동을 독려·모색할 것 등이 포함되었다.

　해당 프로그램을 통해 받을 수 있는 급여액은 가족 구성원 수에 따라 차이가 있었으나, 매월 평균 약 35헤알이었다. 프로그램은 여러 차례 기관 평가를 거쳤으며, 평가기관 가운데 첫 번째는 캄피나스 시의회였다. 시의회 평가 결과, 전체 수혜 가구의 86.6%는 해당 급여를 식료품 구입에 사용했고, 38.6%는 주거환경 개선, 27%는 보건의료, 22.9%는 취학 아동을 위한 학용품 구입에 사용한 것으로 밝혀졌다(Bejarano, 1998: 42). 상파울루가톨릭대학교(Pontifícia Universidade Católica do São Paulo: PUC-SP)가 수행한 연구에서는 가구최저소득보장 프로그램이 가진 다양한 특징을 과거의 사회부조와 비교해 긍정적으로 평가했으며, 구체적으로는 ① 지방자치단체화(*municipalization*), ② 가족구조 강화, ③ 보건 및 교육 등 다른 정책과의 연계, ④ 정보제어시스템 구축 및 병행적 행동 방지, ⑤ 프로그램의 도입 및 평가를 담당하는 실무진의 헌신적 노력 등(De Sousa & Fonseca, 1997: 30)을 언급하였다. 다른 평가기관들도 특히 아동과 14세 이하 청소년에게 큰 혜택을 제공했다는 점에서 가구최저소득보장 프로그램의 타당성을 인정했다. 이러한 결과에 힘입어 캄피나스의 가구최저소득 프로그램은 브라질 국내는 물론 다른 중남미 지역에까지 최저소득보장제도와 관련된 다양한 법안이 빠르게 확산되는 데에 영향을 미친, 일종의 정치적 모범 사례가 되었다.

## 2) 연방지구의 취학장려금(보우사 이스콜라) 프로그램

'보우사 이스콜라'(Bolsa Escola)라는 명칭으로 알려진 아동취학장려금 지급제도(Family Grant Program for Education)는 1994년 11월 15일 당선된 노동자당 소속 연방지구 주지사 크리스토방 부아르키(Cristovam Buarque)가 시행한 첫 번째 정책이었다. 보우사 이스콜라는 가정환경이 빈곤한 사회적 취약 계층의 7∼14세의 아동 및 청소년이 계속 학교를 다니며 교육을 받을 수 있도록 하기 위해 도입된 제도다. 보우사 이스콜라의 이차적 목표로는 ① 교육 및 빈곤과 사회적 배제를 방조하는 악순환 차단, ② 학교 중퇴 및 유급 방지, 취학 권장, ③ 미성년자 노동 착취 및 청소년 비행 예방, ④ 복지 수혜층의 자존감 회복, ⑤ 빈곤가정에 대한 월 최저소득 지급을 통한 빈곤퇴치 등이 있었다. 1997년 9월 기준, 보우사 이스콜라는 총 5개의 위성도시에 걸쳐 2만 2,493가구를 대상으로 시행되었으며, 연방지구 전체에서 4만 4,382명의 어린이와 청소년이 혜택을 받았다. 해당 지자체는 아동 및 청소년의 학업성취도 향상을 장려하기 위해 중등교육이 끝날 때까지의 교육과정 15년을 모두 수료하는 모든 학생에게 최소한의 연간 수당을 보장해 주는 '학교저축 프로그램'(School Savings Program)이라는 지원제도도 마련하였다. 평가 결과, 이러한 제도는 인적·사회적 자본의 강화 및 빈곤의 퇴치에 상당한 타당성이 있는 것으로 밝혀졌다. 또 다른 연구에서는 이 제도가 다른 여러 제도에 비해 도입 비용 절감에 효과가 있다는 사실을 입증하기도 했다(Araújo, 1998: 51~54). 1997년에는 유니세프와 유네스코의 지원을 받아 직접기금(DF) 방식에 해당하는 보우사 이스콜라와 학교저축 프로그램을 대상으로 가장 면밀한 평가가 이루어졌다. 그 결과, 두 프로그램은 퇴학생, 유급생 또는 열등생 등 지원이 필요한 학생들을 대상으로 성공적으로 시행된 것이 확인되었다. 보우사 이스콜라 프로그램은 브라질 내 TV방송 등 각종 언론을 통해 소개되었으며, 1996년에는 모범적인 공공정책 사례로 인정받아 유니세프로부터 '아동평화상'을 받기도 했다. 이후 유니세프는 브라질 대표 아고프 카야얀(Agop Kayayan)을 통해 보우사 이스콜라 프로그램이 널리 보급 및 전파될 수 있도록 하는 사업도 전개했다.

## 6. 분석 및 실증

위에서 소개한 일부 프로그램의 성공은 공공정책의 전파와 교훈 도출[2] 및 이전을 촉진하는 효과를 가져왔다. 1995~1997년 사이에 6개의 지자체, 5개의 주요 도시에서 이와 같은 현금이전 프로그램을 모방해 유사한 제도를 도입하기도 했다. 1998년에 이르러서는 전국적으로 도입된 프로그램 수가 이미 45개에 달했고, 연방 단위로는 15개 주에서 도입되었다(Draibe et al., 1998). 노동자당과 사회민주당의 경쟁적 관계 역시 상파울루주에서 두 프로그램이 확산된 원인 중 하나였다. 그 결과, 2000년에는 여러 지자

---

[2] 마땅한 대안 용어를 찾을 수 없으므로 '교훈 도출'은 '경험을 통해 터득하거나 학습한 내용'으로 이해하기로 한다.

체에서 173개의 현금이전 프로그램을 시행하게 되었는데, 이 중 대부분은 노동자당이 발의한 것이었다(Coelho, 2010). 프로그램의 급속한 확산은 어떠한 정책이 세 가지 'E', 즉 'Efficacy(효력), Efficiency(효율성), Effectiveness(유효성)'를 모두 가졌다면 충분히 정책모델로서 인정받을 수 있으며, 의사결정의 방향을 이끌면서 교훈 도출과정을 통해 다른 맥락으로도 변형될 수 있는 영감의 원천이 된다는 점을 시사한다(Rose 1991: 7~10). 새로운 행정부가 들어설 때에는 경쟁적인 환경과 정당 간의 선거 경쟁, 사회학습 및 모방이 나타날 확률이 높은데(Rogers 1995: 56), 이러한 현상은 특히 노동자당과 사회민주당이 이끄는 지자체에서 나타났다. 경쟁이 심화될수록 대립 중인 각 정당이 새로운 정책을 도입할 확률도 상승한다(Keefer & Khemani, 2003). 그러나 정치적 경쟁 하나만으로는 전체 프로세스를 설명하기에 부족하다. 프로세스에서는 확산의 형태(수직 또는 수평)와 정책 홍보 참여자들의 지위(Coelho, 2010), 평가에 의해 확증된 성공적 결과 등에 따라 다양한 조건이 형성되기 때문이다(Walker, 1969: 881). 보우사 파밀리아 프로그램의 제정은 공동체연대 전략과 함께 다양한 소득이전 프로그램이 도입되었기 때문에 가능했으며, 이는 또한 1988년 연방헌법 개정의 결과였다는 점을 강조할 필요가 있다.


# 7. 카르도주 행정부와 공공정책의 헌법화

공공정책의 헌법화는 카르도주 정부가 추진했던 과제 중 하나이다. 공동체연대 전략과 그 궤를 함께하면서 일반적인 '법적 효력'을 부여하기 위한 노력으로 볼 수 있다(Derrida, 1994). 당시 정부로서는 헌법조항 제정에 있어 사실상 사회적 권리를 보장하는 조항을 규정하는 것 외에는 선택의 여지가 없었다. 이 과정에서 주로 다루어진 다섯 가지 영역은 현금이전의 타당성을 구축하고 세 번째 패러다임 전환을 이끄는 데에 기여했다. 각 영역과 그 정책을 아래에서 간략히 살펴본다.

① 아동 노동과의 전쟁을 위한 미성년자 노동 철폐 프로그램(PETI) : 연방정부가 시행한 최초의 현금이전 사업으로, 미성년자의 노동을 막고 이들의 취학을 독려하는 것이 주된 목적이었다.

② 〈사회부조기본법〉 및 연속현금급여(BPC)의 제정 : 카르도주 행정부가 추진한 두 번째 사업 중 현금이전제도 강화와 더불어 이루어진 것이 바로 2005년 12월 〈법령 제1744호〉를 통한 〈사회부조기본법〉(LOAS, 1993년 헌법 제8742조 제정)의 시행이다. 이 법령을 통해 최저임금 1배수 수준의 연금을 연속현금급여의 형태로 지급하는 제도가 확립되었다.

③ 농촌 사회보장 관련 조항의 통합 : 관련법을 제정하는 과정에서 농촌 노동자의 퇴직 연령을 여성 55세, 남성 60세로 규정했다. 퇴직금으로는 1개월 최저급여의 1배수를 지급하도록 확정했다.

④ 국가최저임금제도와 사회교육활동의 연계 : 헌법 제9533조에 의거해 제정된 국가최저임금제도는 1998년 연방정부가 도입한 것이다. 일인당 소득이 최저임금의 절반 이하이면서 7~14세 사이의 아동이 공립학교에 취학 중인 가구의 최저소득을 보장하기 위해 구성된 제도다.

⑤ 보우사 이스콜라 프로그램 : 주된 목표는 교육 진흥, 사회적 불평등과 소득불균형의 해소이다.

지금까지의 자료를 종합적으로 살펴보면 새로운 브라질식 복지국가에서 현금이전 방식의 제도를 구조적 요소로 시행한 까닭은 기존의 여러 복지제도가 후견주의, 관료주의, 무분별한 제도의 복제와 반복, 실질적 성과의 부족 등 구태의연한 병폐를 답습함으로써 올바로 작동하지 않았기 때문이라 판단할 수 있다. 현금이전제도의 타당성은 교육과 보건의료를 통한 인적·사회적 자본의 강화를 통해 잘 나타난다. 퍼트넘(Putnam, 1993)에 따르면 시민생활이 발전하고 시민역량도 일반제도 및 사회와 동등한 수준으로 강화되기 위해서는 사회적 자본이 반드시 필요하다. 사회적 자본은 시민정치 참여, 공동체를 중심으로 한 공식적 및 비공식적 연대, 관용, 제도에 대한 신뢰, 자기존중 등으로 구성된다. 사회적 자본은 특히 아동 발달에 결정적인 영향을 미친다. 사회적 자본이 가족 및 지역공동체와 아동의 관계를 형성함으로써 유대감을 증진하고, 사회경제적 문제를 극복할 수 있는 능력을 배양하기 위한 쌍방향의 친화성을 길러 주기 때문이다(Putnam, 1993: 296, 333).

사회적 자본, 교육 그리고 아동 보건의 향상에는 직접적인 상관관계가 존재한다. 브라질이 보건의료 및 교육을 필요로 하는 계층을 대상으로 소득이전 프로그램들을 도입하면서 이 상관관계는 다시 한 번 입증되었으며, 국민들도 제도에 확신을 갖게 되었다. 행정부에서 사회개혁을 담당하던 전문가들은 의무교육, 건강검진 등과 같은 조건부과 방식이 가족 구성원, 그중에서도 특히 아동의 삶에 결정적인 역할을 한다는 점을 깨달았다. 이와 같은 교훈 도출은 기존의 평가 결과를 재차 확증했고, 카르도주 행정부가 현금이전 프로그램을 계속 추진하는 데 매우 중요한 역할을 했다. 뿐만 아니라 연방 규모의 보우사 이스콜라 프로그램이 만들어지는 계기가 되었다.

앞서 언급하였듯, 이러한 프로그램의 제정에는 노동자당과 사회민주당 간의 정치적 경쟁 역시 큰 몫을 하였다. 특히 교육과 관련된 현금이전은 두 정당이 논쟁을 벌일 때마다 항상 주된 소재로 올랐다. 이는 사회민주당이 의회 내에 분산되어 있던 이해관계를 연방정부에 유리한 쪽으로 집결시키는 데 성공한 결과이기도 했다. 공동체연대 전략의 목적이 집중화를 막기 위한 것이었다면, 여러 프로그램을 중앙집중화해 최초의 연방 프로그램을 제정하기로 한 것은 상향식이 아닌 하향식 구조였다(Lipsky, 1980). 그 이전까지 지자체에 프로그램을 전파할 때에는 일반적으로 상향식 구조가 대부분이었다. 이러한 정치적 기회는 사회민주당에게 매우 유리한 것이었다. 〈임시 대통령령 2140호〉(Provisional Presidential Decree 2140)를 '헌법

10291조'(2001)로 바꾸어 전국 규모의 보우사 이스콜라 프로그램을 만들 수 있게 되었기 때문이다. 그러나 이 조항 이외에도 해당 프로그램의 제정 과정에 그 기초를 제공한 다른 헌법조항들도 존재한다. 이 조항들은 새로운 패러다임을 확립하는 초석이 되었다.

⑥ 초등교육 개발기금(FUNDEF) 제정과, ⑦ 브라질식 통합의료체계(SUS) 제정: 이 두 가지 공공정책은 국가의 공공정책 네트워크가 아직 온전한 형태를 갖추지 못한 시기였음에도 가구 단위 조건부를 적용함으로써 새로운 사회보장 패러다임의 기초를 다지는 데에 매우 중요한 역할을 했다. 특정 서비스를 표적화한 것은 빈곤층 아동 대상 교육 및 보건서비스 개선, 그중에서도 특히 백신 접종 확산과 아동 사망률 감소를 촉진하기 위해 도입된 전략이었다.


## 8. 브라질 사회보장 개혁에서의 지식층과 이념 그리고 공공정책 네트워크

두 차례에 걸친 카르도주 행정부 임기 중에 정책개발에 참여한 지식층의 연대는 평판이 상당히 좋지 않았다. 카르도주 대통령이 워싱턴 합의와 국제통화기금이 지향하는 개혁을 지지했기 때문이다(Fiori, 2002). 그러나 노동자당의 연대는 같은 기간에 형성된 제도적 유산, 특히 보우사 파밀리아 프로그램의 성공에 크게 힘입어 경제 및 사회 분야에서 성공적으로 개혁을 추진할 수 있었다. 우리는 공동체연대 전략과 더불어 사회보장 개혁을 진행하는 동안 만약 상당한 지식층의 참여가 없었다면 이와 같은 프로그램이 탄생할 수 없었을 것이라 확신한다. 이러한 참여가 새로운 인지영역으로서 현금이전정책의 토대를 닦은 결과, 사회보장 네트워크와 보우사 파밀리아 프로그램이 등장한 것이다. 학계 내 다른 지식인 네트워크와 함

〈그림 2-1〉 이전에 사용된 시민카드(왼쪽)와 보우사 파밀리아 카드(오른쪽)

께 사회보장의 새로운 패러다임을 만들어 낸 초석은 공동체연대 프로그램 자문회의와 사회정책이사회였다. 인류학자 루스 카르도주(Ruth Cardoso)가 자문회의 의장을 맡았고, 각 사안의 조율은 사회학자 비우마르 이반젤리스타 파리아(Vilmar Evangelista Faria)가 담당했다. 유럽 사회민주주의와 새로운 사회적 위험에 관한 전망을 연구하면서 영감을 얻은 인간개발, 지속가능한 사회발전 및 사회적 자본 등의 개념이 도입되기 시작했으며, 정책 평가가 하나의 추세로 인식되면서 전반적인 사회보장 네트워크의 개념이 부상하기 시작했다. 네트워크가 만들어지는 과정에서 루스 카르도주를 비롯한 자문회의 구성원들은 소득이전 프로그램의 통합과 시민카드 도입을 적극적으로 옹호했다. 시민카드의 목적은 중요도가 높은 다섯 가지 제도, 즉 보우사 이스콜라, 보우사 알리멘타상(Bolsa Alimentação, 식료품 구입 보조금), 취사용 연료 수당, 미성년자 노동 철폐 프로그램(PETI), 사회 및 인간개발 청소년단을 통합하는 것이었다. 통합을 위한 절차가 끝난 후 카르도주 행정부의 임기도 공식적으로 마무리되었으며, 2004년에 룰라 대통령은 기아퇴치정책(Zero Hunger)이 실패한 뒤에 비로소 루스 카르도주의 계획을 다시 부활시켜 보우사 파밀리아 프로그램을 만들었다. 이에 따라 〈그림 2-1〉과 같이 종전의 시민카드는 '보우사 파밀리아' 카드로 변경되었다.

현금이전 프로그램을 통합, 일원화하자는 루스 카르도주, 비우마르 파리아 그리고 사회정책이사회의 입장은 행정부와 입법부에 관여하던 다른 여러 지식인과 다양한 싱크탱크기관 그리고 정부에 영향을 미치는 기타 네트워크 및 지식공동체 구성원들의 의견에 따른 것이었다. 이전까지의 제도를 통합하고 다양한 급여의 통합을 확고히 하기 위한 노력으로 '사회제도 통합등기'가 만들어졌으며, 이를 도입한 룰라 행정부는 단일등록(Cadastro Único)이라는 명칭을 부여했다. 사회보장 네트워크의 제정 및 위에 언급한 5개 프로그램의 통합은 브라질 공공정책에서 전례를 찾아볼 수 없는 역사적 사건이었으며, 최저소득을 옹호하는 여러 브라질 지식인들이 제안해 온 정책을 아우르는 것이었다.

## 9. 지식층, 기아 문제와 과거의 유산: 연대공동체(CS) 전략을 향한 경로

지식층의 존재와 저력은 카르도주 정부의 사회적 행동 전략 개념의 도입과 함께 강조되어 왔으며, 카르도주 정부 및 두 지식인의 공로를 인정할 필요가 있다. 그중 첫 번째 지식인으로서, 사회학자이자 공공정책 전문가 안나 펠리아누(Ana Peliano)는 20년 동안 브라질 기아에 관한 연구에 헌신한 공을 인정받아 연대공동체(CS) 사무총장에 임명되었다. 그는 교육과 식량안보 간의 관계를 주로 연구하였으며, 기초교육과 학교급식의 정치적 분권화와 그 연관성을 밝혀내는 일련의 연구로 괄목할 만한 성과를 기록하였다(Peliano, 1990; 1992). 1987~1992년까지 브라질리아대학교의 기아연구센터를 이끌었고, 1970년대부터 근무한 싱크탱크기관 IPEA(Institute of Applied Economic Research)에서는 중남미 지역의 빈곤선을 정의하는 방법론 개발을 위해 유엔 중남미카리브경제위원회(Economic Commission for Latin America and the Caribbean: ECLAC)와 협력관계를 수립하였다. 이 경험을 바탕으로 펠리아누는 브라질 기아현황지도의 개발 조율을 담당하였다. 이는 연방정부의 식품영양안전정책 채택을 주장하는 '브라질 정치윤리운동'(Movement for Ethics in Politics) 및 노동자당의 압력에 대응하여 이타마르 프랑쿠(Itamar Franco) 정부가 요청한 것이었다. 연대공동체와 새로운 사회보장 패러다임 정의에 미친 영향에 힘입어 연대공동체 사무총장직을 맡게 되었으나, 사실 안나 펠리아누의 가장 중요한 유산은 카르도주 정부의 사회보장 네트워크(RPS)를 구성하는 각 프로그램의 특징을 규정하고, 사회보장 네트워크와 룰라 정부의 보우사 파밀리아 프로그램이 채택한 기준에 따른 정책적 주안점을 마련하는 데에 기여했다는 점이다.

한편 사회학자이자 인권운동가인 에르베르트 지 소자(Herbert de Souza)는 브라질의 사회보장 전환에 주도적인 역할을 한 지식인으로, 특히 브라질의 기아퇴치에 헌신하고 있다. 브라질에서 비치뉴(Betinho)라는 애칭으로 잘 알려진 그는 연대공동체의 고문으로 임명되었는데, 이는 브라질 민주화 투쟁과정에서 그가 보여 준 공로를 인정받은 것이다. 이후 1991년 브라질 정치윤리운동이 발족되었으며, 콜로르 지 멜루(Fernando Collor de Mello) 전 대통령의 탄핵을 위한 투쟁으로 이어졌다. 에르베르트 지 소자는 '기아·불행퇴치 및 생명을 위한 시민운동'(Action of Citizenship Against Hunger, Misery and For Life) 창설과 함께 기아퇴치를 브라질 정치 아젠다에 포함시키기 위한 새로운 투쟁에 나섰다. 이 캠페인은 브라질 시민사회에 식량, 고용, 교육, 보건, 주택 인프라라는 5개의 구조적 기둥을 구축하자는 의지를 분명히 표명한 것으로, 국영은행(Banco do Brasil)과 파트너십을 맺고 위원회를 구성, 절대빈곤에 놓인 3천 2백만 명에게 식량을 제공하는 즉각적 조치를 이끌어냈다. 그는 브라질 좌파가 내놓은 여러 제안을 중재하는 역할을 맡았고, 안나 펠리아누와 둠 마우루 모렐리(Dom Mauro Morelli) 상파울루 대주교, 룰라 정부 노동자당의 지원을 받아 '기아퇴치를 위한 국가계획'(National Plan of Fight Against Hunger)을 제안하였다. 이 제안은 조제 고메스 다 시우바(José Gomes da Silva)의 협력 하에 노동자당이 작성한 〈식량안보에 관한 국가 정책〉에서 영감을 얻은 것이었다. 프랑쿠 대통령이 1993년 4월 24일 〈법령 제 807호〉에 의거해 식품안전보장이사회(CONSEA)를 신설한 것은 에르베르트 지 소자와 브라질 시민사회가 주도한 투쟁의 결과로, 룰라 정부의 보우사 파밀리아 프로그램이 생겨나기 전까지 확대되었다.


## 10. 브라질 복지국가 개혁

문제를 제기하고 해법을 모색하는 데에 있어서 연구자들과 지식공동체가 미친 영향은 여러 문헌에서 다루어진 바 있다(Kingdon, 1984; Dolowitz & O'Neil, 2000; Hall, 1993; Haas, 1992). 또한 학계 및 지식층 인사들과의 관계는 카르도주 행정부의 특징 중 하나였다. 공동체연대 자문회의에 소니아 미리앙 드라이비(Sonia Miriam Draibe)가 참여한 것은 그의 사상이 지닌 학문적 중요성을 정치적으로 인정한 예이다. 그의 이념은 브라질 사회보장 및 국제적인 차원의 사회보장위기에 큰 영향을 주었으며, 특히 캄피나스대학교 산하 공공정책연구센터(Nucleo de Estudos de Politicas Publicas: NEPP)를 통해 브라질 공공정책과 정책 집행의 발전에 크게 기여했음은 부인할 수 없다. 공공정책연구센터는 1982년 당시 드라이비 교수가 재직 중이던 캄피나스대학교(Unicamp)의 몇몇 교수와 연구원들이 함께 설립한 기구다. 이곳은 브라질 사회보장시스템의 위기가 초래할 영향을 분석하고 각종 사회 문제에 대안을 제시하기 위해 설립된 최초의 연구소였다. 공공정책연구센터의 주요 활동 목표는 브라질 사회보장제도의 본질을 명확히 정의하고 가장 일반적인 분석 대상으로 꼽히는 대표적인 몇몇 사회보장모델을 비교분석적 방법으로 연구함으로써 브라질 사회보장제도의 특징과 특이성을 확인하는 것이었다. 드라이비 교수의 연구를 보면 ① 정치적·행정적 분권화를 통한 정치 및 제도의 혁신, ② 무언의 사회성, 정치적·행정적 분권화와 대중의 참여에 따른 공공정책의 효과성 및 결과, ③ 서비스 및 사회적 재화의 생산·공급에 있어서의 국가, 민간부문, 제3부문의 관계 변화, ④ 사회복지정책에 있어서 기존의 사회보장 방식을 대체할 토대로서의 소득이전(Draibe, 1993; Draibe, 1998) 등 브라질 사회보장제도가 가진 특징이 확연히 드러난다. 이러한 특성은 곧 카르도주 집권기 동안 시행된 사회정책의 핵심이기도 하다.

드라이비와 동료 연구자들이 추진했던 브라질 사회보장제도 개혁을 살펴보면 이들이 끼친 영향을 두 가지로 나누어 요약할 수 있다. 첫째, 프랑쿠 몬토루(Franco Montoro)가 상파울루 주정부를 이끌던 때부터 공공정책의 평가 및 분석을 수행한 경험과 전문성을 지닌 공공정책연구센터의 연구 및 평가 그리고 캄피나스와 연방정부의 공공정책에 대한 평가에서 드라이비의 이념이 타당성을 갖추었다는 사실이 입증되었다. 둘째, 각종 분석 및 공공정책 평가 결과에 의해 증명된 바와 같이, 드라이비와 동료들의 연구 결과는 그 타당성과 융합 수준이 대단히 높았기 때문에 브라질식 복지국가의 변화에 관심이 있는 모든 이에게 없어서는 안 될 중요한 자료였다. 또한 드라이비가 비교정치 분야에 기여한 학문적 공로 또한 의심의 여지가 없다. 중남미가 역내 복지국가들의 다양성과 특수성을 바탕으로 가장 흥미로운 연구 대상 지역으로 부상하게 된 계기가 바로 드라이비 및 캄피나스대학교 공공정책연구센터의 공동연구였기 때문이다. 1980~1990년대 사이, 공공정책연구센터는 재민주화와 관련한 중남미 공공정책 연구를 주요 목표로 하게 되었다. 드라이비와 그 동료들이 수행한 연구 중에서 특히 사회부조에 관해서는 ① 보편성와 선별주의 간 관계의 기초가 되는 개념의 변화, ② 복지서비스 제공에서 공공부문과 민간부문의 관계 변화, ③ 대중을 위한 소득이전 및 신용지원을 목표로 한 기존의 사회부조 방식을 대체하려는 성향을 지닌 프로그램의 본질적 변화, ④ 공공정책의 관리와 이행에 있어서의 분권화 및 시민사회의 참여로 인해 발생한 사회 지출 재정에 대한 의사결정과 제공 측면에서의 제도적 변화 등 4가지 주제에 주목할 필요가 있다.

## 11. 새로운 사회부조 패러다임을 구축한 에두아르두 수플리시와 크리스토방 부아르키

킹돈(Kingdon, 1984: 19)에 따르면 선거에 당선된 정치인은 정치적 의제 설정에 더 큰 영향을 미친다. 이들은 정치적 가시성을 지닌 참여자로서 사안 및 정책 대안을 의제로 설정하고 의사결정과정에 영향을 미칠 수 있기 때문이다. 브라질에서 최저소득보장제도 도입이 처음 제안된 것은 1940년대로 거슬러 올라간다. 당시 조주이 지 카스트루(De Castro, 1959; 2005)는 기본적 생활수준조차 갖추지 못한 사람들에게 필요한 '최소한의 소득' 배당을 제안하였다. 1975년에는 시우베이라가 극빈층의 소득을 보장하는 방법으로서 부의 소득세(*negative tax*) 도입을 제안했다(Silveira, 1975: 11∼15). 1990년대 초, 입법부에서는 에두아르두 수플리시 상원의원과 크리스토방 부아르키 연방지구 주지사가 최저소득보장에 적극적으로 나서면서 브라질 사회부조의 '보우사 파밀리아'로 대표되는 패러다임 전환에 결정적으로 기여했다.

수플리시 의원은 1980년대부터 최저소득보장제도 도입 입장을 고수해 온 인물이다. 그는 연방의회 상원에 당선된 후 1992년 4월 17일, 〈법안 제80호〉를 발의하면서 ① 최저소득 소비에 대한 자율권 부여, ② 소득증대를 위한 노동활동 독려, ③ 경제성장을 이끌 수 있는 시장에서의 소비 촉진을 골자로 하는 최저소득보장제도의 도입을 주장했다. 수플리시 의원은 세계

각국과 브라질에 최저소득 관련 논의를 널리 전파하기 위하여 창설된 '기본소득네트워크'(Basic Income Network: BIEN)에 초창기부터 회원으로 활동해 왔다. 그는 꾸준히 해외 지식인들의 지지를 구해 왔으며, 1998년에는 브라질 최초로 최저소득에 관한 국제회의를 개최하기도 했다. 국내외 여러 전문가로 구성된 패널과 함께 최저소득보장제도에 관한 경험을 공유하고 토의하는 것이 주요 목표였다. 대표적인 참석자를 간략히 나열하면 브라질 최초로 최저소득보장제도를 지지했던 안토니우 마리아 다 시우베이라(Antonio Maria da Silveira), IPEA 연구원이자 기본소득네트워크 회원이었던 레나 라비나스(Lena Lavinas), 리우데자네이루연방대학교(UFRJ)의 조앙 사보이아(João Sabóia) 교수, 기본소득네트워크 창립자 중 한 명인 가이 스탠딩(Guy Standing) 교수, 아동 대상 최저소득보장제도 도입을 주장해 전국적으로 큰 반향을 일으킨 리우데자네이루가톨릭대학교(Pontifícia Universidade Católica do Rio de Janeiro: PUC-Rio)의 조제 마르시우 카마르구(José Marcio Camargo) 교수, 공공정책 전문가 겸 기본소득네트워크 회원이던 마리아 오자니라 다 시우바 앤 시우바(Maria Ozanira da Silva & Silva) 교수 등이 있다. 수플리시는 최저소득보장과 관련하여 정치적 활동 외에도 브라질 최저소득보장제도 도입에 대한 소신을 담은 저서(*Renda de Cidadania: A Saída é Pela Porta*)를 발간하고(Suplicy, 2002) 여러 글을 언론에 기고하는 등 활발한 저술 활동을 펼쳤다. 브라질 의회는 수플리시 의원이 발의한 원안을 여러 차례 수정한 끝에 2004년 1월 8일 〈법령 제10835호〉로서 통과시켰다. 이로써 브라질은 국내에 5년 이상 거주한 모든 국민과 외국인에게 최저소득을 보장하는 제도를 확립했다.

하지만 수플리시의 노력을 실질적으로 온전하게 완성한 것은 보우사 파밀리아 프로그램의 제정이었다. 경제학자 출신의 민주노동자당 소속 상원의원 크리스토방 부아르키는 노동자당 창당 발기인 겸 활동가로도 잘 알려진 인물이다. 브라질의 최저소득 관련 정책을 옹호하는 데에 자신의 경력을 모두 내걸었던 두 번째 정치인이자 지식인으로, 특히 최저소득과 교육 간의 관계에 중점을 두었다. 부아르키는 국내외로 소득이전제도가 확대·보급되는 데에 결정적인 역할을 했으며, 이는 학자로서의 경륜과 정당정치인(노동자당)으로서의 역량이 결합된 결과였다. 그는 1990년대 빈곤층의 교육을 진흥하기 위한 조건부 최저소득제의 도입을 주장했던 소수의 브라질 지식인 중 한 명이기도 했다. 그는 또한 평등한 기회를 보장하는 데에 최저소득과 교육이 중대한 역할을 한다고 일관되게 강조해 왔다. 임기 중 직접기금(DF) 사업으로 진행된 보우사 이스콜라 프로그램의 성공은 역량강화 도구로서의 교육에 대한 그의 신념을 재차 다지는 계기였다. 이후 그는 교육정책에 자신의 모든 정치적 열정과 역량을 모았고, 그 자신의 말을 빌리자면 '교육에 집착'하는 정치인이 되었다. 최저소득과 교육 간의 긍정적 연계효과를 주제로 여러 저서를 쓰고 글을 기고하기도 했다(Buarque, 1994; 1998). 부아르키는 연방지구 자치정부가 이룬 가장 큰 성과 중 하나가 보우사 이스콜라 프로그램의 제정이라고 공개적으로 앞장서서 주장한 노동자당 의원 중 한 명이었다. 그리고 아프리카에 보우사 이스콜라의 형태로 최저소득보장제도를 보급하고 아프리카 대륙 전역에 걸쳐 현금이전 프로그램을 도입하기 위한 목적으로 비영리단체 '미상 크리안사'(Missão Criança)를 설립하기도 했다.

## 12. 연방주의와 사회보장 개혁: 소득이전 통합과정을 둘러싼 정쟁과 이해관계

연방체제에서는 소속된 각 정부 간의 재원을 공유하고 균형을 유지할 때에 반드시 규범적 원칙을 따라야 한다. 상호 간에 반드시 준수하기로 합의한 여러 조항에 근거한 이 원칙은 연방 내 각 정부 간의 관계를 결정한다. 연방제는 실제 또는 가상의 역사적 협정에 의해 성립되며, 연방에 속한 각 정부가 따라야 할 규칙도 그 협정에 따라 정해진다(Noël, 2006: 308~311). 브라질의 연방주의모델은 공공자원에 대한 경쟁, 법률의 제정 및 개혁 차원에서 사회적 재화 및 서비스 제공 측면에서 경쟁을 장려한다. 이는 결과적으로 참여자 간의 경쟁과 거래를 더 유리하게 만들며, Weingast와 Marshall의 표현에 따르면 정치적인 힘겨루기를 시장의 형태로 변형시킨다(Weingast & Marshall, 1988).

그러나 카르도주 행정부 출범 이후로 주지사의 권한이 연방행정부에 비해 크게 약화되었는데, 이는 연방행정부와 지방정부(지자체)의 관계가 강화된 까닭이다. 관계가 강화된 배경에는 ① 브라질이 국제무대에서 신용도를 어느 정도 회복하는 데에 성공하였다는 점, ② 화폐개혁의 안정성 확보 및 공공지출 재원조달을 위한 수단으로서 사회적 비상예비자금을 출연한 점, ③ 〈재정책임법〉과 물가인상폭 하락에 힘입어 예산균형을 달성한 점, ④ 콜로르 지 멜루(Fernando Collor de Mello) 대통령의 충격적인 탄핵 후 보수 진영에 대한 노동자당 정부의 위협이 카르도주 정부에 정당성을 부여했다는 점, ⑤ 1994년, 대통령 선거와 의회 총선거가 동시에 열림으로써 행정부와 입법부가 동일한 정치적 성향을 갖기에 유리한 조건이 형성되었다는 점, ⑥ 연방헌법 개혁 의제를 통해 분권화와 지방자치화가 정치적 의제로 설정되었다는 점 등을 들 수 있다(Abrucio, 2005). 이러한 상황은 특히 보건의료 및 교육부문에 있어 '빅뱅'식 개혁 전략에 유리하도록 만들었다(De Melo, 2005: 883). 그와 동시에 여러 브라질 지자체에서 교육 및 보건과 관련된 현금이전 프로그램을 도입하기 위한 조건이 마련되었고, 이러한 정책의 결과에 따라 연방정부와 입법부는 사회학습을 촉구했다. 역설적으로 이러한 과정은 2004년 룰라 대통령에 의한 보우사 파밀리아 제정으로 이어졌다. 룰라 대통령을 '마키아벨리적 순간'으로 이끈 논쟁의 한가운데에는 연방주의와의 정치적 대립이 있었다. 카르도주 재임 말기에 이르러서는 노동자당과 사회민주당이 현금이전제도를 강력히 지지하며 그 제정을 각자 자신의 공으로 돌리기도 했다. 정치적 성공의 상징이라는 인식이 강했기 때문에, 모든 장관과 시장들도 소득이전제도를 원하였다. 연방의회 상원, 주정부, 지자체를 둘러싼 정치적 공방이 이어지는 동안, 카르도주 행정부는 연방 보우사 이스콜라 프로그램을 제정함으로써 현금이전제도의 역사에 중요한 한 획을 그었다.

> 우리는 당시에 주어진 기회를 통해 의회의 전문적 역량을 높이고 자유전선당 (Liberal Front Party)의 세력을 약화시키고자 했다. 이때는 여러 주체의 의도와 이해관계, 사회, 정당 그리고 정부가 하나로 결집된, 흔치 않은 기회였다. 당시 우리에게는 상황에 대응하면서 사회보장 네트워크 구축이라는 정치적 목표를 달성하기 위한 충분한 힘과 정치적 역량이 있었다. 1999년 11월~2000년 5월 사이에 연방의회의 상원은 세아라 주의 루시우 알칸타라(Lúcio Alcântara) 사회민주당 상원의원이 제출한 최종 보고서에 근거하여 빈곤퇴치 합동위원회(Joint Committee for the Eradication of Poverty)가 제안한 '빈곤퇴치기금' 제정에 대한 동의하였다. 재무부 전문가들이 제시한 의견을 바탕으로 우리는 행정부와 입법부가 금융거래세(CPMF)를 0.08% 인상하고 빈곤퇴치기금을 설립하는 데 동의하도록 만들었다. 나 스스로는 이것이 재임기 전체를 통틀어 가장 자랑스러운 정치적 순간이라고 생각한다.
>
> 페르난두 엔히키 카르도주 전 브라질 대통령, 2008년 5월 상파울루에서의 인터뷰 중.

빈곤퇴치기금을 통해 사회보장 네트워크에 포함된 현금이전사업 및 연방 보우사 이스콜라 프로그램의 재원을 조달할 수 있었다. 이와 같은 연방주의의 역할 그리고 연방주의와 행정부 및 입법부의 관계를 고려하면 빈곤퇴치합동위원회의 최종 보고서에 따라 기금이 제정된 배경에는 사실상 카르도주 대통령의 전략적 계산과 개인적 이해관계가 있었다고 보아야 한다.

뿐만 아니라 공동체연대의 최종 재구성이라는 맥락에서 사회보장 네트워크와 연방 보우사 이스콜라 프로그램을 제정하고, 나아가 알보라다 프로젝트(Alvorada Project)를 신설할 수 있었던 것 역시도 위와 같은 배경에서 가능했던 것이다.

역사제도주의의 관점에서 보면 공공정책을 변화시키는 여러 요인 중 하나가 바로 개인적 이해관계를 근거로 한 참여자들의 전략적 계산이다. 이해관계를 필연적인 것으로 인정하는 합리적 선택 제도주의 이론과는 달리, 역사제도주의적 관점에서 이해관계는 과거로부터 물려받은 제도의 맥락 안에서 역사적이고 정치적으로 형성되며, 비대칭적 권력관계를 중심으로 만들어진다. 빈곤퇴치기금 제정과 사회보장 네트워크하 연방 보우사 이스콜라 프로그램 제정을 둘러싼 여러 정치 참여주체 간의 공방과 경쟁을 보면 연방제 정치체제에서의 사회정책이란 정치적 질서를 구성하는 내적 요소라 판단할 수 있다. 사회정책은 곧 국가의 정당성을 담보하는 핵심적인 구성 요소이기 때문이다. 또한 경쟁은 정치적 충돌을 유발함으로써 공공정책의 신설을 유도한다. 이 맥락에서 브라질 연방주의가 맡은 역할을 통해 새로운 브라질 사회보장 계획에서의 이념, 제도, 이해관계와 같은 변수 간의 의존관계를 다시 한 번 확인할 수 있으며, 가설에서 약술한 바와 같은 새로운 패러다임 구조를 이끌어 낸다.


## 13. 중남미 좌파 진영의 부상 그리고 룰라의 당선

1990년대 말 중남미에서 시작된 좌파 진영의 부상은 매우 중대한 파급효과를 가진 정치적 격변이다. 이러한 현상은 베네수엘라의 우고 차베스(Hugo Chavez, 1998년) 집권 이후 본격적으로 나타나기 시작하여 브라질의 룰라(Lula, 2002년), 아르헨티나의 네스토르 키르치네르(Nestor Kirchner, 2003

년), 우루과이의 타바레 바스케스(Tabaré Vasquez, 2005년), 볼리비아의 에보 모랄레스(Evo Morales, 2006년) 등의 당선으로 꾸준히 이어졌다. 이는 1990년대에 중남미 전역에 걸쳐 진행된 일련의 구조 개혁에 대한 강한 반작용이었다. 구조 개혁은 좌파와 우파의 충돌을 초래하며 평등 문제에 대한 새로운 담화를 촉발시켰고, 자연스럽게 좌파의 집권 가능성을 높였다. 좌파가 소득 재분배에 좀더 나은 정책을 전개할 수 있다는 인식이 높아졌기 때문이다(Noel & Therien, 2008: 190). 여러 관련 연구는 사회적 불평등의 확대 그리고 이른바 '워싱턴 합의'에 따른 신자유주의 개혁의 도입에 대한 반응이 중남미 좌파의 부상으로 이어졌다고 지적한다(Castañeda, 2003; Armony, 2007; Clery, 2006).

실제로 당시 노동자당 대표였던 룰라 후보가 총 5,270만 표(61.7%)를 얻는 동안 카르도주 정부의 보건부장관이던 조제 세라 후보는 고작 3,330만 표(38.7%)를 얻는 데에 그쳤는데, 그 이유는 두 차례의 카르도주 집권기 동안 야당(노동자당)의 전략적 뼈대를 이루었던 다음 네 가지 기본 요소에서 찾을 수 있다. ① 카르도주 정부는 고용의 신규 창출보다 인플레이션 억제에 과도하게 집중하며 시장친화적인 성향의 경제모델을 선택했으며, 노동자당은 이에 비판적이었다. ② 노동자당은 카르도주 정부가 도입한 사회정책에도 비판적이었다. 정부의 정책을 주정부 개혁에만 지나치게 집중하며 사회적 접근이 아닌 금융 중심적 관점에서 브라질 헤알화의 방어에만 몰두했던 기술관료들이 만들어 낸 것으로 보았다. ③ 모든 유형의 부정부패, 후견주의, 정치적 후원행위를 배제하고 민주적 다원주의 및 시민권의 범위를 확대하기 위한 투쟁이 계속되었다. 당시 브라질 노동자들은 노동자당이 표방하던 모습과 정당의 역사에서 기존 정치와는 완전히 다른 일종의 '면역력'을 발견했고, 이는 자신들의 정당한 정치적 의사표현을 위해 100년 넘게 벌여 온 투쟁에 대한 궁극적 보상을 의미하는 것이었다. ④ 노동자당 지도자였던 룰라 후보는 브라질 북동부의 가난하고 배우지 못한 가정에서 태어나 자란 사람으로, 수백만 유권자의 공감대를 얻기에 충분한 인생을 살아 온 인물이었다. 그는 노동자로 생활하던 중 산업재해를 당하기도 했으며, 군사독재 시절 정치적 탄압으로 투옥되는 등 수모를 겪기도 했다. 역경을 딛고 성공한 그의 모습과 일관된 신념은 팍팍한 삶을 사는 모든 브라질 노동자에게 커다란 연대의식과 공감대를 형성하며 룰라 후보를 위대한 지도자로 만들었고, 어떤 면에서는 소속 정당까지 초월하는 대중적 지지를 얻었다.

## 14. 룰라의 '마키아벨리적 순간': 보우사 파밀리아 프로그램의 제정

노동자당은 〈브라질을 위한 노동자당 정부 계획안 기본 설계 및 지침: 혁신의 필요성〉(Concepção e diretrizes do programa de governo do PT para o Brasil: A ruptura necessária)이라는 문서에서 제안한 바 있는 당 차원의 선거운동 방침에 따라 사회개발 전략을 구축해야 했기에 카르도주 집권기의 제도적 유산을 적폐로서 강력히 비판하였다. 특히 사회복지정책은 핵심적인 비판의 대상이었다(Ramos & Lobato, 2008). 이와 같은 적폐 가운데 대표적인 것이 소득이전정책이었는데, 이 정책에는 노동자당이 기여한 부분도 컸다. 에두아르두 수플리시 상원의원이나 크리스토방 부아르키 연방지구 주지사가 의회에서 최저소득보장제를 옹호한 것은 물론, 다른 여러 노동자당 지도자들(특히 최저소득보장제를 도입했던 지자체장들)도 사회민주당과 경쟁하며 최저소득보장제를 지지했다. 과거의 제도적 유산을 인정하지 않았던 룰라 정부는 기아와 빈곤퇴치를 위한 전략의 하나로서 식량배급을 골자로 한 사회복지정책을 제안하였다.[3]

　새로운 사회복지정책은 '기아퇴치정책'의 제정을 기점으로 설계된 것으로, 4) 전체적인 구조는 카르도주 행정부에서 룰라 행정부로 정권이 이양되는 시기에 형성되었다. 당시 정권인수위원회에는 유엔식량농업기구, 세계은행, 미주개발은행에서 파견한 대표단도 포함되어 있었다. 오랜 논의 끝에 노동자당은 기아퇴치정책을 대표할 제도로 식품급여카드(Cartão Alimentação)를 도입해 카르도주 행정부의 소득이전정책을 대체하는 방안을 제시했다.

그러나 기아퇴치정책은 앞에서 소개한 바와 같이 이미 여러 차례의 평가를 통해 성공적인 결과를 입증한 바 있는 기존의 정책 경험과 정면으로 대립했다. 무엇보다도 현금이전제도가 성공적이었음을 확증한 세계은행과 미주개발은행의 평가 결과를 거스른 것이었다. 더욱이 이 두 기관은 1999년부터 줄곧 브라질 사회보장제도에 대한 평가를 재정적으로 지원해 온 곳이었다.

세계은행과 미주개발은행은 이 제안에 동의하지 않았다. 지난 몇 년간 축적된 경험은 소득이전 프로그램과 사회제도 단일등록 시스템의 개선이 가장 훌륭하고 일관성 있는 대안이었음을 보여 주었다. 사회보장 네트워크 전체를 구성하는 이 같은 프로그램의 효과성은 이미 다양한 평가를 통해 입증되었다.

Bénédicte de la Brière, 세계은행 사회보장 담당 전문가 인터뷰, 2010년 5월.

---

3) 카르도주 집권기 동안에도 그러한 목적으로 도입된 전략은 대동소이했음을 상기할 필요가 있다. 공동체연대의 여러 요소 중 하나였던 긴급식량배급제(Programa de Distribuicao Emergencial de Alimentos: PRODEA)는 브라질 북동부를 강타했던 가뭄 등과 같은 비상 상황에 대비한 자원으로 고려했던 적이 있다. 긴급식량배급제는 알보라다 프로젝트가 만들어진 후 소득이전제도의 하나인 농작물보험으로 대체되었다.

4) 기아퇴치정책은 2003년 〈법령 제10683호〉를 통해 제정되어 공동체연대 프로그램을 대체하였으며, 룰라 정부 사회개발정책의 4대 축이라고 할 수 있는 식량 접근의 보장, 가족 농업 강화, 소득 창출, 협력, 동원, 사회통제를 모두 합친 형태였다.

그러나 노동자당은 자체적으로 새로운 제도를 개발하겠다고 결정하였고, 그 결과 2003년 6월 13일에 〈법령 제 10869호〉를 통해 기아퇴치정책 및 전국급식제공제도(NPAA)가 도입되었다. 이 두 제도는 얼마 지나지 않아 비난에 휩싸였고, 노동자당 정부가 이전 카르도주 행정부의 '적폐'를 전혀 청산하지 못했음을 드러냈다. 단 한 가지 예외로 꼽을 수 있는 것은 2003년 5월 20일에 〈법령 제 10683호〉로 국가식량안보위원회(CONSEA)를 재가동해 기아퇴치에 모두 함께 노력하자는 상징적인 캠페인을 벌인 것 뿐이었다(Yasbeck, 2004; Vatisman, Andrade & Farias, 2009; Marques & Mendes, 2007).

2003년 말, 룰라는 상황을 반전시켜 유리한 국면을 만들고 사회 부흥을 꾀하기 위해 긴축재정을 선택했다. 그 결과 사회복지 및 교육 관련 부처에서는 구조 개편이 이어졌다. 2004년 1월에는 사회 분야에서 노동자당에게 유리한 여론을 조성함과 동시에 당내의 분열을 해소할 목적으로 베네지타 다 시우바(Benedita da Silva) 사회복지부장관과 크리스토방 부아르키 교육부장관을 해임하였다. 이와 같은 결정은 룰라 행정부가 카르도주 정부로부터 물려받은 다양한 정책과 제도를 계속 서로 연결하고 통합하려는 과정에서 이루어진 것으로 보는 것이 타당하다. 궁극적인 목표는 룰라 정부에서 가장 중대한 의의를 갖는 제도, 즉 보우사 파밀리아 프로그램의 제정이었다. 따라서 행정부는 사회보장 네트워크를 만들 당시에 루스 카르도주가 먼저 시작했던 다섯 가지 소득이전 프로그램의 통합 프로세스를 계속해서 진행했으며, 이 중에는 부아르키 장관에게 가장 중요한 프로그램으로 교육부가 도입하여 시행 중이던 보우사 이스콜라도 포함되어 있었다. [5]

5) 잠시 상기하자면, 루스 카르도주에 의한 통합을 거쳐 보우사 파밀리아 프로그램의 실현을 가능하게 했던 두 프로그램은 2001년 4월 11일 〈법령 제 10219호〉로 제정된 교육 관련 국가 최저소득보장제도(보우사 이스콜라), 그리고 2003년 6월 13일 〈법령 제 10689호〉로 제정된 전국급식제공제도(PNAA)였다. 룰라 행정부가 직접 제정한 제도로는 보건 관련

2004년 1월, 헌법 제 10836조에 따라 보우사 파밀리아 프로그램을 제정한 것은 룰라 대통령과 노동자당이 지금까지 분석한 것처럼 두 번에 걸친 카르도주 집권기 동안 만들어진 사회보장 네트워크로 대변되는 새로운 사회복지 패러다임을 폐지함으로써 발생할 정치적 비용의 실체를 인식했음을 말해 준다. 뿐만 아니라 보우사 파밀리아 프로그램 도입은 룰라의 민첩한 정치적 판단력과 개인적 이해관계를 잘 반영한 전략적 행동이었다. 룰라 대통령은 기아퇴치정책이 별다른 성과를 내지 못하자 빈곤층의 지지를 얻기 위한 정치적 선택으로 카르도주 행정부가 만든 사회보장 네트워크의 잠재성을 인정했다고 볼 수 있다. 또한 이러한 입장의 변화는 룰라 행정부가 현금이전에 대해서도 처음과는 다른 시각을 갖게 되었다는 점에서 정치적 미덕을 보여 주는 사례이기도 하다. 그리고 1999년 당시에 룰라가 카르도주 대통령에게 제안했던 것처럼, 룰라 행정부도 사회적 명분에 대한 강한 의지를 표명해야 할 필요가 있었다는 사실을 드러낸다. 나아가 노동자당과 룰라 행정부가 카르도주 행정부와는 다르다는 것을 입증해야 할 필요성도 나타냈다.

보우사 파밀리아 프로그램을 제정한 후 긍정적 반응과 결과를 확인한 룰라 행정부는 입법부와 동의하여 2004년 5월 13일에 헌법 제 10869조에 근거해 기아퇴치정책 시행안 구성을 담당할 목적으로 2003년에 구성된 식량보안 및 기아퇴치특별부를 폐지하는 한편, 동시에 헌법 제 10869조를 기반으로 사회개발부(Ministry of Social Development)를 신설했다. 새로운 주무 부처의 신설 그리고 브라질식 사회복지정책을 대표하는 제도로서 보우사 파밀리아 프로그램의 존재를 널리 부각시킨 것에서는 정치적 기민함이 잘 드러난다. 이와 같은 정책으로 이 장의 도입부에 언급했듯이 카르도주

---

최저소득보장제도인 보우사 알리멘타상(2001년 9월 6일 〈임시 대통령령 2206-1〉), 취사용 연료 수당(2002년 1월 24일 〈대통령령 제4102호〉), 연방정부 주관 통합등기제(2001년 7월 24일 〈대통령령 제3877호〉)가 있다.

행정부가 여러 사회보장기관을 폐쇄하며 발생하였던 제도적 공백을 〈임시대통령령 제813호〉를 통해 채울 수 있었기 때문이다. 해당 법령과 함께 보우사 파밀리아 프로그램을 관리하기 위한 운영위원회가 설립되었다. 이러한 제도는 공동체연대위원회와 같이 카르도주 행정부가 설립했던 제도와 유사한 면이 있다.

룰라 대통령으로서는 가장 중요한 보우사 이스콜라를 포함한 사회보장 네트워크와 루스 카르도주가 지지했던 5대 제도의 통합 아이디어를 발견한 것이 행운이었다. 룰라가 지녔던 정치인으로서의 미덕은 기아퇴치정책 수립에 대한 자신의 결정을 재검토하기로 한 통찰력에서 엿볼 수 있다. 기아퇴치정책은 역사적으로 사회보장의 새로운 핵심 중추가 되는 현금이전의 중요성을 명확히 보여주었다는 점을 완전히 외면했기 때문이다. 룰라 행정부, 세계은행, 미주개발은행은 모두 새롭게 포장된 파밀리아 프로그램을 적극적으로 홍보했고, 시행 평가 보고서를 통해 관련 분야 공공정책의 모범 사례로 내세우며 브라질에서의 성과를 널리 알렸다.

절대빈곤과의 싸움에 있어서 보우사 파밀리아 프로그램의 실효성은 여러 연구를 통해 입증된 바 있다(Neri, 2006; Neri, 2011; Singer 2012). 보건의료와 교육의 진흥 및 보급을 목표로 했던 보우사 파밀리아 프로그램은 브라질의 영아사망률을 떨어뜨리는 데 결정적인 역할을 했다. 세계은행은 보우사 파밀리아를 공공정책의 역사에서 가장 중요한 현대적 모범 사례로 평가했다(Lindert, 2009). 더욱이 보우사 파밀리아는 브라질 여러 지자체의 소득이 40% 가까이 증가한 것에도 영향을 미쳤다(Marques, 2005). 브라질의 빈곤층이 자긍심과 자신감을 갖도록 하는 데에도 매우 중요한 역할을 했으며(Singer, 2009; Singer, 2012), 특히 여성의 자주권과 시민의식을 고취하는 데에 가장 효과적인 도구로 작용했다고 평가를 받는다(Rego & Pinzani, 2013).

보우사 파밀리아의 이러한 성공은 2006년 룰라 대통령의 재선에도 상당한 영향을 미쳤다. 분석에 따르면 보우사 파밀리아 예산의 놀랄 만한 확대와 수혜자 수의 증가 간 상관관계는 선거 결과에 결정적이었다. 2004년 프로그램 설립부터 2006년 대선 사이의 기간에 보우사 파밀리아에 배정된 예산은 5억 7천만 헤알에서 75억 헤알로 13배나 더 확대되었다. 다양한 분석을 통해 알 수 있듯이, 여러 지자체의 생활수준 향상(절대빈곤의 감소)과 유권자들의 성향 간에는 직접적 상관관계가 존재한다. 따라서 룰라의 2002년 대통령 당선에 중산층의 표가 결정적인 역할을 했다면, 2006년 대선에서는 보우사 파밀리아 프로그램의 수혜를 받은 빈곤층으로부터의 표가 룰라 당선에 지대한 영향을 미쳤다(Nicolau & Peixoto, 2007; Marques, 2009; Hunter & Power, 2007). 이러한 결과는 룰라를 21세기를 이끌 새로운 카리스마적 지도자로 그리고 출신 배경에 굴하지 않고 자신의 운명을 개척한 입지전적의 인물로 만들었다. '룰라주의' 현상은 그 정점을 이루는 표현이다. 그 성과는 2010년에 실시된 대통령 선거에서 지우마 호세프 후보가 승리하면서 룰라의 정치적 후계자가 만들어지는 데에도 크게 기여했다.

중남미에서는 브라질 외에도 아르헨티나, 베네수엘라, 콜롬비아, 멕시코 등 17개국이 현금이전제도를 도입하게 되었으며, 특히 멕시코는 브라질과 같은 해에 '연대 프로그램'(Solidaridad Program)을 제정했다. 아프리카에서는 현금이전제도가 가장 혁신적인 변화이자 새로운 사회보장체제로서 영국 국제개발부(DFID), 스웨덴 국제개발협력청(SIDA), UNICEF, 세계은행 등 여러 국제기관의 지원을 받고 있으며, 절대빈곤을 퇴치하기 위한 수단으로 계속해서 확대되는 추세이다. 아시아 태평양 지역에서도 중국, 베트남, 필리핀을 비롯한 15개국이 이미 현금이전제도를 도입해 실행 중이다(UN, 2014).

# 15. 맺음말: 최종 고찰

이 장에서는 과정추적방식을 통해 보우사 파밀리아 프로그램이 만들어지기까지의 과정을 역사적으로 재구성하여 이념, 제도, 이해관계의 이른바 '3I'모델(*ideas, institutions, interests*)의 타당성을 검증했다. 분석모델의 검증과 더불어 세 번째 패러다임 전환에 이르기까지 지식층과 지식공동체, 당파 및 정당 간 경쟁이 맡았던 역할 조명 측면에서 공공정책의 의사결정 과정을 면밀하게 분석했다. 이념의 역할은 정책 지향적 관점에서 연구했다. 이를 통해 보우사 파밀리아 프로그램에서의 세 번째 패러다임 전환이 이전의 다양한 현금이전제도를 실행한 경험으로부터 얻은 결과였음을 증명했다. 정책 지향적 학습은 실제적 경험을 통해 정치 영역에서 사고하고 행동하는 방식을 변화시키며, 이러한 변화는 공공정책의 목표를 바꿀 수 있는 것이었다(Heclo, 1994: 306).

이상의 분석을 통해 우리는 최저소득 이념과 관련된 제도 및 이해관계의 역할, 그리고 이를 통해 만들어진 새로운 패러다임의 형태를 파악할 수 있었다. 이 장의 내용을 요약하자면, 보우사 파밀리아로 대표되는 새로운 브라질식 사회보장 기본구조에 있어 다음과 같은 최소 네 가지의 주요 전환점을 확인할 수 있었다. ① 1995년 이후 캄피나스와 브라질리아에 최초의 현금이전제도가 도입되었고, 이후 노동자당과 사회민주당 간의 경쟁으로 인해 여러 지자체로 제도가 파급·확산되기 시작했다. ② 카르도주 행정부의 두 번째 집권기는 각각 2001년 3월과 7월, 통합등기 및 시민카드를 통한 소득이전제도의 통합과 함께 알보라다 프로젝트와 사회보장 네트워크로 이어진 공동체연대의 재편으로 막을 내렸다. ③ 룰라 대통령의 첫 임기 초반, 노동자당은 전임 카르도주 정부의 유산을 폐기하고 비난하였으며, 기아퇴치를 룰라 행정부의 대표 정책으로 수립할 수 있는 선택지도 함께 사라졌다. ④ 2004년 초에 카르도주 전 대통령의 예전 정책과 보우사 파밀리아 관련 홍보 전략이 새롭게 포장되었으며, 이는 2006년 룰라의 재선이라는 큰 성과를 거두는 데에 중요한 역할을 했다. 또한 룰라는 브라질에서 새로운 21세기형 카리스마를 지닌 지도자로 갈채를 받았으며, 2010년의 지우마 호세프 대통령 당선에도 영향을 미쳤다.

이는 의회를 비롯한 여러 제도로 브라질 연방행정부의 힘을 초월적 대통령제에 가깝게 강화하는 데 도움을 줄 수 있는 연방주의나 브라질 대통령제와 같은 요소에 호의적인 이념, 제도, 이해관계 간의 상호작용을 좀더 명확히 밝혀 준다. 카르도주와 룰라 두 정권이 각 정권의 주요 정책인 사회보장 네트워크와 보우사 파밀리아를 제정했을 때도 이러한 작용이 그대로 나타났다. 분석을 통해 우리는 행정부와 정당들의 권력 경합이 연방정부를 입법부와 각 정당, 심지어 지방정부에 대해서도 합리적, 체계적, 실용적 관점에서 자율적 우위에 서도록 하여 정치적 전략을 시행할 공간을 가질 수 있도록 함을 확인했다. 이러한 우위는 바로 공화국 대통령의 이익을 향상시키는 것이다(Armijo et al., 2006).

마지막으로 이 장에서는 경제 안정화를 위한 화폐개혁이 카르도주 정부의 마키아벨리적 순간이었다면, 룰라 행정부의 마키아벨리적 순간이라 할 수 있는 것은 그 수완이 빛난 보우사 파밀리아 제정과 성공이었다는 것을 입증하였다. 이로 인해 룰라 대통령이 카르도주 대통령에 비해 덜 도적적인 정치인이 되지는 않는다. 오히려 이는 카르도주와 룰라 두 사람의 행동 배경에는 확신윤리가 아닌 책임윤리의 영향이 훨씬 컸음을 시사한다. 베버(Weber)에 따르면 확신윤리는 목적이나 결과에는 개의치 않고 수단에만 관심이 있는 반면, 책임윤리는 행위자가 원하는 결과와 관련이 높은 것이므로 분명한 목적성을 가진 합리성이라고 말할 수 있다(Weber, 2010: 64, 69).

보우사 파밀리아 프로그램의 친부 확인을 위해 DNA 검사를 실시한다면 이 정치적 업적의 보상을 모두가 공유해야 함이 잘 드러날 것이다. 인간개발지수의 상승 그리고 새로운 개발주의적 방향하의 브라질식 개발모델을 높게 평가한 각종 문헌으로 입증된 브라질의 사회 선진화는 분명한 사실이다. 빈곤층이 갖는 자긍심과 소속감은 브라질에서 점차 높아지는 민족주의적 정서와 직접적으로 연관되어 있다.

2015년 1월 이후 시작된 경제위기, 2016년 8월 31일에 가결된 지우마 호세프 대통령의 탄핵 그리고 뒤이은 미셰우 테메르 부통령의 부당한 집권 사태가 지금까지 브라질이 이룩한 성과에 직접적인 영향을 미치지 않기를 희망한다. 만일 그렇게 된다면 보우사 파밀리아는 정부 정책이 아닌 주 정책으로 변질될 수도 있다. 이에 대해서는 향후에 추가적인 연구가 필요할 것이다.

## ■ 참고문헌

Abrucio, F. L. (2005). A coordenação federativa no Brasil: A experiência do período FHC e os desafios do governo Lula. *Revista de Sociologia Política, 24,* 41~67.

AEPS & MPAS (2002). Outubro de 2002. In Brasil, Presidência da República. *Brasil 1994~2002: A Era do Real.* Brasília: Secom.

Armijo, L. E., Faucher, P., & Dembinska, M. (2006). Compared to what? Assessing Brazil's political institutions. *Comparative Political Studies, 39*(6), 759~786.

Araujo, C. H. (1998). Bolsa-Escola: Renda mínima associada à educação. *Polis: Estudos, Formação e Assessoria em Políticas Sociais, 30,* 49~58.

Armony, V. (2007). The 'Civic Left' andtThe demand for social citizenship, left turns?: Progressive parties, insurgent movements, and policy alternatives in Latin America. Conference prepared for Peter Wall Institute for Advanced

Studies. University of British Columbia, 2007. 5. 27~30.

Bastagli, F. (2009). *From Social Safety Net to Social Policy? The Role of Conditional Cash Transfers in Welfare State Development in Latin America.* IPCI Working Paper, 60. Brasília: International Policy Center for Inclusive Growth.

Bejarano, S. R. (1998). Programa de garantia de Renda Mínima: A experiência de Campinas. *Polis: Estudos, Formação e Assessoria em Políticas Sociais, 30,* 25~ 48.

Brasil, Presidência da República (2002). *Brasil 1994~2002: A Era do Real.* Brasília: Secom.

Buarque, C. (1994). *A Revolução nas Prioridades. Da Modernidade Técnica à Modernidade ética.* São Paulo: Paz e Terra.

_____ (1998). *O Colapso da Modernidade Brasileira.* São Paulo: Paz e Terra.

Castañeda, J. (2003). Latin America's Left Turn. *Foreign Affair, 85* (3).

Coelho, D. B. (2010). Competição política e a nova agenda social: Por que os partidos políticos de esquerda e direita difundiram programas de transferência de renda no Brasil?. Communication 13th Congrès du BIEN (Basic Income Earth Network), Universidade de Brasília.

Cleary, M. R. (2006). Explaining the Left's Resurgence. *Journal of Democracy, 17* (4), 35~49.

Da Silva & Silva, M. O. (Ed.) (2001). *O Comunidade Solidária. O não Enfrentamento da pobreza.* São Paulo: Cortez.

De Andrade, H. V. (2004). *Políticas de Combate à Pobreza no Brasil: Uma Análise Das Estratégias do Governo Fernando Henrique Cardoso.* Dissertação de Mestrado. Universidade federal do Rio de Janeiro.

De Castro, J. (1959). *Geopolitica da fome. Ensaio sobre os Problemas de Alimentação e de População do Mundo, 1,* 5th edition. São Paulo: Brasiliense.

_____ (2005). *Geografia da Fome. O Dilema Brasileiro Pão ou Aço,* 5th edition. Rio de Janeiro: Civilização Brasileira.

De Melo, M. A. (2005). O sucesso inesperado das reformas de segunda geração: Federalismo, reformas constitucionais e política social. *Dados, 48* (4), 845~ 889.

De Sousa, A. M. & Fonseca, A. M. M. da. (1997). O debate sobre a Renda Mínima: A experiência de Campinas. *São Paulo em Perspectiva, 11* (4), 22~

32.

De Souza, A. B. (2010). *Idées, Institutions et Intérêts dans le Changement de la Protection Sociale: Les Politiques de Transfert de Revenu au Brésil.* Ph. D. thesis. Université de Montréal.

Demo, P. (1999). Globalização da Exclusão Social: Contradições Teóricas e Metodológicas do Discurso Neoliberal Acerca do Enfrentamento da Pobreza. *Ser Social, 4,* 43~74.

Derrida, J. (1994). *Force de Loi.* Paris: Galilée.

Dolowitz, D. P., Hulme R., & O'Neill, F. (2000). *Policy Transfer and British Social Policy: Learning from the USA?* Buckingham-Philadelphia: Open University Press.

Draibe, S. M. (1993). *O Welfare State no Brasil: Características e Perspectivas,* Campinas: NEPP-Unicamp,

_____ (2003). A política social no período FHC e o sistema de proteção social. *Tempo Social, 15*(2), 63~96.

Draibe, S. M., Fonseca, A. M., & Montali, L. (1998). Programas de Renda Mínima para famílias carentes: Levantamento das experiências e metodologias de avaliação. In Lobato, A. L. (Ed.). *Garantia de Renda Mínima. Ensaios e Propostas,* 203~250. Brasília: IPEA.

Fiori, J. L. (2002). *60 Lições dos 90. Uma Década de Neoliberalismo.* Rio de Janeiro-São Paulo: Record.

Goldstein, J., & Robert O. K. (1993). *Ideas and Foreign Policy: Beliefs, Institutions and Political Change.* Ithaca: Cornell University Press.

Governo do Distrito Federal (1997). *Programa Bolsa-Escola e Poupança-Escola.* Brasília: Secretaria de Educação. Quoted by Abramovay, M., Andrade, C. & Waiselfisz, J. J. (1998). *Bolsa-Escola: Melhoria Educacional e Redução da Pobreza.* Brasilia: Unesco-Unicef-Pólis.

Grosh, M. et al. (2008). *For Protection and Promotion, The Design and Implementation of Effective Safety Nets.* Washington: World Bank.

Haas. M. P. (1992). Introduction: Epistemic communities and international policy coordination. *International Organisation, 46*(1), 1~35.

Hall, P. (1986). *Governing the Economy: The Politics of State Intervention in Britain and France.* New York: Oxford University Press.

_____(Ed.) (1989). *The Political Power of Economic Ideas: Keynesianism Across Nations*. Princeton: Princeton University Press.

_____(1993). Policy paradigms, social learning, and the state: The case of economic policymaking in Britain. *Comparative Politics*, *25*(3), 275~296.

Heclo, H. (1994). Ideas, interests and institutions. In Lawrence C. D., & Jillson. C. (Eds). *The Dynamics of American Politics: Approaches & Interpretations*. Boulder: West View Press.

Hunter, W., & Power. T. J. (2007). Rewarding Lula: Executive power, social policy, and the Brazilian Election of 2006. *Latin American Politics and Society*, *49*(1), 1~30.

Keefer, P., & Khemani, S. (2003). Why do the Poor Receive Poor Services? *Economic and Political Weekly*, *39*(9), 935~943.

Kingdon, J. W. (1984). *Agendas, Alternatives, and Public Policies*, 2nd edition. New York: Harper Collins.

Lindert, K. (2009). Brazil: Bolsa-Família Program: Scaling-up cash transfers for the poor. In *Managing for Development Results Principles in Action: Sourcebook on Emerging Good Practices*.

Lipsky, M. (1980). *Street-Level Bureaucracy: Dilemmas of the Individual in Public Services*. New York: Sage Foundation.

Marques, R. M. (2005). *A Importância do Bolsa-Família nos Municípios Brasileiros*. Cadernos de estudos: Desenvolvimento social em debate, 1. Brasília: Ministério do Desenvolvimento Social.

Marques. R. M., & Mendes, Á. (2007). Servindo a dois senhores: As políticas sociais no governo Lula. *Katalysis*, *10*(1), 15~23.

Marques, R. M., Leite, M. G., Mendes, Á., & Ferreira, M. R. J. (2009). Discutindo o papel do Bolsa Família nas eleições presidenciais brasileiras de 2006. *Economia Política*, *29*(1), 114~132.

MDS(2014). Bolsa Família atende mais de 13, 9 milhões de famílias em agosto.

_____(2016). Governo federal repassará R$ 2, 5 bilhões aos beneficiários do Bolsa Família em outubro.

Ministério da Educação-Secretaria do Programa Nacional de Bolsa-Escola. (2002). *Relatório de Atividades*.

Moraes, A., & Santana, S. R. (1997). *Avaliação do Programa Bolsa-Escola do GDF*.

Brasília: Fundação Grupo Esquel.

Neri, M. (Ed.) (2006). *Poverty, Inequality, and Labour Dynamics: The Second Real*. Rio de Janeiro: Fundação Getúlio Vargas.

_____(2011). *A Nova Classe Média: O Lado Brilhante da Base da Pirâmide*. São Paulo: Saraiva.

Nicolau, J., & Peixoto, V. (2007). *As bases municipais da votação de Lula em 2006*. Cadernos fórum nacional, 6. Quoted by Singer, A. (2009). Raízes sociais e ideológicas do Lulismo. *Novos Estudos*, *85*, 83~202.

Noël, A., & Thérien, J. (2008). *Left and Right in Global Politics*. New York: Cambridge University Press.

Noël, A. (2006). Équilibres et déséquilibres dans le partage des ressources financières. In Gagnon, A. G. (Ed.). *Le Fédéralisme Canadien Contemporain: Fondements, Traditions, Institutions*. Montréal: Presses de l'Université de Montréal.

Peliano, A. M. (1990). *Quem se Beneficia dos Programas Governamentais de Suplementação Alimentar*. Série Textos para discussão n. 205. Brasília: IPEA.

_____(1992). *Os programas de alimentação e nutrição para mães e crianças no Brasil*. Série textos para discussão n. 253. Brasília: IPEA.

Peliano, A. M., Resende, L. F. de Lara & Beghin, N. (1995). O comunidade solidária: Uma estratégia de combate à fome e a pobreza. *Planejamento e Polí ticas Públicas*, *12*.

Pereira, P. A. P. (2000). *Necessidades Humanas: Subsidios à Critica dos Minimos Sociais*. São Paulo: Cortez Editora.

PNAD (2002). *Brasil 1994~2002: A Era do Real* (395~396). Quoted by Brasil, Presidência da República-Secretaria de Estado de Comunicação de Governo. Brasília: Secom.

Pocock, J. G. A. (1997). *Le Moment Machiavélien. La Pensée Politique Florentine et la Tradition Républicaine Atlantique*, Translated by Borot, L. Paris: Léviathan.

Putnam, R. D. (1993). *Making Democracy Work: Civic Traditions in Modern Italy*. Princeton: Princeton University Press.

Ramos, C. A., & Lobato, A. L. (2008). La transition en las politicas sociales en Brasil: Del antiguo paradigma al registro único.

Rego, W. L., & Pinzani, A. (2013). *Vozes do Bolsa-Família*, São Paulo: UNESP.

Rhodes, R. A. W. (1997). *Understanding governance: policy networks, governance, reflexivity, and accountability.* Public policy and management series. Buckingham-Philadelphia: Open University Press.

Rogers, E. M. (1995). *Diffusion of Innovations.* New York: The Free Press.

Rose, R. (1991). What is lesson-drawing? *Journal of Public Policy, 11(1),* 3~30. Cambridge: Cambridge University Press.

Sabóia, J. & Rocha, S. (1995). Programas de Renda Mínima: Linhas gerais de uma metodologia de avaliação a partir do estudo do programa Bolsa Familiar para a Educação no Distrito Federal tendo como referencia a experiência pioneira do Paranoá. Série Textos para discussão, n. 582. Rio de Janeiro: IPEA.

Sader, E. & Silverstein, K. (1991). *Without Fear of Being Happy: Lula, The Worker's Party and Brazil.* London and New York: Verso.

Silveira, A. M. da. (1975). Redistribuição de Renda. *Revista Brasileira de Economia, 29(2),* 3~15.

Singer, A. (2009). Raízes sociais e ideológicas do Lulismo. *Novos Estudos, 85,* 83~202.

_____ (2012). *Os Sentidos do Lulismo. Reforma Gradual e Pacto Conservador.* São Paulo: Companhia das Letras.

Suplicy, E. M. (2002). *Renda de Cidadania. A Saída é Pela Porta.* São Paulo: Cortez Editora-Fundação Perseu Abramo.

Thelen, K. (2003). How institutions evolve: Insights from comparative historical analyses. In Mahoney, J., & Rueschemeyer, D. (Eds.). *Comparative Historical Analysis in the Social Sciences.* Cambridge University Press.

UN (2013). *ONU, Rapport sur le Développement Humain.*

_____ (2014). *Programa das Nações Unidas para o Desenvolvimento, Grupo de Pobreza, Escritório de Políticas de Desenvolvimento.*

Walker, J. L. (1969). The diffusion of innovations among the american states. *The American Political Science Review, 63(3),* 880~899.

Weber, M. (1919). *Le savant et le politique.*

Weingast, B., & Marshall. W. J. (1988). The industrial organization of congress: or, why legislatures, like firms, are not organized as markets. *Journal of Political Economy, 96(1),* 132~163.

World Bank (2002). *Brazil Municipal Education: Resources, Incentives and Results*, 1. Policy Report Number 24413-BR.

Yasbek, M. C. (2004). O programa Fome Zero no contexto das políticas sociais brasileiras. *São Paulo em Perspectiva*, *18*(2), 104~112.

# 03

# 경제여건과 소득분배구조

## 1. 머리말: 20세기 브라질 경제발전의 역사

1930년부터 1980년까지 브라질은 일본에 이어 세계에서 가장 눈부신 경제 성장률을 달성하였다. 이 기간에 연평균 6.4%의 높은 GDP 성장률을 기록하면서 산업화와 더불어 강도 높은 도시화가 진행되었다. 이 시기 브라질의 경제발전은 기존에 "수입대체모델"이라고 불리던 산업화 전략의 결과로 나타났는데, 즉 경상수지의 불균형과 이로 인한 농산물 수출(1930년 이전까지 브라질에서 가장 역동적인 경제부문이었다)의 중단으로 인해 산업화를 맞이하게 된 것이다. 일반적으로 브라질의 경제발전은 소비재 산업의 체계화에서부터 시작되었고 1950년대 내구재 확대, 1968년부터 1980년까지는 산업 투입재 및 자본재 부문의 통합으로 이어졌다.

이러한 놀라운 경제성장은 브라질의 경제사회를 완전히 변화시킨 급격한 산업화로부터 기인하였다. 1940년만 하더라도 30% 수준이었던 브라질의 도시화 비율은 1980년에는 70%를 기록했다(IBGE, 2006). 한편 브라질의 문맹률은 1940년 56%에서 1980년 25%로 크게 감소했다(IBGE,

2006). 전반적인 보건 현황을 평가하는 지표로 활용되는 영아사망률의 경우, 1940년 신생아 1천 명당 150명에서 1980년 83명으로 거의 절반가량 감소했다(IBGE, 1999).

이와 같은 브라질의 사회적 성과는 경제발전과 사회정책, 도시 인프라 및 사회계층 이동의 확산과 상관관계를 가지고 있다. 브라질 사회정책의 영역과 적용 범위가 확대되기는 하였으나, 그럼에도 불구하고 여전히 본질적으로 조합주의 및 성과주의에 기반을 둔 사회정책은 1990년대까지 심각한 소득불평등을 초래하는 결과를 낳았다. 극심한 불평등과 더불어 성과주의적 시스템은 부존자원의 격차와 조합주의적 사회보장으로 이어졌고, 노동시장 내 소득불평등은 고착화된 것이다.

해당 기간에 제도적으로는 훈련된 공무기관으로서 브라질의 통합을 목격하였다. 실제로 1930년부터 1980년까지 브라질은 경제활동에 대한 조정을 장려하는 제도를 제정하고, 1940년대〈통합노동법〉과 같은 노동시장에 대한 규제, 주 산하의 기업을 통한 공공재 및 서비스의 직접생산, 중앙은행(1964년 설립)과 다른 주 소유의 투자은행 및 일반은행들을 통한 금융산업의 규제와 장려를 급진적으로 발전시켰다.

이들 제도의 수립은 종합적이었으나 민주적으로는 통합되지 않은 채로 진행되었다. 1937~1945년 제툴리우 바르가스(Getúlio Vargas) 정부하에서의 "새로운 상태"(Estado Novo)는 엄혹한 독재기로 기록된다. 이와 유사하게 1964년부터 1984년까지의 시기에도 정치권이 억압되었다. "군사독재"(Ditadura Militar)로 일컬어지는 군부의 명령체제하에서 여러 제도가 활발하게 도입되었으나, 그 대가로 브라질에서의 정치적 자유와 시민권 및 시민사회의 발전이 희생돼야만 했다. 최근의 민주화된 시대에 이르러 브라질에서는 직접투표로 선출된 대통령이 1991년과 2016년, 두 차례나 탄핵되었다. 이 두 사례는 브라질의 민주주의 취약성의 충분한 근거가 되었다.

1960년대와 1970년대의 개발시대에는 국가적 산업, 에너지, 인프라 확장 및 생산과정 연계에 초점을 맞춰 사회정책 재원을 마련하는 데에 중요한 혁신을 도입하였다. 사회적 명분하에 개발 전략을 지원하기 위해 의무저축제도를 도입, 확장하였으며 중앙집중화하였다. [1] 이들의 재원은 급여를 대상으로 하는 특수목적세를 기반으로 마련되었다(Médici, 1994).

20세기의 마지막 약 25년의 기간에 브라질은 이전까지 유지해 왔던 산업개발모델의 한계에 맞닥뜨렸다. 1974년부터 1976년 사이의 시기에 브라질은 2차 국가개발계획(II Plano Nacional de Desenvolvimento: II PND)을 통해 투입 및 자본재 산업의 국내화 완료를 시도하였다(추가로 오일쇼크로부터의 영향을 차단하기 위한 목적도 있었다). 그러나 1980년대를 지나는 동안 경제는 더욱 깊은 위기에 빠져들었다. 주요한 원인은 성장에 대한 외부적 제약이었으며, 위기는 심각한 재정적 혼란과 지속적인 물가상승으로 표출되었다.

1980년대에는 물가를 안정시키기 위한 5가지 정책적 시도가 이루어졌다. 이들은 모두 브라질의 물가상승이 주로 물가지수 선정 방식과 연관된 소득분배 관련 논란 그리고 물가상승에 대한 기대로 인한 것이라 전제하고 있었다. 하지만 브라질은 연간 물가상승률 2000%, 연간 평균 GDP 증가율 1.6%, 외채에 대한 채무 불이행 선언 및 심각한 재정위기를 기록하며 1980년대를 마무리 지어야 했다.

1980년대 중반, 억눌린 사회적, 경제적, 시민권적 요구를 동반한 브라질 민주주의의 회복은 과도하게 중앙집중적이고 후견주의적, 권위주의적인 정권에 의해 제한되었다. 더욱이 브라질은 이미 심화된 국내 이주와 각 주도(州都) 외곽 지역의 슬럼화, 국제적 금융 봉쇄와 물가상승으로 인한 재정위기 및 빈곤에 따른 부채위기를 겪고 있었다.

---

[1] 대표적으로 근로자퇴직보장기금(FGTS)을 들 수 있다. 근로자퇴직보장기금은 특별한 반대가 없거나 주택 구입 재원을 마련하기 위한 경우(공공건설)라면 피고용자가 인출 가능하였다. 이들 기금은 주 산하 기업에 대규모 자금을 제공하였다.

이러한 상황은 현행 헌법이자 브라질 국민들이 가장 민주적이고 급진적인 헌법으로서 기념하는, 이른바 "시민헌법"(Citizen Constitution, 1988년)이 등장하기에 완벽한 환경을 제공하였다.

상기한 사회적 권리 아젠다는 1990년대 초반 경제성장 둔화와 혼란의 시기에 중앙정부가 줄어드는 예산과 확장되는 사회복지에 대응해야 했음을 의미한다. 이러한 정치적 어려움과 함께 연방제적 책임 및 세수 부담에 대한 합의가 지연되는 상황에서, 중앙정부는 대부분의 재정 조정을 일반 조세나 지출 삭감 대신에 임금에 대한 "사회보장비 부담"을 증가시키는 방식으로 시행하였다. 이는 1989년 이후의 통화안정 전략에 의한 것이었다. 이는 보다 누진적이고 역진적인 조세구조를 탄생시키는 원인이 되었으며, 다행히도 사회지출을 위한 세수를 증가시켰다. 오늘날까지 브라질의 세수는 역진적, 재정지출은 누진적인 특성을 가짐으로써 가처분 소득 분포에는 전체적으로 소규모의 누진적 영향을 미친다(Silveira et al., 2013; Ribeiro, Luchesi Jr. & Mendonça, 2011).

실제로 1980년대가 수입대체를 달성하기 위해 고통스러운 노력을 기울인 기간이라면, 뒤이은 1980년 말대부터 1994년까지의 기간은 물가상승에 대한 대응이 실패했던 시기라기보다는 이전까지 이어져 온 수입대체 전략을 분명하고 의도적으로 중단한 시점으로 더 잘 이해할 수 있을 것이다. 이때가 브라질 경제가 국제 무역 및 금융에 개방되기 시작한 기점으로서, 새로운 기구가 설립되고 상품 및 서비스시장 규제나 공공부문에 대한 입장이 공공재와 사회권의 진작에 중점을 두고 재정비되는 시기였기 때문이다.

이러한 개방과정의 특징은 앞서 언급한 것처럼 기존 사회적 개발을 통합하고 사회권을 보편적 방식으로 새롭게 정리한 1988년 신헌법 통과 직후에 이루어졌다는 것이다. 1995년 이후 브라질의 경제적 역학은 1988년 헌법과 카르도주 정부의 신자유주의적 개발 전략 간의 충돌로 특징지어질 수 있다. 카르도주는 그 전해에 재무부장관으로서 오늘날까지도 물가상승률을 억제하는 데에 영향을 미치고 있는 성공적 통화안정정책을 도입했던 인물이었다.

1990년대의 구조적 변화는 국제 경상수지상의 금융 및 무역거래 자유화와 규제 철폐, 조명·통신·운송 및 에너지 등 대규모 공공재의 사유화, 공공은행 및 연구기관 등의 개발제도 및 조직 해체, 수입관세제도의 신속하고 포괄적인 변화(세율 및 대상 축소) 등을 포함하였다.

이러한 요소들은 현재까지 남아서 2005년 이후의 시기를 개발과정의 재조정으로 정의되도록 한다. 이들은 환율 유연성, 기초재정 흑자 및 물가상승 목표치와 같은 거시경제정책 측면의 삼각 구도를 유지하는 한편, 투자 및 산업정책과 사회적 통합에 있어서 국가의 역할을 재건하고 활성화시키기 위한 새로운 임시 법률과 제도적 장치, 기구 등을 설립하도록 하였다(Barbosa & Souza, 2010).

브라질의 통화가치 고평가와 함께 고금리 및 외국인직접투자 유입이 맞물려 이러한 구조정책은 급격한 생산 전문화와 세계무역 진입이라는 결과를 가져왔다. 생산부문은 이후 10년간 특히 제조 분야에서 큰 경쟁 압력을 받았다. 현재까지 가장 중요한 결과라고 한다면 천연자원과 비숙련 노동력(*non-qualified labor*)에 기반한 활동을 중심으로 생산체계가 재조정되었다는 점인데, 이로 인해 기술집약부문 및 자본재부문의 생산적 연결고리가 상실되었고, 대신 질 낮은 서비스부문(콜센터, 프랜차이즈 음식점, 슈퍼마켓, 상점 등) 및 토목건설 등의 분야로 고용이 흡수되었다.

그럼에도 불구하고 1994년 물가 안정화 계획은 1988년 헌법과 더불어 세 층위의 정부(지방, 주, 연방)와 세 영역의 권력(정의, 입법 및 집행), 즉 9개 이상의 이행 주체가 서로 영향을 미치는 법, 규정, 제도, 다양한 사회정의의 원칙 및 전통을 포괄하는 사회정책시스템의 설계를 가능하게 했다. 이 복잡하고 까다로운 시스템은 하룻밤 사이에 건설되거나 정책 입안자 한두 명 또는 정부 단독으로 만든 것이 아니며, 그 청사진은 관련된 개념을 먼저 도출한 이후에야 구축되었다. 결과적으로 브라질의 사회정책시스템은 특정 경로의존성을 보여 주는데, 이러한 경로의존성은 한편으로는 어려움, 다른 한편으로는 강점을 보여 준다.

1988년 헌법에 따라 사회정책은 좀더 폭넓은 사회적 기반을 포괄하기 시작했으며, 부유한 시대를 거쳐 2008년 금융위기 당시의 경기 조정기에도 서비스를 제공할 수 있었다. 이는 2004~2013년에 다시 경제성장의 기회가 나타났을 때 브라질의 저력을 보여 줄 수 있었던 기본적 토대였다.

불행히도, 2016년에 브라질에서 벌어진 정치적 사건들로 인해 세계는 충격에 휩싸였다. 무엇보다 국내의 정치적 혼란으로 인해 지우마 호세프 대통령은 두 번째 임기를 시작한 지 18개월 만에 대통령직에서 물러나게 되었다.


## 2. 1994년부터 2016년까지의 경제 상황

1994년 물가안정정책이 단행된 이후, 지난 22년 동안 브라질 경제는 연평균 2.4%의 GDP 성장률을 기록했다. 이 시기의 개발 전략은 두 가지로 구분할 수 있다. 1990년대에는 생산성 확대와 성장을 위한 자유화, 규제완화 및 민간투자 집중이라는 워싱턴 합의를 따라가는 데에 중점을 두는 한편, 부차적으로 1988년 헌법이 약속한 사회정책의 제도적 구조를 건설하였다. 노동당 정부의 집권 이후(2003~2014년), 국내시장과 국가계획투자 아젠다를 강화하는 전략이 시행되면서 사회정책이 전면에 부상하였다(Barbosa & Souza, 2010). 이 두 번째 전략은 더 나은 소득 및 평등지표와 맞물려 있었다.

최근의 경제위기와 지우마 호세프 대통령 직무 중지 사태는 브라질이 자유화 및 최소국가 아젠다로 회귀하는 결과를 초래하였다. 신정부의 발표 및 조치는 중앙정부, 연금 및 노동 개혁 등에 대하여 매우 엄격한 재정 규칙을 확립하는 데에 집중되었다.

지난 22년 동안의 경제 추이는 주로 글로벌 유동성과 원자재 가격의 영향을 받았다. 다른 한편으로는 (대부분의 경우) 성장보다는 물가상승 통제를 목표로 한 국가경제정책의 영향권 아래에 있었다. 이 기간의 경제주기는 아래와 같이 5가지 기간으로 구분할 수 있다.

① 1995~1998년: 고정환율 및 고금리를 통한 물가 안정화가 아시아·멕시코 금융위기와 맞물려 공공부채의 급격한 확대와 대외 경상수지 적자, 1999년 외환위기를 야기하였다.

② 1999~2003년: 삼각구도의 거시경제정책을 채택(환율 유연성, 물가상승 통제 및 기초재정 흑자)하여 2016년까지 지속하였다. 그러나 이것만으로는 지속적 성장을 촉진할 수 없다는 것이 입증되면서 2003년 이후에는 수요진작정책으로 보완하였다. 러시아와 아르헨티나의 위기 그리고 최초의 노동당 정부의 승리가 임박해 오면서 2002년 외환위기와 공공부채위기가 재발하였다.

③ 2004~2010년: 국제 원자재 가격의 호황 및 글로벌 경제의 성장세가 2008년까지 지속됨과 더불어 재분배정책 및 수요 인센티브의 역할이 커짐에 따라 경제성장의 양상과 수준이 변화하였다. 2008~2009년 동안 축적된 국제준비금을 사용하여, 신용완화 및 투자정책(특히 보조금 대상 주택 프로그램)을 통해 경기 조정을 시도하였다. 사회정책 또한 소득공제의 수단으로 사용되었다.

④ 2011~2014년: 세계경제의 침체와 원자재 가격의 폭락 등의 외부요인이 브라질의 성장을 저해하였다. 높은 수준의 고용 및 실질임금을 동반한 노동시장 회복에도 불구하고, 소비와 신용의 순환이 점진적으로 약화되었고 경제정책의 투자 유도도 실패하여 GDP 성장 활력이 상실되었다. 이시기에 경제정책은 세금 부담을 완화하고 금리를 인하하는 등의 간접적인

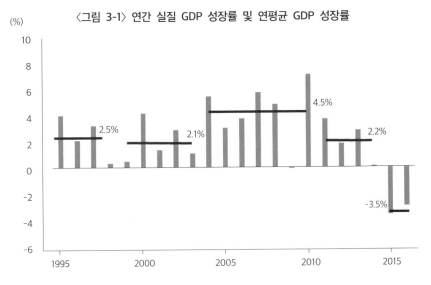

(%)

〈그림 3-1〉 연간 실질 GDP 성장률 및 연평균 GDP 성장률

주: 2016년 자료는 2016년 9월의 금융시장전망치(Boletim Focus).
자료: IBGE & Banco Central do Brasil.

경기 부양책을 실시하며 경기 둔화를 극복하는 데에 노력을 집중했으나 성공을 거두지는 못하였다.

⑤ 2015~2016년: 경제정책은 공공지출 감소, 사회 프로그램 축소 및 금리 상승, 신용 제한, 관리가격 증가 등 이미 부진한 경제주기에 하방 압력을 가중시키는 긴축 기조로 선회하였다. 민선 대통령 퇴임으로 막을 내린 정치제도적 위기와 함께, 이러한 요소들은 브라질 경제의 가파른 하락을 초래할 것으로 예상되는 가운데 재정 수입, 고용 및 임금 등에도 심각한 부작용을 초래할 전망이다.

2004~2016년에 걸친 기간의 총수요를 구성하는 요소 및 이 요소들의 각기 다른 궤적을 분석할 가치가 있다. 지난 10년 중 후반기의 경제적 번영은 ① 총수요의 60% 이상을 차지하는 소비 확대, ② 총투자의 약 10%를 차지하는 국영석유기업 페트로브라스(Petrobras)를 포함한 연방정부의 투자에 힘입은 총수요의 괄목할 만한 성장, ③ 최근 "탈산업화" 경제의 내부

<표 3-1> GDP 성장률, 수요 측면

(단위: %)

| 구분 | 2004~2010 | 2011~2014 | 2015~2016[1] |
|---|---|---|---|
| GDP | 4.5 | 2.2 | -3.5 |
| 가계 소비 | 5.3 | 3.3 | -4.8 |
| 정부 소비 | 3.2 | 1.8 | -1.4 |
| 투자 | 8.0 | 2.1 | -14.6 |
| 연방정부 공공투자[2] | 21.6 | -1.1 | -28.8 |
| 수출 | 5.2 | 1.6 | 6.7 |
| 수입 | 13.4 | 4.0 | -16.3 |

주: 1) 연방정부 및 페트로바스 투자 포함.
　　2) 2016년 추계(projections)는 금융시장의 GDP 예측치(Boletim Focus), 지난 4분기의 총수요
　　　 요소 누적성장률에 대한 2분기 포지션, 저자의 연방정부 공공투자 추정치를 기반으로 함.
자료: IBGE, STN/MF, DEST/MP & BCB.

수요 과열과 함께 발생한 수입 확대에도 불구하고 2008년까지 우호적이었던 수출 실적 등에 기인하였다.

이러한 브라질의 지출 방식을 통해 사회정책과 거시경제상의 실적 사이의 관계를 확인할 수 있다. 2004~2010년 사이에 정부가 정한 최저임금은 50%가 넘는 실질가치 상승을 보여 주었다. 이것은 노동당 정부가 추구한 의도적 정책이었다. 브라질에서 최저임금은 전체 노동자의 임금 수준에 중대한 영향을 미치는 기준점으로서의 역할을 수행하기 때문에 이는 대폭적인 임금 상승을 일으켰다.

또한 이 기간에는 사회적 이전, 보건, 교육, 주택, 조명 등의 사회적 공공지출이 상당히 증가하였다. 1인당 사회정책 지출의 증가 및 신용 완화의 결과로 민간의 소비성장률이 가속세를 유지할 수 있었다. 아울러 새롭게 편입된 저소득층에 대한 소비신용 가용성의 개선이 브라질에서 새로운 현상으로 대두되었는데, 이는 소비의 승수효과 및 투자 가속화를 상쇄하는 결과를 초래하였다.

2011~2014년까지 브라질 경제의 하락세는 주로 수출부문의 충격 및 경

〈그림 3-2〉 실질최저임금

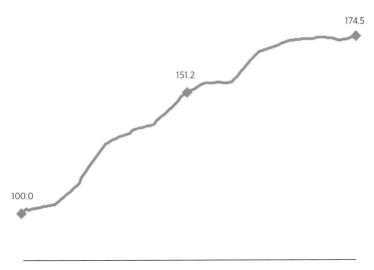

주: 각 수치는 2004년 1월의 수치를 100으로 했을 때 산출되는 연간 평균치.
자료: IPEA.

〈그림 3-3〉 GDP 대비 중앙정부 사회지출

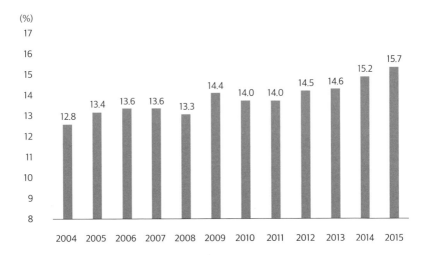

자료: STN(2016).

기대응적 정책에 대한 소심한 투자 대응으로 설명될 수 있다. 이러한 정책들은 2008년 세계적 금융위기의 여파로 촉발된 과거의 상황에서와 마찬가지로, 공공투자 및 지출을 통해 총수요에 직접적으로 영향을 미치기보다는 산업부문의 세금 부담을 낮추고 보조금을 인상하는 데에 중점을 두었다.

2015~2016년의 위기는 경제정책의 정통주의적 재조정, 지출 삭감 및 금리 상승, 유가 붕괴 및 페트로브라스 투자 계획의 실패, 노동당 정부의 갑작스러운 개입 등과 함께 발생하였다. 단, 이러한 문제들은 현재 브라질이 겪고 있는 사회·정치·경제적 혼란과는 확실한 인과관계가 없다고 이해하는 것이 안전한 관점이라 할 수 있다.


## 3. 최근 브라질 "사회적 붐"(Social Boom)의 분배적 효과

2004~2013년까지 브라질 경제성장은 조세 부담이 증가하고 평균 임금과 최저임금도 인상되었음에도 불구하고 고용 및 고용의 공식성이 증가함으로써 기존 통념에 반하는 보습을 보여 주었다. 이 장의 3에서는 사회규제와 사회정책이 성장과의 상호작용을 통해 더 나은 사회적 결과를 낳는 파급경로를 분석하고, 이러한 사회적 결과가 어떻게 동시에 지속적인 경제성장으로 이어지는지 분석함으로써 이러한 수수께끼를 들여다보고자 한다.

브라질 경제를 분석한 결과, 2014년 이후로는 이전과 완전히 변화된 양상이 드러난다. 2014~2016년의 경기둔화는 지난 50년을 통틀어 최악의 경기침체를 기록하며 그 직전의 시기에 나타났던 일자리 및 소득증대의 효과를 무효화하고 말았다.[2]

---

2) 고용 및 소득 관련 통계의 일부가 국가 총조사 및 통계국의 전국가구조사(PNAD 및 PME) 방법론의 변경으로 인해 시계열상의 불연속성을 갖는다는 점에서, 분석 내용을 두 부분으로 구분하는 것이 유용하다.

다른 남미 국가에서와 마찬가지로, 브라질에서도 실업률은 노동시장과 관련하여 사회적 배제를 암시하는 여러 주요 현상을 포괄하지 못한다는 점에서 사회적 통합의 척도로 사용되는 데에 항상 논란이 되어 왔다. 그 이유는 첫째, 실업률은 경제활동인구 중 일자리를 구하지 못한 실업자의 비율을 뜻하므로, 오랜 기간 거의 세습적으로 배제를 경험하면서 구직을 단념한 사람들은 이 수치에서 제외된다. 이처럼 일할 능력과 시간이 있음에도 더 이상 구직활동을 하지 않는 이들의 대부분은 가구 내 재생산과 돌봄, 생계활동 등 측정하기 더 어렵고 전통적인 사회적 역할에 편입된다. 따라서 낮은 실업률이 사람들의 구직 수요가 적음을 의미하지는 않는다.

둘째, 피고용 상태의 노동자 중 많은 수가 최저임금보다도 낮은 수준의 급여를 받으며 사회보장조차 제공되지 않는 매우 열악한 근로 환경에 놓여 있다. 이는 비공식 노동부문의 특징적 모습이다. 비공식 부문은 노동시장의 경제적 충격을 흡수하는 기제로 작용함으로써 노동자들의 불안정한 상황이 낮은 실업률에 감춰지는 것이다.

그럼에도 불구하고, 〈그림 3-4〉를 통해 알 수 있듯이, 무역개방과 외환 유연성 확대를 추구하던 1990년대의 경제 방향을 선회한 덕분에 2005년에 10% 수준까지 증가했던 실업률이 2012년까지 점차 하락하였다는 사실이다(2008년 세계금융위기 당시 제외). 그 후 2013년부터 경제성장이 둔화하고 실업률이 높아지면서 상황이 바뀌기 시작하였다.

일자리의 경로를 파악하기 위해 브라질 사회 및 정부에서는 비공식 고용과 소득불평등에 대한 대화가 이루어졌다. 고용과 소득분배는 2004년 이후 브라질이 경험한 더 강력한 경제성장의 여러 사회적 측면을 반영한다는 점에서 성장지표(*growth qualifier*)로서의 역할을 한다. 특히 브라질이 지난 30년간 불평등 상위 10개 국가 중 하나였음[3]을 감안하면 소득분배는 다른

---

3) WB, World Development Indicators, online databank를 참고하라.

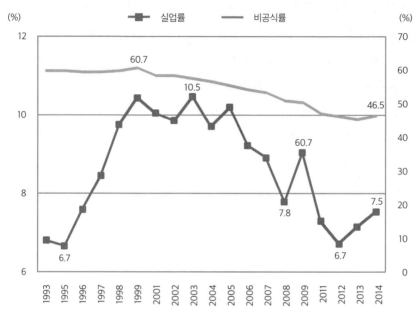

〈그림 3-4〉1993년에서 2014년까지의 실업률 및 비공식률

자료: 전국가구조사(PNAD).

무엇보다 우선해야 할 문제라는 공감대가 형성되어 있다.

소득분배와는 달리 고용의 공식성은 브라질 사회에서 또 다른 차원의 동질성(*homogeneity*)을 제공한다. 고용등록은 사회보장급여, 금융신용 접근성 및 고용 규정(주휴무, 유급휴가, 연말보너스, 해고 보증, 최저임금 및 직종별 임금, 임금협상법 등)을 포괄하는 사회적 지위의 격차를 낳는다. 이러한 의미에서 고용의 공식성은 그 자체로 개발 목표가 된다. [4]

비공식 노동인구는 1999년 전체 취업인구의 거의 60.7%에서 2013년

---

[4] 노동시장에 대한 정부의 개입을 통한 이러한 동일 수준의 사회보장급여, 혜택 및 규제는 1990년대, 노동 유연성을 추구하는 브라질 행정부 내의 진보적 합의로 인해 위태로운 상황에 놓인 바 있다(Pochman, 2001).

45.4%로 급격히 감소하였다. 이는 공식적 일자리의 절대적 수가 증가하고 무급노동이 해체된 것에 기인하였다. 아울러 주목할 것은 미등록 임금근로자와 자영업자의 절대적 수치가 2004년 이후 그다지 많이 변하지 않았다는 점이다. 부분적으로는 가사노동 및 농업활동 등의 부문에서 변화에 대한 문화적 저항이 발생한 탓으로 풀이될 수 있다.

실제로 비공식 노동이 여전히 많이 남아 있기는 하나, 가사노동과 농업이라는 두 전통적인 비정규 노동 분야를 제외하면 경제활동 전반에 걸쳐 하락하였다(IPEA, 2011). 비공식 노동은 전체 고용률을 낮추는 데 기여했는데, 농업에서는 비공식 노동의 상당 부분이 무급으로 이루어진 것이다. 경제성장은 유급 일자리와 농어촌의 생계활동, 즉 일반적인 무급 농업활동 간의 경쟁을 야기하였다. 반면 토목공사 등 비공식 노동이 높은 수준에 이르렀던 여러 분야는 고용증가 및 고용의 공식성 확대에 기여하였다.

공식적 노동이 부족했던 역사적 배경과 함께 등록된 고용인력이 누리는 권리로 인해, 공식적 근로자는 교육 수준 및 그 밖의 다른 영구적 특성에서 동일한 비공식적 근로자에 비해 더 안정되고 높은 소득을 누리는 것으로 나타났다.[5] 아울러 고용 공식성의 확대는 전체 임금의 상승을 가속화하여 소비를 원활하게 증진한다. 이는 생산의 확충 및 계획을 수립하기에 매우 바람직한 환경을 조성한다.

또한 공식적 고용의 증가와 소득불평등의 감소에는 상호관계가 있다. 기본적으로 공식성은 최저임금과 매우 밀접하며, 따라서 공식성의 증가는

---

5) Fontes & Pero(2009)와 Soares(2004)는 다양한 계량경제 시뮬레이션을 통해 공식과 비공식 간의 소득격차를 계산함으로써 브라질에 존재하는 심각한 노동시장 이분화를 보여 준다. 또한 정규직에 배치되고자 대기 중인 미등록 근로자와 자영업자들이 시장에 존재하는데, 고학력 인력은 비공식 고용으로부터 전환될 가능성이 상대적으로 높다. 이는 비공식 고용이 근로자의 선택이 아니며, 근로자의 생산성과는 무관하게 임금 차별을 통해 교육격차로 인한 차별이 가해짐을 입증한다.

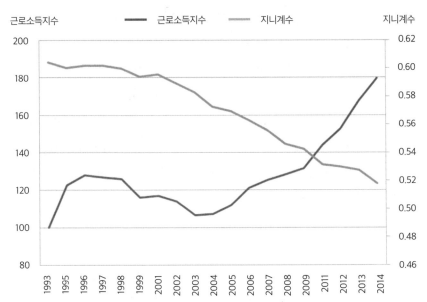

**〈그림 3-5〉 근로소득지수 및 지니계수(1993~2014년)**

주: 근로소득지수는 1993년을 100으로 했을 때 산출되는 값.
　지니계수에서는 0이 완전평등, 1이 완전불평등을 의미.
자료: 전국가구조사(PNAD).

최저임금 상승으로부터 수혜를 입는 임금 근로자의 비율이 커짐을 의미한
다. 최저임금은 누진적 성격이 강한 소득으로, 최저임금의 상승은 소득분
배에 긍정적인 영향을 미쳤다.[6]

한편 공식적 고용이 증가한 이유는 무엇일까? 이 장에서는 노·사·정
사이의 대화를 독료한 노동당 정부 집권하의 정치적 환경을 배경으로 경제
성장이 이루어졌기 때문이라고 주장하려 한다.

기업들이 이윤추구 외에도 시장진출이라는 목표를 추구한다는 점에서
기대매출의 증가는 임금과 회사의 이익을 분배하는 과정에서 발생하는 상

---

6) 전체 근로소득에서 최저임금이 차지하는 비중은 1999년 1.4%에서 2009년 3.6%로 증가
　하였다. 다양한 소득원의 가중치 및 집중화계수의 변화는 Soares(2010)를 참조하라.

충관계를 완화한다고 해석된다. 다시 말해, 이익을 증대하는 것과 관련된 목표는 기업의 규모가 확장되고 다른 진입장벽이 형성됨에 따라 지연 혹은 완화될 수 있다는 것이다. 이는 직접임금뿐만 아니라 일반적으로 공식 고용계약서에 포함되는 복리후생을 증진하며, 이에 따라 최저임금 이하를 받는 노동자들이 더 많은 임금을 받을 수 있게 해 준다.

이러한 자료와 함께, 기업의 성장과 생존 기업의 증가가 기업 고용의 공식성 및 계약 관행에 긍정적 영향을 미침에 따라, 좀더 지속적인 성장주기가 고용의 공식성을 제고했다는 근거도 제시된다(Corseuil et al., 2009). 대기업은 중소기업에 비해 정규직 근로자를 고용하는 경향이 더 높은데, 대기업의 활동은 감사기관에게 공개되며 평판이 실추되거나 불이행에 따른 비용을 부담해야 한다는 위험성이 있기 때문이다.

실업률이 꾸준히 하락함에 따라, 비정규직 근로자와 실직근로자는 새로운 노동협상에서 좀더 유리한 위치에 오를 수 있었다. 즉, 노동의 공급 대비 수요가 증가하면서 근로자가 더 큰 협상력을 갖게 되었는데, 이는 임금상승과 고용 공식성의 확대로 이어진다.

대도시의 고용현황[7]은 고용 공식성의 개선과 긴밀한 관련이 있다(〈그림 3-6〉 참조). 1990년대의 구조조정과 노동시장 유연화정책을 제외하면, 그 이전과 2002년 이후에 특히 고용과 고용 공식성 간의 상관계수가 높게 나타난다(1982년에서 2002년 사이에는 0.75, 2002년과 2016년 사이에는 0.92, $R2 = 84.9\%$).

1990년대에 고용의 공식성은 경제성장의 부진뿐만 아니라 유연성이 높은 새 규제체제에 의해서도 타격을 입었는데, 이 유연한 규제체제는 단기

---

7) 브라질 노동시장 관련 자료는 주요 대도시에서 실시된 월간 고용조사에 가장 잘 나타나 있다(Pesquisa Mensal do Emprego-IBGE). 표본은 인구가 가장 많은 6대 도시 지역과 3만 7천여 가구의 노동시장 정보만을 포함하였다. 월간 고용조사는 2001년에 조사설계 측면에서 크게 바뀌었으므로, 자료를 시간연속적으로 비교하기 어렵다.

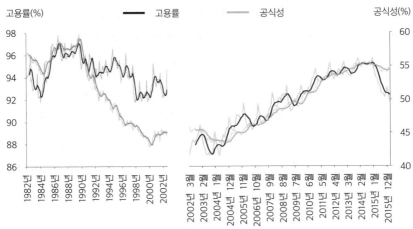

〈그림 3-6〉 대도시의 고용 및 공식성(6개월 이동 평균)

주: PME 방법론이 2002년에 변경. 따라서 그 전후 시기의 엄격한 비교는 피해야 함.
　고용률은 경제활동인구 대비 비율, 공식성은 피고용 근로자 대비 비율.
자료: PME-IBGE.

계약이나 하도급계약에서 더 만연하였다. 나아가 수입관세가 철폐되고 환율이 과대평가되면서 국내시장의 상황은 한층 열악해졌다. 역사적으로 고용의 많은 부분을 차지했던 산업부문에서 총고용참여율이 감소했고, 새로운 경쟁적 환경에 적응하기 위해 외부 비정규직 및 임시직 노동에 다양한 역할을 위탁하여 의존하기 시작하였다.

마지막으로, 2003년 노동당의 집권 이후로 노동제도 및 정책 관련 대화가 특히 강화되었음에 주목해야 한다. 여러 분석가가 이를 고용의 공식성을 제고한 주요 요인으로 손꼽기도 한다.[8]

브라질의 소득불평등 감소는 근로와 정부의 공적 소득이전에 따른 결과라 볼 수 있다. 지니계수를 분석해 보면, 2002년부터 2012년까지 달성한 불평등 감소의 55%는 노동시장을 통한 소득 발생으로 인한 것이었고,

---

8) 전체 분석은 Baltar et al. (2010)를 참조하라. 영어 전문이 제공된다.

39%는 정부가 실시한 가구 대상 소득이전정책의 재분배 효과에 기인하였음을 알 수 있다. 이러한 소득이전정책에는 연금제도(21% 기여), 보우사 파밀리아 프로그램(12% 기여), 극빈층을 대상으로 한 고령 및 장애연금(Benefício de Prestação Continuada, 6% 기여)이 포함된다(IPEA, 2013).

이 시점에서 특히 빈민층가구(통상적으로 실업의 타격을 입음)의 고용증가가, 그 자체로는 바람직한 사회적 결과이지만 노동시장 내에서의 소득불평등과는 큰 관련이 없음을 언급할 필요가 있다. 가설에 의하면 고용과 소득불평등이 함께 증가할 수 있는 것은 노동시장에서 고소득자의 수입이 더 가파르게 증가하기 때문이다. 다행히도 이 황금기는 그러한 사례에 해당되지 않았다.

저소득 근로가구의 수입이 고소득 근로가구보다 실질적으로 증가하자 총근로소득에서 각 계층별 소득이 차지하는 비중의 차이가 줄어들었으며, 이에 따라 고용은 더 바람직한 소득분배를 지탱하는 힘이 되었다. 1993년에서 2008년 사이에 소득상위 10%의 비중은 약 49%에서 42.5%로 줄어든 반면, 하위 50%의 비중은 13%에서 18%로 늘어났다. 소득불평등은 여전히 심각한 문제이다. 따라서 최근의 경향을 유지하는 것이 무엇보다도 중요하다.

다시 말하지만 이는 고용만으로는 설명할 수 없는, 노동시장이 근로자들 사이에 임금을 배분해 온 방식의 결과이기도 하다. 근로소득이 어떻게 더 균등하게 배분되었는지 설명하는 연구도 많다.[9]

최저임금의 기여를 따로 언급해야 할 필요가 있다. 최저임금을 인상하려는 정부의 의지에 따른 정책이 명백히 존재했기 때문이다. 최저임금이 노동시장의 불평등 감소에 기여하게 된 것은 일차적으로 그러한 의제를 기꺼이 받아들인 정부의 결정 때문이었지만, 고용 공식성의 증가도 영향을

---

9) 예는 Hoffman(2011)과 Barros et al. (2010)을 참조하라.

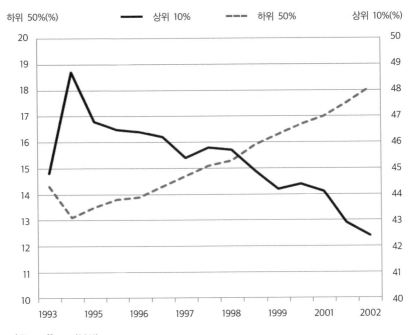

〈그림 3-7〉 취업인구 총수입에서 하위 50%, 상위 10%의 소득이 각각 차지하는 비중

하위 50%(%)　　　　━━ 상위 10%　　---- 하위 50%　　　　상위 10%(%)

자료: Hoffmann(2011).

끼쳤다. 2001년에서 2009년 사이 노동수입 불평등 감소의 4분의 1가량(또는 전체 소득불평등의 6분의 1)은 최저임금의 정확한 가치와 함께 근로소득이 증가한 때문이었다(Soares, 2010).

실제로 2004년에 수립된 최저임금 인상정책과 고용 공식성 증가 및 고용 증대의 영향으로 최저임금 수령 근로자가 전체 근로소득자 중 차지하는 비중은 1999년의 1.4%에서(역사적 최저치) 2009년에는 3.6%로 꾸준히 증가했다. 최저임금은 노동시장이 제공하는 가장 진보적인 소득 중 하나라는 사실과 함께, 최저임금 수령 근로자의 증가는 평등을 신장하는 데에 중대한 영향을 미쳤다.

최저임금이 불평등에 미치는 영향이 최저임금 그 자체를 통해 전달되는 효과보다 크다는 점에 주목해야 한다. 임금의 범위는 최저임금을 중심으로 하여 그 아래와 그 위쪽으로 펼쳐진다. 최저임금에는 자석 또는 등대 효과가 있기 때문에, 최저임금의 실질적인 인상은 그 아래쪽에 분포한 비정규직의 소득도 인상되도록 한다. 최저임금 실질상승의 정도를 감안한다면, 최저임금에 따른 임금의 변동폭이 크지 않다 하더라도 그 효과는 상당하다 할 것이다.[10]

결론적으로 임금은 2012년까지의 불평등 감소에 55% 이상 기여하였으며 평등 효과의 대부분을 유도하는 한편, 소비와 신용시장을 진작시키고 총수요를 진작시켰다. 그러나 단순히 임금만으로 인해 작용한 것이었다면 이러한 과정이 불완전했을 수도 있었다. 만일 노동수입이 이전을 통해 보완되지 못한다면 빈곤가구는 소득증가 추세로부터 소외되어 더욱 위축될 위험이 존재한다. 특히 소득 10분위 중 최하위에 속하는 극빈가구의 경우에는 근로소득이 30% 증가하였음에도 여전히 극심한 빈곤을 해결하기 위한 수준에 이르지 못하였다.

이러한 점에서, 광의에서 사회적 동일성의 증가로 이해되는 사회 발전은 불평등의 감소와 고용 공식성의 증가로 파악될 수 있음에도, 이 두 가지만으로 완전히 설명될 수는 없다. 빈곤과 노동시장에서의 성과는 배제, 차별, 극빈 그리고 브라질의 심각한 사회 문제인 폭력이 상호작용하여 발생한 결과이다. 이러한 병폐는 변화를 거부하는 성격이 있기 때문에, 앞으로 탄생해야 할 일련의 정책 및 시민사회의 혁신을 통해 해결되어야만 한다.

---

10) 최저임금이 그 위, 아래의 임금 수준에 미치는 영향을 많은 연구가 밝힌다. Saboia & Neto (2016) 를 참조하라. 저자들은 비정규직 근로자의 전체 수입 스펙트럼에 걸쳐, 최저임금 상승 대비 비정규 수입의 탄력성을 계산하였다. 전체 비정규 수입의 분배는 최저임금의 영향을 받는다. 최저임금이 10% 상승하면, 비정규 수입도 10% 상승한다.

## 4. 맺음말: 최근의 노동 통계치와 경제적 불확실성

2014년 말부터 브라질 노동시장은 명백한 경기침체 징후를 보여 왔다. [11] 실업률은 2015년 4분기에 9.0%로 증가했는데, 2013년 4분기에 기록한 역사적 최저치인 6.2%로부터 증가한 것이다(〈그림 3-8〉 참고).

취업인구의 평균 수입은 2014년 2분기까지 이미 불규칙한 배열을 보였지만, 같은 해 4분기에는 다소 회복되었다. 그러나 2015년의 경제위기는 노동수입에 큰 타격을 주었다(〈그림 3-9〉 참고).

최초의 위기 징후가 가계소득에 타격을 입힘에 따라, 초등교육 고학년 과정에 있던 아동과 전통적으로 가정 내 재생산을 맡았던 여성이 노동시장에 더 많이 참여하게 되었다. 2014년 4분기 이래 여성의 참여율은 평상시보다 증가했다. 이러한 현상은 2015년 3분기에 아동의 노동 참여가 증가하면서 한층 강화되었다.

브라질에서 남성의 경제활동 참여율은 사상 유례가 없을 정도로 높아져 70% 이상을 기록하였으며, 여성 참여율도 50%를 선회하였다. 경제위기로 가구소득 증대를 위하여 여성이 적극적으로 노동시장에 참여함으로써 양성간의 경제활동 참여율 차이는 2015년 전반에 걸쳐 줄어들었다. 안타깝게도 이러한 참여 증가는 노동시장에서 일자리 감소로 이어지고, 이는 다시 실업률 증가, 임금 하락, 비공식 노동의 증가를 야기한다.

성별 불평등 측면에서 여성은 과도한 노동량에 노출될 위험이 크다. 유급 노동시간이 증가해도 무급 가사노동이 줄지 않기 때문이다. 학교 교육

---

11) 브라질 국립통계원(IBGE)이 산출한 가구 및 노동 통계치는 2015년 이래로 새로운 방법론하에 모두 통합되었다. 과거의 PNAD(전국가구조사)와 PME(대도시 지역의 월간 고용조사)는 2014년에 중단되었으며, 종적 PNAD로 대체되어 2012년 이후 전국적으로 분기마다 실시되었다. 이 장의 마지막 부분은 횡적 PNAD를 주로 이용하였다. 이 부분에서는 최근의 실태를 파악하기 위해 종적 PNAD를 이용하였다.

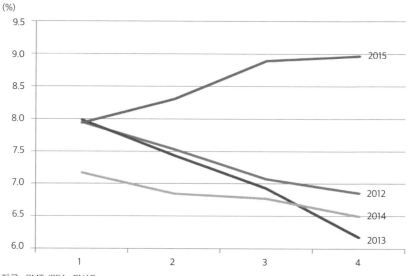

〈그림 3-8〉 분기별 경제활동인구 대비 실업률(2012~2015년)

(%)

2015

2012

2014

2013

자료: BMT-IPEA, PNAD.

〈그림 3-9〉 분기별 노동수입지표(2012~2015년)

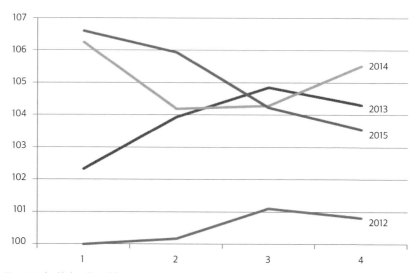

2014

2013

2015

2012

주: 2012년 1월의 노동수입을 100으로 했을 때의 수치.
자료: BMT-IPEA, PNAD.

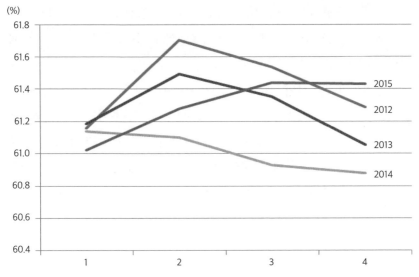

〈그림 3-10〉 분기별 근로가능인구 대비 경제활동 참여율(2012-2015년)

자료: BMT-IPEA, PNAD.

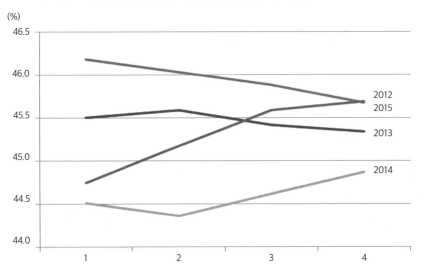

〈그림 3-11〉 분기별 취업인구 대비 비정규직 근로자 비율(2012~2015년)

자료: BMT-IPEA, PNAD.

의 중단, 시민권 침해와 빈곤층(특히 흑인) 청년의 취업경로 개선 또한 마찬가지로 주요한 문제이다. 이는 모두 브라질이 점진적으로 해결하기 위해 노력해 온 사회적 문제이지만, 여러 자료에서 볼 수 있듯이 문제 상황은 과거의 상태로 회귀하는 중이다.

고용평등과 관련하여, 2015년 4분기 브라질의 비공식 고용은 2012년 수준(총 취업 인구의 45.2%)으로 회귀하고 말았다. 앞서 살펴본 것처럼, 고용 공식성, 고용, 실질수입의 증가는 소득불평등을 감소시키는 데 다른 무엇보다도 중요했다. 경제적·정치적 불확실성 속에서 전문가들이 예상한 2015년의 지니계수는 매우 명백히 높은 수준으로 나타났다.

호세프 대통령 집권기였던 2014년 말, 불황은 심화하고 사법부, 입법부, 행정부 간의 제도적 불균형에 정치적 분쟁까지 겹쳐지자, 브라질의 자본계급, 금융부문, 그리고 2003년 이래 여당이었던 노동당 간의 협약은 완전히 붕괴되었다. 정치인들은 구속되었고 주요 국영기업은 경찰의 조사를 받았는데, 국영 석유기업인 페트로브라스도 그중 하나이다.[12) 그 결과 불확실성이 가중되고 투자심리가 얼어붙었다. 이러한 결정적 요인들이 브라질을 지난 50년의 역사 중에 최악의 경기침체로 몰아넣었다.

---

12) 페트로브라스(Petrobrás)는 브라질 GDP의 약 15%를 차지한다. 최근에는 심해 유전지대에서 막대한 석유가 매장된 유전(Pré-sal)을 발견했다. 노동당 정부가 유전개발을 국가사업으로 유지하기로 결의하고, 제1야당인 사회민주당이 세계화와 개방을 지향함에 따라, 유전의 개발과 수익의 분배에 대한 논쟁 역시 정치적 분쟁의 일부가 되었다.

# ■ 참고문헌

Baltar, P. E. de Andrade et al. (2010). *Moving towards Decent Work. Labour in the Lula Government: Reflections on Recent Brazilian Experience.* Global Labour University Working Papers, 9.

Barbosa, N., & Souza, J. A. P. (2010). A Inflexão do governo Lula: Política econômica, crescimento e distribuição de renda. In Sader, E., & Garcia, M. A. (Eds.), *Brasil: Entre o Passado e o Futuro.* São Paulo: Fundação Perseu Abramo e Editora Boitempo.

Barros, R. et al. (2010). *Markets, the State and the Dynamics of Inequality: The Case of Brazil.* UNDP Discussion Paper, January 2010.

Corseuil, C. H. L. et al. (2009). *Determinantes da Expansão do Emprego Formal: O que Explica o Aumento do Tamanho Médio dos Estabelecimentos?* Texto para Discussão, 1450. Brasília: IPEA.

DIEESE (2011). *O Programa do Seguro Desemprego: Desafios para um Permanente Aperfeiçoamento.* Nota Técnica 95.

Fontes, A., & Pero, V. (2009). Determinantes do desempenho dos micro-empreendedores no Brasil. Seminário de Pesquisa, IE/UFRJ, June 2009.

Hoffmann, R. (2011). The evolution of income distribution in Brazil: What promotes and what restricts the decline in inequality. In Baer, W., & Fleischer, D. (Eds.). *The Economies of Argentina and Brazil: A Comparative Perspective.*

Instituto Brasileiro de Geografia e Estatística (IBGE) (1999). *Evolução e Perspectivas da Mortalidade Infantil no Brasil.* Rio de Janeiro: IBGE.

_____ (2006). *Estatísticas do Século XX.* Rio de Janeiro: IBGE.

_____ (2010a). *Resultados do Censo 2010: Primeiros Resultados.* Rio de Janeiro: IBGE.

_____ (2010b). Síntese de indicadores sociais: Uma análise das condições de vida da população brasileira 2010. *Estudos e Pesquisas Informação Demográfica e Socioeconômica,* 27. Rio de Janeiro: IBGE.

Instituto de Pesquisa Econômica Aplicada (IPEA) (2010). Perspectivas para a taxa de mortalidade infantil em 2022. In IPEA. *Perspectivas da Política Social no*

*Brasil*, ch. 8. Brasília: IPEA.

_____ (2011). *Características da Formalização do Mercado de Trabalho Brasileiro entre 2001 e 2009*. Comunicado do IPEA, 88. Brasília: IPEA.

_____ (2013). *Duas Décadas de Desigualdade e Pobreza no Brasil Medidas pela PNAD/IBGE*. Comunicado do IPEA, 159. Brasília: IPEA.

Médici, A. C. (1994). *A Dinâmica do Gasto Social nas Três Esferas de Governo: Uma Análise do Período 1980~1992*. Relatório de pesquisa do projeto Balanço e Perspectivas do Federalismo Fiscal no Brasil. São Paulo: FUNDAP/IESP.

Neri, M. (2010). *Inequality in Emerging Economies: The Case of Brazil*. OECD.

Pochmann, M. (2001). *O Emprego na Globalização: A Nova Divisão Internacional do Trabalho e os Caminhos que o Brasil Escolheu*. São Paulo: Boitempo.

Ribeiro, J. A. C., Luchesi Jr., A., & Mendonça, S. E. A. (Eds.) (2011). *Progressividade da Tributação e Desoneração da Folha de Pagamentos: Elementos para reflexão*. Brasília: IPEA, Dieese, & Sindifisco.

Saboia, J., & Neto, J. H. (2016). *Salário Mínimo e Distribuição de Renda no Brasil a Partir dos Anos 2000*. Texto para Discussão, 002. IE-UFRJ.

Silveira, F. G. et al. (2013). *Fiscal Equity: distributional impacts of taxation and social spending in Brazil*. IPC-IG Working Paper, 115. Brasília.

Soares, F. V., & Britto, T. (2011). *Bolsa Família and the Citizen's Basic Income: A misstep?* Working Paper, 77. International Policy Centre for Inclusive Growth.

Soares, S. (2010) *A Distribuição dos Rendimentos do Trabalho e a Queda da Desigualdade de 1995 a 2009*. IPEA, Boletim do Mercado de Trabalho, 45.

# 04

# 인구구조의 변화와 전망

## 1. 머리말: 국민생활과 정책의 상호관계

이 장에서는 선진 사회와 저개발 사회의 모습을 동시에 보여 주는 브라질 국민의 다양한 사회생활 양식을 간략히 살펴보도록 한다. 브라질 사회에는 보편적 학교교육과 같은 국가개발지표가 자유와 평등을 저해하는 극도로 구시대적인 가치과과 사회적 표지와 공존한다.

이어서 과거부터 현재에 이르는 인구, 보건, 교육의 변천사를 중심으로 브라질 사회의 다양한 특징을 열거한다. 이 과정을 통해 그간의 성과와 모순점을 함께 파악할 수 있을 것으로 기대한다. 또한 브라질에서는 공공서비스 전달 측면에서의 심각한 불평등, 흑인 인구의 높은 사망률, 고질적인 성폭력 및 성차별 문제와 같이 새로운 유형의 사회적 문제가 점차 대두되고 있다.

물론 국민의 사회생활이 제도적 공백 안에서 이루어지는 것은 아니다. 다시 말해, 사회생활은 일반 국민과 국가기관, 특히 정부 정책과의 상호작용 안에서 이루어지고 그 범위가 결정된다. 이러한 측면에서 볼 때 사회정책과 관련하여 주목해야 할 중요한 이슈가 많지만, 브라질 사회보장체계를 더 일반적인 사항 중심으로 살펴보고자 한다.

먼저, 1920년대 전까지 브라질은 사실상 농경 국가였고 인구의 70%가 농촌에 거주하는 농업 종사자였다. 이 사실은 브라질 국민의 사회생활과 정책을 맥락적으로 이해하는 데에 중요한 배경이다. 그 후 본격적인 산업화가 진행되었으나, 브라질의 사회정책이 산업노동자들의 요구에 부응하여 공적연금 및 노동자 권익법의 선진화 등 복지국가로서의 첫발을 떼기 시작한 것은 1930~1940년대부터다. 브라질의 사회보장체계는 유럽 복지국가, 그중에서도 특히 비스마르크식 연금제도 및 1927년 이탈리아 〈노동헌장〉(Carta del Lavoro)의 영향을 크게 받았기 때문에 1970년대 후반까지 조합주의적 성격을 매우 강하게 나타냈다.

T. H. Marshall(Marshall, 1967)이 설명한 바와 같이 시민권 발전과정의 대표격인 영국의 사례에서는 경제적 풍요 이후 시민권(사회생활의 보장), 정치권(참정권의 보장), 사회권(공공의 부에 대한 보장)의 통합이 순차적으로 이루어졌다. 하지만 흥미롭게도 브라질에서는 이와 다른 양상이 나타났다.

De Carvalho(2001)에 따르면 브라질에서는 시민권의 통합 순서에 커다란 변화가 일어났으며, 현재까지도 사회권이 기본적 민권과 정치권보다 훨씬 광범위하게 인정되고 있다. 사회정책이 민주적 입법보다는 조합주의, 후견주의, 특권 등에 근거하여 결정 및 확장되었다는 점에서 이러한 특징이 뚜렷이 나타난다.

공공재 및 공공서비스 접근의 확산은 사회적 지위에 따른 격차로 혜택을 누리던 보수층이 권위주의 성향의 정권을 지지하도록 유도하는 결과를 낳았다. 사회적 지위의 격차를 유지하려는 이러한 경향은 귀족정치를 지향하고 농촌 중심의 노예제가 존재했던 브라질 과거사가 깊숙이 침투한 단면이라고 할 수 있다. 때문에 브라질은 세계은행에 의해 중상위 소득국가로 분류되었음에도 불구하고 사회적 불평등 순위에서 여전히 세계 상위 20위 안에 드는 국가이다.

원형적인 국제 경험을 기준으로 복지국가 정부를 분류한 연구에 따르면 브라질은 ① 1942년 영국 베버리지 보고서에서 설명한 좀더 보편적인 재분배 모델(영국 및 북유럽 국가에서는 지금도 부분적으로 존재), 또는 ② 미국, 캐나다, 호주와 같이 국가의 역할을 최소화하고 복지의 수혜 대상을 저소득층으로 한정한 잔여적·자유주의적 모델과는 다르다. 즉, 조합주의적, 국가통제적 모델을 통상적으로 표방해 온 것이다(Andersen, 1991).

브라질 사회정책체계의 큰 틀은 각각 1930년, 1964년, 1985년 세 차례에 걸쳐 단계적으로 마련되었다(Draibe, 1993). 바르가스 집권기에 해당하는 제1기에 대부분의 노동법과 조합법이 도입되었다. 노동시장에서의 공식성을 법적으로 인정받은 것은 제한된 일부 직군뿐이었다. 취업 여부가 정식으로 확인되면 노동자는 자동으로 몇몇 연금 및 의료혜택을 받을 수 있게 되었다.

이는 형평성에 매우 어긋나는 제도였으나 노동법 및 보장제도가 부재한 채 특정 기업별 보험제도만 있었던 이전까지의 상황과 비교한다면 상당한 진전이었다. 따라서 이 시기는 국민생활에 대한 국가의 개입 및 사회보장 범위의 확대가 이루어진 첫 번째 시기였다.

이후 1964년에는 쿠데타로 군사정권이 들어서면서 규제 및 제도의 현대화가 진행되었다. 새로운 기술관료적 행정, 재정·부채 및 통화정책의 현대화에 힘입어 사회정책의 확장이 가능해지면서 브라질 정부의 입지도 넓어졌다. 공교육, 보건 및 연금기구를 합리화하고 기존의 직군을 기반으로 체계를 일원화하는 한편 공식 노동자와 비공식 노동자, 도시 근로자와 농촌 근로자 간의 분명한 구분을 유지하려는 시도가 꾸준히 이어졌다. 이러한 전략 중에는 정책기금 조달, 조세 및 의사결정의 상당 부분을 연방정부에 집중시키는 것도 포함되어 있었다.

군부 집권기(1964~1984년)에 이루어진 사회보장의 확대는 교육 및 보건 서비스 질의 하락, 중산층과 상위층의 공공복지체계 배제라는 상당한 비용을 대가로 치른 것이었고, 그 결과 사적 제공의 확대에 유리한 토양이 마련되었다. 이는 빈곤층을 위하여서는 빈약한 공적 제공이 주어지고, 부유층은 공적 인센티브(면세, 환급, 보조금 등)를 동반한 사적 제공, 또는 대기 및 정보 취득에서 부유층에게 유리한 공적 제공을 누리는 이중적 구조의 사회정책체계를 등장시켰다(Cardoso & Jaccoud, 2005; IPEA, 2010).

또한 역사적으로 매우 높은 수준의 노동 비공식률로 인해, 괄목할 만한 경제성장에도 불구하고 경제활동인구의 절반 이상은 역사회보장제도의 수혜 범위에서 배제되고 아무런 노동권도 보장받지 못한 채 저임금 직군을 벗어날 수 없었다. 이러한 구조적 특성은 오늘날까지도 여전히 남아 있다.

1988년에는 헌법 제정을 통해 좀더 보편적인 사회권을 보장하기 위한 기반을 마련하고자 여러 가지 사회적 혜택과 규제를 도입했으며, 이로써 향후 수 년 동안 사회보호의 범위가 크게 넓어질 것으로 기대되었다. 특히 보건의료의 보편화는 상당한 진전이었다. 이뿐만 아니라 ① 빈곤층을 대상으로 헌법에서 보장하는 비기여형 노령자 및 장애인 복지급여(Benefício de Prestação Continuada: BPC)의 도입, ② 연금, 유족, 실업 및 BPC급여의 최소가치에 대한 헌법상의 보장(최저임금과 동일) 등을 포함한 일부 제도의 변경도 큰 의의가 있는 변화였다.

이 급여들의 수준을 최저임금과 동일하게 조정한 것은 가파른 물가상승기 동안 해당 급여에 적용된 과도한 조정분을 감안한 것이었다. 복지급여와 계약가치의 구매력 삭감은 노동시장의 공식성이 점차 줄어들고 이로 인해 연금제도를 지탱하는 데에 필요한 '사회적 기여금'의 규모가축소되는 상황에서 예산의 균형을 맞추려는 목적으로 빈번하게 이루어지던 관행이었다(Médici, 1994).

1988년 헌법에서는 도시 근로자와 농촌 근로자 간의 구분도 사라졌다.

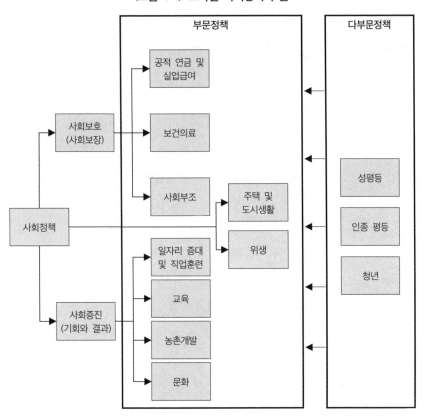

〈그림 4-1〉 브라질 사회정책의 틀

부문정책

공적 연금 및
실업급여

보건의료

사회부조

주택 및
도시생활

위생

일자리 증대
및 직업훈련

교육

농촌개발

문화

사회보호
(사회보장)

사회증진
(기회와 결과)

사회정책

다부문정책

성평등

인종 평등

청년

자료: IPEA(2010).

이전까지 농촌 근로자가 받는 복지혜택은 도시 근로자의 절반에 불과했다.
게다가 농촌가구의 생산 규모가 사실상 브라질 내수시장 전체 농업 생산량
의 3분의 2를 차지하였음에도 불구하고 이들 가구가 연금의 잠재적 기여자
및 수혜자라는 인식이 부족하였다. 이러한 인식은 연금제도에 실질적인 비
기여형 요소를 도입함으로써 역전되었고, 이로써 통상적인 보험제도에 존
재하던 기여와 수혜 간의 연결고리가 부분적으로나마 완화되었다(IPEA,
2010).

많은 어려움에도 불구하고 브라질은 사회보장과 사회증진이라는 두 가지 큰 축을 중심으로 하는 포괄적 사회정책체계를 구축할 수 있었다. IPEA (2010)는 그 구조와 범위에 대한 이해를 돕기 위하여 〈그림 4-1〉과 같이 브라질 사회정책체계를 시각화하였다.

첫 번째 축에 해당하는 사회보장정책은 삶의 안녕을 잃을 수 있는 사회적 위험요인으로부터 국민을 보호하는 것을 목적으로 한다. 사회보장정책은 사회보장제도를 이루는 기반으로서 연금, 유족급여, 임신 및 출산 관련 복지, 보건서비스 및 이전, 사회부조 및 실업급여정책 등을 포함한다. 통계상의 수치를 보면 2013~2014년 현재 사회보장정책의 도달 범위를 좀더 구체적으로 확인할 수 있다. ① 해당 기간 중 고령·유족·사고연금 및 출산 모성·장애연금과 관련하여 매월 3,200만 건 이상이 지급되었으며, 이는 재직 근로자의 72.5%, 노년층의 89%가 사회보장의 수혜 범위에 포함되어 있음을 의미한다(2014년 AEPS 집계 및 2014년 MPS 자체 집계). ② 총인구의 53.4%가 기초예방적 공공의료보장, 84% 이상이 예방접종보장 범위에 포함된다(2013년 PNS 및 DATASUS 집계). ③ 빈곤층을 대상으로 매월 1,400만 건 이상(사회개발부 통계)의 현금이체가 이루어지며, 2014년 기준으로 900만 명 이상의 실업자가 실업복지혜택(노동부 공식 집계 및 기타 통계 포함)을 받았다.

보건의료는 각 지자체와 중앙정부급 기관을 모두 아우르는 연방 단위의 협력을 통해 그 범위가 확대되었다. 이는 지역사회 내에서의 예방 및 기초의료보장에 초점을 둔 성공적 전략이었으며, 1993년에 출범한 가족건강 프로그램(Programa Saúde da Família)을 통해 대부분의 기본적 형태가 갖춰진 이래 2013년 기준으로 브라질 총인구의 53% 이상이 혜택을 받았다.

1996년 도입되어 2016년 기준, 450만 명의 절대빈곤층 노약자 및 장애인을 대상으로 한 보우사 파밀리아 프로그램과 노령자 및 장애인 복지급여(BPC)제도는 브라질 사회정책이 사회적 환경에 따라 어떤 형태의 역할을 수행하는지 보여 주는 좋은 예이다. 불평등과 빈곤율이 높은 국가에서는 선별적인 혹은 대상을 한정한 정책의 잔여적 성격이 일반적인 예상보다 약하기 때문에 상당한 규모의 인구를 대상으로 제공될 수 있다. 그리고 이는 국민의 사회경제생활에 큰 영향을 미친다.

맞춤형 이전소득은 브라질 사회보장제도의 소득보장 체계에 존재하는 일부 간극을 메우는 데에 중요한 역할을 했다고 보아야 한다. 활동 연령대에서는 노동시장의 공식성 증가와 보우사 파밀리아 프로그램의 규모 확대로 인해 공식 근로자와 비공식 근로자의 안전격차가 서서히 줄어들고 있다. 여전히 공식 근로자와 비공식 근로자에게 서로 매우 다른 시민권 지위를 적용하면서 보장의 내용에서도 역시 비교할 수 없는 차이가 드러나지만, 경제활동인구를 위한 소득보장정책이 서서히 병행되어 왔다. 비경제활동인구의 경우 현재 브라질의 소득보장제도에 따라 노년인구에게 거의 보편적인 보장(2014년 기준, 89%)을 제공한다. 이는 괄목할 만한 성과이기는 하나, 민생이라는 복잡하고 어려운 과제의 특성을 고려할 때 여전히 많은 과제가 남아 있다.

사회정책의 두 번째 축은 국민들이 소득증진과 복리를 추구할 수 있도록 지원하는 정책들로 구성된다. 여기에는 교육, 학교급식, 농촌개발, 소액대출 및 문화정책 등이 포함되며, 그 중심에는 육아지원, 취학전 교육, 기초교육, 직업교육, 대학원 및 대학원 후 교육, 급식, 교재, 독서 및 도서관 프로그램, 통학 교통수단, 대학교 연구지원 및 기타 모든 형태의 물적 투자를 포함하는 교육 관련 공공정책이 있다.

공교육 지출이 늘어난 것은 새로운 교육법(LDB, 1996년)을 비롯한 일부 헌법 개정안이 발효된 1998년 이후부터다. 초등교육에 일인당 최소투자(FUNDEF)를 보장하기 위한 혁신적 협력 방안이 도입되었으며, 2006년에는 유아교육 및 중등교육에 대한 투자(FUNDEB)에도 힘이 실렸다.

연방정부 차원에서 보면 사회 지출이 꾸준히 증가하기 시작한 것은 1997

년 이후다. 2002년과 2003년에는 노동자당 룰라 후보의 대선 출마에 따른 불확실성 상승으로 그 흐름이 잠시 끊기기도 했다. 2003년 이전까지는 자동안정화장치의 작동을 허용하거나, 의도적으로 총수요를 진작시키기 위한 수단으로 자율적 사회지출을 유지하거나 늘림으로써 경기 하강의 흐름과 반대로 사회정책을 끌고 나갈 수 있는 기회는 없었다. 하지만 2008년 세계 금융위기 직후 2009년에는 견실한 경상수지, 안정적인 재정 상황 그리고 케인즈 이론을 따르는 정부 내 경제학자들에 힘입어 브라질에 기회가 찾아왔다. [1] 2009년 실질GDP는 하락한 반면, 전체적으로 연방정부의 사회지출은 실질가치 기준으로 10%가 상승했다. 이러한 상승은 같은 해 GDP 감소가 0.6%로 제한적이었던 것에서도 일부 기인하였다.

약 1세기에 걸쳐 브라질의 사회와 정부는 다양한 공공 및 민간기관을 설립하고 규제를 확립함으로써 사회보장과 사회증진에 속하는 거의 모든 영역을 아우를 수 있게 되었다. 하지만 그 정치적·경제적 지속가능성에는 여전히 의문이 남아 있다. 첫째, 이것이 사적 및 공적 서비스 및 연금을 제공하는 이중체계라는 점에서 공적 급부에 대한 소득상위 계층의 지지가 취약해진다는 문제가 있다. [2] 또한 브라질은 1980년대부터 줄곧 세계적으로 소득의 양극화가 가장 심한 20개 국가에 빠짐없이 이름을 올리는데, 이는

---

1) 2008년 금융위기 속에서 사회정책의 시행은 다음처럼 이루어졌다. ① 계획 수립 2개월 전 물가상승률을 상회하는 수준의 최저임금 상향정책 기조를 이어 나갔으며, 이로써 최저임금과 연계된 연금 및 사회부조(BPC)에도 영향을 미쳤다. ② 보우사 파밀리아 프로그램의 보장 범위와 급여 수준을 늘림으로써 실질적인 지급 규모를 확대했다. ③ 경제적 취약계층을 대상으로 실업급여 혜택을 2개월 연장하는 조치를 취했다. ④ 보건 및 교육부문에 대한 지출을 각각 실질 기준 14%와 17%씩 확대했다. ⑤ 2009년 3월 '나의 집, 나의 인생'(Minha Casa Minha Vida) 프로그램을 시행함으로써 주택신용 및 건설을 촉진했다.

2) 2013년 실시한 브라질 전국보건조사(National Health Survey)에 따르면 의료 또는 치과 관련 사적 보험에 가입한 비율은 총인구의 27.9%였다. 이들 가입자 중 고등교육을 받은 성인인구 비율은 68.8%였으며, 교육을 거의 또는 전혀 받지 못한 가입자 비율이 16.4%였다.

민주주의의 발전을 저해함과 동시에 자유와 평등을 발전시키는 기관으로서의 국가의 역할을 방해하는 뿌리 깊은 편견과 특권의식 및 윤리적 문제가 상존함을 의미한다.


## 2. 급속한 고령화, 줄어드는 부양인구

2010년 인구총조사 당시 브라질의 인구는 약 1억 9,010만 명으로, 1940년대 이후 산업화와 도시화가 급속하게 진행되면서 인구가 크게 늘어났다. 1960년대를 거치면서 브라질의 도시화가 빠르게 진행되었으며, 2010년에는 전체 인구의 84%가 도시 지역에, 16%가 농어촌 지역에 거주하는 것으로 나타났다.

850만 제곱미터가 넘는 브라질의 국토는 세계에서 다섯 번째로 크지만, 인구는 매우 밀집하여 분포된 형태를 보인다. 인구의 대다수가 여전히 해안가 도시, 북동부와 남동부 지역의 몇몇 주에 편중되어 있다. 2010년 인구총조사 결과를 살펴보면 전체 인구의 48%가 남동부 지방에 살며 그 가운데 93%가 도시 지역에 거주한다(2010년 인구총조사).

브라질 인구 구성은 국가의 역사와 궤도를 같이하여 여러 인종이 결혼 등 다양한 사회관계를 맺으며 한데 어우러지는 과정을 거쳤다. 그에 따른 충돌이 상존했지만, 이는 결국 건국신화의 하나로서 뚜렷한 정체성 중 하나를 형성한다. 논란의 여지에도 불구하고, 이러한 특성은 인종 및 피부색 통계에서도 잘 나타난다. 2014년 통계에서는 인구의 53.6%가 자신의 피부색을 '검은색, 갈색, 또는 혼혈'이라고 답했으며, 45.5%가 '흰색'이라고 대답했다.

20세기에 들어서며 본격적으로 시작된 도시개발에 의해 북동부 지역에 거주하는 인구는 점차 줄어들었으며, 특히 1950년대부터 1970년대까지 북

## 〈그림 4-2〉 브라질의 인구 변화(1872~2010년)

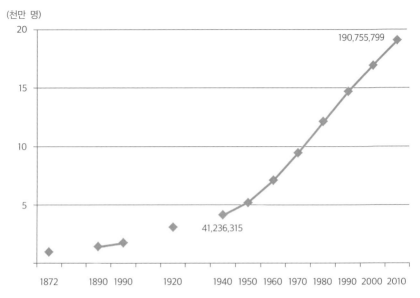

자료: IBGE 인구총조사 데이터(Census data).

## 〈그림 4-3〉 브라질의 지역별 인구밀도(2010년)

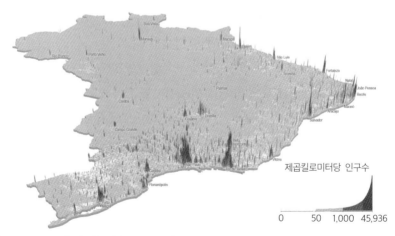

자료: IBGE 2010년 인구총조사(Census 2010).

동부에서 남동부 및 남부 지역으로 인구가 대규모로 이동하였다.

하지만 브라질은 인구 편중 문제를 효과적으로 해결하지 못한 채 21세기를 맞았고, 여타 개발도상국가와 마찬가지로 뚜렷한 인구고령화 추세를 보이기 시작하였다. 출산율은 1960년대 이후 급감하기 시작했는데, 1960년에는 여성 1명이 평균 6.3명의 신생아를 낳은 반면 2010년에는 그 수치가 1.9명까지 줄었다. 이는 인구의 감소를 막을 수 있는 대체율(평균 2.1명)보다 낮은 수준이다. 이러한 추세에 따라 2040년 이후부터는 총인구가 감소하기 시작할 것으로 예상된다. 3)

이 장의 여러 다른 지표에서도 확인할 수 있듯이, 브라질 국민의 사회생활에는 매우 큰 격차와 모순이 존재한다. 전체 가임여성인구 중 11.2%를 차지하는 대졸 이상 고학력 여성의 출산율은 1.14명밖에 되지 않는 반면, 교육을 전혀 받지 못했거나 기초교육과정을 끝내지 못한 여성은 전체 여성인구 중 33.7%를 차지하며 이들의 출산율은 3.09명에 이른다. 소득 측면에서 보자면, 2010년 기준으로 극빈곤층 가구(월 소득이 1인당 최저임금의 4분의 1보다 낮은 경우)에 속한 여성은 평균 3.9명의 아이를, 1인당 최저임금의 5배가 넘는 소득을 벌어 경제적 여유가 있는 가구의 여성은 0.97명의 아이를 낳았다. 하지만 전문가들의 예상처럼 이제는 저소득 계층에서도 점차 출산율이 감소하는 추세가 나타난다.

출산율의 추락은 브라질 인구고령화의 주된 원인으로 작용하고 있으며, 이는 통상적으로 보편화된 교육의 제공과 관련이 있다. 또한 사망률 감소 역시 여기에 중요한 역할을 한다. 특히 유아사망률의 경우, 1980년에는 1세 미만 신생아 1,000명 당 69.1명이 사망했던 것에 반해 2010년에는 16.8명 사망으로 크게 줄어들었다. 이는 1988년 헌법 이후 계속된 위생의

---

3) 브라질 국립통계원(IGBE)의 최신 자료는 국립통계원 웹페이지에서 확인할 수 있다 (http://ibge.gov.br/home/estatistica/populacao/projecao_da_populacao/2013/default_tab.shtm).

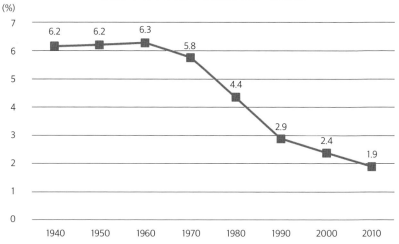

〈그림 4-4〉 브라질의 출산율(1940~2010년)

자료: IBGE 인구총조사 데이터(Census data).

개선 및 도시화의 확대, 더 광범위한 교육의 기회 및 정보 제공 그리고 보건정책 보편화의 결과이다. 2000년에는 전체 인구 중 저소득 사분위 계층을 대상으로 유병률 및 일반보건의 여건을 대폭 개선하기 위한 현금이전 등 기타 사회보장제도가 도입되었다.[4]

동시에 감소하는 출산율과 사망률을 하나의 수치로 요약할 수 있는 좋은 지표는 바로 기대수명이다. 1980년 기준 브라질 국민의 기대수명은 61.8세였으나, 2016년 현재 평균 기대수명은 75.7세(여성 79.3세, 남성 72.2세)로 예상된다.

한편, 태어나는 아이의 수가 줄고 있으므로 아동부양비율(15~64세 사이의 생산가능인구 대비 0~14세 인구의 비율) 역시 감소하는 추세이다. 반면 사망률은 점점 낮아지고 고령화가 계속 진행되면서 고령자부양비율(15~64세 사이의 생산가능인구 대비 65세 이상 인구의 비율)은 높아지는 양상이다. 이

---

4) 자세한 설명은 가족수당에 관한 장에서 다루기로 한다.

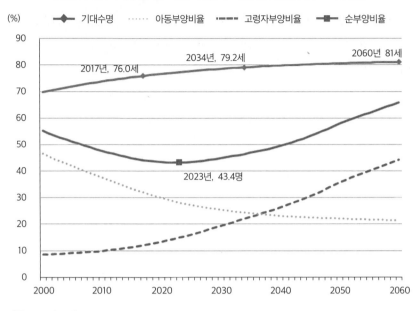

<그림 4-5> 기대수명 및 아동 · 고령자 · 순부양비율(2000~2060년)

(%) ◆ 기대수명 …… 아동부양비율 ---- 고령자부양비율 ■ 순부양비율

2017년, 76.0세
2034년, 79.2세
2060년 81세
2023년, 43.4명

자료: IBGE(2013).

두 가지 지표를 합친 순부양비율을 살펴보면, 2023년에 활동연령인구 100명당 생산활동에 참여할 수 없는 아동 및 고령자 수가 43.4명에 도달함으로써 최저치를 기록할 것으로 예상된다. 결과적으로 브라질에서는 현재 생산연령인구 1인당 피부양인구 부담이 감소하는 상황이므로, 여전히 '인구보너스' 현상이 유지된다(<그림 4-5> 참고).

현대사회에서 평균수명의 연장은 '긍정적인 문제'로 인식될 수 있지만, 공공정책을 설계하는 입장에서는 영유아와 노인인구(즉, 피부양인구)를 대상으로 한 공공서비스 및 소득 유지에 필요한 자원을 생산하는 생산연령인구의 비율이 줄어든다는 사실은 충분히 우려스러운 사항이다. 또 다른 문제점은 주로 '교육 및 아동지원'에 맞추어진 사회보장제도의 성격을 과연 어느 시점부터 '고령자지원'으로 바꿔야 할 것인지 판단하는 것이다. 이에 따라 신규 서비스 및 이전 제도를 도입하면서 궁극적으로는 과도한 서비스를 폐지하는 문제가 브라질 공공부문의 커다란 도전과제가 될 것이다.

뿐만 아니라 유아와 고령자에게 돌봄서비스를 제공하는 주체 대부분이 여전히 유급 가치사슬에 속하지 않은 여성들이라는 것도 풀어야 할 과제다. 공공정책이나 민간서비스가 간극을 효과적으로 메우지 못한다면, 부양부담과 함께 여성에 의한 재생산활동 또는 무급노동의 비중은 늘어날 수밖에 없다. 이는 결과적으로 여성의 노동시장 참여와 자주성 추구를 저해하게 된다.

2014년 통계에 따르면 요리, 청소, 육아를 비롯한 가사활동에 참여한다고 답한 남성은 50%에 불과했으며, 자신이 그러한 활동을 전담한다고 답한 여성은 전체 응답자의 90%였다. 여성과 남성에 의해 이루어지는 생산적 노동과 재생산활동 시간을 모두 합하여 보면 여성이 남성보다 주당 8시간, 연간 73일을 더 일하는 것으로 집계된다. 여성이 과연 얼마나 더 많은 부담을 질 수 있을 것인가?

인구 보너스 현상은 중·단기적으로 나타난 후 끝나겠지만, 다음과 같은 점을 고려하면 공적·사적 사회정책 및 보호 제공과 관련하여 아직 활로가 남아 있다. ① 브라질 사회에는 경제성장 및 공식성 향상을 통해 사회정책의 재정적 기반에 포함될 수 있는 매우 큰 비공식 생산부문(약 45%)이 존재한다. ② 남성과 여성의 재생산활동이 좀더 효과적으로 분배될 경우, 여성의 참여율(약 50%)에도 개선의 여지가 있다. ③ 양적·질적 측면 모두에서 교육 성취도가 여전히 매우 낮은 상황이지만, 이를 개선한다면 생산성을 크게 높여 생산연령인구 1인당 소득을 증대시킬 수 있을 것이다. 여기에 언급한 여러 문제 중 일부는 뒤에서 다시 다룰 것이다.

## 3. 국민건강 향상 뒤에 가려진 흑인 인구의 높은 사망률

2016년에 발표된 가장 최근의 브라질 국민건강조사(National Health Survey 2013) 결과, 66%의 응답자가 본인의 건강 상태에 대한 생각을 묻는 질문에 '좋다' 또는 '매우 좋다'고 답했다. 그러나 다른 여러 지표에서 부정적인 생활습관을 다수 찾아볼 수 있다.

브라질 국민은 운동을 충분히 하지 않으며(전체의 46%가 최소권장 수준 운동량에 미달), 세계보건기구(WHO) 권장량만큼 과일 및 채소류를 섭취하지 않고(18세 이상 성인의 63%), 전체 성인의 29%는 하루에 3시간 이상 TV를 시청한다고 응답해 비감염성 만성질환의 발병 가능성이 매우 높은 것으로 나타났다. 성인 응답자 중 매일 또는 가끔 흡연을 한다고 답한 이들은 전체의 15%에 불과했으나, 남성(19.2%)과 여성(11.2%) 간에 적지 않은 격차가 있었다.

현재 브라질에서 전체 사망원인의 70%로 가장 높은 비중을 차지하는 것이 비감염성 만성질환이다(IBGE, 2013). 그중에서도 특히 많은 비중을 차지하는 질병은 고혈압(전체 인구의 21.4%), 고콜레스테롤(전체 인구의 12.5%) 그리고 당뇨(전체 인구의 6.2%)로 나타났다.

브라질은 다른 여러 나라와 마찬가지로 20세기 사회경제적 발전을 거치는 동안 일련의 역학적 변화를 경험하였다. 1930년대에는 비례사망률의 50%가 각종 감염병과 기생충병에 의한 것이었다. 하지만 2010년 통계를 보면 감염병과 기생충병으로 인한 사망이 5%까지 낮아진 반면, 순환기 및 호흡기 질환, 각종 암으로 인한 사망률이 전체의 59%를 차지하는 것으로 나타나 과거와는 양상이 전혀 다르게 바뀌었다(〈그림 4-6〉 참고).

그럼에도 불구하고 브라질 국민의 사망률 양상에서는 일반적으로 저개발 국가의 특징이라 할 수 있는 요소들을 찾아볼 수 있다. 바로 살인이나 사고와 같은 외인사 사망률이 대표적인데, 2014년 통계를 기준으로 사인

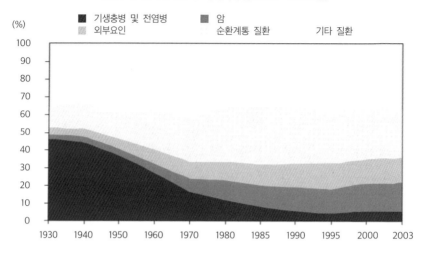

〈그림 4-6〉 브라질의 비례사망률(1930~2003년)

(%)

■ 기생충병 및 전염병　　　■ 암
▨ 외부요인　　　　　　　　순환계통 질환　　　기타 질환

자료: 브라질 보건부(2006).

이 명확한 전체 사망자 수 중 13%가 외인사였다.

2014년 유엔마약범죄사무소(UNODC)가 200개국 이상을 대상으로 집계한 최신 자료에서, 브라질은 고의적 살인이 절대수치 상으로 가장 많이 발생한 나라였으며, 인구비율을 감안해 환산하면 전체 15위였다.[5] 교통사고 사망건수도 상당히 높아서 세계보건기구(WHO)가 조사한 179개국 중에서 절대사망자 수 기준 3위, 그리고 인구대비로는 56위를 기록했다.[6] 이러한 통계는 브라질 사회가 상당히 높은 수준의 불안정성과 강력범죄 문제를 안고 있으며, 자유와 복리 측면에서는 퇴보하고 있음을 드러내는 것이다.

---

5) 공식 자료는 웹페이지에서 확인이 가능하다(https://data. unodc. org/?lf=1&lng=en# state:0). 무력분쟁으로 인한 사망자 수는 제외되었다.

6) WHO Global Health Observatory 데이터(2013년)이다.

브라질의 인종 간 불평등은 살인과 교통사고로 인한 사망자 통계에서도 나타난다. 사망자가 가장 빈번하게 발생하는 교통수단은 오토바이인데, 운전자는 주로 저소득 계층에 속하는 흑인 및 혼혈 노동자들이다.

브라질의 사망률 동향을 보면 다음과 같은 특징을 파악할 수 있다. ① 인구 전체가 고령화 추세를 보임에 따라 만성질환과 각종 암의 발병도 증가한다. ② 급속한 고강도 도시화가 무분별하게 진행되면서 빈곤층이 외곽의 빈민가(슬럼)로 밀려났지만 대중교통체계가 제때 갖춰지지 못해 교통사고 발생률이 증가하고 범죄율이 예외적으로 크게 늘어나는 결과를 초래하였다. 다시 말해, 브라질에서는 통상적인 형태의 역학적 추세 변화가 일어나는 것이 아닌, 여러 단계가 중첩되는 현상이 나타나고 뎅기열 등의 전염병이 다시 등장하는 등의 역행이 발생하는 한편, 인구집단 간의 양극화도 발생한 것이다.

2014년 전체 사망건수의 68%를 차지하는 10대 사망원인을 분석해 보면 약간 다른 각도에서 위 사실을 이해할 수 있다. 전체 사망원인 중 16%에 해당하는 악성 암에는 성별에 따른 뚜렷한 차이가 없었으나, 사고 및 폭력이나 살인으로 인한 사망자 수는 남성이 훨씬 많았다(〈표 4-1〉 참고). 일부 전문가는 각종 범죄와 살인으로 인한 브라질의 심각한 인명피해 상황이 흑인과 혼혈 인종집단에 대한 보이지 않는 인종 말살이라고 진단하기도 했다. 2014년 기준 약 6만 명의 사망자 중 69%는 흑인 및 혼혈 남성이었다.

이는 앞서 언급한 인구통계학적 동향과 연계해 고찰해 볼 여지가 있다. 브라질 남성과 여성 집단 간의 평균수명 차이는 오토바이 사고, 살인, 폭행 등 그 원인을 불문하고 주로 청년 남성, 특히 흑인 청년 남성 집단의 '월등히 높은 사망률' 때문에 나타난다. 브라질 사회의 이러한 특성은 1980년대 들어서면서 더욱 뚜렷해졌는데, 1980년에는 여성과 남성의 기대수명 격차가 6.1년이었으나 1990년에는 7.8년으로 더 크게 벌어졌다.

다른 여러 국가와 마찬가지로 브라질에서도, 남성 인구집단의 낮은 평

<표 4-1> 2014년 집단별 상위 10대 사망원인(세계보건기구 국제질병분류)

| 순위 | 상위 사망원인군(CID 10) | | 사망자 수(명) | 성별 비중(%) | 합계(명) | 원인별 비중(%) |
|---|---|---|---|---|---|---|
| 1 | 악성 암 | 남 | 105,424 | 53 | 198,308 | 16 |
| | | 여 | 92,850 | 47 | | |
| 2 | 허혈성 심장질환 | 남 | 62,940 | 58 | 107,916 | 9 |
| | | 여 | 44,953 | 42 | | |
| 3 | 뇌혈관질환 | 남 | 49,830 | 50 | 99,289 | 8 |
| | | 여 | 49,436 | 50 | | |
| 4 | 사고 | 남 | 57,166 | 77 | 74,440 | 6 |
| | | 여 | 17,240 | 23 | | |
| 5 | 폐렴 · 인플루엔자 | 남 | 68,040 | 49 | 71,300 | 6 |
| | | 여 | 36,231 | 51 | | |
| 6 | 기타 심장질환 | 남 | 31,279 | 51 | 60,864 | 5 |
| | | 여 | 29,566 | 49 | | |
| 7 | 폭력행위 · 살인 | 남 | 54,736 | 92 | 59,681 | 5 |
| | | 여 | 4,832 | 8 | | |
| 8 | 당뇨 | 남 | 25,764 | 45 | 57,882 | 5 |
| | | 여 | 32,105 | 55 | | |
| 9 | 원인불명 | 남 | 32,944 | 59 | 55,578 | 5 |
| | | 여 | 22,526 | 41 | | |
| 10 | 고혈압 관련 질환 | 남 | 21,382 | 47 | 45,776 | 4 |
| | | 여 | 24,386 | 53 | | |
| 2014년 상위 10대 사망원인 | | 남 | 476,508 | 57 | 831,034 | 68 |
| | | 여 | 354,125 | 43 | | |
| 2014년 총사망자 수 | | 남 | 693,922 | 57 | 1,227,039 | 100 |
| | | 여 | 532,362 | 43 | | |

자료: 브라질 보건부 데이터베이스.

균수명은 최근 남성과 여성 간에 법정연금을 수령하는 연령의 편차 조정을 정당화하기 위한 주장의 근거로 언급된다. 이러한 주장은 연금을 위한 재정 지속성이 필요하다는 차원에서는 설득력을 가질 수도 있으나, 브라질 남성 집단의 비정상적으로 과도한 사망률을 외면하는 태도와 연결되기도 한다. 정부는 이 문제를 재정 조정에 대한 관심 못지않게 중요한 우선적 정책 사안으로 삼아야 한다.

## 4. 모두를 위한 질 낮은 교육

2013년부터 현재까지 브라질의 기본의무교육은 4세에서 17세까지 이루어지며, 유치원 2년(4~5세), 초등학교 9년(6~14세), 중등학교(15~17세)의 3단계로 구성된다. 지난 20년간 의무교육의 확대와 더불어 공적 급부 중 의무교육 예산의 증가 그리고 빈곤층 학생을 위한 민간 고등교육의 재원 공동분담은 브라질 교육제도의 성과에 큰 변화를 가져왔다.

지금까지 브라질 역사를 거쳐 간 각 행정부의 정치적, 이념적 배경은 서로 달랐다 하더라도, 교육의 양과 질을 계속해서 향상시켜야 한다는 기조를 꾸준히 유지해 온 점은 주목할 만하다. 교육의 확대는 브라질의 공공정책 중 가장 오랜 역사를 자랑하며, 특히 1994년 통화안정화 이후 예산의 증액이 가능해지면서 새로운 활력을 얻었다.

기초교육 정원의 80% 이상은 초등 및 중등교육에 관계없이 공립학교를 통해 제공된다. 이는 80% 이상이 사립학교를 통해 이루어지는 고등교육 영역과는 확연한 차이를 보이는 것이다. 2004년부터 2014년 사이에 브라질의 공립대학 정원은 52% 이상 늘어난 반면, 사립대학 정원은 65% 증가하였다. [7]

교육과 관련한 절대적 수치는 매우 높은 편이다. 공립초등학교의 전체 정원은 2,500만 명을 넘었고, 세 층위의 정부(연방, 주, 시)가 재원을 공동분담하는 가운데 지자체(시 단위)가 관리를 맡는다. 중등교육의 경우 주 정부에서 관리하며, 전체 정원은 약 8백만 명이다. 2014년 기준 고등교육 영역의 전체 정원은 사립학교 합산 730만 명이었다.

---

7) 이 장의 4에서 인용한 모든 자료는 명시적으로 달리 표시하지 않는 한 다년간의 브라질 국립통계원(IBGE) 전국가구조사(PNAD)를 인용한 것이다. 자료 원본은 통계원 웹페이지 (http://www.ibge.gov.br/home/estatistica/populacao/condicaodevida/indicadoresminimos/sinteseindicsociais2015/default.shtm) 및 IBGE (2015)에서 확인 가능하다.

<표 4-2> 2004년과 2014년의 총취학률(GAR)

| 연령대 | 2004년 | 2014년 |
|---|---|---|
| 0~3세 | 13.4 | 24.6 |
| 4~5세 | 61.5 | 82.7 |
| 6~14세 | 96.1 | 98.5 |
| 6~10세 | 95.9 | 98.8 |
| 11~14세 | 96.4 | 98.2 |
| 15~17세 | 81.8 | 84.3 |
| 18~24세 | 32.2 | 30.0 |
| 25세 이상 | 5.6 | 4.0 |

주: GAR는 gross school attendance ratio의 약어로 특정 연령 집단의 각급 학교별 취학 중인 인구
    비율을 의미.
자료: 브라질 국립통계원(IBGE) 전국가구조사(PNADs).

사회적 지식을 습득하기 위한 최소한의 접근 기회라 할 수 있는 문해율의 경우, 브라질 국민의 전체 평균이 만족할 만한 수준으로 향상된 것은 20세기 말에 이르러서였다. 1950년까지는 브라질 성인인구의 대다수가 여전히 문맹 상태였으나,[8] 이는 2014년 기준 8.3%로 줄어들었다. 현재 문맹 인구는 65세 이상의 노년층과 농어촌 지역에 집중되어 있다. <표 4-2>에서 볼 수 있듯이 브라질은 2004년에 이르러 상당히 높은 수준의 취학률을 달성하는 데에 성공하였다.

① 유치원 교육의 확대, ② 성별, 인종별, 지역 및 소득계층별 격차 해소를 통한 초등교육에의 보편적 접근성 보장, ③ 졸업이 매우 늦거나 노동활동 참여를 위해 자퇴하는 경우가 많았던 중등학교 남학생 집단을 중심으로 연령왜곡 현상 감소, ④ 고등교육 및 직업전문교육에 대한 접근성 확대 등은 비교적 최근 들어 이루어진 교육부문의 주요 성과이다.

이 가운데 영유아 및 미취학 아동 관련 교육의 주요 변화를 먼저 살펴보

---

8) 관련 자료는 통계원 웹페이지를 참조하라(http://www.ibge.gov.br/home/presidencia/
   noticias/imprensa/ppts/00000008473104122012315727483985.pdf).

면 다음과 같다. 공적 급부의 확대와 함께 취학전 교육의 기회가 크게 늘어났으며, 빈부계층 간의 격차도 감소하였다. 2004년에는 소득하위 5분위가구의 4~5세 아동 중 52.2%만이 유치원에 등록한 반면, 해당 분위보다 높은 소득계층의 동일 연령대 아동은 유치원 취학률이 85.7%에 이르러 큰격차가 있었다. 그러나 2014년에 두 집단의 유치원 취학률은 각각 77.6%와 94.1%로 상승함으로써, 33.5% 차이에서 16.5% 차이로 격차가 줄어들었다.

다음으로 살펴볼 것은 순등록률의 변화를 통해 나타난 연령별, 학년별교육격차 해소의 성과다. 2007년에는 초등학교 저학년인 6~10세 아동 가운데 84.7%가 6~10학년에 등록하였다. 이 수치는 2014년에 91.3%로증가하였다. 2007년부터 2014년까지 11~14세 집단의 순등록률은 72.5%에서 78.3%, 15~17세 집단은 49.0%에서 58.6%로 상승했다.

경제성장과 함께 특히 저소득층 학생의 연령간 부적합성을 낮추는 것은중등교육과정에서 자퇴율을 낮추는 데에 매우 효율적인 방법임이 확인되었고, 이로써 브라질 국민 전체의 학교교육 기간도 늘어나게 되었다. 2014년 통계를 보면 20~22세의 청년 중 60.8%가 중등교육을 성공적으로 이수해 기초교육과정을 완료한 것으로 나타났다. 반면 2004년에는 이 수치가 45.5%에 불과했다.

〈그림 4-7〉은 여러 해에 걸쳐 다양한 소득분위를 고려한 중등교육 이수율 격차의 감소를 보여 준다. 하지만 고소득 계층의 학생 중 87.8%, 저소득 계층의 학생 중 32.9%가 각각 중등교육을 이수한 것으로 나타나 그 차이가 여전히 크다는 것을 알 수 있다. 즉, 기초교육의 보편화는 여전히 브라질이 해결해야 할 주요 과제인 것이다.

전반적인 빈곤과 노동시장에서의 남성 선호에 의해 남학생들이 어린 나이에서부터 이미 가계를 돕기 위한 소득활동에 나서기 때문에, 남학생의중등교육 이수율이 여학생에 비해 더 낮은 것으로 파악된다(2014년 기준 남

<그림 4-7> 0~22세 인구집단의 소득분위별 중등교육 이수율(2004~2014년)

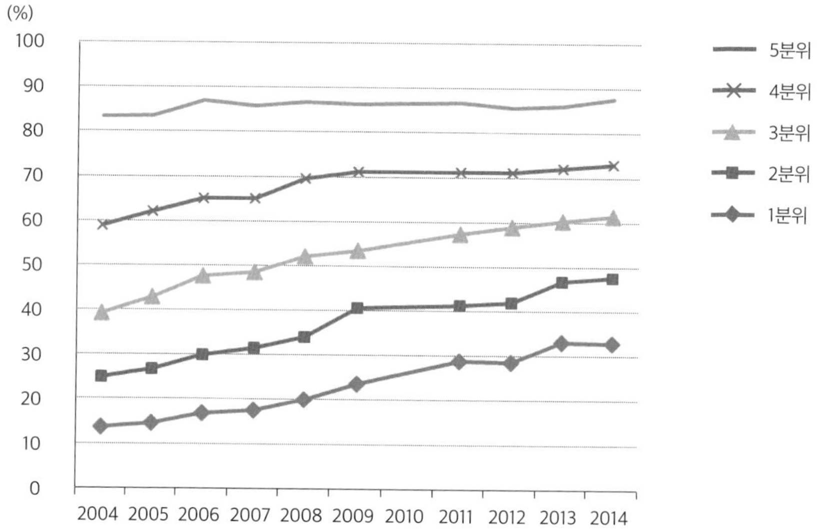

자료: 브라질 국립통계원(IBGE) 전국가구조사(PNADs).

학생 54.9%, 여학생 66.9%). 또한 백인 학생의 중등교육 이수율은 71.7%
인 반면 흑인과 혼혈인종 학생은 52.6%에 불과해 인종 간 격차도 확인할
수 있다. 마지막으로는 학교교육의 접근성 및 이수율과 직업·생계활동 간
의 상충이라는 문제가 있다. 통계에 의하면 농어촌 지역에서는 중등학교를
졸업하는 청소년의 비율이 40.6%에 불과한 반면 도시 지역에서는 64%에
이른다.

여기서 잠시 브라질 교육제도에 존재하는 공공부문과 민간부문의 이중
적 구조를 조명해 보고자 한다. 보건 분야와 마찬가지로 교육에서도 저소
득층을 위한 질 낮은 공적 제공과 중상위 소득계층을 위한 질 높은 사적 제
공의 양극화 현상이 만연하며, 이로 인하여 사회적 불평등이 꾸준히 재생
산된다.

OECD PISA와 같은 국제 학업성취도 비교평가 결과를 보면, 전반적으
로 브라질 교육제도의 질이 상당히 낮은 것으로 나타난다. 브라질의 공립

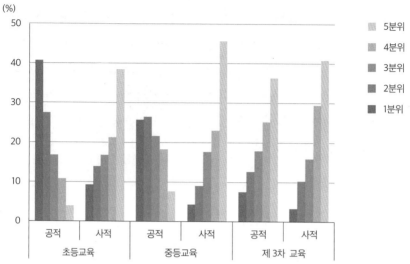

〈그림 4-8〉 교육과정 및 공적·사적 제공 여부에 따른 소득분위별 학생 비율(2014년)

자료: 브라질 국립통계원(IBGE) 전국가구조사(PNADs).

및 사립학교 학생들은 "2012년도 65개국의 15세 학생들을 대상으로 시행한 PISA 평가에서 수학(57~60위 사이), 독해(54~56위), 과학(57~60위) 모두 평균 이하의 성적을 기록했다". [9] 그러나 PISA 평가 결과는 점차 나아지고 있으며, 2003~2012년 사이에 PISA 수학 성적이 가장 많이 오른 것은 브라질 학생들이었다.

한편 사립교육과 공립교육 간의 질적인 차이는 교육과정 및 성취도 평가에 관한 정보를 통합한 브라질 기초교육개발지수(IDEB)를 보면 알 수 있다. 기초교육개발지수에서 사립학교 학생은 공립학교 학생에 비해 초등학교 저학년 28.3%, 초등학교 고학년 45.1%, 중등학교에서는 51.4%가량 더 높은 성적을 거두었다. 하지만 2005년 이후 공립·사립 간의 교육격차가 점점 줄어들고 있음에 주목할 필요가 있다. [10]

---

9) OECD 웹페이지를 참고하라(www.oecd.org/brazil/PISA-2012-results-brazil.pdf).

공공 영역에서의 계층 간 격차와 그에 따른 사회적 경험의 차이는 브라질의 사회통합과 화합을 저해하는 요인이자 이러한 격차 및 불평등을 재생산하는 원인이기도 하다. 계층, 인종, 성별이 서로 다르면 사회적 경험의 공유가 사실상 불가능한 상황에서, 공공교육 및 보건정책은 재원을 유지하고 품질을 높이기 위한 상위계층의 지지를 얻기가 쉽지 않다. 따라서 이와 같은 이중적 체제의 유지는 불평등을 영구화하며, 동일한 이중적 체제를 계속 강화하는 결과를 낳는다.


## 5. 맺음말

브라질은 국가적으로 분명 상당한 발전을 이룩해 왔다. 특히 20세기 후반부터 브라질 국민의 생활상은 다방면에서 급변하였다. 도시화가 빠르게 확산되었고, 문맹률은 크게 하락했으며, 인구고령화가 진행 중이다.

개발의 초점은 좀더 광범위하고 수준 높은 학업성취로 이동하였고, 출산율은 크게 감소했으며, 전염병 및 기생충병으로 인한 사망률은 크게 줄어들었다. 상수도·전기·폐기물 및 하수처리 등과 같은 기반시설의 확충과 도시화가 진행되면서 일반적인 복지 수준도 향상되었다.

기반시설 분야에서는 최근까지도 다양한 성과가 있었다. 1981년에는 가정용 상수도 공급률이 60.1%에 불과했으나 2014년에는 85.4%로 증가했다. 또한 쓰레기 수거시설을 이용할 수 있는 가구 수는 49.2%에서 89.8%로, 공공조명설비는 74.9%에서 99.7%로 각각 증가하였다.

하지만 이러한 성과에도 불구하고 구조적 불균형과 불평등은 여전히 존

---

10) 이와 관련하여 기초교육개발지수 자료를 참고하라(http://portal.inep.gov.br/web/portal-ideb/planilhas-para-download).

재한다. 아직도 전체 인구 중 76.8%만 하수처리시설을 사용할 수 있다는 점에서 공중위생 여건은 퇴행적인 상태다. 도시 지역의 가구만을 고려하더라도 브라질 북부 및 북동부 지역, 특히 소득수준이 낮은 주에서는 하수도 보급률이 전국 평균에 미치지 못한다. 북부 지역의 경우 고작 27.2%의 가구에만 하수도시설이 공급된다. 북동부 지역에서는 전체 가구의 53.4%에만 하수도시설이 제공되며, 마라냥(Maranhão) 주와 피아우이(Piauí) 주의 하수도 공급률은 각각 18.7%와 9.3%에 불과하다. 심각한 수준의 불평등이 아닐 수 없다(2014년 전국가구조사).

여기에 소득불평등까지 함께 감안한다면 브라질은 아직도 세계에서 가장 불평등이 심각한 국가 중 하나에 속한다. 인종차별과 성차별은 이러한 사회적 불평등을 영속화하는 주된 요인 중 하나다. 흑인 및 혼혈인종이 브라질 전체 인구의 76%를 차지함에도, 소득상위 10%에 속하는 부유층 중 흑인 및 혼혈인종은 27%에 불과하다. 이들 대부분은 소득분배에서 하위 10%에 속한다(2014년 전국가구조사).

또한 브라질은 세계경제포럼(WEF)이 2015년 149개국을 대상으로 집계한 성(性) 격차 순위에서 85위(높은 순위일수록 양성평등 수준이 높다)에 머물렀다. 더욱이 유사 직군에서 남성과 여성 간 임금격차를 기준으로 불평등 수준을 추정한 결과, 브라질은 전체 149개국 가운데 133위로 밀려났다. 여성의 노동가치는 남성에 비해 현저히 저평가된 상태이며, 학력 수준이 높을수록 이러한 차별은 오히려 더 심한 상황이다.

이 장에서는 브라질의 사회상이 혼란스럽고 불분명하다는 점을 설명하였다. 국가개발 차원에서 브라질은 분명 여러 괄목할 만한 성과를 거두었으나, 그 이면에는 도심 지역의 인구과밀 및 무질서하고 폭력적인 환경, 불평등을 지속시키며 변화를 거부하는 오랜 사회적 표지가 공존한다. 향방을 예측할 수 없는 정세 불안정이 다시 이어지는 가운데, 브라질은 계속 해묵은 과제를 풀며 새로운 도전을 맞이하고 있다.

# ■ 참고문헌

Andersen, G. (1991). *The Three Worlds of Welfare Capitalism*. Polity Press.

Brazil, Ministry of Education (2014). *Report Education for All in Brazil*.

Cardoso, C., & Jaccoud, L. (2005). Políticas sociais no Brasil: Organização, abrangência e tensões da ação estatal. In Jaccoud, L. (Ed.). *Questão Social e Políticas Sociais no Brasil Contemporâneo*. Brasília: IPEA.

De Carvalho, J. M. (2001). *Cidadania no Brasil: O Longo Caminho*. Rio de Janerio: Civilização Brasileira.

Draibe, S. (1993). *O Welfare State no Brasil: Características e Perspectivas*. Caderno de Pesquisa, 08. Campinas: NEPP-UNICAMP.

IBGE (2015). *Síntese de Indicadores Sociais: Uma Análise das Condições de Vida da População Brasileira*. Estudos e Pesquisas, 35. Rio de Janeiro: IBGE.

IPEA (2010). Perspectivas para o sistema de garantia de renda no Brasil. In IPEA. *Perspectivas da Política Social no Brasil*, ch. 9. Brasília: IPEA.

Marshall, T. H. (1967). *Cidadania, Classe Social e Status*. Rio de Janeiro: Zahar.

Médici, A. C. (1994). *A Dinâmica do Gasto Social nas Três Esferas de Governo: Uma Análise do Período 1980~1992*. São Paulo: FUNDAP/IESP.

Ministry of Health (2006). *Painel dos Indicadores do SUS, 1(1)*.

Vianna, M. L. W. (1998). *A Americanização(Perversa) da Seguridade Social no Brasil*. Rio de Janeiro: IUPERJ.

# 05

# 정부재정과 사회보장재정*

## 1. 머리말

이 장에서는 브라질의 사회지출 재원조달이라는 복잡한 문제를 다룬다. 사회지출 재원조달의 메커니즘과 범위를 이해하면 사회보장제도로 채워 주어야 하는 국민의 욕구에 부합하기 위한 국가의 자원배분 노력을 평가할 수 있다. 사회복지 분야의 가용재원 및 비용의 규모를 분석하고, 특히 1988년 연방헌법에서 기인한 사회적 권리보장 프로그램들의 효과성을 검토한다.

이 장에서는 브라질 사회보장제도의 개요(이 장의 2)와 1988년 연방헌법 이후 사회정책의 주요 발전상 및 제도적 도전과제(이 장의 3)를 살펴본다. 이 장의 목표는 브라질 사회지출에 대한 전반적 개요와 함께 역사적인 경로 및 패러다임을 소개하는 것이다. 아울러 사회지출 재원조달의 특성 및 당면한 문제들(이 장의 4)을 분석하고, 조세체계의 딜레마와 공공지출의

---

* 이 글은 "Financing Social Expenditure in Brazil: 1988~2016"을 번역한 것이다.

구성에 대해 알아본다.

마지막으로, 브라질의 정책 및 사회 지출의 긍정적인 효과와 사회경제 전반 및 경제발전에 미치는 영향을 확인한다(이 장의 5). 그리고 사회지출 재정이 경제성장과 소득불균형에 미치는 전반적인 영향 및 시너지 효과와 함께 그 증거를 분석한다. 나아가 2016년 브라질 민주주의의 퇴보를 고려할 때, 국가발전과정의 순서가 올바르게 진행되고 있는 것인지 묻는다(이 장의 6).

## 2. 브라질 사회보장제도(SBPS) 개요

### 1) 혼합형의 불충분한 모델

1980년대 중반 이후 진행된 다양한 연구들은 사회정책의 맥락에서 제도적 장치와 공공지출의 중요성을 강조한다. 이 연구들은 다른 여러 방향 중에서도 브라질 사회보장제도(Sistema Brasileiro de ProteçãoSocial: SBPS)의 관점에서 이루어진 분석을 정당화한다.

이 장에서는 브라질의 사회보장제도를 사회적 위험으로부터의 보호, 권리의 보장, 기회의 균등한 배분, 빈곤퇴치 등을 목표로 하는 재화와 서비스의 제공 및 소득이전을 위한 일련의 정부 정책 및 프로그램으로 이해한다(Jaccoud, 2005). 사회복지부문에서 국가 차원의 노력은 하나의 '시스템'으로 인식되어 왔는데, 특히 사회보장 및 부조, 노동, 식량, 보건, 교육, 주택, 위생과 관련한 일련의 포괄적이고 사회적인 프로그램들을 포괄하였기 때문이다. 오늘날의 폭넓은 사회보장제도도 이러한 방식으로 탄생하게 된 것이다. 물론 분명히 "혼합형"(hybrid, 불완전성 측면)이면서 "불충분"(insufficient, 이질성 측면)하며 종종 "비효과적"이기는 하지만, 사회보장제

〈표 5-1〉 브라질 연방 차원에서의 사회국가적 개입 범위

| 분석 축 | 주요 사회 지출 관련정책 |
| --- | --- |
| 고용 및 노동정책 | 1. 기초생활보장(도시 및 농어촌)<br>2. 연방공무원 사회보장(군, 법정)<br>3. 근로자 보호정책<br>4. 농촌단체 및 토지정책 |
| 사회부조 및 빈곤경감정책 | 5. 사회부조<br>6. 식량 및 영양<br>7. 소득이전 |
| 시민의 사회적 권리 관련정책 | 8. 보건<br>9. 교육<br>10. 문화 |
| 사회적 인프라 관련정책 | 11. 주택 및 도시생활<br>12. 위생 및 환경<br>13. 도시 대중교통* |

\* 사회기반시설에 속하지만 지자체 차원에서 실행.
자료: Jaccoud(2015), 저자 부연설명.

도 이행의 상당 부분을 상시적으로 처리할 수 있는 제도 및 인적 자원, 재원이 마련되었다(Cardoso Jr., 2009; 2015). 〈표 5-1〉은 1988년 연방헌법 제정 이후 브라질이 도입한 사회보장의 범위를 보여 준다. 요약하자면, 브라질의 사회정책은 4개의 구조적 축으로 결합·분류할 수 있다.

고용 및 노동정책의 축은 기여적 참여, 궁극적으로는 공식적 노동시장의 참여하는 근로자에게 보장을 제공하는 정책들로 구성된다. 이러한 사회보장정책들은 주로 공식계약서에 기반한 노동에 초점을 맞춘다. 한편, 1988년 연방헌법 제정 이후 새로운 일련의 정책이 부상하였는데 무급노동을 정부가 제공하는 사업 및 활동의 적격 대상으로 편입시킨 것이다.

사회부조 및 빈곤경감정책 축은 대상 집단의 극심한 빈곤·취약 상황에 대응하기 위한 정책을 포괄한 것인데, 여기에는 가장 최근에 도입된 기아퇴치와 소득이전정책이 포함된다. 초기에는 이러한 일련의 정책 및 프로그램에 단편적이고 비연속적이라는 꼬리표가 붙었다. 그럼에도 불구하고 민주화 시기(1985~2015년)를 거치며 프로그램들이 제도적 밀도를 갖추기 시

작하면서 1990년대와 2000년대 초반의 국가 사회부조정책으로 이어졌다. 그러나 이들 프로그램은 여전히 빈민층이 곤경에 처한 상황에서만 혜택을 제공하도록 함으로써 접근성이 제한되어 있다.

세 번째 축에 해당하는 시민의 무조건적 사회적 권리 관련정책은 교육 및 보건정책을 종합한 것으로, 시민들에게 부여되는 최소한의 사회적 권리라는 인식을 기반으로 접근성이 보장된다. 이러한 정책들은 일부 공공서비스의 보편적 제공을 통한 사회통합이라는 이상은 물론, 국민이 국가 공동체에 소속된다는 인식과 결부된 자율적 성격을 띤다. 가령, 무조건적인 사회적 권리 중 하나인 보건은 국가의 의무이다. 이는 국가가 국민에게 보편적인 보건서비스를 제공해야 함을 의미한다. 교육 영역에서도 1988년 연방헌법은 보편적인 기초교육을 보장해야 함을 명시하였다. 이 두 정책은 또한 세 층위의 정부가 공동책임을 맡는다는 점에서 다른 정책과 뚜렷하게 구분된다. 통합의료체계(Sistema Único de Saúde: SUS)와 기초교육의 운영은 주 정부와 지자체가 책임지며, 연방정부는 다양한 프로그램과 서비스 제공을 지원하기 위한 재원의 조달, 프로그램 이행에 있어서의 전반적인 규제와 보완적 책임을 맡는다.

마지막으로 네 번째 축인 사회인프라정책은 주택, 위생, 도시교통 등 다양한 유형의 사회정책으로 구성된다. 사회인프라정책은 사회적 연관성을 가진 정책들을 한데 모은 것으로, 정책 접근성에 대한 법적 보장은 매우 최근(2003년 이후)에서야 명확하게 정의되기 시작하였다. 주택 및 위생 관련 연방정책을 사회적 재분배 목표에 통합시키기 위한 최근의 시도들(1995년 이후, 특히 2007년 이후)에도 불구하고, 사회정책 분야 내에서 이들 정책이 적절히 발전할 수 없도록 가로막는 제도적·재정적 걸림돌이 여전히 남아 있다.

이러한 점을 고려할 때, 우리는 브라질의 사회보장 부재(현재에도 해당)를 설명하는 몇 가지 이유들을 간과할 수 없다. 이러한 부재는 20세기 후반

(1975년 이후의 시기) 이후 브라질의 국가와 경제가 달성한 가시적인 성취와 역사적으로 형성된 사회보장 양상 사이의 간극에서 기인한 것으로 보인다(Cardoso Jr., 2015). 오늘날 사회보장의 양상과 이를 뒷받침하는 사회경제적 토대 사이에 점진적 융합의 움직임이 발견되고는 있지만, 이 둘 사이에는 여전히 상당한 거리가 존재하며, 이 "간극"은 브라질 사회에 여전히 존재하는 "사회적 무방비 상태"를 나타내는 좋은 척도가 된다.

사회적 책무(여전히 존재)와 사회보장 기준(역사적으로 형성) 간의 대립은 브라질 사회보장제도(SBPS)를 구성하는 특징적 양대 요소를 두드러지게 한다. 즉, 사회적 프로그램의 제도적 토대에 영향을 미치는 다양한 원칙(영국형 모델, 유럽 대륙형 모델, 북유럽형 모델, 지중해형 모델)의 "혼합성"과 다양한 인구집단에 대한 사회보장 제공 역량에 있어서의 "불충분성"이 그것이다.

이러한 서술의 근간에는 어느 시대, 어느 사회든지 각기 다양한 방식으로 4가지 주요 사회 영역을 작동, 결합시킴으로써 모든 국민들에게 필수적으로 사회보장을 제공해야 한다는 사실이 깔려 있다(Esping-Andersen, 1999). 4가지 주요 사회 영역은 국가, 시장, 가정 그리고 국가적 공간 내에서 활동하는 시민사회를 의미하는데, 분산되어 존재하기에 제도화가 미비한 지역사회뿐만 아니라 이른바 비정부 공공부문 혹은 제3부문에서의 활동까지 모두 포함한다. 브라질에서는 특히 1988년의 기념비적 헌법 제정 이후에 이 4가지 사회 영역의 책임을 일부 분담하거나 이전하는 것이 가능해졌다.

브라질 소득분배 피라미드에서 위에 자리 잡은 상류층은 일반적으로 교육(특히 초·중등교육), 보건, 연금 등과 관련한 사회보장을 주로 민간시장을 통해 충족한다. 특정한 상황, 특히 고등교육과 전문 보건의료 영역, 공공복지 보상한도 등의 상황에서는 국가가 재화 및 서비스 제공자로서 참여한다. 하지만 국가가 제공하는 교육, 보건, 복지 및 치안 측면의 공공정책

<표 5-2> 브라질의 사회보장과 사회계층, 사회보장 제공자

| 구분 | 상류층 | 중산층 | 저소득층 |
|------|--------|--------|----------|
| 국가 | 중 | 상 | 상 |
| 시장 | 상 | 중 | 하 |
| 가정 | 중 | 상 | 상 |
| 시민사회 | 하 | 하 | 중 |

자료: Cardoso Jr.(2015), 저자 부연설명.

<표 5-3> 국립통계원 인구총조사에 따른 취업인구(16~59세)의 사회보장(2010년)

| 16~59세 취업인구: 7,945만 명 | RGPS(도시 및 농어촌) 또는 RPPS 보장을 받는 취업인구: 70.8%, 5,623만 명 | RGPS 납부자로 자진 신고한 취업인구: 4,560만 명 |
|---|---|---|
| | | RGPS 특별보험 보장 대상: 528만 명 |
| | | RGPS 비납부자로 자진 신고한 취업인구 중 RGPS 또는 RPPS 수급 대상: 94만 1천명 |
| | | RPPS 납부자로 자진 신고한 취업인구 (군 및 법정): 441만 명 |
| | RGPS 및 RPPS 비납부·비수급자로 자진 신고한 취업인구: 29.2%, 2,322만 명 | 사회보장 적용을 받지 못하는 취업인구 (1최저임금 이하): 997만 명 |
| | | 사회보장 적용을 받지 못하는 취업인구 (1최저임금 이상): 1,325만 명 |

주: RGPS는 민간부문 연금제도, RPPS는 공공부문 연금제도.
자료: SPPS/MPS 자료를 집계, 저자 부연설명.

에 대하여 접근성을 보장받는 주된 대상은 사회계층 피라미드의 평균적 계층인 중산층이다. 중산층은 가정 관련 네트워크에서도 재화 및 서비스의 상당 부분을 공급받는다. 한편 시장은 재화 및 서비스 제공에 있어서 중산층에게 중간 수준으로 기여한다. 브라질의 저소득층은 사회보장 측면에서 전반적으로 국가와 가정에 크게 의존하는 반면, 시장의 참여도는 낮은 편이다. 조직화된 시민사회의 참여도는 보통 수준이다(〈표 5-2〉 참고).

2010년 인구총조사에서 추출한 데이터를 토대로 브라질의 사회보장(및 비보장) 현황을 〈표 5-3〉과 같이 정리할 수 있다. 〈표 5-3〉은 16~59세까지의 취업인구[1]만을 대상으로 하는데, 전체 인구집단에서 이 집단의 비율

이 최근 크게 증가하였다. 그럼에도 그중에서 약 30%에 해당하는 2,500
만 명가량은 여전히 직장이 없거나 사회보장의 적용을 받지 못한다. 이러
한 사회보장의 공백을 경험하는 이들은 임금 근로자(가사노동자 포함)와 자
영업자 직군에 집중되어 있는데, 그중 대다수가 제3차 산업(상업 및 다양한
유형의 서비스 산업)과 토목건설 분야에서 불안정한 노동에 종사하는 노동
자이다.

특히 우려되는 점은 이 집단의 주 연령대가 25~39세라는 것이다. 노동
주기상 연령대는 국가가 제공하는 사회보장 영역에서 일자리를 얻어 지속
가능한 통합 경로에 편입함으로써 좀더 확실한 사회보장을 누리며 결속을
경험할 필요가 있는 시기이지만, 이 집단은 이를 달성하지 못할 위험에 노
출되어 있다. 이는 특히 도시에서 일하는 비공식 노동자들이 미래에는 심
각한 사회보장 부재 상황을 겪게 될 것임을 의미한다.

## 2) 1988년 연방헌법 제정 이후의 발전상과 도전과제

널리 알려진 바대로, 1988년에 제정된 연방헌법은 브라질 사회정책의 역
사에 중요한 이정표이다.

첫째, 연방헌법은 사회적 재생산의 주요 영역들 내에서 사회보장 및 보
편성의 원칙을 확립함으로써 그 당시까지 존재하던 사회보장의 개념에 매
우 중대한 질적 변화를 가져왔다(IPEA, 2008). 이에 따라 1988년 브라질
연방헌법은 고용-기여적 유대를 구축하고 농어촌 지역 출신 노동자들에게
사회보장급여를 제공해야 할 필요성을 피력하였다.

둘째, 연방헌법은 과거 시행되던 일련의 복지활동을 광범위하고 포괄적
인 사회부조정책 마련을 위한 토대로 변모시켰으며, 이를 뒷받침하기 위한

---

1) 직·간접적으로 소득을 얻기 위한 직업을 가진 인구를 의미한다.

정부지원 프로그램의 범위를 예고하였다.

셋째, 연방헌법은 보건 및 교육 정책의 보편화 전략 수립을 위한 최초의 제도적 틀을 마련하였다(Cardoso Jr., 2009).

사회정책은 과거의 운영 상황과 비교해 이상의 세 가지 영역 모두에서 질적인 변화를 경험하였다. 아울러, 연방헌법은 새로운 사회보장의 개념 및 보편성의 실현을 포함한 시민권의 효과적 실천 및 보호에 필요한 재원을 조달하기 위하여 광범위하고 객관적인 물리적 조건을 새롭게 정립하였다(Salvador, 2010).

그러나 이러한 일련의 법적 진전에도 불구하고, 여러 요인으로 인해 1990년대에 걸쳐 새로운 형태의 사회보장 전략이 수립·시행되었다. 이 새로운 전략이란 사회보장 분야의 5가지 일반적 지침, 즉 "제한적 보편성", "민영화 확대", "재정분권화", "빈곤정책 집중", "보상적 사회참여 확대"를 결합한 형태로 특징지어진다(IPEA, 2008; Cardoso Jr., 2009). 이는 다양한 복지 영역(노동, 사회보장, 사회부조, 보건, 교육, 주택, 공공안전 등)에서 작동하는 사회정책의 설계, 이행 및 관리체계를 자유주의적 구조로 개편하는 방향으로의 개혁이었다.

바로 이러한 이유에서, 일련의 보건, 복지, 사회부조정책 및 교육 관련 보장의 보편성과 보호를 신장하기 위한 노력이 연방헌법 제정 이후 거의 30년(1988~2018년) 간 지속되었음에도 불구하고 이념적 원칙이나 국가적 실천으로는 자리 잡지 못했다. 이러한 사실을 여기에서는 "제한적 보편성"이라는 용어를 사용하여 언급하고자 하였다.

이러한 측면에서 적어도 다음의 두 가지 이슈는 반드시 짚고 넘어가야 한다. 첫 번째는 광범위하고 보편적인 사회보장전략을 뒷받침하기 위해 재원을 조달하려는 노력이 1990~2010년대에 브라질 정부가 실제로 기울인 것 이상으로 더욱 강화될 필요가 있다는 점이다. 두 번째는 국민들에게 보건, 교육, 치안 등 주요 영역의 재화 및 사회적 서비스를 제공함에 있어서 민영화를 적극적으로 추진하고 민간부문(영리추구 여부와 무관)의 참여를 확대해 온 것이 국가 주도형 사회복지 전략의 일부로 비춰질 수 있다는 것이다.

또한 기존의 전략을 보완한 또 다른 3가지의 일관된 전략이 1990년대 이후 강화되었다. ① 일부 연방세(Union tax) 세원을 주 정부와 지자체로 할당하는 분권화, ② 최빈곤층 인구에 초점을 맞춘 프로그램 및 정부활동, ③ 사회지향적 활동에서 조직화된 사회적 참여 확대(비국가 공공부문 또는 비영리 민간부문)가 여기에 해당된다.

## 3. 재정 및 사회 지출: 조세구조의 딜레마와 공공지출의 구성

1988년 연방헌법 제정 이후 브라질 공공정책을 관리해 온 정부의 사회복지 전략은, 비록 명백하게 드러나지는 않았어도 사회정책의 재원조달 문제를 해결하기 위한 전략이기도 했다(Salvador, 2010; CEPAL, 2010). 제한적 보편성, 빈곤정책 집중, 재정분권화, 사회적 참여, 고수익성 공공부문의 민영화는 특히 연방차원에서 공공사회지출의 재정조달 필요성을 구조적으로 제한하는 데 기여하였다. 이러한 전략은 또한 대안적 경제정책 및 통화안정화로 인한 (자체적인) 거시경제적 압박을 고려할 때, 정부재정의 긴축이라는 일반적 전략과 맥을 함께 하는 필수적 요소였다.

그럼에도 불구하고, 1988년 이후 브라질 내 사회 영역의 재정구조는 과세에 기반을 둔 다각화를 통해 자원을 확대하는 쪽으로 변화하고 있음을 분명히 해둘 필요가 있다. 이러한 변화는 특정한 요건 조성과 결합하여 사회보장과 관련한 효과성 제공 및 권리 보호, 보편성의 실행을 위한 좀더 나은 물질적 환경을 마련하였다(Jaccoud, 2005; IPEA, 2010).

〈표 5-4〉는 사회보장 기여금이 사회 영역 내에서의 재원 다각화와 최종적인 사회복지예산 구성에 있어 최고 우선순위에 놓여 있음을 보여 준다. 이 장에서 채택한 분석 및 접근법에 따르면 고용 및 노동 축에 위치한 일련의 정책이 2002~2015년의 기간에 연방의 전체 사회 지출의 약 64.1%를 차지하였다. 이는 전체 사회 지출 중 거의 4분의 3가량이 노동부문의 근로자 보호정책, 농촌단체 및 토지 관련정책 그리고 노동인구의 비활동 기간에 발생하는 비용(일반적인 사회보장제도 및 연방공무원 보장제도)과 관련이 있음을 의미한다. 전체 지출에서 RGPS(도시 및 농어촌 사회보장제도) 급여의 지급이 차지하는 비중은 57.5%였다.

같은 기간, 연방의 사회 지출에서 두 번째로 큰 비중을 차지한 부분은 교육과 문화부문(14.1%)이었다. 그러나 여기서 한 가지 언급해야 할 점은 기초교육 및 중등교육의 재정은 대부분 지자체와 주 정부에 의해 각각 조달되었다는 사실이다. 고등교육(대학 및 대학원과정)의 재정을 조달하는 것은 우선적으로 연방정부의 책임이다.

시민의 무조건적인 사회적 권리 축에서는 응급의료서비스, 병원의료서비스, 질병예방 및 퇴치, 가정보건 등 일부 보건의료 프로그램을 특별히 조명할 필요가 있다. 전반적으로 2002~2015년 사이에 보건부문(12.8%)이 연방의 사회 지출에서 세 번째로 큰 비중을 차지하였다. 보건 관련 지출은 대부분 세금 및 사회보장 기여금으로 충당되었으며, 그중에서 사회보장재정 기여금(COFINS)[2]과 순이익사회보장 기여금(CSLL)[3]이 가장 중요

---

2) COFINS는 Contribuição para o Financiamento da Seguridade Social(Contribution for Social Security Financing)의 약자로, 기업의 총매출을 기반으로 산정한 연방세다. 징수된 세금은 사회보장 및 복지기금으로 사용된다.

3) CSLL은 Contribuição Sobre o Lucro Liquido(Social Contribution on Net Profit)의 약자로, 기준 기간에 발생한 법인세비용 차감 전 순이익에 부과되는 연방세다. 납부 대상은 법인 및 법인세 법령에 해당하는 기업으로, 징수된 세금은 사회보장재정에 사용된다.

〈표 5-4〉 브라질 연방의 사회적 개입 범위 및 재정 특성

| 분석적 구분 | 연방 정책 | 주요 프로그램 및 대상 | 특징 | 주요 재원[1] | 2002~2015년 GSF[2]비중 | 사회보장 재정의 진보 가능성 | 연방 사회적 지출의 분배 가능성 |
|---|---|---|---|---|---|---|---|
| | 기초 생활보장 | 도시 | 계약형 사회보장: 기여 모델 | 사회보장 기여금 | 57.5% | 역진적 / 기여적 | 종립적 |
| | | 농어촌 | 사회적 권리: 부분적·직접적, 기여형 급여 | | | 누진적 / 부분적 / 기여적 | 누진적 |
| | 연방공무원 사회보장 (군, 법정) | 군 | 계약형 사회보장: 실력주의, 기여형 급여 | 사회보장 기여금 및 세입 | | 종립적 / 기여적 | 역진적 |
| | | 법정 | 계약형 사회보장: 실력주의, 기여형 급여 | | | 종립적 / 기여적 | 종립적 |
| 고용 및 노동 정책 | 근로자 보호정책 | 수당 및 실업보험 | 제한적 보편성: 기여 모델 | FAT[3] (PIS / PASEP)[4] | 5.4% | 종립적 / 기여적 | 종립적 |
| | | 중개 및 직업자격 | 제한적 보편성: 사후적 접중 | | | 누진적 / 보편적 | 누진적 |
| | | 고용 및 소득 창출 | 제한적 보편성: 재정 지립 | | | 누진적 / 보편적 | 누진적 |
| | | 공용서비 향상 | 고객기반(Customer Base Set): 기여 모델 | 세입 | | 역진적 / 기여적 | 역진적 |
| | 농촌 단체 및 토지정책 | 가족농업 | 제한적 보편성: 사후적 접중 | FAT(PIS / PASEP) | | 누진적 / 보편적 | 누진적 |
| | | 농촌마을 | 제한적 보편성: 사후적 접중 | 세입 + 빈곤퇴치 지원 | 1.2% | 누진적 / 보편적 제한 (명시적 요구) | 누진적 |
| | | 토지정책 | 토지의 사회적 기능 | | | 누진적 / 보편적 제한 (명시적 요구) | 누진적 |
| | 소계 | - | - | - | 64.1 | - | - |

〈표 5-4〉 브라질 연방의 사회적 개입 범위 및 재정 특성(계속)

| | | | 전국민 대상: 사전적 접종 | | | 누진적/집중적 | 누진적 |
|---|---|---|---|---|---|---|---|
| 사회부조 빈곤경감 정책 | | 전국민 대상: 장애인, 고령자, 청소년, 아동, 아동 노동 | 전국민 대상: 사전적 접종 | 사회보장 기여금(COFINS)[5] + 빈곤퇴치 지원 | | 누진적/집중적 | 누진적 |
| | 시량 및 영양 | 학교 급식 | 제한적 보편성: 사후적 접종 | 교육수당 | | 누진적/보편적 | 누진적 |
| | | 식량 분배 | 사전적 접종: 자산조사 이후 급여 책정 | 사회보장기여금(COFINS) + 빈곤퇴치 지원 | | 누진적/집중적 | 누진적 |
| | 소득이전 | 보우사 파밀리아 | 사전적 접종: 자산조사 | - | | 누진적/집중적 | 누진적 |
| 소계 2 | | - | - | - | 7.2 | - | - |
| 시민의 사회적 권리 | 보건 | 보건의료 | 제한적 보편성: 사후적 접종 | | | 누진적/보편적 | 누진적 |
| | | 예방·치료 | 비제한적 보편성 | | 12.8 | 누진적/보편적 | 누진적 |
| | | 가족건강 | 사전적 접종 | | | 누진적/집중적 | 누진적 |
| | 교육 | 초등교육 | 제한적 보편성: 사후적 접종 | 세원 + 사회보장 기여금 | | 누진적/보편적 | 누진적 |
| | | 중등교육 | | | | 누진적/보편적/제한적 | 누진적 |
| | | 고등교육 | | | 14.1 | 역진적/능력주의(meritocrático) | 역진적 |
| | | 직업교육 | 기타 기준 | 민간 사회보장 기여금 (S System)[6] | | 종립적/집중적 | 종립적 |
| | 문화 | 체육 | 차별화된 기준 | 세원 + 사회보장 기여금 (보조 및 예측) | | 종립적/집중적 | 종립적 |
| | | 토착 지역사회 | | | | 누진적/보편적 | 누진적 |
| | | 문화생산 및 진파 | | | | 누진적/집중적 | 누진적 |
| | | 역사유산 보존 | | | | 누진적/보편적 | 누진적 |
| 소계 3 | | - | - | - | 26.9 | - | - |

## 〈표 5-4〉 브라질 연방의 사회적 개입 범위 및 재정 특성(계속)

| 사회 인프라 정책 | 주택 및 도시생활 | 도시생활 | 제한적 보편성 | 세원 + FGTS7) + FAT | | 역진적 / 점증적 | 누진적 |
|---|---|---|---|---|---|---|---|
| | | 주택 | 사전적 점증 | | | 역진적 / 점증적 | 누진적 |
| | 위생 및 환경 | 위생 | 제한적 보편성 | | | 역진적 / 점증적 | 누진적 |
| | | 환경 | | | | 역진적 / 점증적 | 누진적 |
| | 소계 4 | - | - | - | 1.7 | - | - |
| GSF 합계 | | - | - | - | 100.0 | - | - |

주: 1) 주요 재원이란 해당 항목의 75% 이상을 차지하는 재원을 의미.

2) GSF는 Gasto Social Federal의 약자로 '연방의 사회적 지출'을 의미.

3) FAT는 Fundo de Amparo ao Trabalhador의 약자로 '근로자지원기금'을 의미.

4) PIS/PASEP에서 PIS는 Programa de Integração Social, '사회통합 프로그램', PASEP는 Programa de Formação do Patrimônio do Servidor Público, '공무원저축 프로그램'을 의미하며, 둘 다 기업이 지불하는 사회보장 기여금임.

5) COFINS는 Contribuição para o Financiamento da Seguridade Social의 약자로, '사회보장재정 기여금'을 의미. 이는 기업이 총매출을 기반으로 산정한 연방세로, 징수된 세금은 사회보장 및 복지기금으로 사용됨.

6) S 시스템은 전문교육, 사회부조, 컨설팅, 연구 및 기술 지원에 중점을 둔 기업체 조직의 집합을 정의하는 용어. 각 기관의 명칭이 알파벳 'S'로 시작한다는 점 이외에도, 공통의 뿌리를 가진 조직으로 유사한 특성을 가졌다는 공통점이 있음. S 시스템에 포함되는 조직은 다음과 같음. 국립산업교육원(SENAI), 상업사회사업부(SESC), 산업사회사업부(SESI), 국립상업교육서비스(SENAC), 국립농업교육서비스(SENAR), 국립협동조합교육서비스(Sescoop), 교통사회사업부(SEST).

7) FGTS는 Fundo de Garantia por Tempo de Serviço의 약자로 '근로자퇴직보증기금'을 의미.

출처: Jaccoud & Cardoso Jr.(2005)의 자료를 바탕으로 저자가 작성.

한 역할을 하였다. 주목할 만한 사실은, 통합의료체계(SUS)의 경우 연방, 주, 연방지구 및 지자체의 활동과 서비스로 구성되기 때문에, 보건 영역의 지출에서 연방정부가 맡는 부분은 전체 비용의 절반밖에 되지 않는다는 점이다. 같은 기간에 통합의료체계의 분권화가 확산되었는데, 이 시기에 연방정부의 재정 참여도는 상대적으로 감소한 반면 다른 영역의 재정 지출은 증가하는 것을 확인할 수 있다.

아울러 2002~2015년의 기간에 연방 사회 지출의 약 26.9%가 보건 및 초등교육 관련 기여금으로 사용되었는데, 시민의 무조건적 사회적 권리 축으로 통합된 정책 및 프로그램을 위하여 투입되었다.

빈곤 및 기타 특정 사회적 취약성을 해결하기 위한 정책들은 사회부조, 식량안전, 빈곤퇴치 축에 위치한다. 같은 기간, 관련 프로그램 및 활동이 연방의 사회 지출 중 7.2%를 차지하였고, 사회부조국가기금(FNAS)의 재정지원을 받았다. 이 재원은 빈곤퇴치기금 및 사회보장재정 기여금을 비롯한 사회보장 기여금에서 충당되었다.

마지막으로 사회인프라정책 축에 속한 주택·위생 영역의 다양한 프로그램은 주로 세금 수입 및 근로자퇴직보증기금(FGTS), 근로자지원기금(FAT-PIS/PASEP) 등 근로자 기부금을 통해 재정을 충당하였다. 분석 대상 기간에 두 정책을 합한 연방의 사회 지출은 전체의 1.7%에 불과했다.[4]

이제까지 언급한 내용을 바탕으로 다양한 사회복지정책의 재원조달 계획에 큰 다양성이 존재함을 알 수 있다. 그러한 다양성은 세수, 사회보장 기여금, 경제 분담금 및 기타 예산 재원의 소 항목을 포괄하는 것으로 파악된다. 이러한 재원의 다양성은 심각한 사회적 이질성이 나타나는 브라질에서 긍정적으로 작용할 수 있다. 브라질의 경우, 사회적 재원의 조달을 합

---

[4] (분류 가능한) 사회인프라정책이기는 하나, 도시 대중교통은 지자체 영역에서 전적으로 효과적인 정책이다.

리화하고 조세 원칙 형평성을 개선하려는 시도는 복잡성이나 상이한 이해 관계 때문에 실패할 수밖에 없다는 인상을 준다.

〈그림 5-1〉은 1996~2014년 사이 사회 지출의 상대적 중요성 및 조세를 통한 재원조달과 관련된 수치를 보여 준다. 해당 기간에 대체적으로, 총세수(세 층위의 정부)와 연방 수준의 조세 부담은 다소 증가했으며, 효과적으로 실시된 사회 지출 재정확충 역량도 증가하였다. 해당 기간에 연방의 사회세 부담과 사회 지출 역시 모두 증가하였다.[5]

총조세 부담의 증가는 급격한 사회세 부담의 증가로 대부분 설명할 수 있다. 이는 또한 연방 총수입에서 사회복지 기여금의 비중이 크게 증가한 것에서 기인한다. 동시에, 연방정부의 총지출에서 사회 지출의 비중이 증가했음을 데이터를 통해 확인할 수 있다. 사회 지출은 2015년 총지출의 67.3%를 차지했는데, 2002년에는 59.9%였다. 세금 지출에서는 사회 지출의 비중 증가가 훨씬 두드러져, 2002년의 17.0%에서 2015년에는 38.6%였다. 〈표 5-5〉는 특히 교육 및 문화와 사회서비스를 위한 지출의 증가세를 보여 준다. 사회보장과 관련해서도 상당한 지출이 있었다. 반면, 보건 지출은 헌법 수정안 제 29호가 승인되면서 해당 기간에는 안정되어 있었다.

---

5) 연방의 사회세 부담은 국민 계정(*national account*)에 존재하지 않는 범주라는 사실을 언급할 필요가 있다. 그러나 전체 사회 영역을 위해 사회로부터 징수한 재원의 일부를 제공하기 위해 그리고 사회지출에 대한 욕구 때문에 이 세금이 존재한다. 또한 조세 부담(사회보장 예산과 혼동하지 말 것)은 CSLL, COFINS, 사회보장 기여금, PIS/PASEP 외에도, 자체 OSS 재원, FGTS 재원 그리고 사회지출 및 교육 지출의 재원을 조달하는 세금을 포함함에 주의해야 한다. 사회세의 최종 구성에서 소소한 원천은 고려하지 않았다. 이와 유사하게, 연방 사회세비용은 사회·경제 분담금 내에서 이러한 세수비용만을 포함하며 여신 업무, 재원 직접징수 등과 같은 원천으로부터 조달하는 지출은 제외한다. CTSF, GSFT에서 채택한 방법론적 절차에 대한 상세한 설명은 Jaccoud(2005)를 참조하라.

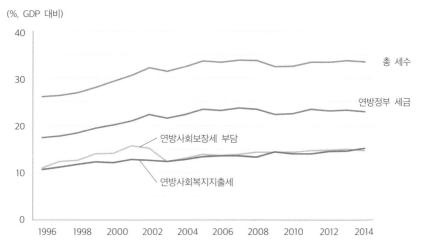

〈그림 5-1〉 브라질의 조세 부담 및 사회 지출의 변화(1996~2014년)

자료: STN. 저자 작성.

〈표 5-5〉 연방의 사회 지출구성(2002~2015년)

(단위: %)

| 구분 | 2002 | 2003 | 2004 | 2005 | 2006 | 2007 | 2008 | 2009 | 2010 | 2011 | 2012 | 2013 | 2014 | 2015 |
|---|---|---|---|---|---|---|---|---|---|---|---|---|---|---|
| 사회부조 | 3.7 | 4.4 | 6.0 | 6.4 | 6.9 | 7.2 | 7.4 | 8.6 | 9.0 | 8.7 | 8.9 | 9.3 | 8.9 | 8.8 |
| 교육 및 문화 | 13.2 | 12.3 | 11.5 | 11.2 | 11.3 | 12.2 | 13.0 | 13.0 | 13.7 | 14.3 | 14.7 | 14.7 | 15.3 | 15.4 |
| 농촌단체 | 1.5 | 1.2 | 2.1 | 2.0 | 1.9 | 1.8 | 1.2 | 1.2 | 0.8 | 1.0 | 0.8 | 0.8 | 0.5 | 1.2 |
| 사회보장 | 62.3 | 64.7 | 62.7 | 63.7 | 62.4 | 60.6 | 59.3 | 57.4 | 57.1 | 56.1 | 54.9 | 54.7 | 52.3 | 53.2 |
| 위생 및 주택 | 1.1 | 0.5 | 0.6 | 0.5 | 0.5 | 0.7 | 1.2 | 1.5 | 1.3 | 2.1 | 2.6 | 2.7 | 2.7 | 2.8 |
| 보건 | 14.0 | 12.8 | 13.4 | 12.2 | 12.4 | 12.6 | 12.8 | 12.7 | 12.6 | 12.3 | 12.7 | 12.3 | 12.2 | 11.8 |
| 노동 및 고용 | 4.1 | 4.1 | 3.8 | 4.0 | 4.6 | 4.9 | 5.0 | 5.6 | 5.4 | 5.4 | 5.4 | 5.5 | 8.0 | 6.8 |
| 합계 | 100 | 100 | 100 | 100 | 100 | 100 | 100 | 100 | 100 | 100 | 100 | 100 | 100 | 100 |

자료: SIAFI/SIDOR, 세수 지출 명세표. 저자 부연 설명.

브라질에서 가장 일반적인 두 가지의 사회보장시스템〔민간부문 연금제도 (RGPS)와 공공부문 연금제도(RPPS)〕이 사회보장 범주에 포함되어 있음에 주목해야 한다. 따라서 사회직접비용의 배분 측면에서, 〈표 5-5〉에서는 이 범주가 브라질 정부의 전체 사회 지출 중 항상 50% 이상을 차지함을 알 수 있다. 그러나 현재 이 범주의 규모는 감소하는 추세인데, 사회부조, 교육, 문화에 대한 지출의 증가로 인해 상쇄된다.

〈그림 5-2〉는 조사 대상 시기에 신흥 아시아 국가를 제외한 전체 국가 그룹에서 사회 지출이 11% 이상 증가했음을 보여 준다. 사회 지출의 변화 대부분은 글로벌 경제위기로 인한 것으로 2008년에서 2009년 사이에 발생했다. 2013년에 2009년 이전의 지출 수준으로 돌아간 국가는 없었다. 이러한 사회지출의 증가는 대부분 사회보장 및 사회부조에 대한 지출 때문에 발생하였다.

브라질의 사회 지출은 신흥 아시아 국가 및 주변 중남미 국가들보다 높은 수준이다. 2008~2009년 국제 경제위기 당시, 브라질은 아시아 및 다른 중남미 국가들보다 작은 폭의 지출 변화를 경험했다. 그러나 유럽 및 다른 복지국가와 비교하면 브라질의 사회지출은 여전히 낮다.

사회지출의 재원조달 능력 측면에서, 〈그림 5-3〉은 국가 간 비교 수치를 보여 준다. 소득 기준 과세의 경우, 브라질의 세수는 OECD 국가의 평균보다 적다. 반면 기초재화 및 서비스세에서는 브라질의 세수가 더 많다. 급여 및 부동산세와 관련하여, 브라질과 OECD 국가 평균 간에 큰 차이는 발견되지 않았다.

따라서 사회정책이 세수 지출에 미치는 분배적 영향을 평가하려는 연구는 방법론적으로 만족스러운 결과를 도출할 수 없다. 사회적 재원조달 구조와 공공지출의 재정 금융 패턴 사이에 존재하는 관계의 복잡성을 고려해야 한다. 사회 영역에서 정부 정책 및 프로그램의 재정적 측면에 주목하지 않고는 지출의 사회적 영향을 적절하게 평가할 수 없다. 또한 실효성과 분

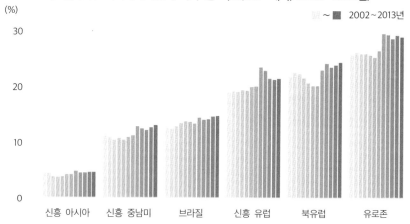

〈그림 5-2〉 사회복지지출의 국가 간 비교(GDP 대비, 2002~2013년)

자료: IMF(2015), ECLAC(2015).

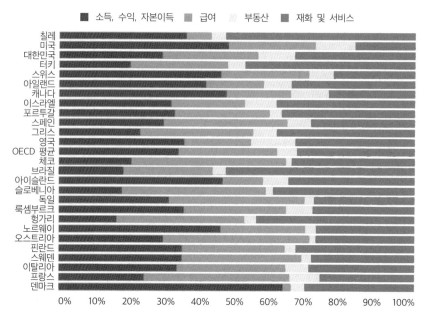

〈그림 5-3〉 브라질과 OECD 국가의 과세표준별 조세 부담(2013년)

자료: IMF(2015), ECLAC(2015).

<표 5-6> 브라질의 과세표준별 증가치 및 전체 조세 부담의 구성(2005~2014년)

(단위: %, GDP 대비)

| 구분 | 2005 | 2006 | 2007 | 2008 | 2009 | 2010 | 2011 | 2012 | 2013 | 2014 |
|---|---|---|---|---|---|---|---|---|---|---|
| 금융거래세 | 1.61 | 1.60 | 1.62 | 0.68 | 0.58 | 0.68 | 0.73 | 0.65 | 0.57 | 0.54 |
| 부동산세 | 1.12 | 1.16 | 1.19 | 1.19 | 1.26 | 1.23 | 1.25 | 1.30 | 1.33 | 1.40 |
| 소득세 | 6.26 | 6.15 | 6.50 | 6.86 | 6.34 | 5.92 | 6.37 | 5.98 | 6.11 | 6.03 |
| 급여세 | 7.96 | 8.04 | 8.05 | 8.05 | 8.33 | 8.26 | 8.36 | 8.58 | 8.45 | 8.43 |
| 재화 및 서비스세 | 16.63 | 16.42 | 16.34 | 16.92 | 15.92 | 16.41 | 16.71 | 16.89 | 17.28 | 17.07 |

자료: IPEA,(2010). 저자 부연 설명.

배의 효율성이라는 차원 역시 고려되어야 한다(Brasil, 2011; Brasil Debate et al., 2015; CEPAL, 2010; CEPAL, 2012).

이러한 사실은 브라질에서 주요 연방 사회정책의 분배 효율성 문제가 전체 사회적 재원조달을 뒷받침하는 조세구조와 일부 관련되어 있음을 시사한다. 재화와 서비스의 소비에 대한 과세는 저소득 계층 인구에게 더 큰 영향을 미친다. <표 5-6>에서 알 수 있는 것처럼, 이는 역사적으로도 국가 조세 부담의 구성에서 가장 중요한 과세표준이었다.

또한 국가 조세 부담의 구성 표준으로서 부동산 관련 과세 활용의 저조함도 언급할 필요가 있다. 브라질 과세표준의 잠재적인 누진적 성격에도 불구하고, 다양한 형태의 부동산을 대상으로 연간 징수되는 세금은 GDP의 1.5% 이하이다

사회정책(따라서 지출)을 확대하려는 전략은 분배적 정의라는 원칙과 일치하는 조세구조(징수 측면)와 연계될 때에만 사회적 재분배에 강력한 영향을 미칠 수 있다는 사실에 반드시 주목해야 한다. 이 경우, 형평성(실물자산이든 금융자산이나 주식이든, 브라질에서 자연인과 법인의 분배구조는 모두 취약하다)에 초점을 맞추고 소득의 흐름 측면에서 누진적인 조세구조가 무엇인지 생각하게 된다.

## 4. 사회 지출이 경제성장 및 소득 불균등에 미치는
   영향과 시너지 효과

연방의 사회 지출이 브라질 사회생활에 미치는 전반적인 영향을 보여 주며
이 장을 마무리하고자 한다. 〈그림 5-4〉는 사회 지출과 GDP 성장 간에
양의 승수효과가 있으며, 연방의 전체 사회 지출 중에 90% 이상을 차지하
는 사회보장, 사회부조, 보건 및 교육 관련 지출의 경우에는 그 효과가 1%
보다 크다는 사실을 나타내고 있다. 반면 공공부채 이자비용과 GDP 성장
간에는 음의 상관관계가 있었다(IPEA, 2010).
   사회비용과 관련하여서, 기초교육, 공중 보건, 사회부조와 같은 사회정
책 보편화를 위해 일하는 전문가들을 정규 채용함으로써 고용 및 GDP 성
장에 긍정적인 영향을 미칠 수 있었다. 또한 이는 브라질 전역에 흩어진 수
많은 사회적 권리 소유자들에게 직접 이전된 통화량이 증가한 영향이기도

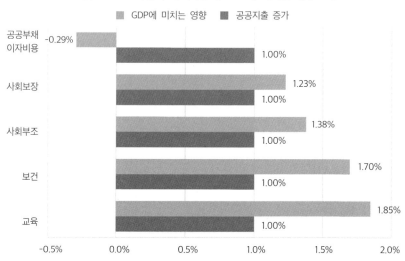

〈그림 5-4〉 브라질의 사회비용이 GDP에 미치는 승수효과

자료: IPEA(2010). 저자 부연 설명.

하다.

〈그림 5-5〉에서와 같이, 브라질은 최근(2003~2013년) 짧지만 성공적인 발전을 경험하였는데, 1인당 소득의 증가와 소득 불균등 해소가 조합되어 나타난 바람직한 현상이다. 이는 최소한 2003~2013년 사이의 소득불균형 감소가 분배 피라미드에서 저소득 계층이 차지하는 비중이 증가한 영향이 었음을 의미한다. 최저임금의 실질적인 상승, 일반적인 직업 확대, 사회보장의 증가라는 맥락도 존재한다. 이러한 측면들은 노동시장의 개편과 양립하는 경제성장정책의 실현가능성, 사회복지의 재정적 성과 측정지표의 개선이라는 유리한 궤도를 구축하는 것이 사회적 의제로 설정되도록 만들었다(Cardoso Jr. & Hamasaki, 2016).

그 결과, 국내 노동시장의 구조를 조정하고 빈곤 및 소득불균형과 싸우는 사회적으로 선순환적인 프로세스와 경제성장의 재개를 조화시킴에 있어 룰라 정부는 비교적 성공을 거두었다. 그러한 현상의 조합은 바람직한 상황으로 간주되며, 결코 우연이나 자유시장의 힘으로 이루어진 것이 아니

〈그림 5-5〉 브라질의 1인당 실질GDP와 지니계수의 연간 동향(2001~2013년)

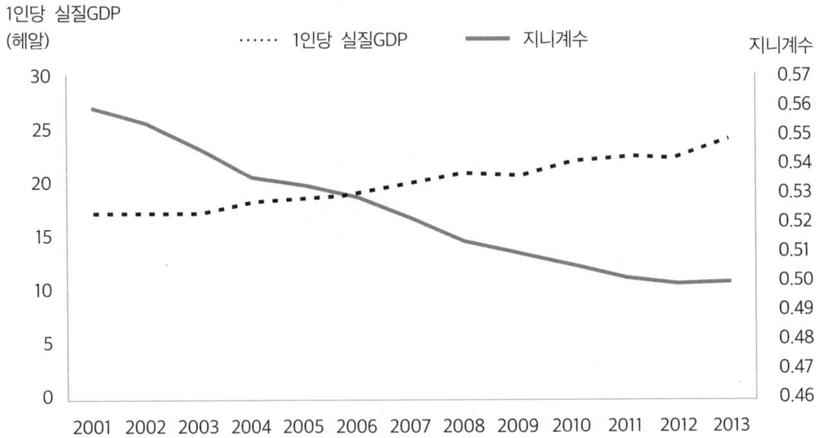

자료: IPEA(2010). 저자 부연 설명.

다. 오히려 상호보완적이고 일관성 있는 목표를 지향하며 경제성장, 빈곤 퇴치, 불평등 해소에 도움이 되는 장기적이며 선순환적인 공공정책의 조합을 필요로 하는 것이다(FORUM 21 et al., 2016).

## 5. 맺음말: 2016년 쿠데타 이후 브라질 민주주의의 균열과 사회적 후퇴

사회복지 재원조달의 연구는 사회 지출의 범위와 한계를 보여 주기 때문에 기존의 조세구조는 물론 (거의 영구적인) 거시경제적 제약의 틀 안에서 사회 영역의 관계를 수립하는 데 있어서도 중요하다.

사회복지재원의 조달이라는 측면에서 봤을 때, 정부의 조세 부담을 확대하는 전략은 1994년에 도입된 이래 유지되어 온 통화안정 재정지원정책과 주로 연계되어 있었다. 따라서 이러한 시각에서만 사안을 보면, 1990~2000년대에 연방 재정을 확충하는 전략이 거시경제적 조정을 위해 사회 예산의 잠재적 재원을 성공적으로 이동시켰으며, 해당 기간에 사회지출 능력의 상한선을 정했다고 말할 수도 있을 것이다.

또 다른 제약은 브라질의 역진세구조와 관련이 있다. 이러한 점에서, 최소한 다음 두 가지 측면과 함께 다루지 않는다면 조세 부담과 구조에 대한 논의는 전적으로 무의미할 것이다. 첫째, 국가가 전체 사회로부터 징수하는 세금의 절대량이 아닌 징수 방법, 즉 조세구조의 누진적·역진적 성격의 문제이다. 둘째, 징수된 세금을 어떻게 사용하는지, 즉 공공지출구조의 누진적·역진적 성격의 문제이다.

사회정책의 재정자립화 원칙이 도입된 이래, 현재의 조세구조를 통해 불평등을 퇴치할 수 있는 잠재력은 그다지 크지 않다. 따라서 공공부채의 차환을 보장하고, 통화안정을 위해 신뢰성과 지배 가능성을 전달하려는 연방정부의 일차적 목표를 유지하는 지속적인 움직임 속에서, 사회관리적 관점에서는 심각한 결과가 나타나고 있다. 거시경제적 제약의 토대 위에서 브라질 사회에 깊게 뿌리내린 불평등과 싸우기 위해서는 부문별 사회정책만으로는 불충분하다.

핵심은 1988년의 연방헌법 제정 이래 브라질에서는 정치적으로 경쟁하며 쟁점이 되는 두 가지 이슈가 있다는 점이다. 첫째는 2016년의 쿠데타이다. 언론과 재계는 물론이고 사회의 보수적 부문, 정계(정당, 노조 및 기타 협회)와 관료체제까지 스스로 여기에 가담했다. 쿠데타는 민영화 등의 자유주의적 방법을 추구하는데, 브라질은 1990년대에 이러한 자유주의적 정책을 통해 긍정적 효과를 경험한 바 있다. 둘째는 사회보장의 전면적 보편화 가능성인데 아직까지 국가적으로 충분한 정치적 힘을 얻지 못했다(정부 안팎에서 진보 진영의 옹호를 받고 있다). 브라질의 사회적·경제적 불평등이라는 특수한 구조를 감안할 때, 공공정책의 실효성을 제고하기 위해서는 사회지출이 재분배적 성격을 띠는 것만으로는 불충분하다. 특히 형평성, 실질소득의 흐름 그리고 재정 공동체와 관련하여 조세제도의 재원조달 형식에도 진보적 영향력이 크다는 점 역시 중요하다.

이러한 점에서, 분석가들과 보수층은 종종 브라질의 사회정책을 경제성장을 저해하는 적대적 요소로 간주해 왔다. 그러나 이 장에서 채택한 윤리적·분석적 관점에 따르면 브라질의 사회정책은 국민(특히 극빈층)을 전략의 중심에 놓기 때문에, 장기적인 발전 프로젝트에서 필수불가결한 요소로 다뤄져야만 한다.

# ■ 참고문헌

Brasil, Presidência Da República & CDES(2011). *Indicadores de Iniquidade do Sistema Tributário Nacional: Relatório de Observação*, 2. Brasília: CDES.

Brasil Debate(2015). Por um Brasil justo e democrático: Subsídios para um projeto de desenvolvimento nacional. São Paulo: Fundação Perseu Abramo.

Cardoso JR., J. C. (Ed.) (2009). *A Constituição Brasileira de 1988 Revisitada: Recuperação Histórica e Desafios Atuais Das Políticas Públicas nas Áreas Econômica e Social*, 1. Brasília: IPEA.

_____(2015). Trabalho, proteção social e desenvolvimento. *Revista Estudos Avançados*, 29(85). São Paulo: IEA.

Cardoso JR., J. C., & Hamasaki, C. S. (2016). Development patterns, labor market and social protection: The Brazilian Experience between the Liberal Decade(1990's) and Developmentalism Decade(2000's). In Pereira, A. W., & Mattei, L. (Eds.). *The Brazilian Economy Today: Towards a New Socio-Economic Model?* London: Palgrave-Macmillan.

CEPAL(2010). *La Hora de laIgualdad: Brechas por Cerrar, Caminos por Abrir*. Santiago: CEPAL.

_____(2012). *Cambio Estructural para LaIgualdad: Una Visión Integrada DeIdesarrollo*. Santiago: CEPAL.

Esping-Andersen, G. (1999). *Social Foundations of Postindustrial Economies*. Oxford University Press.

Fórum 21(2016). *Austeridade & Retrocesso: finanças públicas e política fiscal no Brasil*. São Paulo: Fórum 21, Fundação Friedrich Ebert Stiftung, GT Macroeconomia da Sociedade Brasileira de Economia Política, & Plataforma Política Social.

IMF(2015). *Government Finance Statistics Yearbook 2015*. IMF Statistics Department.

IMF Online Data. https://data.imf.org.

IPEA(2008). *Políticas Sociais: Acompanhamento e Análise: Vinte Anos da Constituição Federal(1998~2008)*. Brasília: IPEA.

_____(2010). *Perspectivas da Política Social no Brasil*. Brasília: IPEA.

Jaccoud, L. (Ed.) (2005). *Questão Social e Políticas Sociais no Brasil Contemporâneo*.

Brasília: IPEA.

OECD(2015). *Revenue Statistics 2015.* OECD Publishing.

Salvador, E. (2010). *Fundo Público e Seguridade Social no Brasil.* São Paulo: Ed. Cortez.

World Bank Online Data. https://data.worldbank.org.

# 06

# 최근 사회보장 개혁동향*

## 1. 머리말

비아나 등(Viana et al., 2005)에 따르면 사회보장은 인간 삶의 내재적 위험으로부터 사람들을 보호하고, 다양한 역사적 사건 및 몇 가지 종속적 사건과 관련된 필요에 대처할 수 있도록 지원하기 위한 협력적 행동으로 구성된다(2005: 17). 이 개념을 참고한다면 전 세계 모든 국가에게 적합한 사회보장체제를 획일적이고 동질적으로 설정하는 것은 실질적으로 불가능함을 알 수 있다. 인생 여정에서 직면하게 될 의존성은 사람마다 그 정도가 상이하며, 항상 같은 일련의 요인들과 관련이 있다. 역사적으로 확립된 문화적 기준, 생산의 상호작용 방식, 물질적·상징적 상품들의 사회적인 유통과 소비, 기술 및 기술개발 수준, 채택된 정치적 모델 및 지구촌 내 정치적·경제적 거래에 있어 국가의 상호작용 방식이 그것이다.

---

* 이 글은 브라질 사회보장제도: 개혁과 반개혁의 역사"(Brazilian Social Protection System: A history of reforms and counter-reforms)를 번역한 것이다.

반면 인간의 필요와 관련한 지식에 근거하여 전 세계 모든 곳에서 적용되는 사회보장의 최소 수준을 결정할 수는 있다. 여기서는 일반적으로 유엔(UN)이 제안한 인간개발지수(HDI)를 광범위하게 사용하며 다음과 같은 변수를 고려 대상으로 한다. 1인당 소득으로 국가 간 구매력을 반영한 소득지표와 기대수명 또는 수명지수인 건강상태지표. 그리고 그 밖에 다른 두 지표, 즉 성인 문해자 수와 초등학교, 고등학교, 대학교 통합 등록지수의 평균을 나타내는 교육지표가 그것이다. 국가별 각 변수의 조합은 경제적 생산 증대가 기대수명의 증가와 교육 향상에 따른 삶의 질 향상으로 이어짐으로써, 경제성장이 보편적으로 국민들에게 도움을 제공한다는 것을 예측하게 한다.

개발 수준을 바탕으로 사회보장정책의 최소 이행을 허용하는 모든 국가는 인간개발이라는 측면이 매우 중요하다는 입장을 분명히 한다. 그럼에도 불구하고 이와 같은 국제적 지표는 국가별로 매우 상이할 수 있는 사회보장의 범위를 모두 포괄하지는 못한다. 다시 말해 건강과 교육은 세계 어느 곳에서나 인간개발에 필수적인 기반으로 간주되지만, 건강과 교육에 포괄적인 접근을 하기 위해서는 기반시설, 기초위생, 교통, 주택, 사회부조, 근로자 보호 등 여타 공공정책이 결합된 사회구조가 필요하다. 이러한 공공정책의 상호 보완적인 조건을 고려할 때, 유엔의 목표는 사회정책에 대한 다른 모든 종류의 접근성을 노동시장으로 제한하였다는 것을 알 수 있다. 즉, 개인과 가족의 소득을 통해 인간의 다른 모든 필요가 충족되기 때문에 이러한 소득의 측정이 인간개발지수의 정의와 관련하여 건강과 교육 그 자체보다 중요해지고 말았다는 것이다. 이는 거의 모든 선진국과 개발도상국의 역사 속에서 사회보장정책의 설계를 견인한 인간개발에 대한 자유주의적인 견해이다.

브라질에서도 상황은 다르지 않았다. 보편적 공공 개입의 영역으로서 사회보장의 개념은 매우 최근, 1988년 연방헌법의 제정과 동시에 확립된 것이다. 그 이전까지 브라질 사회보장의 기초는 항상 가톨릭교회 또는 다른 종교기관과 관련된 봉사 및 자선기관을 통해 이루어진 시민사회의 과업이었다. 종교적 자선이 공공적·보편적 권리로 전환된 데에는 브라질의 식민지 역사와 브라질 공화국 설립의 지체 그리고 핵심 자본주의 국가들에 의존한 채 수립됨으로써 자본주의 생산시스템과 직접적으로 연관된 브라질 사회개발의 특성이 반영되었다. 한편 사회계층의 형성을 이해하면 브라질의 사회보장에 관한 현안 및 미래에 대한 전망을 풀이하는 데 가장 적절한 설명을 찾을 수 있다.

오늘날 브라질이 국민에게 보장하는 사회정책은 종속적인 조건에 처한 국민들이 힘을 모아 더 나은 삶의 환경을 요구한 계급투쟁에 의해 등장하였다. 브라질 사회의 이러한 투쟁은 사회보장모델의 여러 개혁을 통해 사회보장의 역사 속에 기록되었다. 이 장에서는 브라질 사회보장제도 개혁역사의 개요를 살펴보면서 좀더 포괄적이고 효과적인 사회정책의 설계를 관찰할 수 있는 지점들을 강조하고자 한다.

최근 브라질의 역사, 특히 룰라와 지우마 호세프 전 대통령의 집권기 중에 사회정책은 사회발전과 경제발전의 조화라는 측면에서 혁신을 경험하였다. 반순환적 사회정책의 도입은 손실 효과와 거시경제적 정책 불균형을 보완, 지연 또는 심지어 축소하기 위한 정부의 주요 정책이다. 브라질은 2008년과 같은 세계적 경제위기의 순간에 이러한 정책을 시행함으로써 경제적 손실을 최소화하고 국내시장을 강화하는 긍정적 효과를 거두었다. 다시 말하면 브라질 사회보장제도에 대한 최근의 개혁은 유엔이나 국제통화기금이 여러 국가에게 제시해 온 경제정책 매뉴얼에 반하는, 중요한 경제발전 매개가 작동한 하나의 사례이다.

이와 같은 맥락을 이해하기 위해 이 장을 머리말 이후 세 개의 절로 나누었다. 이 장의 2에서는 브라질의 사회경제적 동향과 함께 각 지표들을 통한 사회보장제도의 가능성을 제시한다. 다음으로는 사회연대의 패러다임이 사회법의 패러다임과 어떻게 조화를 이루는지 그리고 최근의 개혁을 가져온 공공정책의 구조를 어떻게 보여 주는지 설명한다. 마지막 맺음말 부분에서는 2016년 9월 브라질의 쿠데타로 인해 개혁이 중단됨으로써 브라질에서 발생한 불확실성을 서술한다.


## 2. 브라질 역사의 개요

오늘날 브라질의 사회보장모델은 그 운영상에 있어서 현대적인 사회정책을 기반으로 구축되었다. 그러나 브라질의 정치문화를 형성한 역사적 맥락없이 이 모델을 이해하는 것은 불가능하다. 브라질 사회가 행동하고 사고하는 방식은 역사적으로 사회계급이 형성된 과정과 직접적인 관련이 있다. 그리고 그러한 연관성은 브라질이라는 국가를 구성하는 방식, 국가가 변모해 온 과정과 다양한 사회 경제적 공공정치가 구현되는 방법을 결정한다.

이와 같은 견해는 여기에 포함된 모든 분석을 뒷받침하는 기본적 가정을 제시한다는 점에서 중요하다. 브라질 사회와 같은 민주사회에서 사회적 정치는 영원한 경쟁의 장이다. 이러한 경쟁은 시민사회에 존재하는 사회 및 정치집단의 이해관계가 분산되는 것과 관련이 있는데, 이들은 국가가 자신들의 이해를 반영시킨 공공정책을 채택하도록 민주적으로 싸우게 된다.

결정적인 역사적 순간, 사회에 존재하는 정치세력 간에 어떤 관계가 형성되었는지에 따라서 사회보장제도의 포괄성 혹은 배제성이 형성된다.

이 장의 2에서는 브라질 사회의 역사적 건설과정이 공공정책을 어떻게 정교화하였는지 살펴보고자 한다. 그러나 이에 앞서서 브라질의 주요한 특징을 먼저 설명할 필요가 있다.

브라질은 라틴아메리카에서 가장 큰 국가이자 세계에서 다섯 번째로 큰 국가로, 면적은 85만 2천 제곱킬로미터에 이른다. 크게는 5개 지역(북부,

북동부, 중서부, 남동부, 남부)으로 구분되며, 각 지역은 "주"라고 일컫는 연방제의 기본 단위들이 모여 구성된다. 각각의 주는 이보다 소규모 단위인 "지자체"가 모여 이루어진다.

브라질에는 연방지구(Federal District, 수도가 위치한 주)와 총 26개의 주가 있으며, 지자체는 총 5,570개다. 브라질 연방헌법은 각 주의 자율성을 보장한다. 즉, 연방조약이라는 이름의 헌법에 의해 공공정책의 실행 및 재원의 이동이 규정되나, 그 범위 안에서 각 주는 자유롭게 자신의 공공정책을 설계하고 세금을 징수하는 것이다.

브라질의 인구는 매우 불균일하게 분포되어 있다. 2억 650만 인구 중 약 70%가 남부 및 남동부 지역에 거주한다. 이 지역의 인구밀도는 제곱킬로

〈그림 6-2〉 브라질의 지역별 인구밀도

자료: 브라질 국립통계원 집계자료.

미터당 100명 이상이며 북부 및 중부, 서부 지역의 인구는 제곱킬로미터당
1~10명 미만이다. 전체 인구에서 여성은 51.03%, 남성이 48.97%를 차
지하며, 0~14세의 비중은 24.08%, 15~64세 68.54%, 65세 이상은
7.38%이다. 브라질 국민의 평균수명은 75세이다.

　교육과 관련하여, 최근 몇 년간 브라질의 문해율에 상당한 변화가 있었
다. 최근 수년 동안 25세 이상 인구의 평균 학교교육 기간이 크게 증가하였
다. 예를 들어 2004~2013년 사이에는 학습기간이 6.4년에서 7.7년으로
늘어났다. 이러한 증가는 교육기간이 3.7에서 5.4년으로 늘어난 소득하위
20% 계층에서 더욱 두드러지게 나타났다. 2004~2013년 사이에 대학교
육을 받은 25세에서 34세 인구의 비율은 8.1%에서 15.2%로 거의 두 배

〈표 6-1〉 최저임금을 기준으로 본 브라질 인구의 소득 수준

| 소득 수준 | 인구비율(%) |
|---|---|
| 없음 | 6.6 |
| 최저임금의 절반 이하 | 8.1 |
| 최저임금의 절반~최저임금 | 24.5 |
| 최저임금~최저임금의 2배 | 32.7 |
| 최저임금의 2~3배 | 10.6 |
| 최저임금의 3~5배 | 8.3 |
| 최저임금의 5~10배 | 6.1 |
| 최저임금의 10~20배 | 2.2 |
| 최저임금의 20배 이상 | 0.9 |

자료: 브라질 국립통계원 집계자료.

로 증가하였다. 그럼에도 OECD 국가들에 비해서는 가장 낮은 비율을 보여 주었다.

마찬가지로, 또 다른 연구에서 브라질 국립통계원은 2010년에 브라질 국민 10명 중 7명이 월 2회 최저임금을 받았다고 보고한다. 근로자의 약 1%는 최저임금의 20배 이상을 벌었다. 또한 동일한 조사에 따르면 2000 ~2010년 사이에 모든 일자리의 평균적인 실질 소득이 월 5.5% 증가하였다. 2000~2010년 동안 최상위 10% 임금소득 집단에서 5.3%의 실질소득 감소가 발생하였다. 반면 최하위 10% 소득 계층의 수입에서는 35.9%의 실질소득 증가가 나타났다. 같은 기간에 10세 이상 인구의 비율은 47.9%에서 53.3%로 증가한 것으로 나타났다.

경제적으로 브라질은 주로 광물, 농산물, 제조상품 등 다양한 유형의 제품을 생산하고 수출하는 주요 국가 중 하나이다. 신흥국인 브라질은 2015년을 기준으로 GDP 규모로 세계 9위를 기록하였다.

2015년 GDP는 5조 9,040억 헤알(미 달러화 기준 1억 5,300조 달러)이며, 2015년 1인당 소득(1인당 GDP)은 2만 8,876헤알(미 달러화 기준 7,500달러)이다.[1] 지니계수는 0.495(2013년)이다. 노동력은 1억 136만 명(2015

년 10~12월), 실업률은 경제활동인구의 8.5%(2015년 평균)와 11.8%(2016년 3분기)를 기록하였다. 최저임금은 880.00 헤알이다(2016년 1월 1일 기준), 외환보유고는 3,720억 달러(2016년 3월)이며 산업 생산량은 전년 대비 -8.3%(2015년) 성장하였다. 2016년 8월부터 9월까지 산업부문은 0.5%의 성장률을 보인 반면, 2016년 1월부터 9월까지 산업 생산량은 7.8% 감소하였다. 2015년 연방 세수(세액 및 징수세액)는 1조 2,740억 헤알(IPCA 산정 가치)이며 2016년 상반기에는 6,760억 헤알이었다. 2015년 총국민저축은 8,500억 헤알이었다.

수출은 전년과 비교하여 14.1% 감소한 1,911억 달러(2015년)였으며 수입은 전년 대비 24.3% 감소한 1,715억 달러(2015년)였다. 무역수지 흑자는 2015년 196억 9천만 달러, 2016년 1월부터 7월까지 282억 달러를 각각 기록했다. 브라질의 최대 수입국(2015년)은 미국, 중국, 아르헨티나 및 독일이며, 최대 수출국(2015년)은 중국, 미국, 아르헨티나, 네덜란드 및 일본 순이다. 주요 수출품(2015년)은 철광석, 주철 및 강철, 원유, 콩 및 콩 가공품, 자동차, 사탕수수, 항공기, 소고기, 커피, 닭고기이고, 주요 수입품(2015년)은 원유, 전자제품, 송・수신기, 자동차 부품, 의약품, 자동차, 정유, 천연가스, 전기 장비, 항공 엔진이다. 브라질이 가입한 무역 기구는 Mercosur(남미공동시장), Unasur(남미국가연합) 및 WTO(국제무역기구)이다. 생산되는 주요 농산물은 커피, 오렌지, 사탕수수(설탕 및 알코올 생산), 콩, 담배, 옥수수, 마테이며, 주요 축산물은 쇠고기, 닭고기, 돼지고기, 주요 광물은 철, 알루미늄, 망간, 마그네사이트 및 주석이다. 주요 서비스 분야는 통신, 육로운송, 기업 파견 기술 전문가, 화물운송, 건물・영업장 청소, 정보서비스, 항공운송 및 요식업이다. 주요 산업은 식품 및 음료, 화학, 자동차, 연료, 기초야금 제품, 기계 및 장비, 플라스

---

1) 적용한 환율은 미화 1달러당 3.85헤알. 2016년 3월 3일의 환율을 기준으로 하였다.

틱 및 고무 제품, 전자, 펄프 및 종이 제품 생산이다.

이 장에서는 브라질이 중남미, 특히 남미 지역에서 특권적인 지위를 차지함을 보여 준다. 그러나 사회경제적 개발지표는 채택된 사회보장모델과 직접적인 관계가 없다는 점에 유의해야 한다. 브라질의 경우에는 세금 징수와 부의 생산으로부터 발생하는 국가의 투자 가능성에 비해 인구통계와 건강교육지표가 저조한 것으로 나타났다. 이는 사회보장을 정의함에 있어서 정치적 의사결정이 경제적 성과보다 더 큰 영향을 미친다는 것을 의미한다.

브라질의 자본주의는 농업을 기반으로 구축되었다. 지금까지도 농업은 중요한 경제적 기반이다. 브라질의 역사는 산업화의 시점을 매우 구체적으로 기록하고 있지만, 산업화가 농업을 대체하기에는 충분하지 않았다. 이러한 사실은 시골 지역과 도시 지역 사이의 불균형을 야기함으로써 개발과 도시화 및 산업화가 진전된 지역에 인구집중을 심화시키는 한편, 상호 차별화된 빈곤 유형으로서 도시 빈곤과 농촌 빈곤을 발생시켰다.

이러한 과제는 브라질 사회와 국가 내의 정치적 논쟁에 의해 확산되었고 의사결정에까지 영향을 미쳤다. 1988년 연방헌법은 지역적 불평등에 맞서는 것이 브라질 정부의 의무임을 규정하였다. 그러나 2005년 이후에야 이러한 불평등에 대처하는 모델이 구성되었고, 도시와 농촌, 남부와 북부의 발전을 위한 경기순환정책의 이행을 고려하였다(이 장의 3 참고). 이 기간 이전에는 모든 시도가 거시경제적 실험에 지나지 않았다. 그러한 실험은 항상 경제활동에 우선순위를 부여하고 이를 통해 사회발전을 일으키려는 논리로 뒷받침되었다.

우리는 사회보장제도가 개인 및 사회에 대한 특정 위험의 영향을 무력화하거나 감소시켜야한다는 긴급한 필요성에 뿌리를 둔다는 것을 안다. 따라서 사회보장제도의 확립은 질병, 고령, 장애, 실업 및 차별(소득, 인종, 성별, 인종, 문화 등)과 같은 전통적 위험의 영향으로부터 사회를 보호하기 위한 공공조치의 결과라 할 수 있다. 그러므로 사회보장이라는 개념에서 시작된 패러다임은 연대성의 패러다임이며, 이 패러다임은 브라질 정치투쟁의 모든 순간에 존재하였다.

많은 이론가가 사회보장활동의 배경에 존재하는 윤리적 원칙을 설명하기 위해 연대라는 개념을 사용한다. 이는 의심할 여지없이 유효하지만, 우리가 연대 패러다임만을 사용한다면 개인 또는 시민사회 주도적 이니셔티브에서는 사회보장을 제한하는 실수를 저지르게 될 수도 있다. 즉, 연대는 가족이나 주요 사회화 집단에 존재하는 사회보장의 근본적인 요소이나, 모든 시민에게 보편적인 방식으로 사회보호를 확대하는 것을 허용하지 않는다. 또한 서구문명의 역사에서는 가톨릭교회나 다른 종교집단이 자신들의 자선활동을 정당화하기 위한 도덕적 가치로 연대를 사용하기도 하였다. 따라서 공공정책을 지지하는 데에 연대의 개념만으로는 충분하지 않다.

합법적으로 제정된 규칙에 의해 뒷받침되며 국가가 이를 우선적으로 수행하도록 하는 공법으로서의 법 개념이 표출되어야 한다. 국가가 사회보장활동을 수립, 계획, 조정 및 평가할 경우 가능한 한 많은 사람을 고려할 것이기 때문에 공법의 개념만이 사회보장의 범위를 넓힐 수 있는 유일한 길이다.

따라서 브라질의 사회보장모델은 공공서비스를 통한 국가 주도형 법의 논리와 자선을 통해 시민사회가 중심이 되는 연대의 논리 사이에서 항상 흔들리고 있다. 오늘날에는 자선활동이 국가의 규제를 받고 이를 통해 국민들에게 사회서비스가 직접 제공되는 방식으로 이 두 패러다임이 공존하는 것이다.

## 3. 개혁과 반개혁

극단적 빈곤과 "과도한" 불평등이 개발에 장애가 된다는 생각은 국제통화기금으로부터 UN에 이르기까지 여러 다자간 국제기구가 공유하는 의견 중 하나이다. 신자유주의적 조정은 이미 20세기와 21세기의 전환기에 구조적 취약성을 보여 왔기 때문에, 결과적으로 이들 기구는 빈곤과 불평등에 직면했을 때 필요한 권고안을 제시한다.

개혁운동은 사회정치의 핵심인 경제구조의 강화에 기반을 둔다. 따라서 신자유주의의 가장 두드러진 원리인 "정부의 개입이 없는 절대적 시장자유"는 시장에 대한 국가의 규제가 인정되기 시작했을 때부터 개념적 관점에서의 현대화를 겪는다. 뿐만 아니라 이 새로운 축적의 단계에 구조적인 측면에서 요구되는 현대화 또한 경험하게 된다.

정치경제적 국가기능은 혼합되어 있다. 브라질에서는 선거기간에 정치적 경쟁에 있어서 제도적으로 민주주의로 회귀하는바, 상호 경쟁하는 정당들은 선거운동 중에 자신들의 사회경제적 정책을 발표하며, 이러한 것들을 이른바 정부 프로젝트라고 부른다.

카르도주(Fernando Henrique Cardoso, 1995~2002년 재임), 룰라(Luís Inácio Lula da Silva, 2003~2010년 재임), 호세프(Dilma Rousseff, 2011~2016년 재임) 각 대통령 재임기의 거시경제정책 지침 및 기능적·보완적 요소에 대한 설명은 대통령 연설과 정부 프로젝트에 잘 나타나 있다. 이들의 메시지가 항상 명확한 것은 아니었지만 큰 방향성을 제시하였다. 룰라와 호세프 전 대통령의 경우에, 자본 - 노동(*capital-work*)의 조율을 통해 노동당 연방정부의 고유한 상징을 구축하는 방식은 정부 프로젝트하에서 충분히 발전되지 못했다. 하지만 이들의 발표는 그러한 상징성을 표출하였으며 모든 분야에서 기대와 염려를 불러 일으켰다.

노동시장 활성화 정책을 강화하고 공공재 및 서비스에 대한 접근성을 완화하는 제도를 포함한 자본이전 및 자격 프로그램이 광범위하게 강조되었고, 이와 함께 새로운 사회보장모델이 등장하였다. 이 새로운 전략은 국가 규모의 새로운 구상을 필요로 했다. 대통령과 연결된 특별국, 주요 사회 프로그램을 수행하고 타 부처의 사회적·지역적 조치를 분명히 할 책임을 맡은 장관직이 신설되었는데, 바로 사회개발부이다. 기본적으로 이와 같은 최근의 개혁은 제도적 개혁일 뿐만 아니라 저소득층과 사회적으로 취약한 인구에 특히 중점을 두고 사회정책을 제공하는 방식으로의 개혁이기도 하였다.

이러한 최근의 개혁은 사회정치와 경제정치 간의 조율과 관련된 구조를 내포한다. 그리고 이를 위해 반순환적 정책이 실행되었다. 사회정책에 대한 연방의 사회지출 증가는 경제적 안정, 성장, 소득분배 및 사회통합을 결합한 성공적 전략의 일부였다. 다른 국가와는 반대로, 브라질은 과거 수년간 안정, 세수균형 및 소득분배를 기반으로 성장하는 유례없는 개발모델을 구축하였다. 이러한 개발모델은 안정, 성장 및 통합이라는 3가지 기반을 지원하며, 이러한 정책의 결과는 생산부문의 확대 및 노동시장 활성화 정책에 의해 뒷받침된다. 다음으로는 연방사회지출의 궤적을 살펴보고자 한다.

제시된 실질금액은 2001년 12월 브라질 헤알을 상수로 두고 소비자물가지수(IPCA)를 비교해 월별로 조정한 것이다. GDP 대비 비율은 연방사회지출(GSF)에 적용된 거시경제적 우선순위를 확인할 수 있는 지표이다. 〈그림 6-3〉은 연방사회지출의 지속적 증가를 보여 준다. 연방사회지출은 1995년 2,340억 헤알에서 2010년 6,385헤알로 증가하였다. 16년간 실질 증가율은 172%였다. 성장 추이는 지속적이지만 항상 동일하지는 않다. 2002~2003년에는 성장이 지체된 반면, 1996~1997년, 2006~2007년처럼 급속도로 성장한 기간도 존재한다. 그래프를 보면 1995~2003년 사이에 연방사회지출이 큰 폭으로 증가하였고 2004년 이후로는 증가 추이가 크

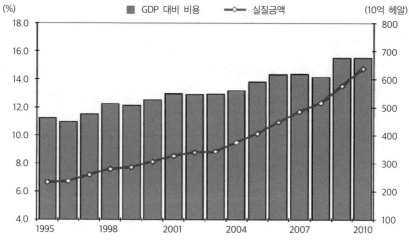

〈그림 6-3〉 연방사회지출(GSF)의 추이(1995~2010년)

자료: SIAF & SIDOR의 2012년 9월 자료를 바탕으로 DISCO & IPEA가 작성.

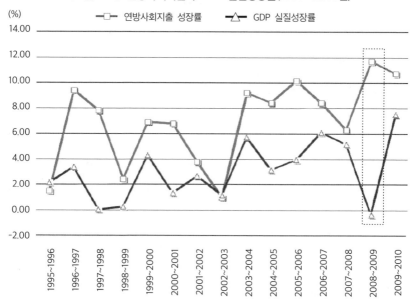

〈그림 6-4〉 연방사회지출과 GDP 실질성장률(1996~2010년)

주: 2008~2009년 경제위기 기간의 특이점(점선 표시)에서, GDP가 정체된 기간에 연방사회지출 증가
　　는 가속화됨.
자료: SIAF & SIDOR의 2012년 9월 자료를 바탕으로 DISCO & IPEA가 작성.

게 가속화되었음을 알 수 있다. 전체 기간 중 전반부(1995~2002년)의 연방사회지출은 GDP의 1.7%였으며 후반부(2003~2010년)에는 2.3%였다.

또한 2008년에는 연방정부의 조사기간에 걸쳐 연방사회지출의 경기순행적 변화가 관찰되는데, GDP의 성장에 따라 그 성장 속도가 증가하거나 감소한 것이다(〈그림 6-4〉 참고). 1998~1999년 경제위기 기간에 연방사회지출은 GDP와 함께 둔화되었고, 2002~2003년 위기에서도 동일한 현상이 나타났다. 반면 2008~2009년 위기하에서 연방사회지출은 GDP의 정체와 반대로 가속화되었다. 즉, 경기 조정적 방향으로 움직였다(〈그림 6-4〉 참고). GDP 측면에서 일인당 성장률이 가속화하였음에도 불구하고 연방사회지출의 비중은 안정적이었다는 것에 주목해야 한다. 즉, 2006~2008년 동안 사회지출이 증가하였지만, GDP의 더 많은 비중을 차지할 정도는 아니었던 것이다. 이 명백한 역설은 당시 브라질 경제의 활발한 성장에 의해 설명된다. GDP가 급격히 성장함에 따라 경제 전반에서 더 큰 노력을 수반하지 않으면서도 GDP 대비 사회정책비용 비율이 소폭 감소했다. 연방사회지출은 총실질가치 또는 일인당 실질가치로 볼 때 강력한 성장세를 유지하였다. 그러나 2009~2010년 기간에 연방사회지출의 강력한 성장이 뚜렷한 GDP 성장을 동반함으로써 연방사회지출이 GDP에서 차지하는 비율이 거의 변하지 않는 금융위기 이전의 흐름을 회복하였다(〈그림 6-3〉 참고). 그러나 2010년에 관찰된 이러한 안정성은 2006~2008년 기간보다는 훨씬 높은 GDP 대비 비율에서 형성되었다. 이는 2009년 국제위기에 대한 대응 이외에도 사회정책상의 구조적인 변화가 발생하여 연방사회지출에 영향을 미친 듯 보인다. 이러한 (구조적인 변화) 확대를 수반하지 않은 연방사회지출 증가는 연방사회지출 증가율과 비슷한 수준의 GDP 증가율이 있었음을 의미하는데, 이는 브라질 정부가 "사회정책의 구조적 변화"라고 부르는 것과 관계가 있는 이 모델의 주요 장점이다. 자본의 구조적 위기(1998~1999년, 2002~2003년, 2008~2009년)의 마지막 주기적 혼란에 대한 대응이라는 맥락 속에서, 브라질의 경험이 비록 독특하지만 유일한 경험은 아님에 주목할 필요가 있다. 2003년 브라질에서 시작된 결의안이 있기 전에 여러 다자간 기구는 구조적 위기의 악화와 주기적 위기를 지연하기 위한 전략을 이미 수립 중이었다.

따라서 브라질의 경험은 현재 진행 중인 위기와 미래 위기의 영향에 대한 "새로운 사회보장"의 신호 하에 국가 개입주의의 재배치에 있어 가능한 효과에 대해 이미 밝혀진 이론들을 확인하는 데에 기여한다. 이와 같이 어떤 국가가 되었든 특정 국가의 경험을 글로벌 지구촌과 따로 분리해서 생각할 수 없다. 이러한 유형의 사회보장제도 개혁은 특이성을 가지면서 또한 세계 다른 국가들에서 고려하는 여러 개혁과 연관성을 지닌다.

이에 대한 증거로서 2004년 "국제노동기구(ILO)가 창설한 세계화의 사회적 측면에 관한 세계위원회"(World Commission on the Social Dimension of Globalization)의 주요 결론 중 하나는 "세계경제의 사회경제적 기반의 일부로서 최소한의 사회보장이 의심의 여지없이 받아들여져야 한다는 것이다"(ILO, 2001: 11).

… 위원회는 세계화의 현재 모델이 도덕적으로 받아들일 수 없으며, 정치적·경제적으로 지속될 수 없다고 경고하면서 과정의 다양한 불균형을 강조하였다. 위원회는 세계화에 합법성을 부여하는 핵심 조건으로 지역 불평등의 심화 및 인간의 불안정을 효과적으로 해결하기 위한 세계적 약속이 중요하다고 언급하였다. 최근 글로벌 금융, 경제 및 고용 위기로 인해 이와 같은 평가의 많은 측면이 확인되었다(ILO, 2001: Xi). [2]

---

2) 〈바첼레트 보고서: 사회적 보호 최저선에 관한 자문단 보고서〉(Report of the Advisory Group chaired by Michelle Bachelet Convened by the ILO with the collaboration of the WHO: Social Protection Floor for a fair and inclusive globalization). Geneva: ILO, 2011에서 전문을 볼 수 있다.

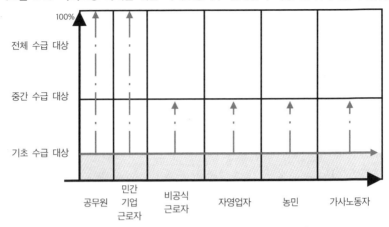

〈그림 6-5〉 사회보장 확대를 위한 국제노동기구 캠페인의 이중 전략(혜택급여 범위)

자료: ILO(2011).

　이러한 관점에서 2009년 "UN기구의 수장들은 경제위기의 영향을 다루기 위한 9개의 유엔 공동과제 중 하나로서 국제노동기구와 세계보건기구가 중재한 사회보장 기반과제(I-PPS)를 시작하였다"(Ibid. : Xii). 이 계획의 핵심적 발상은 보건에 대한 접근성, 노인 및 장애인을 위한 소득보장, 아동을 위한 소득보장(가족수당) 및 계획과 결합된 소득보장으로 구성된 사회보장의 최소 수준을 실업자와 노동 빈민층을 위한 공공고용보장과 함께 글로벌한 규모로 일반화하는 것이다(ibid. : 10). 이 제안서는 가로축의 "지원 대상"(공무원, 민간기업 근로자, 비공식 근로자, 자영업자 및 가사노동자)과 세로축의 "서비스 제공 수준 및 지원 서비스"를 기초·중간 및 전체 인구 대상 서비스로 결합하는 과제이다(〈그림 6-5〉 참고).

　칠레 전 대통령 바첼레트(Michelle Bachelet)가 의장을 맡은 협의회에서 제시한 〈바첼레트 보고서〉의 결론은, 브라질이 ILO 및 UN에서 제시한 요건을 포함하는 사회적 보호 최저선을 제공하는 국가로서 다른 국가들에 모범이 되는 "사례"로 인용되었으나, 이와 같은 사항은 추론에 따른 것이라는 점이다. 〈바첼레트 보고서〉에서는 브라질의 최저선이 농촌 복지, 보우사 파밀리아 프로그램, 통합의료체계(SUS) 및 지속적 현금이전(BPC) 임을 분명히 하였다. 이 보고서는 또한 교육, 기초보건, 수자원 및 위생시설, 전기 및 하수도와 같은 공공서비스에 대한 접근성 개선을 포함한 보우사 파밀리아의 범위 확대와 함께 1,600만 명에 이르는 극빈층(소득 일일 2달러 이하)을 빈곤에서 탈출시킨다는 목표를 수립한 "빈곤 없는 브라질 프로그램"(Brazilian Poverty Program) 을 통해 사회보장모델의 연속성을 인용하였다. 여기에는 구직활동, 직업훈련 및 소액 금융지원서비스 등, 생산적 활동을 용이하게 하는 조치들을 포함하였다(ibid. : 14). 경제성장은 미미하지만 성장촉진 프로그램(PAC) 도입, 고용 및 소득·연방사회지출 증가, 최저임금 인상, 극빈층을 대상으로 한 다양한 사회정책 등 정부가 내세운 전략적 공약들이 위기에 대한 일종의 "해독제"로서 역할을 하는 상황하에서 브라질의 경험이 구조적 위기와 최근 주기적 상승을 맞고 있는 사회적 비용의 상각에 미치는 영향에 주목한 것이다.

브라질 사회보장제도에 대한 최근의 개혁은 국가발전 전략의 구조적 일부로서 사회정책을 통합하였다.


## 4. 맺음말

브라질 사회경제발전의 역사는 공공실험의 역사이며, 특히 사회보장의 경우에는 더욱 그러하다. 공공관리 영역으로서 브라질 사회보장 분야의 존재를 확인하는 것은 정치적 결정에 영향을 미치는 국가적 행동뿐만 아니라 시민사회의 연대행동과 관련된 이니셔티브의 범위를 정한다는 의미이다. 브라질 사회보장제도의 개혁은 시간이 지남에 따라 이러한 패러다임 사이에서 변모해 왔다. 경제정책이 사회정책과 조율되고 사회정책이 개발 전략에서 중요한 역할을 한다는 조건하에, 최근에 이르러서야 비로소 개혁이 국가 주도형 방향과 결합하게 되었다.

모든 자료들은 이러한 개혁이 국가 규모와 거대한 사회 문제에 직면한 브라질의 상황을 고려한 현명한 선택이었음을 보여 준다. 그러나 사회정책에 새로운 의미를 부여하는 선택은 브라질 사회의 빈곤층에게 우선순위를 부여하는 결정을 동반해야만 했다. 그리고 이러한 정치적 선택은 사회적 동의를 이루어내지 못했다. 그 결과 이와 같은 사회보장모델은 2016년 9월 브라질에서 발생한 쿠데타로 인해 중단되었다.

오늘날, 포괄적인 정책 대신 공공재산을 시장과 민간 주도로 이전하는 정책이 수립되고 있다. 이와 함께 의료, 교육, 사회보장, 사회부조제도에 새로운 개혁이 단행되었다. 이러한 새로운 개혁의 영향을 예측하는 것은 불가능하지만, 경기조정 정책이 더 이상 실행되지 않으므로 사회지표가 악화되는 경향을 보이리라는 사실은 분명하다.

## ■ 참고문헌

ILO (2011). *Bachelet Report (Report of the Consultative Group on the Social Protection Floor: Social Protection Floor for Anequitable and Inclusive Globalization)*. Geneva: ILO.

Paula, R. F. dos Santos. (2016). *Estado Capitalista e Serviço Social: O Neo-desenvolvimentismo em Questão*. Campinas: Papel Social.

Viana, A. L. d'Á., Ibñez, N., & Elias P. E. M (Ed.) (2005). *Proteção Social: Dilemas e Desafios*. São Paulo: Hucitec.

제 **2** 부　　소득보장제도

# 07

# 공적연금제도*

## 1. 머리말

역사적으로 필수적 욕구를 충족시키기 위해 노동을 해 왔다는 것은 인간을 정의하는 주요 특성 중 하나이다(Marx, 1974; Nussbaum, 2006). 노동과 어떤 관계를 맺느냐는 문제는 로버트 카스텔(Castel, 1995)이 주장한 것처럼 사회에서의 지위를 결정하고, 나아가 카를 마르크스(Marx, 1974)가 믿었던 바와 같이 인간 존재의 본성을 형성한다. 시민들이 노동과 맺는 관계와 이 관계가 초래하는 중재의 실체를 이해하는 작업은 불평등과 불공정을 개선하는 치유적 사회정책의 개발에 선행되어야 한다. 그 이유는 생산주의와 노동 유토피아(Abberley, 1998)를 넘어선 시민권 행사와 인간 존엄성 보장을 살펴봐야 하기 때문이다.[1] 사회보장정책을 통한 인간의 존엄성 보장

---

* 이 글은 "장애인, 노인, 사회보장, UN 장애인권리협약: 브라질 사회보장정책"(People with disabilities, elderly, social protection, and the UN Convention: Social Security policy in Brazil)을 번역한 것이다. 공적연금제도 중 장애인연금을 중심으로 기술한다.

1) 마사 누스바움(Martha Nussbaum)은 인간은 정치적 동물이라는 아리스토텔레스의 사상

185

은 노동의 보장을 통해서만 이뤄지지 않는다. 이것은 장애인의 인권 논의에도 내재되어 있다.

브라질의 사회보장정책은 1923년, 도시화 및 산업화의 확산으로 브라질식 자본주의와 노동권 간의 모순이 발생하며 도입되었다(Faleiros, 2000). 자본의 축적과 재생을 위한 조건이 유지되면서 변방 국가에서 물질적 부가 생성되는 동안 노동자들은 이러한 흐름의 불평등성과 모순에 의문을 갖기 시작했다. 노동자의 연대협약인 〈일로이 샤베스 법안〉(Eloy Chaves Law)이 1923년 채택되면서 업무상 위험에 대한 보장과 집단권리, 연금보장이 인정되었다(Santos, 1979). 그 결과 많은 노동자들이 질병과 임시적, 영구적 장애에 대해 보장을 받게 되었다.

그러나 장애인은 이 보장에 포함되지 못하였고(Figueira, 2008), 사회보장 기여자가 아닌 노인 역시 제외되었다. 자본주의 제도는 장애인에게 결핍된 물리적 힘과 신체적 숙련도를 전제하였다. 이러한 특성은 장애인이 노동으로부터 배제되게 만든 것이다. 정부와 사회가 장애인의 특수한 필요에 부응하지 못하고 있다는 점과 더불어, 전체 노동자와 특히 장애인에 대한 사회보장이라는 직접적인 결과를 낳은 노예제도에 대해 살펴볼 필요가 있다. 릴리아 페헤이라 로부(Lilia Ferreira Lobo)는 다음과 같이 말했다.

… 350년 동안 유지된 노예제도는 사회에 많은 상처를 남기고 폐지됐다. … 아프리카에서 브라질로 노예를 이주시키며, … 유럽인들은 이 땅에 더 많은 의존성을 가져왔으며 더 악랄한 방식으로 자유를 권력자들의 특권으로 전락

---

에서 영감을 받아 아리스토텔레스-마르크스주의적 인간 존엄성의 개념을 창안했다. 또한 인간은 다양한 필수 욕구의 충족에서 만족감을 느끼는 사회적 동물이라는 카를 마르크스의 사상에 영향을 받았다. 인간 존엄성의 개념은 이상주의를 재확인하려는 것이 아니다. 효과적인 존엄성 보장을 위한 공공정책을 시행할 때 정부의 중요한 고려사항을 한정하려는 의도가 있을 뿐이다.

시켰다. 법의 보호를 받는 사람들만 '자유'를 행사한다는 것은 자신보다 신분이 낮은 사람들 위에 군림하는 것을 의미하였다. … 차이는 불평등으로 귀속되었고 평등의 이상적 가치가 개입될 때를 제외하고는 불평등은 표준으로 자리 잡았다. 이 세계 바깥에 있는 사람에게는 결핍감이 생길 수밖에 없었다 (2008: 24).

그러므로 장애인의 요구가 협상, 특권을 향한 투쟁, 자선의 결과가 아닌 정의의 문제로 자리매김하는 데까지는 오랜 시간이 걸렸다.

자선을 통한 빈곤의 해결이라는 개념은 중세 유럽에서부터 이어져 내려와 예수회에 의해 브라질로 유입되었으며, 20세기의 도시화 국가에서는 노동으로 순화되었다(Lobo, 2008). 사회 문제를 해결하는 정부의 방식이 바뀌고, 자선으로 빈곤층을 지원하고 돌보는 것이 아니라 일이 그들에게 "자유"를 주도록 하는 개념으로 선회한 것이다.

20세기 브라질의 대중운동은 두 가지 측면을 가지고 있었다. 첫 번째는 1923년 사회보장정책을 통해 제한적이나마 노동을 보호하는 시민권이 도입된 것이었다(Santos, 1979). 두 번째는 재향군인복지회(BLA)의 등장과 함께 1940년대부터 복지가 개인적 자선활동에서부터 서서히 정부의 지원을 받는 형태로 강화된 것이었다. 오늘날 재향군인복지회는 장애인을 포함한 빈곤층의 상황에 개입할 수 있는 주도권을 가진다. 1942년부터 1988년까지 정부의 개입이 증가한 것은 사실이나, 정부는 재향군인복지회 활동에 대한 재정지원만을 제공하며 복지 프로그램 증진에 있어서는 부차적인 역할만을 수행하였다.

1970년대 장애인과 빈곤층 노인을 위해 마련된 비기여형 사회보장 혜택인 월별 생활보조금(Monthly Life Income: MLI)과 농촌 노동자를 위한 농촌연금은 사회보장제도와 기본적 복지원칙 간의 경계를 설정하는 계기가 되었으며, 이를 통해 사회보장의 범위가 브라질 노동자로 확대되었다

(Boschetty, 2006). 사회보장제도 내에서 만약 사회보장과 복지정책 간의 경계가 모호했다면, 이는 1940년대 재향군인복지회 중심의 구조 아래에서 사회부조의 실현이 공권력의 중점 사안이 아니었기 때문이라 할 수 있다. 재향군인복지회는 수년 동안 사회부조의 생성과 확대에 중추적인 역할을 수행했으며, 모든 재원을 공적 기금에서 조달했다. 그러나 체계 및 가이드라인 개발, 집단행동 추진 등에서는 자선단체들의 영향을 여전히 많이 받았다.

1988년 연방헌법 이전에는 재향군인복지회의 활동과 월별 생활보조금을 통한 지원이 장애인을 위한 사회보장의 전부였다. 그러나 연방헌법 이후 월별 생활보조금은 사회부조서비스인 '연속현금급여'(Continuous Cash Benefit: CCB)로 바뀌었고 정부가 극빈층 장애인에게 생활임금을 제공하게 되었다. 이 제도는 국가사회보장원(INSS) 지부에서 실시하는 의료평가를 기반으로 1996년부터 시행되었다(Sposati, 2004). 사회부조는 필요한 모든 사람들의 권리가 되었고, 의료복지정책과 함께 브라질 사회보장제도의 일부가 되었다(Boschetti, 2006). 또한 복지라는 개념이 새로운 범위와 대상으로 확대되어 브라질의 노동자와 장애인 권리에 중요한 진전을 가져왔다.

〈법령 제 6214호〉가 마련된 2007년부터 연속현금급여 수취 자격을 검증하는 새로운 가이드라인이 확립되면서 복지급여를 받기 위한 장애평가 시 의료항목만을 고려하던 종전의 방식도 바뀌었다(Diniz et al., 2010). 연속현금급여의 관할기관은 국가사회보장원으로, 2009년 6월 시행된 개정안에 의해 사회복지사들이 의료진과 함께 수취 자격을 평가하게 되었다. 연간 연속현금급여 수혜자는 전국적으로 최고 45만 명이었으며, 2015년 7월에는 230만여 명의 장애인이 혜택을 받았다(Brazil, 2015).

2013년부터 〈보완법 제 142호〉(Complementary Law No.142)에 의거, 국가사회보장원은 사회복지사와 의료진의 평가에 따라 현금지속급여뿐만 아니라 장애퇴직금도 제공한다(Brazil, 2013). 현금지속급여와 마찬가지로 〈보완법 제142호〉도 국제보건기구의 국제기능장애건강분류(International-al Classification of Functioning, Disability and HealthI: CF)를 장애평가 가이드라인으로 활용한다(Brazil, 2014). 〈보완법 제142호〉는 장애를 가진 노동자에 대한 특별보장을 명시하고 비장애 노동자보다 빨리 은퇴할 수 있도록 배려하였다. 은퇴 연령과 사회기여기간이 조정되어 장애인은 장애의 정도에 따라 조기퇴직을 할 수 있게 되었다. 그 결과 비장애인에 비해 2년, 6년, 혹은 10년 빨리 은퇴할 수 있다.

브라질은 2006년의 UN총회에서 채택된 장애인권리협약을 2008년에 비준하였고, 2009년에는 〈법령 제6949호〉에 의거해 협약에 헌법개정지위를 부여하였다(Brazil, 2009). 이 협약은 장애인을 "장기적인 신체적, 정신적, 지적, 혹은 감각적 장애를 가진 사람으로, 다양한 장벽으로 인해 다른 사람과 동등한 입장에서 온전하고 효과적으로 사회에 기여할 수 없는 사람"으로 정의한다. 현금지속급여 법안은 2009년부터 이 개념을 따랐으며, 〈보완법 제142호〉는 장애인 퇴직에 이 정의를 활용하였다. 이 개념 덕분에 더 이상 장애를 개인적인 불변의 생체형태학적 상태로 여기기보다는 특정한 신체 증상과 그로 인한 다양한 환경적, 인식적 장벽을 경험하는 상태로 여기게 되었다.

장애인권리협약에서 명시한 장애인의 개념을 따르기 위해 2015년에 제정된 제13146호 법령인 〈장애인 포괄법〉(Brazilian Law of Inclusion of People with Disabilities: BLI)의 제2조항 첫 번째 문단은 "장애판정은 생심리사회적 근거를 기반으로 하며, 다학제적이고 교차학제적인 평가단이 실시한다"고 규정한다. 두 번째 문장에서는 실행 2년 내에, 즉 2018년까지 "행정부에서 장애를 판정하는 수단을 제공할 것"이라고 명시하였다(Brazil, 2015).

이 장의 목표는 2006년 UN총회에서 채택되었고 브라질 입법부가 2015

년에 도입한 장애인권리협약이 장애의 개념 및 원칙에 변화를 가져옴으로써 브라질 사회보장정책을 어떻게 변화시켰는지 분석하는 것이다. 연금제도 중에서 5가지 유형의 혜택이 〈장애인 포괄법〉의 영향을 받게 되었다. ① 차등지급 퇴직연금, ② 장애퇴직금, ③ 영구적 돌봄이 필요한 장애인의 사회보장 혜택 강화, ④ 연금 수령 혹은 가족 구성원 지원 중 선택, ⑤ 탈리도마이드(thalidomide)로 인한 선천적 장애를 가진 이들을 위한 장애인연금이 그것이다.[2] 이 장에서는 노인의 은퇴와 사회서비스 혜택도 다룰 계획이다. 이 장에서 논의하고자 하는 주제는 브라질 연금정책에서 생심리사회적 모델을 사용한 경험이 브라질 장애인들을 위한 여타 혜택과 서비스, 정책에 장애인권리협약을 적용하는 데에 결정적인 요소로 작용하였는지 살펴보는 것이다.


## 2. 장애인 생심리사회적 모델: 브라질 사회복지 및 부조 제도

장애인권리협약에 대한 이해를 바탕으로 브라질은 〈장애인 포괄법〉을 2015년에 비준하였다(Brazil, 2015). 이 법안은 의회에서 13년 이상 분석을 수행한 결과물로, 연방정부 차원에서 장애인 권리를 대변하는 주요 법적 기준으로 자리 잡았다. 총 127개 조항과 약 400여 개의 새로운 메커니즘으로 구성된 〈장애인 포괄법〉은 장애인의 법적 처우에 근본적인 변화를

---

2) 탈리도마이드(thalidomide)는 1954년 독일에서 개발된 약품으로, 초기에는 진정제로 사용되었다. 그러나 1957년 상용화 이후, 수천 개의 해표지증(phocomelia syndrome) 사례가 나타났다. 해표지증은 태아의 팔다리가 몸통에 붙어서 출생하는 병으로 바다표범과 유사한 신체를 갖게 된다. 브라질 정부가 1960년대와 1970년대 나병 치료에 탈리도마이드를 사용, 장애 사례가 발생한 결과 정부의 책임론이 부상했다.

가져왔으며, 현재 인권의 틀 안에 공고히 자리를 잡았다. 장애인권리협약에 따른 장애인의 개념과 원칙, 권리에 부합하기 위해 〈장애인 포괄법〉은 수혜 지원자들에게 혜택 및 서비스를 제공하기 위해 장애평가 및 판정 혁신 관련 장벽 이슈와 다학제적·교차학제적 평가를 조항에 포함시켰다.

〈장애인 포괄법〉의 제2항에는 장애판정 시 판정단이 신체 기능적·구조적 장애를 고려하고, 사회환경적·심리적·개인적 요인을 검토하며, 활동의 제약 및 사회참여의 어려움 등을 고려해야 한다고 명시한다. 따라서 장애인의 권리를 인정하고 혜택을 부여하기 위해서는, 이 법 제3조에 제시된 장벽을 고려하는 것이 활동수행을 제한하는 환경적 요인 및 사회적 참여의 제약과 내재적 상관관계가 있음을 주지해야 한다(Santos, 2008). 장애는 개인적, 신체적 특성 이상의 문제로, 환경적 요인을 고려해야만 충분히 평가를 할 수 있다. 국제기능장애건강분류와 장애인권리협약은 이미 이러한 원칙을 전제하고 있으며, 브라질 공공정책 등에 영향력을 미칠 수 있는 규범적 힘을 가진다. 더 나아가, 〈장애인 포괄법〉의 법조항은 장애인을 위한 공공정책을 입안할 때나 전제적 원칙 수행을 위한 기한을 설정할 때 한 치의 의혹도 남기지 않는다.

2007년 브라질 연방정부는 사회적 모델 원칙에 입각하여 장애를 평가하는 새로운 방침을 만들었다(Santos, 2016). 2007년 9월 26일, 대통령령이 발효된 후 부처 간 실무단이 두 가지 목표 하에 발족하였다. 브라질의 장애 분류 및 평가모델을 진단하는 것과 국가 전체에서 통용되는 단일모델을 개발·적용하는 것이다. 실무단의 작업 끝에 2013년, 브라질 기능도지수(Brazilian Functionality Index: IFBr)가 개발되어 장애인과 관련된 브라질 공공정책 전반에 적용되었다. 브라질 기능도지수는 국제기능장애건강분류 기준 41개 활동과 참여를 평가하였으며 독립기능평가(Functional Independence Measure: FIM)에 따른 활동 측정 점수를 포함한다. 독립기능평가는 개인의 의존도 평가를 기반으로 활동성과를 측정한다. 장애인 퇴직후 혜택급여 제공을 위해 2014년부터 브라질 기능도지수가 사용되었다. 〈장애인 포괄법〉 제2조 조항이 효력을 발휘하도록 하기 위해 브라질 정부는 2018년부터 장애인 권리와 관련된 공공정책에서도 브라질 기능도지수를 사용할 계획이다. 연금정책에서는 브라질 기능도지수 검증 프로세스가 후반 단계에 포함되어 있지만 다른 공공정책에서는 2016∼2018년에 적용될 예정이다(Brazil 2016). 다른 평가도구와 마찬가지로 브라질 기능도지수 역시 지속적 개선이 필요하다. 개선되어야 할 중요한 부분 중 하나는 장벽 및 환경적 요인을 정확히 어떻게 평가할 것인가 하는 점이다.

특히 최근 몇 년간 근본적 권리에 초점을 두는 접근 방식은 장애인에게 자율성을 부여하기 위한 매우 필수적인 요소가 되었다. 이러한 개념하에 UN총회는 2006년에 장애인권리협약을 채택했고, 이는 장애인의 인권 보호를 위해 가장 중요한 법적 초석 중 하나가 되었다. 협약 조인국은 의무조항을 따라야 한다(Brazil, 2009; Dhanda, 2008). 이 협약은 2008년 헌법 개정을 통해 브라질 법률체제에 도입되었고(Brazil, 2009; Diniz et al., 2010), 이로 인해 브라질 법과 공공정책은 협약의 원칙과 개념을 따르게 되었다.

브라질 사회보장 법체계에 국제기능장애건강분류만 도입된 것은 아니었다. 2013년 5월 8일 〈보완법 제142호〉이 도입됨으로써 UN 장애인권리협약의 개념과 원칙이 연금 수취평가에 적용되었다(Brazil, 2013). 협약의 정신에 입각한 이 법은 국가 사회보장제도의 수혜 연령이나 사회기여기간 등 장애인 수혜평가과정을 바꾸어 놓았다(Brazil, 2013). 〈보완법 제142호〉는 장애인에게 비장애인과는 차별된 혜택을 주는 것이 목표이며 일반 사회보장제도(General Society Security scheme)에서 장애의 정도가 경증, 중등증, 중증으로 평가되면 비장애인과 비교하여 은퇴연령이 2년, 6년, 10년까지 낮아지도록 정하였다(Brazil, 2013).

2014년 〈합동시행규칙(Joint Ordinance) 제1호〉에 명시된 바대로, 〈보

완법 제142호〉에 의거하여 신청인의 장애평가는 전문 의료진과 국가사회
보장원 사회서비스부가 공동으로 진행한다(Brazil, 2014). 연속현금급여의
사례에서처럼, 〈보완법 제142호〉는 장애평가를 수행함에 있어 다학제적
평가를 지침으로 삼으며 국제기능장애건강분류의 기능적 개념을 적용한다
(Brazil, 2014). 연속현금급여 지급을 위한 평가와 다른 점은 활동과 참여
도로만 점수를 매긴다는 것이다. 다시 말해, 구조적·신체 기능적·환경
적 요인은 활동 및 사회참여와의 상호작용 속에서 고려된다. 연속현금급여
에서처럼 신체적 요인은 개별적으로 평가되지 않는다. 따라서 국제기능장
애건강분류의 기능을 수행하기 위해서는 전문 평가단의 이론적, 방법론적
지식이 더욱 중요한 역할을 한다.

　의료진과 사회복지사들이 〈보완법 제142호〉하에서 장애평가에 사용하
는 도구가 국제기능장애건강분류만은 아니다. 연속현금급여의 평가수단
은 국가사회보장원과 사회개발부, 전문가들에 의해 개발되었다(Brazil,
2008). 그러나 퇴직 혜택과 관련된 사회보장제도의 평가수단은 브라질 기
능도지수이다(Brazil, 2014; Franzoi et al., 2013). 2006년 이래 대통령 직
속 인권부(Department of Human Rights: DHR)에서는 장애를 평가하는 데
국제기능장애건강분류와 장애인권리협약이 모두 적용되는 개념적 도구를
만들기 위해 고심해 왔다. 2011년, 인권부는 노동사회연구소(Institute for
Labor and Society Studies: ILSS)에 브라질 전역에서 사용할 수 있는 단일
장애평가 및 분류모델을 개발해 줄 것을 의뢰했다.

　그 결과, 2013년 인권부는 브라질의 장애인에 대한 대대적인 사회인구
학적 분석을 거쳐 '브라질 기능도지수'를 제출하였다. 인구조사, 학교조
사, 연간 사회조사 및 주별, 장애별, 연령별 대표자로 구성된 초점그룹의
정보가 자료로 수집되었다(Frazoi et al., 2013). 브라질 기능도지수는 국제
기능장애건강분류에 명시된 항목 중 41가지 활동 및 참여에 기반을 두었다
(Franzoi et al., 2013). 연속현금급여 평가에서와는 달리 브라질 기능도지

수는 25에서 100점까지의 점수를 각 활동에 부여하는데, 이 점수는 해당 활동에 대한 수혜자의 독립적 수행도와 관련이 있다. 이 척도는 독립기능 평가에 기반하였다(Brazil, 2014; Franzoi et al., 2013). 〈보완법 제 142호〉는 브라질 기능도지수를 채택한 최초의 브라질 공공정책이었다.

2014년 3월에서 12월까지 〈보완법 제 142호〉에 따라 퇴직 신청자들을 대상으로 한 장애평가가 실시되었다. 국가사회보장원은 3만 9천 명을 대상으로 평가를 진행하였고, 그중 1만 3천 명이 새로운 법적 요건에 따라 퇴직금을 받게 되었다.[3] 2013년 12월 시행된 법령은 퇴직 신청 장애인들에 대한 평가 개시를 보장하는 것으로, 2년 동안 평가과정을 수정 및 개선하겠다는 내용을 명시하였다(Brazil, 2013; 2014). 평가도구의 개선은 대부분 장애의 정도에 관한 것이었지만, 다학제적 평가 향상을 통해 국제기능장애건강분류와 장애인권리협약의 원칙을 강화하는 것도 포함되었다.


## 3. 〈장애인 포괄법〉과 사회보장 혜택: 협약에 따른 장애 특성 정의

장애인권리협약은 2016년에 이미 165개 당국과 160개 조인국을 보유하였다(UN, 2016). 이 협약은 멕시코 대표단이 2001년 협약안을 제안한 5년만인 2006년에 뉴욕 총회에서 승인되었으며 이후로 절차가 빠르게 진행되었다(Dhanda, 2008). 또한 새천년 들어서 첫 번째의 인권협약으로서 인권에 대한 새로운 시각을 가져왔다. 우선 장애인의 요구를 충족시키려면 시민적·개인적·경제적·사회적·문화적 권리를 모두 고려해야만 하며, 이러한 관점이 그들의 존엄성을 보장한다(Dhanda, 2008). 이 협약은 또한 분배

---

3) 국가사회보장원(National Institute of Social Security)에서 제공한 내부 관리자료이다.

적 정의를 다룬다고도 볼 수 있다. 이는 특정 대상(장애인)의 기대치에 바탕을 두고 있으나, 초기에는 다양한 사회운동의 요구로부터 영감을 얻었으며 이러한 시각을 포용하는 정의의 원칙에 입각하여 장애인들의 특수한 필요에 집중하도록 진화하였다(Barbosa, 2013).

아미타 단다(Amita Dhanda, 2008)에 따르면 시민권과 자유권(국가와 정부의 간섭을 받지 않을 소극적 권리), 사회권과 경제권(국가와 정부의 간섭을 요구하는 적극적 권리)을 개별적으로 이해했던 전통적인 방식은 장애인권리협약의 원칙에 부합하지 않는다. 예를 들어, 전통적으로는 소극적 권리로 분류되는 표현의 자유를 행사할 때에, 감각기관의 장애를 가진(의사소통을 하는데 더 많은 어려움을 겪는) 사람들은 적극적 권리인 정부의 개입으로 보조과학기술을 제공받아 접근성을 확보함으로써 비로소 자신들의 의견이 전달할 수 있는 것이다. 장애인권리협약은 결국 인권 논의에 새로운 관점을 제시하였으며, 모든 종류의 권리 행사를 보장하는 메커니즘을 사회가 어떻게 제공해야 하는지 제시하였다.

리비아 바보사(Livia Barbosa, 2013)는 장애인권리협약이 인간의 필요라는 개념을 좀더 민주적이고 다수를 지향하는 형태로 발전시켰다고 판단한다. 이 협약은 전 세계의 사회복지에 관한 공공정책 및 사회보장제도에 적용된 분배적 정의에 관한 논의에서 제안된 개념들을 모두 뛰어넘었다. 특히 법철학 분야에서 이루어진 분배에 대한 논의는 인간의 필요를 논하며 특정 대상의 기대치에 기반을 둠으로써 장애인의 필요를 무시하는 경우가 다반사였다. 개인적 요구의 가능성을 배제한 것이다(Barbosa, 2013). 협약을 고안하고 승인하는 과정에 사회운동이 동참하면서 장애인의 필요를 논의할 수 있는 기회가 생겼다. 이로써 이들을 보호하는 메커니즘을 두고 심도 있는 검토가 이뤄졌고, 협약을 채택하는 국가와 정부들이 행동 지침을 개정하고 새로운 방법을 구축할 수 있게 되었다.

예를 들어, 자유권과 관련된 일련의 권리들은 경제권과 사회권이 동시에 보장되지 않는다면 실현되지 못한다. 이는 도전이면서 동시에 권리의 보편성을 바라보는 시각의 혁신이기도 하다(Dhanda, 2008). 국가의 정치적·법률적 문화에 대해서는 도전이지만, 보장의 논리를 보편화하기 위한 요건이라는 측면에서는 권리의 범위를 확대하는 가능성을 동시에 제공한다. 1988년 헌법이 채택된 역사적·정치적 맥락에서 사회권과 경제권, 시민권과 정치권에 대한 혁신적인 접근이 생겨나면서 장애인권리협약의 특성은 브라질에서 더욱 강화되었다. 그러나 공공정책은 이와 맥을 같이 하지 않았다(Sarmento, 2008). 장애인권리협약이 가진 근본적이고 원칙적인 구조 속에서 연금권을 이해해야 하고 같은 목표를 가진 다른 공공정책과 연결해서 고려되어야 한다.

이 협약은 〈장애인 포괄법〉 승인을 위한 계획이 그러하였듯이 회원국이 권리 실현을 위해 취해야 할 행동을 명시한다. 일반 사회보장제도(RGPS)의 연금제도 중 5가지는 협약과 〈장애인 포괄법〉에 부합해야 한다. ① 차등지급 퇴직연금, ② 장애퇴직금, ③ 영구 돌봄이 필요한 장애인의 사회보장 혜택 증액, ④ 연금 수령 혹은 가족 구성원 지원 중 선택, ⑤ 탈리도마이드(*thalidomide*)로 인한 선천적 장애를 가진 이들을 위한 장애인연금이 그것이다. 차등지급 퇴직연금(2013년 신설)과 장애인에 대한 연금 및 지원 우선 제공(2015년 신설)을 제외한 다른 장애인 사회보장 혜택들은 협약 이전부터 있던 것이다. 이미 존재하던 급여의 경우에는 장애를 판정하는 데 생의학적(*biomedical*) 요건만 새롭게 고려되었다.

장애인 차등지급 퇴직연금은 〈보완법 제142호〉에 의거해 운영되며, 장애인권리협약과 연관된 최초의 연금이다(Santos, 2016). 이 법안은 퇴직금 수령 대상 장애인들에게 특별대우를 하는 것이 목적이었다. 일반 사회보장제도에 따라 장애 정도가 경증, 중등증, 중증으로 나뉠 때 비장애인과 비교하여 2년, 6년, 10년 먼저 퇴직할 수 있다(Brazil, 2013).

장애인권리협약 제5조, "장애인 평등을 향상 또는 보장하기 위한 특정 조치들은 차별로 여겨지지 않는다"는 선언에 따라, 〈보안법 제 142호〉는 평등의 원칙에 입각하여 장애인 사회보장정책을 개선하려는 노력이었다. 또한 사회보장 신청자 평가절차에 있어서 협약과 국제기능장애건강분류 지침을 준수하였다. 2014년 〈합동법령 제 1호〉에서 결정된 바와 같이, 〈보완법 제 142호〉하의 퇴직금 수혜 장애판정은 의료진과 국가사회보장원 사회복지사에 의해 진행된다. 심사단은 장애 요건 및 장기적인 손상의 정의를 내리는 것뿐만 아니라 법률에 의해 장애 정도를 경증, 중등증, 중증으로 구분해야 한다. 연속현금급여와 마찬가지로 〈보안법 제 142호〉는 장애평가를 하는 데 다학제성을 주요 지침으로 삼는다.

2014년 11월에 발표된 법령은 퇴직연금을 신청하는 장애인에 대한 평가가 장애인권리협약과 국제기능장애건강분류에 입각해야 한다고 명시하였고, 2년간 평가절차 검토 및 개선이 필요하며 특히 평가수단의 개선이 필요하다고 밝혔다. 평가수단의 개선은 대부분 장애 수준 설정과 관련된 것이지만 국제기능장애건강분류와 장애인권리협약의 사회모델 원칙을 강화하는 다학제성의 개선도 수반되어야 한다.

장애연금은 영구적으로 일을 할 수 없고 국가사회보장원 의료진에 의해 재활이 불가하다고 판정된 노동자에게 제공되는 혜택이다(Brazil, 1991). 복지통계연보(Statistical Yearbook of Welfare)에 의하면, 2014년에는 18만 9,651명이 장애연금을 수령하였다(Brazil, 2014). 그러나 장애연금 수령 대상자라고 해서 반드시 장애인으로 분류되지 않을 수 있다. 노동이 불가능한 사람 대부분은 장애를 야기하는 질병에 의해 그러한 상태가 된다. 그러나 노동이 불가능한 상태와 장애가 중복될 수 있으므로 〈장애인 포괄법〉과 협약에 동시에 부합하는 급여가 필요하다. 장애 상태가 유지되는 기간에 급여가 제공되며, 국가사회보장원의 재평가가 2년마다 이루어지기 때문에 복합적이고 다학제적인 평가가 더욱 적합하다. 최초 지원 신청의 경우, 장애연금과 요건이 같은 질병원조를 신청해야 한다. 의료 전문가의 소견에 따라 재활 가능성이 없고 노동이 영구적으로 불가하다고 판정되면 그때 장애연금을 받을 수 있다.

1991년의 〈법안 제8213호〉는 상시 돌봄이 필요한 장애연금 수령자의 경우에 연금액을 제13번째 임금을 포함하여 25% 인상할 것을 명시하였다 (Brazil, 1991). 이 경우 국가사회보장원에 신청을 하여 국가사회보장원 의료진에게 새로운 심사를 받아야 한다. 수령자가 사망하는 경우, 종속 유족에게 제공되는 연금에는 인상이 적용되지 않는다. 이 사안 역시 장애인권리협약 및 국제기능장애건강분류 원칙에 입각하여 다학제적·교차학제적 심사단이 평가해야 할 부분이다.

브라질의 사회보장급여 중 일반적인 위험에서 보호하는 또 다른 제도는 탈리도마이드 증후군 특별연금이다(Brazil, 1982). 이 연금은 브라질에서 해당 약품이 판매되기 시작한 1958년 3월 1일 이후 출생한 탈리도마이드 증후군 환자에게 제공된다. 1982년 7월 20일 〈법안 제7070호〉에 의해 브라질 대통령과 국회는 이 특별연금을 승인하였다(Brazil, 1982). 관련법안 제1조에 따르면 이 연금은 국가가 특정약품에 대한 결과를 관리감독하지 못한 책임으로서 제공하는 것이기에 배상의 성격을 띤다(Brazil, 1982). 또한 타인에게 양도가 불가하고 매달 평생 지급된다. 복지통계연보에 의하면 2014년에 1만 7,160명이 이 연금을 받았다(Brazil, 2014).

마지막으로 〈장애인 포괄법〉에 새롭게 추가된 부분은 장애인연금 수급자를 위한 수감 관련 지원 및 종신연금 수령 우선순위를 부여하는 것이다. 〈장애인 포괄법〉은 1991년 〈법안 제8213호〉 제101조를 다음과 같이 수정하였다.

I. 배우자, 동반자 또는 21세 미만 자립하지 않은 자녀는 어떤 상태라도 보장을 받으며, 신체장애인, 지적 장애인, 아니면 중증 장애인의 경우도 그러하다.

...

III. 21세 미만 비자립 형제자매는 어떤 상태라도 보장을 받으며, 신체장애인, 지적 장애인, 아니면 중증 장애인의 경우도 그러하다.

〈장애인 포괄법〉 조항에 부합하기 위해 브라질 정부는 2018년 통합장애 평가모델(Unified Model of Disability Assessment)을 만들 예정이다(Brazil, 2016). 이 단일모델의 목표는 장애인을 위한 모든 정책과 프로그램, 서비스, 혜택을 하나로 모아 통합된 평가절차를 제공하고 장애인 권리를 수호하는 것이다. 단일모델을 개발하기 위해 수립한 2016년 4월 27일 대통령령에 따라 연방정부는 다학제적이고 생심리사회적인 평가를 강화하기 위한 수단을 연방 내에 만들 예정이다(Brazil, 2016). 이는 장애인의 사회권 수호절차를 가속화하고 개선하는 근본적인 시책이다(Brazil, 2007; Santos, 2016).

통합모델은 23개의 연방 공공정책으로 구성될 계획이다. 현금지속급여와 〈보완법 제 142호〉의 조항을 기초로 하여 장애인 평가제도에서 얻은 경험을 바탕으로, 2018년부터 브라질 기능도지수가 모든 브라질 공공정책에 적용되고, 〈장애인 포괄법〉 제 2조 준수를 의무화할 예정이다. 현금지속급여를 위한 장애분류과정은 장애인의 장벽을 고려함으로써 많은 진전을 이루었다. 반면 〈보완법 제 142호〉하의 평가제도는 기능성에 초점을 맞춰 사회참여의 수행과 제약을 주로 평가한다.

사회복지 및 사회보장정책은 국제기능장애건강분류와 장애인권리협약 채택에 앞장섬으로써 장애평가 및 정의를 수립하고 장애인들의 권리를 분명히 하여 혜택을 부여하는 데에 기여하였다. 접근법과 이행방식 측면에서는 유사하나 다양한 수단을 활용함으로써 생의학 분야를 초월하여 장애를 평가한 최초의 정책이 바로 사회보장 및 복지정책이었다. 이러한 혁신이 가능했던 것은 이전의 평가제도에서 중점적으로 사용된 생물학적·신체적 개념을 궁극적으로 대체할 수 있는 기능성의 개념을 가이드라인으로 채택했기 때문이다.


## 4. 맺음말

이 연구는 브라질 사회보장제도가 장애인권리협약의 원칙을 그들의 복지혜택과 보조금 법안에 어떻게 적용하였는지 체계적으로 분석하는 데에 그 목적이 있다. 현금지속급여 시행이나 2013년 〈보완법 제142호〉의 새로운 조항에도 불구하고, 브라질 사회보장제도는 장애인권리협약의 관점에서 장애인에 대한 생심리사회적 평가가 부족했던 것이 사실이었다. 따라서 2015년 〈장애인 포괄법〉 조항에 부합하기 위해 사회보장정책이 기여해야 할 부분이 많다.

장애를 생심리사회적이자 다학제적·교차학제적으로 평가하고 정의 내리는 것은 쉬운 과제가 아니다. 그러나 현금지속급여와 〈보완법 제142호〉의 전국적 시행을 통해 (연간 수십만 건의 평가를 검토해야 하지만) 이러한 문제에 대응할 수 있다는 사실이 입증되었다. 또한 〈장애인 포괄법〉 조항에 제시된 수정사항들은 독립적으로 해석될 수 없다. 지침을 제공하는 장애인권리협약의 원칙들을 기반으로 보완, 강화되어야 한다.

장애인의 보편적 권리에 대한 시각은 복지혜택과 서비스를 제공하기 위한 장애를 평가함에 있어 어려움이 있더라도 이를 간과할 수 없음을 보여주는 사례로, 그동안의 진전을 나타내는 좋은 예이다. 브라질 사회보장제도의 경험은 2018년부터 시행될 통합장애평가모델에 결정적인 영향을 미칠 것이며 비슷한 문제를 가진 다른 중남미 국가들에도 영향을 줄 것이다.

# ■ 참고문헌

Abberley, P. (1998). Trabajo, utopia and failure. In Barton, L. (Ed.). *Discapacidad y Sociedad*. Madrid: Ediciones Morata.

Barbosa, L. (2013). *Convenção sobre os Direitos das Pessoas com Deficiência e Justiça: Novos Contornos das Necessidades Humanas para a Proteção Social dos Países Signatários*. Ph. D. thesis. Universidade de Brasília.

Boschetti, I. (2006). *Seguridade Social e Trabalho: Paradoxos na Construção das Políticas de Previdência e Assistência Social no Brasil*. Brasília: LetrasLivres.

Brazil (1971). Lei Complementar no. 11, de 25 de maio de 1971. Institui o Programa de Assistência ao Trabalhador Rural, e dá outras providências.

_____(1974). Lei 6.179, de 11 de dezembro de 1974. Que institui amparo previdenciário para maiores de setenta anos de idade e para inválidos, e dá outras providências.

_____(1982). Lei 7.070 de 1982. Que dispõe sobre pensão especial para os deficientes físicos que especifica e dá outras providências.

_____(1991). Lei no. 8.213, de 24 de julho de 1991b. Dispõe sobre os planos de benefícios da previdência social e dá outras providências.

_____(2007a). Decreto no. 6.214, de 26 de setembro de 2007. Regulamenta o benefício de prestação continuada da assistência social devido à pessoa com deficiência e ao idoso de que trata a Lei no. 8.742, de 7 de dezembro de 1993.

_____(2007b). Decreto Presidencial, de 26 de setembro de 2007. Institui Grupo de Trabalho Interministerial para avaliar os modelos de avaliação da deficiência e propor um modelo único de classificação e valoração da deficiência. 2007; 28 set.

_____(2009). Decreto no. 6.949, de 25 de agosto de 2009.

_____(2013). Lei Complementar no. 142, de 8 de maio de 2013. Regulamenta o § 1º do art. 201 da Constituição Federal, no tocante à aposentadoria da pessoa com deficiência segurada do Regime Geral de Previdência Social (RGPS).

_____(2014a). Ministério da Previdência. Anuário Estatístico da Previdência Social de 2014.

_____(2014b). Portaria Interministerial no. 01 SDH/MPS/MF/MPOG/CGU. Aprova o instrumento destinado à avaliação do segurado da Previdência Social e à identificação dos graus de deficiência, bem como define impedimento de longo prazo, para os efeitos do Decreto no. 3048, de 1999.

_____(2015). Lei 13.146, de 6 de julho de 2015. Institui a Lei Brasileira de Inclusão das Pessoas com Deficiência (Estatuto da Pessoa com Deficiência).

_____(2016a). Decreto Presidencial de 27 de abril de 2016. Institui o Comitê do Cadastro Nacional de Inclusão da Pessoa com Deficiência e da Avaliação Unificada da Deficiência, no âmbito do Ministério das Mulheres, da Igualdade Racial, da Juventude e dos Direitos Humanos.

_____(2016b). Ministério do Desenvolvimento Social e Combate à Fome. Dados sobre o Benefício de Prestação Continuada.

Castel, R. (1995). *As Metamorfoses da Questão Social*: *Uma Crônica do Salário*, 5th edition. Petrópolis: Vozes.

Dhanda, A. (2008). Construindo um novo léxico dos direitos humanos: Convenção sobre os Direitos das Pessoas com Deficiências. *Sur, Rev. Int. Direitos human, 5(8)*, 42~59.

Diniz, D., Barbosa, L., & Medeiros, M. (2010). *Deficiência e Igualdade*. Brasília: Editora UnB-LetrasLivres.

Faleiros, V. (2000). *A Política Social do Estado Capitalista*. São Paulo: Cortez.

Figueira, E. (2008). *Caminhando em Silêncio*: *Uma Introdução à Trajetória das Pessoas com Deficiência na História do Brasil*. São Paulo: Giz Editorial.

Franzoi, A. C. et al. (2013). Etapas da elaboração do Instrumento de Classificação do Grau de Funcionalidade de Pessoas com Deficiência para Cidadãos Brasileiros: Índice de Funcionalidade Brasileiro, IF-Br. *Acta Fisiátrica, 20(3)*, 164~170.

Lobo, L. F. (2008). *Os Infames da História*: *Pobres, Escravos e Deficientes no Brasil*. Rio de Janeiro: Lamparina.

Marx, K. (1974). *O Capital. 3(6)*. Civilização Brasileira.

Nussbaum, M. (2006). *As Fronteiras da Justiça*: *Deficiência, Justiça Internacional e Direitos Animais*. São Paulo: Martins Fontes.

Santos, W. G. dos. (1979). *Cidadania e Justiça*: *A política social na ordem brasileira*.

Rio de Janeiro: Ed. Campos.

Santos, W. (2016). Deficiência como restrição de participação social: Desafios para avaliação a partir da Lei Brasileira de Inclusão. *Ciênc. Saúde coletiva, 21*(*10*), 3007~3015.

_____(2008). Pessoas com deficiência: Nossa maior minoria. *Physis, 18*(*3*), 501 ~519.

Sarmento, D. (2008). A proteção social dos direitos sociais: alguns parâmetros ético-jurídicos. In Neto, C. P. de Souza, & Sarmento, D. (Eds.). *Direitos Sociais: Fundamentos, Judicialização e Direitos Sociais em Espécie*. Rio de Janeiro: Lumen Juris Editora.

Sposati, A. (2004). *Proteção Social de Cidadania: Inclusão de Idosos e Pessoas com Deficiência no Brasil, França e Portugal*. São Paulo: Cortez.

UN(2016). Treat Collection. https://treaties. un. org/Pages/ViewDetails. aspx?src= IND&mtdsg_no=IV-15&chapter=4&lang=en#EndDec. 2016. 6. 29. 인출.

# 08

# 고용보험제도 및 고용정책*

## 1. 머리말

적극적 노동시장정책(Active Labour Market Policies: ALMP)은 실업자들의
구직을 돕기 위해 고용시장에 개입하는 정부정책이다. 적극적 노동시장정
책의 개념에 대해서는 여러 가지 해석이 존재하는데, 이 장에서는 캄포스
(Calmfors, 1994)가 제안한 제한된 정의를 사용하고자 한다. 여기에는 다
음과 같은 3가지 기본 하위범주가 존재한다. ① 노동 수요와 공급 프로세
스 효율화를 위한 노동자 중개서비스, ② 취업 후보자의 역량을 키우고 해
당 일자리에 적응시키기 위한 노동시장 자격검정, ③ 공공부문 일자리 또는
민간부문의 보조금지원 대상 일자리인 직접 일자리 창출. 이러한 3가지 범
주 외에도 소기업, 협동조합, 자영업자에 대한 생산적인 신용공여 프로그
램과 경영자연대 네트워크의 형성 및 전파를 지원하는 경제연대 프로그램

---

* 이 글은 "적극적 노동시장정책: ALMP 및 실업보험"(Active Labour Market Policies:
  ALMP and unemployment insurance)을 번역한 것이다.

(Programa de Economia Solidária)의 존재를 언급할 필요가 있다(Cardoso Jr. & Gonzalez, 2007).

브라질에서 적극적 시장노동정책이 시작된 것은 비교적 최근의 일이다. 브라질은 1888년까지도 노예제를 합법적으로 유지했으며, 1889년 공화국 선포 시점부터 이탈리아와 독일 등 유럽으로부터 다수, 폴란드와 우크라이나 같은 동유럽 국가로부터 소수의 이민자를 받아들였다. 일본과 중동에서도 이민자가 오기 시작했다. 이러한 이민자의 유입으로 최초의 노동조합이 등장하고 노동의 법제화를 둘러싼 논의도 처음 촉발되었다. 그러나 노동의 현대화가 시작된 것은 제툴리우 바르가스(Getúlio Vargas)가 혁명으로 정권을 잡은 뒤 노동산업상무부(Labour, Industry and Commerce Ministry)가 설립되고 노사관계에 관한 규제가 실시되었던 1930년대였다. 1934년 신헌법 제정으로 〈마그나 카르타 노동법〉(the Magna Carta the Labour Law)이 처음 생기면서 근무시간, 주당 휴무, 연차 등의 문제가 헌법적 지위를 얻게 되었으며, 이러한 상황은 1943년의 〈통합노동법〉(Consolidação das Leis do Trabalho: CLT)으로 이어졌다.

그 후 수십 년간 노사관계는 때로 폭력을 수반하는 등 갈등 일로를 걸어왔다. 노조는 유럽이나 미국의 노조가 성취한 것들을 얻고자 한 반면, 사측은 언제나 이에 반대했기 때문이다. 이러한 갈등은 1964년 보수 세력의 군사 쿠데타 이후 완전히 사측으로 균형이 기울어졌다.

노조와 노동자들의 운동이 프로타고니즘(*Protgonism*)을 바탕으로 다시금 정치적 무대에 오르게 된 것은 군사독재가 종식되고 시민헌법이라 명명된 신 민주헌법(1988년 제정)이 선포된 1980년대였다. 이로 인해 군부의 억압을 받아 온 노동자의 권리가 회복되고 새로운 권리들도 생겨났다.

바로 이 시기에 전 세계 대부분의 국가에서는 일자리 창출에 초점을 맞춘 케인즈식 거시경제정책이 유행했다. 그러나 오일쇼크의 충격으로 공공부문이 심각하게 붕괴되자 이미 취약한 상태에 있던 브라질의 국가적 자금

조달 역량이 타격을 입었다. 이는 1990년대 들어 신자유주의 사상을 회귀시킨 촉매제가 되었으며, 그로 인해 과거 수십 년간 시행되어 온 적극적 고용 및 소득정책이 약화되는 결과가 초래되었다.

새로운 세기가 시작되고 노동조합주의자이자 자동차 공장 노동자 출신인 룰라 대통령의 당선으로 노동당이 권력을 갖게 되면서 분위기가 반전되었다. 노동당은 일련의 적극적 노동정책을 실시 및 강화했으며, 뒤에서 자세히 다룰 최저임금 산정정책(Política de Valorização do Salário Mínimo), 가족 재정지원 프로그램인 보우사 파밀리아(Programa Bolsa Família), "나의 집, 나의 삶" 주택지원 프로그램(Programa "Minha Casa Minha Vida") 및 저소득층의 대학교육을 보장하는 공공정책 등 노동자 계급을 대상으로 한 정책들을 펼쳐 나갔다.

## 2. 노동자 중개서비스

브라질에는 국가고용정보시스템(Sistema Nacional de Emprego: SINE)이라 불리는 노동자 중개를 위한 공공서비스가 존재하며, 노동 및 사회복지부(Ministério do Trabalho e Previdência Social: MTPS)와 노동자지원기금 심의위원회(Conselho Deliberativo do Fundo de Amparo ao Trabalhador: CODEFAT)[1]의 공조 하에 운영된다. 브라질 내의 26개 주에 속한 1,200개 지방자치단체 및 연방지구 전역에 걸쳐 1,500개 이상의 서비스 거점 네트워크가 마련되어 있으며, 이 시스템은 노동 및 사회복지부, 주, 연방지구

---

1) 노동자지원기금 심의위원회는 노동자, 사용자, 정부의 대표자가 동등하게 참여하는 노사정 협력기구로, 실업보험 프로그램(Programa de Seguro-Desemprego)의 자금 마련, 보너스급여 지급, 경제개발 프로그램의 자금조달을 목적으로 하는 노동부 연계 기금인 노동자지원기금(Fundo de Amparo ao Trabalhador: FAT)의 관리 주체이다.

및 주민 2만 명 이상의 일부 지자체 간에 맺은 협정을 통해 관리된다 (Porsch, 2016).

이에 따라 노동자 중개서비스는 브라질의 공공고용서비스 구축의 핵심 축이 되었는데, 그 이유는 서비스가 시행된 1975년에 전체적인 노동자지원시스템 구축을 위해 정부가 연방의 각 주들과 공식적인 협정을 맺기 시작했기 때문이다(Todeschini, 2010).

국가고용정보시스템은 기본적인 노동자 중개 이외에도, 교육시스템과 노동자 근무일정 공식화와 관련한 노동자 자격검정시스템을 지원하기 위해 노동시장의 정보를 수집하고 연구도 수행한다.

비록 주와 지자체 단위에서 시행되는 정책 간에는 여전히 부분적인 차이가 존재하지만, 국가고용정보시스템은 공공고용정책 사무국(Secretaria de Políticas Públicas de Emprego)을 통해 규정을 수립하고 국가고용정보시스템과 노동자지원기금 심의위원회의 협정을 조율 및 감독하는 노동 및 사회복지부의 규정에 따라 조직된다. 한편, 주 및 지방자치단체의 노동사무국들은 국가고용정보시스템의 서비스 거점 시행 및 유지를 위해 이 협정을 관리하며, 마찬가지로 노동자·사용자·정부의 대표자들로 구성된 주 및 지자체의 노동위원회들은 정책수립을 보조하고 생산부문과의 접점 역할을 맡는다(Porsch, 2016).

그러나 높은 수요에 반해 일자리의 공급이 적었기 때문에 시스템의 효율성은 떨어지고, 사용자들은 부정적 의견을 표한다. 그럼에도 불구하고, 국가고용정보시스템은 행동 지침, 업무 자격검정, 전문적 업무 경험을 증빙하는 자격증 등을 포괄하는 서비스를 무료로 제공하여 고용을 증대하는 데에 중요한 역할을 한다(Todeschini, 2010).

시스템의 성과는 노동자의 욕구를 양과 질 모두에서 충족시킬 수 있는 일자리 기회를 창출하는 경제적 역량에 직접적으로 달려 있다. 이는 곧 지속적인 경제성장에 좌우된다는 뜻인데, 브라질은 그 동안 경제성장률이 저

## 〈표 8-1〉 2000~2015년 노동자 중개 서비스 자료

(단위: 명)

| 연도 | 구직자 수 | 확인된 구인자 수 | 면접자 수 | 취업자 수 |
|---|---|---|---|---|
| 2000 | 4,805,733 | 1,281,220 | 2,559,597 | 581,618 |
| 2001 | 4,687,001 | 1,435,173 | 2,884,805 | 742,880 |
| 2002 | 5,118,563 | 1,648,542 | 3,445,531 | 869,585 |
| 2003 | 5,443,121 | 1,560,502 | 3,428,546 | 844,572 |
| 2004 | 4,872,769 | 1,670,751 | 3,553,823 | 886,483 |
| 2005 | 4,977,550 | 3,869,769 | 1,718,736 | 893,728 |
| 2006 | 5,148,720 | 4,031,713 | 1,772,282 | 878,394 |
| 2007 | 5,428,622 | 4,866,693 | 2,060,917 | 980,997 |
| 2008 | 5,990,907 | 5,781,814 | 2,526,628 | 1,068,114 |
| 2009 | 5,894,722 | 6,019,575 | 2,538,081 | 1,018,807 |
| 2010 | 5,497,650 | 3,660,711 | 7,729,292 | 1,246,201 |
| 2011 | 4,708,101 | 2,569,720 | 5,883,262 | 933,613 |
| 2012 | 6,144,893 | 2,642,970 | 5,490,055 | 658,862 |
| 2013 | 5,802,948 | 2,901,446 | 6,192,575 | 749,115 |
| 2014 | 5,185,085 | 2,600,860 | 5,571,657 | 676,032 |
| 2015 | 2,885,405 | 1,143,410 | 3,060,051 | 324,412 |
| 총계 | 81,902,250 | 47,441,551 | 59,735,744 | 3,271,159 |

주: 국가고용정보시스템 네트워크, 2015년 8월 11일까지의 자료.
자료: Base de Gestão da Intermediação de Mão de Obra(BGIMO), SINE/MTb.

조했다. 그럼에도 불구하고, 지표를 보면 여러 기관이 빈 일자리를 50%도 채우지 못하는 것으로 나타나며(Todeschini, 2010), 이는 예측 가능한 경제적 문제를 넘어서는 일자리 관리 차원의 문제점을 드러내는 것이다.

국가고용정보시스템 관련기관에서 2005년과 2006년에 실시한 조사 결과를 보면, 청년 대다수가 대학에 진학하지 않았고 노동자의 약 10%는 40세 이상인 것으로 나타났다. 또한 이 조사를 통해 드러난 사용자들의 면면을 보면, 고등교육을 받은 노동자들이 취업시장에 늦게 진입하는 변화된 양상을 파악할 수 있다(Todeschini, 2010).

또 상당수의 노동자가 재정적 여력의 부족 등을 이유로 직업자격검정을 치르지 않았음에도 관련 업무에 관심을 가진 것으로 나타났는데, 이는 직업자격검정시스템을 무료로 제공하는 것이 고용을 증대하는 데에 중요하다는 것을 잘 보여 주는 결과이다.

조사 대상 기간에 구직자의 4% 미만이 서비스를 통한 취업에 성공했음을 감안할 때(〈표 8-1〉 참고), 이러한 데이터는 중개시스템의 한계를 분명히 나타낸다. 또 하나 눈에 띄는 부분은 구인 규모와 취업 성공자 수의 차이다. 즉, 15년 사이에 제시된 빈 일자리 중 7% 미만만이 성공적으로 채워졌다.

2010년 노동부는 브라질리아대학교와 공동으로 브라질의 실업보험 프로그램(Programa Seguro-Desemprego)에 대한 외부평가를 실시했는데, 여기에는 국가고용정보시스템의 활동에 대한 표본 조사가 포함되었다. 이 표본 조사에서 응답자의 서비스 만족도는 '훌륭하다' 40%, '좋다' 58%로 나타났지만, 이러한 서비스 만족도가 반드시 최종 만족도로 이어지지는 않는다. 이번 연구에서는 정부가 충실하게 일을 한다는 조사 결과가 나왔으나, 정책의 실시 및 노동자 만족도 측면에서 여성, 고등교육 이수자, 아프리카 출신 이민자, 실업자, 청년 등의 특정한 집단을 대상으로 조정 및 특별조치가 필요한 것으로 나타났다(Marinho et al., 2010).

조사를 통해 드러난 또 한 가지 사실은, 고등교육을 받지 못하고 나이가 많으며 장기간 실업 상태인 남성 노동자(산업 및 토목 분야)가 불만족 응답자의 다수를 차지한다는 점이다. 이들은 더 많은 관심과 지도를 요구할 뿐 아니라, 자신들이 노동시장에 편입될 수 있도록 더 구체적인 지원을 필요로 한다. 고용주 측면에서 보면 국가고용정보시스템이 제공하는 서비스가 노동자 채용에 효과적이지 못하다는 것도 이 조사를 통해 드러났다.

## 3. 노동시장 자격검정: '직업자격검정국가계획'에서 '국가자격검정계획'까지

제도적 측면에서 보면, 1988년 헌법의 공포 및 이와 연관된 정치적·사회적 프로세스를 배경으로 하여 전문기술적 교육의 개혁을 정의하고 직업과 소득 및 전문자격검정에 대한 공공정책을 규정하는 새로운 〈교육 가이드라인 기본법〉(Guidelines Framework Law for Education)이 만들어졌다. 1995년을 시발점으로, 노동부 산하의 자격검정 및 직업개발국은 '직업자격검정국가계획'(Plano Nacional de Formação Profissional do Trabalhador: PLANFOR)을 수립했다(Machado & Neto, 2011). 이 계획의 기본 목적은 연간 경제활동인구의 최소 20%가 자격검정 및 재검정을 받기에 충분한 직업교육을 제공하는 것이었다. 이는 전국의 몇몇 주에 존재하는 직업교육기관들과의 협업을 통해 이루어져야 한다.

이 계획은 "S 시스템"(Sistema S) [2]에서 제공하는 전문적 자격검정의 대상을 공식적 노동자로 한정하지 않음으로써 중요한 혁신을 이루었다. 1990년대에 나타난 새로운 필수 사항들에 적응하기 위해, 이때부터는 실업자, 비공식 노동자, 청년, 여성 가장, 장애인처럼 더 취약한 상황의 노동자 집단도 정책의 고려 대상에 포함시키기 시작했다. 그 결과, 고용정책

---

[2] 직업훈련, 사회보장, 자문, 연구 및 기술적 지원을 목적으로 하며, 의무 분담금을 낸 기업들이 보유한 일련의 법인체 조직을 정의하는 용어이다. 소속 기관은 국립산업교육원(Serviço Nacional de Aprendizagem Industrial: SENAI), 상업사회사업부(Serviço Social do Comércio: SESC), 산업사회사업부(Serviço Social da Indústria: SESI), 국립상업교육서비스(Serviço Nacional de Aprendizagem do Comércio: SENAC), 국립농업교육서비스(Serviço Nacional de Aprendizagem Rural: SENAR), 국립협동조합교육서비스(Serviço Nacional de Aprendizagem do Cooperativismo: Sescoop), 교통사회사업부(Serviço Social de Transporte: SEST), 브라질 중소기업지원청(Serviço Brasileiro de Apoio às Micro e Pequenas Empresas: Sebrae)이다.

이 노동시장에서 소외당하고 및 차별받는 사람들을 다루기 시작한 것이다 (Brasil, 2001).

직업자격검정국가계획은 전국 및 주 단위에서 민간기관과의 협업을 통해 시행되었다. 사회정책의 책임을 NGO, 노조 지도부, 기타 민간기관으로 이양할 것을 주장하는 신자유주의적 원칙에 따른 것이었다. 이 프로그램은 처음부터 실업자들의 교육 수준 향상을 목적으로 했다. 이러한 독창적인 프로그램은 근본적으로 당시 정부 프로젝트의 구조적 정책과 맥을 같이 하였다.

직업자격검정국가계획의 핵심 이념은 역량, 고용여력, 협력이었다. 여기에는 기술과 관련된 노하우 외에도 삶과 배움에 대한 노하우가 더해져야 하며, 그 핵심은 기본적 능력(생산적 시민을 창출하는 데에 필수적인 기술, 태도, 지식), 구체적 능력(프로세스, 방법, 기준, 규제, 재료, 장비 등과 관련된 역량과 지식), 관리 능력(중소기업에 특화된 기술, 태도, 지식)에 있다(Brasil, 2001).

2003년, 직업자격검정국가계획은 새로운 정치적 환경을 고려해 전문자격검정에 대한 공공정책의 진행과정을 재검토하기 위한 목적에서 '국가자격검정계획'(Plano Nacional de Qualificação: PNQ)으로 대체되었다. 연방정부의 다개년계획(Plano Plurianual: PPA)[3]에 따라 수립된 이 계획은 3가지 주요 목표를 바탕으로 한다. 그 목표는 ① 사회적 포용, 불평등 축소, ② 노동, 고용, 소득 창출을 통한 성장, 환경적 지속가능성, 지역적 불평등의 축소, ③ 시민권의 증진 및 확대, 민주주의의 강화(Saul & Freitas, 2007)이다.

---

3) 브라질 예산모델은 1988년 연방헌법에서 정의되었으며, 3가지 요소로 구성된다. 이 요소는 ① 다개년 계획(PPA), ② 예산 지침에 관한 법(Lei de Diretrizes Orçamentárias: LDO), ③ 연간 예산에 관한 법(Lei Orçamentária Annual: LOA)이다. PPA는 4년간 유효하며 공공행정 분야의 지침, 목적, 중기 목표 수립의 기능을 가진다.

국가자격검정계획은 노동자가 자격을 검정받을 권리를 보편화하는 데에 기여하는 것을 목적으로 하며 고용·근로·소득·교육 관련 기타 정책과의 공조를 바탕으로 확립되는 것을 지향한다. 이러한 점에서 국가자격검정계획은 국가고용정보시스템의 범주에 포함되며, 다개년계획에 의거한 사회 및 직업자격검정을 위한 공공정책의 통합, 생산부문 내 공공정책과 민간정책의 공조 등의 상황을 맞이하고 있다.

계획의 고려사항에 의거하여, 국가자격검정계획은 ① 근로·교육·개발 간의 관계, ② 권리이자 공공정책으로써의 자격검정, ③ 대화와 사회적 통제, 노사정 협의, 단체교섭, ④ 주·연방지구·지자체 및 기타 정부 부처 간의 활동에 중복이 없도록 하는 연방 차원의 합의 존중, 책임 및 자원 배분에 대한 구체적 기준 수립, ⑤ 근로자의 요구와 자격검정 서비스 간의 (생산부문의 특수성을 고려한) 일치, ⑥ 교육 원칙으로써의 노동, ⑦ 일·삶의 과정에서 축적된 지식의 (자격증 및 경력관리지침을 통한) 인정, ⑧ 사회적 효용성 및 교육학적 우수성 등의 원칙에 따라 이행된다.

이러한 기본적 사항들을 바탕으로, 고려사항은 브라질의 실상에 따른 지역적 특성을 존중하는 가운데 자격검정에 대한 노동자 권리의 보편화를 점진적으로 증진해 나가는 데에 국가자격검정계획이 기여해야 한다고 주장한다. 이러한 활동들은 고용·근로소득·교육·과학기술·청년·사회적 포용 및 개발 등과 관련된 정책들과의 공조를 통해 이루어져야 한다. 이와 같은 맥락에서 국가자격검정계획의 목표는 ① 브라질 노동자의 지적·기술적·문화적 자격 요건 강화, ② 공공교육정책, 특히 청년과 성인 대상의 교육 및 노동자 대상 전문기술 교육정책 확대, ③ 차별과 취약성을 근절하기 위한 노동자의 사회적 포용성 확대 및 빈곤퇴치, ④ 적정고용 및 노동의 달성, 근로 및 소득의 기회를 창출하는 과정에 참여 그리고 이를 통해 노동시장에 편입하여 실업 및 불완전취업 억제, ⑤ 노동시장의 영속성을 통해 해고의 위험 및 퇴직률 축소, ⑥ 대중적 연대경제의 관점에서 개인과 기업의 성공 활성화, ⑦ 생산성·경쟁력·소득의 증대, ⑧ 거시경제적 정책과 중소기업의 활동을 연계하여 지역개발을 통해 기회를 창출함으로써 노동자 복지에 기여, ⑨ 실업보험급여 수령자를 포함해 공공취업·근로·소득시스템(Sistema Público de Emprego, Trabalho e Renda) 등과 공조 등에 있다.

국가자격검정계획의 주요 혁신 중 하나는 경제발전, 사회적 포용, 노사관계의 민주화 등에 중점을 두고 전문자격검정에 대한 공공정책을 더 넓은 정치적 논제로 연결시켰다는 점이다. 국가자격검정계획은 이 과정에서 자격검정이 공공노동, 고용, 소득시스템을 구조화시키는 역할을 맡도록 하는 데에 주력했다.

분석에 따르면 국가자격검정계획에는 주로 청년, 여성, 고등학교 학력 소지자가 참여한 것으로 나타난다. 외부평가에서는 참가자들이 노동시장에서 자신들의 경쟁력을 향상시키는 데에 도움이 되지 않는 과정에 지속적으로 참여해 왔으며, 그에 따라 교육 확대로부터 단절되어 직업 관련 자격증 취득을 위한 자격검정과정에 포함되지 않는 지식만을 취득한 것으로 파악되었다.

그러나 조사를 통해 프로그램에 대한 호응도가 대단히 높았고 직업훈련 과정에 참가하겠다는 비율도 거의 100%에 육박했다는 사실도 알 수 있다. 프로그램의 수혜를 받은 사람들도 프로그램을 긍정적으로 평가했다. 전체적으로 평가하면, 전문자격검정 자체는 환영할 만하지만 자격검정 프로그램의 효율성과 효과성을 높이기 위해서는 여러 문제점들을 해결할 필요가 있는 것으로 나타났다(Marinho et al., 2010).

# 4. 직접 일자리의 창출 및 유지

브라질이 오늘날 겪고 있는 경제위기로 인해 사회 전반에 심각한 문제가 발생하였다. 실업률 상승에 직면한 정부는 경기침체에 맞서 일자리를 보전하기 위해서 2015년 중반에 '고용보호 프로그램'(Programa de Proteção ao Emprego: PPE)을 출범시켰다.

고용보호 프로그램은 불경기 속에서 고용을 지탱하기 위해 노동자를 지원하고 기업의 경제적 회복을 지원하는 한편 총수요를 유지함으로써 경기의 회복을 촉진하고 노동 생산성을 향상시키는 데 그 목적이 있다.

이 프로그램은 기업이 전 직원 또는 기업 내 특정 부문과 구체적 단체협약을 체결할 경우에는 근로시간을 일시적으로 30%까지 줄일 수 있도록 허용한다. 그리고 정부는 급여를 삭감당한 직원들에게 노동자지원기금을 활용하여 재정적 보장을 제공한다. 그 금액은 급여 삭감액의 50% 정도이며 실업보험 최대 보장액의 65%로 제한된다. 이 제도는 6개월까지 시행되며, 최대 12개월까지 연장할 수 있다. 기업은 고용보호 프로그램의 적용을 받는 기간 및 사용기간의 3분의 1까지는 직원을 해고할 수 없다. 〈표 8-2〉에서 월 급여로 2,500헤알을 받는 근로자를 표본으로 한 고용보호 프로그램의 시뮬레이션 결과를 확인할 수 있다.

이 프로그램의 장점은 모두가 혜택을 볼 수 있다는 것이다. 정부는 자격증 보조금과 노동자 중개를 통해 실업보험 비용을 절약하고, 임금에 대한 사회적 부담금을 유지하며, 가장 취약한 노동자를 위한 정책에서 복구 가능한 재원을 절감할 수 있다. 노동자는 자신의 일자리를 보전하고 직원 대상 실업기금을 유지하는 한편 실업보험도 적용받을 수 있다. 결과적으로 기업은 인적 자원의 손실을 피하고 해고·취업·훈련의 비용을 절감함으로써 현금의 흐름을 개선할 수 있다.

프로그램 출범 당시 연방정부는 고용보호 프로그램이 해고나 휴직보다

<표 8-2> 고용보호 프로그램 시뮬레이션(월 급여를 2,500헤알로 가정)

| 구분 | | 이동 삭감이 없는 상황 (헤알) | 이동 삭감이 있는 상황 (헤알) | Var. % 변동률 (%) |
|---|---|---|---|---|
| 급여 구성 | 고용주 지급 급여 | 2,500 | 1,750 | -30 |
| | 정부 보조금 | 0 | 375 | N/A |
| | 노동자 총급여 | 2,500 | 2,125 | -15 |
| 요금 내역 | 근로자(프로그램 적용 시 인건비의 11%, 미 적용 시 9%) | 275 | 191 | -30 |
| | 고용주(인건비의 20%) | 500 | 350 | -30 |
| | 고용주 추가 요금 - INSS(보조금의 20%) | 0 | 75 | N/A |
| | FGTS(급여의 8%) | 200 | 140 | -30 |
| | 고용주 추가 요금 - FGTS(보조금의 8%) | 0 | 30 | N/A |
| | 합계 | 975 | 786 | -19 |
| 명목비용 구성 | 고용주 비용(급여 + 요금) | 3,200 | 2,345 | -27 |
| | 근로자 비용(FGTS 분담금) | 275 | 191 | -30 |
| | 정부 비용(정부 보조금) | 0 | 375 | N/A |
| | 합계 | 3,745 | 2,911 | -16 |
| 근로시간당 비용 구성 | 고용주 비용[(급여 + 요금) / 급여] | 1.28 | 1.34 | 5 |
| | 근로자 비용(급여의 8% / 급여) | 0.11 | 0.09 | -18 |
| | 정부 비용(정부 보조금 / 급여) | 0.00 | 0.21 | N/A |
| | 합계 | 1.39 | 1.64 | 18 |

자료: MTE Formulation: MP/ASSEC.

<표 8-3> 고용보호 프로그램 가입 현황(2016년 7월 4일)

| 가입 요청 상태 | 요청 수(건) | 신청 기업 수(개) | 직원 수(명) | 고용보호 프로그램 지급액(헤알) |
|---|---|---|---|---|
| 분석 중 | 36 | 29 | 3,129 | 7,277,316.93 |
| 보류 | 123 | 97 | 57,996 | 156,886,021.16 |
| 총계 | 159 | 126 | 61,125 | 164,163,338.09 |

자료: MTPS.

비용이 적게 든다고 추산했는데, 5만 명의 노동자를 대상으로 한 시뮬레이션에서 약 6,880만 헤알의 비용이 절감되는 것으로 나타났다. 2016년 7월까지 156건의 가입 신청이 제출되었고, 대상 직원 수는 6만 1,125명, 총수령 금액은 1억 6천만 헤알이었다(〈표 8-3〉 참고).

브라질 경제에서 자동차 산업이 차지하는 비중은 막대하다. 2016년 3월 고용보호 프로그램에 가입한 포드(Ford)사가 최근 프로그램을 추가로 6개월 연장하겠다고 발표했는데, 이는 프로그램의 중요성과 필요성을 잘 보여주는 사례라 할 수 있다. 또 다른 사례로는 폭스바겐(Volkswagen)사가 있다. 폭스바겐은 최근 고용보호 프로그램 참여를 종료하고 10~11월에 브라질 공장에서의 생산을 재개할 것을 공표한 것은 물론 생산량 증대를 약속했다.


## 5. 실업보험

실업보험은 연방헌법의 사회권 제7조에서 보장되는 사회보장의 핵심 요소로써, 비자발적 실직근로자에게 일시적 재정지원을 제공하는 데에 목적이 있다. 실업보험은 1946년 헌법에도 명시되었으나 실제로 브라질에서 제도화된 것은 1986년이었다.

1988년 헌법 제정 이후 실업보험은 이유 없이 해고당한 실직자에 대한 일시적 재정지원 이외에, 취업지도, 재취업 알선, 직업자격검정 등의 통합을 촉진하여 노동자의 구직활동 및 고용 유지를 지원하는 데에 목적을 둔 실업보험 프로그램(Unemployment Insurance Program)의 일부로 편입되기 시작했다.

현재 실업보험급여에는 5가지 종류가 있는데, ① 공식적 노동자 실업보험(Formal Unemployment Insurance), ② 어부 실업보험(Unemployment

Insurance for Craft Fisherman), ③ 직업자격 보조금(Grant for Professional Qualification), ④ 가정고용 근로자 실업보험(Unemployment Insurance for Domestic Employee), ⑤ 구조 근로자 실업보험(Unemployment Insurance for Rescued Worker) 등이 그것이다.

공식 노동자 실업보험은 이유 없이 해고된 실직노동자에게 일시적 재정 지원을 제공하는 것을 목표로 설립되었으며, 구직 및 고용 유지를 지원하고 취업지도, 재취업 알선, 자격검정의 통합을 촉진한다. 실업보험금을 수령하는 기간에 노동자는 공식 또는 비공식 고용으로부터 발생하는 기타 보상을 받을 수 없다. 〈표 8-4〉는 신청 횟수 및 실업보험금 분할지급 횟수를 나타내고 있다.

여기서 볼 수 있듯이 실업보험금 지급은 단기로 이루어지며, 보험기간이 종료된 시점에서 여전히 노동자가 실직 상태이더라도 추가적인 수당은 적용되지 않는다(Moretto, 2009).

실업보험금을 계산하기 위해서는 우선 해고 직전 3개월의 평균 급여를 산출하고 여기에 〈표 8-5〉의 공식을 대입한다. 보험금은 최저임금(2016년 1월부터 880.00 헤알) 보다 작을 수 없다.

실업보험 프로그램은 노동자 중개와 직접적으로 연결되어 있으며, 따라서 실업보험이 시행되면 노동자들은 자동적으로 노동 중개 프로세스에 가입된다는 점이 눈길을 끈다. 또한 실직노동자의 자격요건 및 이전 직장에서 받던 급여에 따라 실업보험금이 취소될 수 있다는 점도 주목할 필요가 있다.

또 실업보험급여 수령자는 "기술교육 및 고용 접근을 위한 국가 프로그램"(Programa Nacional de Acesso ao Ensino Técnico e Emprego: Pronatec)을 통해 자격검정에 직접 도전할 수 있다. 이 프로그램은 브라질 국민에 대한 직업 및 기술 교육(Educação Profissional e Tecnológica: EPT) 과정 제공의 확대·내부화·민주화를 주요 목표로 삼는다.

어부 실업보험은 개인적으로, 가족사업으로 또는 때때로 동업자들과 함께 직업적 어업활동을 하는 숙련 어부들에게 일시적으로 재정을 지원하는 제도이다. 연방 공식 지침에 포함된 제도에 따라 어족 보호기간에 조업을 중단해야 하는 어부들이 지급 대상이다.

직업자격 보조금은 합의 또는 단체협약에 의거해 고용계약이 중단된 상태인 노동자가 고용주로부터 제공되는 직업훈련과정 등에 적법하게 등록되어 있는 경우 보조금을 제공하는 정책이다. 고용계약이 중단된 노동자에게 직업자격 보조금을 실업보험금으로서 지급하는 것은 경기침체기에 해고된 정규직 노동자를 지원하기 위한 대안으로 생겨난 제도이다. 이러한 경기침체기가 주기적·구조적 사유와 연결되어 있을 때에는 노동시장에 충격을 야기할 것이라고 예측할 수 있을 것이다.

가정고용 근로자 실업보험은 부당하게 해고당한 가정고용 근로자에게 일시적으로 재정을 지원하기 위한 제도이다. 분할 지급액은 최저임금액이며 수령자는 최대 3회까지 지원을 받을 수 있다.

구조 근로자 실업보험은 강제노역이나 노예에 준하는 환경으로부터 구조되었음이 입증된 노동자를 위한 일시적 지원제도이다. 이들은 최저임금에 준하는 금액을 최대 3회까지 지급받을 수 있다.

앞에서 언급한 브라질리아대학교와의 협동으로 노동부에서 진행한 조사 결과에 따르면(Marinho et al., 2010), 실업보험 수령자들은 기본적으로 공식적 노동시장에서 이탈된 실직노동자로서 교육 수준이 낮아 기본적 개념을 적용하기도 힘든 이들이었다. 이들은 컴퓨터 관련 지식이 거의 없고 노동시장이 요구하는 연령대를 초과하는 것은 물론, 고용된 이후에도 교육훈련이나 직업개발을 도모하려는 모습은 보이지 않는 것으로 나타났다.

재무성에서 2016년 1월에 발행한 자료에 따르면 2002년 3월에서 2014년 3월 사이에 실업률은 12.9%에서 5%로 떨어졌고 월 평균 실질소득은 1,898.92헤알에서 2,290.15헤알로 증가한 것으로 나타났다. 하지만 그 이후로는 경기침체로 인해 상황이 완전히 바뀌었다. 2015년 하반기에 실업률은 8. 88%로, 실업자 수는 670만 명에서 900만 명으로 증가했다. 노동부가 제공하는 고용 및 실업 현황표(Cadastro Geral de Empregados e Desempregados: CAGED)에 따르면 공식 노동자 중 해고자 수는 1, 540만 명에서 1, 430만 명으로 줄었으나 공식 노동시장 진입자 수도 1, 610만 명에서 1, 350만 명으로 감소했다. 2015년 3분기까지 누적된 진입자 수와 해고자 수의 차이를 보면 약 100만 개의 공식 일자리가 줄어든 것을 알 수 있다(STN, 2016).

〈표 8-4〉 실업보험의 신청 및 지급

| 요청 | 필요 요건 | 분할지급 횟수 |
|---|---|---|
| 1차 | 노동자는 대상 기간에 최소 18개월에서 최대 23개월 간 법인 또는 개인에게 고용된 상태임을 입증해야 함 | 4 |
| | 노동자는 대상 기간에 최소 24개월 간 법인 또는 개인에게 고용된 상태임을 입증해야 함 | 5 |
| 2차 | 노동자는 대상 기간에 최소 9개월에서 최대 11개월 간 법인 또는 개인에게 고용된 상태임을 입증해야 함 | 3 |
| | 노동자는 대상 기간에 최소 12개월에서 최대 23개월 간 법인 또는 개인에게 고용된 상태임을 입증해야 함 | 4 |
| | 노동자는 대상 기간에 최소 24개월 간 법인 또는 개인에게 고용된 상태임을 입증해야 함 | 5 |
| 3차 | 노동자는 대상 기간에 최소 6개월에서 최대 11개월 간 법인 또는 개인에게 고용된 상태임을 입증해야 함 | 3 |
| | 노동자는 대상 기간에 최소 12개월에서 최대 23개월 간 법인 또는 개인에게 고용된 상태임을 입증해야 함 | 4 |
| | 노동자는 대상 기간에 최소 24개월 간 법인 또는 개인에게 고용된 상태임을 입증해야 함 | 5 |

〈표 8-5〉 실업보험금 급여액 계산법

| 평균 급여 범위(헤알) | 분할 지급액 |
|---|---|
| 1,370.60헤알 이하 | 평균 급여에 0.8을 곱한 금액(평균 급여의 80%) |
| 1,370.60~2,268.05헤알 | 1,370.60헤알 초과 금액에 0.5를 곱하고 1,088.56을 더한 금액 |
| 2,268.05헤알 초과 | 1,542.24헤알(고정 금액) |

브라질의 실업보험은 도입 이후 "이직은 단기적으로 기업과 노동자 모두에게 이익이라는 인식"을 줌으로써 이직을 부추기는 촉매제 역할을 하고 있다(Gonzaga & Pinto, 2014). 이런 현상이 일어나는 이유는 사용자가 근로자와 결탁하여 실업보험 청구 자격에 필요한 최소 요건인 6개월의 계약이 만료되는 시점에 해당 근로자를 해고하는 경우가 많기 때문이다. 그리고 이는 실업보험 프로그램의 비용 상승으로 이어지게 된다. 따라서 이러한 부정적 유인을 제거하기 위해 프로그램을 개선해야 할 필요성이 대두된다(STN. 2016).

흥미로운 사실은 헌법 제239조 제4항에서 이미 "법에서 정한 바에 따라, 해당 부문의 평균을 뛰어넘는 이직률을 기록한 기업은 실업보험에 추가 분담금을 내야 한다"고 명시하였다는 점이다. 이러한 추가 분담금을 규정하는 법안 또한 1990년대부터 국회에 제출되어 있었으나 현재까지 표결이 되지 않았는데, 이는 의회 및 브라질 사회 전반이 이 문제를 해결하는 데에 관심을 거의 기울이지 않음을 보여 준다.

또 한 가지 중요한 사실은 현재와 같은 형태의 실업보험으로는 고용 여력과 노동자 교육수준의 향상을 달성하기 불가능할 것이며, 그 결과 노동자가 실질적인 급여의 변화는 없는 채로 노동시장에 복귀하는 경우가 대부분을 차지할 것이란 점이다. 그에 따라 직업자격검정을 향상시켜야 할 필요성이 대두된다(Teixeira, 2013).

실업보험 프로그램은 실업보험금과 노동자 중개활동 및 직업자격검정 등의 통합을 제안하여 노동시장에 적용 중인 정책들이 모세관 현상을 일으키도록 하기 위해 노력하고 있다. 그러나 지난 수십 년간의 노력에도 불구하고 자원 부족이나 관리 소홀로 인해 프로그램이 의도한 목표를 완수하는 데에는 이르지 못했다. 또한, 사회적으로 프로그램이 정당성을 얻기 위해서는 관리 문제가 해결되어야 하며 제도화가 가속화되어야 한다. 주요한 과제는 ① 정부 간 협력관계 강화, ② 부문 간 협업 및 연방·주·지자체 단위의 자원 분담, ③ 제도에 대한 소통 강화, ④ 사회통제의 확보 등이다 (Marinho et al., 2010).


## 6. 맺음말

브라질은 주요 국가들에 비해 적극적 노동시장정책의 개발이 늦었다. 이 장의 도입부에서 살펴본 바와 같이 브라질의 노동시장은 천천히 현대화되고 있으며, 노동시장의 조직 및 운영, 특히 노동자 보호와 관련된 이슈들이 서서히 논의되기 시작하는 중이다. 1970년대에 노동자 중개서비스가, 1980년대가 되어서야 실업보험이 만들어졌으며, 그 후로 꼬박 10년이 지나 1990년대에 들어선 시점에야 각 제도가 자리를 잡았다.

　브라질의 적극적 노동시장정책은 모두 노동 및 사회복지부가 주관하며, 해당 주 및 지자체의 노동 및 연금 사무국이 주와 지자체로 정책을 파급시킨다. 이 거대한 체계는 국가고용정보시스템을 기반으로 하며 전국에 걸쳐 설치된 1,500개의 서비스 거점이 국민들과의 접점 역할을 한다. 이 숫자가 많아 보이지만, 브라질은 85억 제곱킬로미터의 면적에 5,570개의 지자체를 가진 국가로, 인구도 2억 6백만 명에 달한다는 사실을 고려해야 한다.

　이러한 제약에도 불구하고, 브라질의 적극적 노동시장정책은 비교적 진보된 공공고용시스템을 구성하였다. 운영 여건상 여러 가지 개선이 필요하지만, 모든 시민에게 기회가 제공되는 더 정의롭고 화목한 사회를 만드는 데에 기여할 수 있는 노동시장을 조성하기 위해 씨앗을 뿌리는 역할을 하는 것이다.

　브라질은 그 넓이만큼이나 엄청난 다양성을 가진 국가이다. 전 세계적으로 잘 알려진 생물 다양성 외에도, 사회경제·문화·지리적 관점에서도 다양성이 풍부하다. 소득의 격차도 상당한데, 대도시 주민들의 소득 수준이나 소비 규모는 뉴욕시 주민들과 비슷한 반면, 그 주변 지역의 거주민들의 소득 및 소비는 세계적 최빈국과 유사한 수준이다.

이러한 현실은 국가적 공공정책으로 설계되었으나 시행 지역에 따라 사회경제, 문화, 지리적 격차를 재생산하는 적극적 노동시장정책에 직접적인 영향을 미칠 것이다. 공공정책을 논의할 때에는, 강력한 노조를 조직하여 자신들의 노동권을 보장받는 현대적 금융기관의 근로자나 다국적 거대 자동차제조사 노동자, 가뭄에 신음하는 북동부 지역의 농부, 아마존 유역 강가에서 생활하는 부족민, 노동법으로부터 소외된 채 도시와 농촌에서 살아가야 하는 비공식 노동자를 함께 동일선상에 놓아야 한다. 모두에게 동일한 효과와 효율성을 제공하여 이들을 동시에 만족시킬 방법을 찾아야 한다는 것이다.

노동자 중개서비스는 노동시장의 양극화로 인해 어려움을 겪는다. 최근 수년간의 하향세에도 불구하고 비정규직 지표는 여전히 높게 나타난다. 그림자경제지수(Índice de Economia Subterrânea: IES)가 집계되기 시작한 2003년에는 비공식 경제의 규모가 브라질 전체 GDP의 21%를 차지하는 것으로 나타났다. 그 이후로 그림자경제지수는 점차 하락하며 2014년에는 16.1%를 기록했다. 그러나 2015년에는 그림자경제지수가 소폭 상승했으며, 2016년에도 비공식 노동자 비율이 증가하였다. 전국가구조사(PNAD)에 따르면 이러한 노동자 수가 현재 전국적으로 천만 명에 달한다.

세상이 변화함에 따라 정보처리 및 신기술 활용 능력을 비롯해 근로자에게 요구되는 새로운 요건들이 대두되었다. 그러나 자동화 확대의 여파로 노동시장 재편입을 위해 역량 향상이 필요한 수많은 노동자가 노동시장으로부터 배제되었다. 뿐만 아니라, 교육 수준이 낮고 나이가 많은 노동자들이 국가고용정보시스템을 통해 취업의 기회를 모색하지만, 기존과 차별화된 능력을 가진 노동자를 찾는 기업들에게 이들이 관심의 대상이 될 가능성은 희박하다. 이 문제를 해결하기 위해서는 가장 취약한 계층에게 특별한 관심을 기울여야 함은 물론, 자격검정의 관점에서뿐만 아니라 성별, 연령, 교육 수준 등의 이슈를 지역적 격차를 염두에 두고 검토하여 각 집단에 맞는 정책을 설계해야 한다.

모레토(Moretto, 2009: 224)는 "노동과 고용이 거시경제정책을 정의하는 핵심 변수 중 하나가 되는 상황에서 공공노동·고용·소득제도는 좀더 선진화된 노동시장을 만드는 요소의 하나로써 기능하여 자본과 노동 간, 노동자 간의 불평등을 감소시키고 모든 노동자가 자신의 직업 경력을 추구할 수 있는 더 나은 여건을 조성하게 될 것"이라고 말했다. 그러나 대통령 탄핵을 비롯해 최근 브라질에서 일어나는 정치적 사건들로 인해 이러한 추세가 지속될 수 있을지 의구심이 제기된다.

# ■ 참고문헌

Brasil (2001). Monitoramento e avaliação do PLANFOR: Supervisão operacional, apoio à gestão e avaliação externa. *Versão revista*, 65. Brasília: SPPE/ DEQP.

Calmfors, L. (1994). *Active Labour Market Policy and Unemployment: A Framework for The Analysis of Crucial Design Features*. OECD Economic Studies, 22.

Cardoso Jr., J. C., & Gonzalez, R. (2007). *Dilemas a Alternativas ao Financiamento das Políticas Públicas de Trabalho e Renda no Brasil*. Texto para Discussão, 1313. Brasília: IPEA.

Gonzaga, G., & Pinto, R. C. (2014). *Rotatividade do Trabalho e Incentivos da Legislação Trabalhista*. Texto para discussão, 625. Rio de Janeiro: PUC.

Machado, D. C., & Neto, J. H. (2011) Políticas ativas e passivas de mercado de traballho: Panorama atual. Texto para discussão, 39. CEDE.

Marinho, D. N. C. et al. (2010). *Políticas Públicas de Emprego no Brasil: Avaliação Externa do Programa Seguro-Desemprego*. Brasília: Verbis.

Moretto, A. J. (2009). *O Sistema Público de Emprego no Brasil: Uma Construção Inacabada*. São Paulo: LTr.

Porsch, P. et al. (2016). *Gestão do SINE: Manual para os Postos de Atendimento*. Brasília: MTPS/BID.

Saul, A. M., & Freitas, J. C. (2007). *Políticas Públicas de Qualificação: Desafios Atuais*. São Paulo: A+ Comunicação.

STN (2016). Seguro-desemprego e mercado de trabalho: Indicadores e insights. *Boletim de Avaliação de Políticas Públicas*, 2 (1).

Teixeira, G. S. (2013). *Ensaios sobre o Seguro Desemprego no Brasil: Teorias e Evidências*. Ph. D. thesis. Universidade Federal do Rio Grande do Sul.

Todeschini, R. et al. (2010). *Desafios do Sistema Público de Emprego, Trabalho e Renda*. São Paulo: LTr.

# 09

# 산재보험제도

## 1. 머리말

이 장에서는 임시장애, 영구장애, 사망, 피해자 치료, 업무상 재해로 인한 신체적·심리적 재활을 위해 지불되는 급여를 기반으로 직업보건[1]과 기본 소득보장의 구조를 살펴보고자 한다.

브라질 사회보장제도는 노동 역량을 상실한 근로자들의 기본소득을 보장하고자 근로자와 고용주의 기여로 유지되는 연금계획의, 헌법이 보장하는 보편성의 원칙을 따른다.

직장 내 사고와 관련된 보장제도는 소득을 보장하는 것뿐 아니라 예방적인 조치를 취해 부작용을 최소화시키는 데에 목적이 있다. 지휘와 통제(예

---

[1] 직업보건은 "어떤 직종에 있든지 신체적, 정신적, 사회적 복지가 높은 수준으로 유지되고 보장되는 것, 모든 직원에 영향을 미치는 노동 환경에 의해 발생하는 직업과 관련된 질병을 예방하는 것, 직장 내 위험요소가 건강에 부정적 영향을 끼치지 못하도록 근로자를 보호하는 것, 근로자의 생리적 심리적 적성에 맞는 직무환경에 적절히 투입하고 유지하는 것이다(Descritoresem Ciência da Saúde: DeCS)".

를 들어 보건 기준), 경제적 수단(산재보험, Seguro de Acidente do Trabalho: SAT) 그리고 의사소통 및 정보 수단(업무상의 재해 전달, Comunicação de Acidente de Trabalho: CAT) 등 공공관리자는 다양한 수단을 보유한다. 이러한 도구들을 통해 목표를 설정하고 기업체의 활동에 대한 정부의 대응이 결정된다.

## 2. 법적 근거와 제도적 조직

### 1) 법적 근거 2)

브라질의 1967년 헌법은 업무상 재해가 발생할 경우 근로자를 보호하기 위해 고용주가 의무적으로 보험에 가입해야 한다고 이미 선언하였다(제 158조 제 17항). 이 문구는 1967년 〈법률 제 5316호〉에 명시된 것으로, 관련 수단의 관리를 국가가 전담하도록 하였다.

1988년 새로운 연방헌법의 공포와 함께 브라질의 정치·사회·경제는 새로운 단계로 넘어가게 되었다. 새 헌법의 문구는 근로자 소득을 보호할 뿐만 아니라 근로자의 신체적·정신적·도덕적 완전성을 지켜 주는 기념비적인 것이었다. 마그나 카르타(Magna Carta)에 명시된 근로자의 권리에는 근로자가 겪는 환경적 위험의 축소와 업무상 재해로 결근하는 근로자의 보호·보장을 확대하는 내용이 포함되었다.

---

2) 브라질의 법안은 브라질 정부 홈페이지에서 확인할 수 있다(Portal da Legislação do GovernoFederal, http://www4. planalto. gov. br/legislacao).

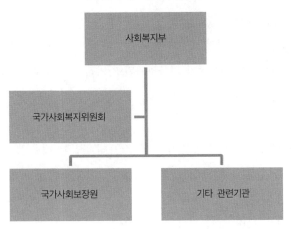

〈그림 9-1〉 제도의 흐름도

〈그림 9-2〉 국가사회보장원 지부 분포도(2014년)

자료: 저자 작성.

제 2장  사회권

제 7조  다음은 도시와 농촌 근로자의 사회적 조건을 개선하기 위한 권리다.

제 22항 보건, 위생, 안전 규칙을 통한 직무와 관련된 위험의 감소

제 28항 산재보험은 고용주가 지불하지만 악의적 과실이 발견되면 고용주는
        배상의 의무를 피하지 못한다.

사회보장제도와 예산 계획을 명시한 1991년 〈법률 제 8212호〉, 사회보
장 규제를 승인한 1999년 〈법률 제 3048호〉, 규제를 개정하여 사고예방요
인(Fator Acidentário de Prevenção: FAP)을 개선한 2009년 〈법률 제
6957호〉에 의해 헌법 지휘 규정이 제시되었다.

## 2) 제도적 조직

사회복지부(Ministério da Previdência Social: MPS)는 연방행정기관으로 사
회보장정책을 총괄한다. 이 사회복지부는 국가사회복지위원회(Conselho
Nacional de Previdência Social: CNPS)가 구성하며, 이 위원회는 국가사회
보장원(InstitutoNacional do Seguro Social: INSS)의 계획과 프로그램을 감
독하고 평가하는 합의체로 심의기관의 역할을 한다. 국가사회복지위원회
는 공공정책 구성과 평가에서 민주주의적이고 참여적이며 분산적이라는
특성을 구현한다. 그리고 이 위원회는 연방정부, 근로자(현직 및 퇴직) 그
리고 고용주 대표로 이루어진다.

국가사회보장원은 기여금 징수, 근로자 보조금 및 급여 제공을 위해
1990년에 설립되었다. 근로자는 국가사회보장원에 사회부조지원과 보장
혜택을 신청함으로써 수급 절차를 밟게 되며, 필요한 경우에는 사회보장
의료평가(social security medical evaluation)[3] 등에서 지원을 받을 수도 있다.
또한 국가사회보장원을 통해 본인의 권리 및 제도에 대한 궁금증을 해결할

수도 있다. 2014년 1,818개의 국가사회보장원 지부가 있었고 그중에서 82.51%(1,500기관)는 시민에게 직접 서비스를 제공하였다.

## 3. 산업재해 보상보험

산업재해와 관련된 보장제도는 근무를 지속할 수 없는 기간에 근로자의 임금을 유지하도록 보장하고 부정적 외부요인과 이른바 도덕적 해이로 인한 사회보장 혜택 유지비용의 사회화를 방지하는 인센티브의 역할을 하도록 설계되었다.

비록 근로자의 건강상 위험을 유발하는 상황에 개입하고 예방할 수 있는 수단과 제도가 있다 하더라도, 실질적으로 정부가 모든 일터에 항시 존재할 수는 없다. 이러한 한계 때문에 공공분야와 기업이 산업재해 위험의 감소라는 목표를 함께 지향하도록 하는 경제적 수단을 활용하게 되었고 이를 통해 사회보장 혜택의 재원을 보장한다.

따라서 근로환경 심사라는 예방적 수단을 활용할 뿐 아니라 원하는 결과를 유인하기 위한 "Etmalus" 기제도 활용된다. 〈표 9-1〉은 이 기제에 대한 논리적이고 개념적인 표이다.[4] 여기에서는 산업재해로 분류되는 사건이 발생하면 기업이 불성실하게 행동한 바가 있다고 전제하고 해당 산업 및 특정 기업을 처벌한다. 상해의 빈도와 수준이 개선되거나 상해의 인과성이

---

3) 사회보장 전문의료 심사(*social security medical expertise*)는 국가사회보장원 의료진이 피보험자의 건강과 근로역량을 평가하는 과정이다. 국가사회보장원 의료진은 다른 전문가에게 평가를 의뢰할 수 있고, 피보험자의 상황과 산업활동으로 돌아갈 수 있는지 여부를 결정할 수 있다.

4) 사고예방요인과 산재보험제도 계산법의 상세한 설명은 이 장의 4 '근로자 보호제도 재원 조달'에서 다룬다.

<表 9-1> Etmalus 기제의 논리적 · 개념적 구성도

| 구분 | | 정부 대응 | |
|---|---|---|---|
| | | 제재 적용 | 제재 비적용 |
| 기업 태도 | 성실 기업 | 부적절 | 적절 |
| | 불성실 기업 | 적절 | 부적절 |

자료: Oliveira(2016).

밝혀지지 않은 경우에는 처벌할 수 없고(FAP비율 1.01에서 2.0), 성실 기업으로 분류되면 보너스(FAP 0.5에서 0.99)를 받을 수 있다.

## 1) 업무상 재해의 정의

1991년 〈법률 제 8213호〉[5] 조항에 따르면 업무상 재해란 "기업이나 고용주를 위해 일하는 과정에서 일어나는 재해로 … 신체적 상해, 기능적 장애가 발생하여 근로 역량을 임시적 · 영구적으로 상실하거나 죽음에 이르는 것"이다. "이동 근무 중 발생하는 업무상 질병과 사고는 일반 업무상 상해[6] 및 업무상 질병[7]과 동일하다. 여기에는 집에서 일터, 혹은 일터에서 집까지 이동하는 시간, 휴식시간이나 점심시간(휴식을 취하거나 취식하는 모든 시간) 그리고 생리적인 필요를 위해 쉬는 시간을 포함한다."

업무상 위해란 "사고나 질병으로서 근로자가 작업에 참여할 때에, 또는 그 작업이 원인이 되어 발생하는",[8] 작업의 요소가 관련되어 근로자의 건

---

5) 2015년 〈보완법 제 150호〉에 의해 개정되었다.
6) 온전한 신체로 "특정 활동을 위한 노동을 하는 과정에 또는 계속된 노출로 인해 생기거나 촉발되는 상해로 이해"된다(1991년 〈법률 제 8213호〉 제 20조 제 1항).
7) "일을 하는 특별한 조건에서 생기거나 촉발되는 것으로 이해되며 … 일과 직접적인 연관이 있는…" 질병이다(1991년 〈법률 제 8213호〉 제 20조 제 2항).
8) 보건과학기술어(Health Science Descriptors)의 정의에 따른다. 자세한 내용은 다음 웹페이지를 참고하라(http://decs.bvs.br).

강에 손상 등의 영향을 주는 것이다. 이러한 요인이 현실에서 발생하면 해당 사건으로 인해 일시적·영구적으로 근로를 수행할 수 없거나 사망에 이르게 된다. 이를 정의하는 목적은 특정 행위(혹은 무행위), 그로 인해 발생하는 사건 그리고 그 결과 간의 인과관계를 분명히 하는 것이다.

## 2) 수급자

특정 고용주의 직원은 모두 급여 혜택을 받을 수 있다. 도시와 농촌 근로자, 공식·비공식 근로자,[9] 임시직, 프리랜서도 근무 중 발생한 사고라면 보상급여를 신청할 수 있다. 수급 결정은 국가사회보장원의 사회보장 전문 의료 심사에 의해 이루어지며, 산재보험이라는 관점에서 사회보장제도에 기여한 최소기간과 상관없이 급여를 받을 수 있다.

업무 중 사고가 발생하면 업무 지속가능성 여부와 상관없이 근로자는 고용주에게 산업재해보고서(Comunicação de Acidente de Trabalho: CAT)를 작성해야 한다. 산업재해보고서는 사고 발생 후 영업일 기준 1일 이내에 온라인으로 제출되어야 한다.

만약 사고로 인해 사망사건이 발생하면 즉각적으로 보고되어야 한다. 만약 회사에서 국가사회보장원에 보고해야 할 법적인 의무를 준수하지 않을 경우에는 동료 근로자, 부양가족, 노동조합 그리고 담당의가 보고할 수 있다.

중요한 사실은 피보험자가 사고로 인해 업무를 쉬는 기간과 사고급여를 받은 지 최소 12개월까지 임시적인 직업 안정성을 보장받는다는 것이다.

사고에 대한 보상을 했다고 기업체가 근로자에게 지불해야 할 사회보장보험금이나 특별징수금(*para-fiscal*)의 의무가 사라지는 것은 아니다. 예를

---

9) 이 경우 업무를 하고 있었다는 증거 및 상해와 특정 업무와의 연관성을 증명해야 한다.

들어, 정부가 징수하는 근로자퇴직보장기금(Fundo de Garantiapelo Tempo de Serviço: FGTS)의 납부의무 등이 있다. 민사소송이나 형사소송에 대해 고용주는 법적 책임을 가지고 있으며, 유책사유가 있는 것이 증명되면 근로자에게 퇴직연금이나 다른 보상금을 제공해야 한다.

## 3) 제도하에서 지급되는 급여

브라질 법에 따르면 산업재해로 인한 결근 중 15일까지는 고용주가 근로자를 지원해야 한다. 즉, 계약상 급여를 지불하고 치료와 관련된 비용을 부담해야 한다(고용주가 사고의 원인일 경우). 사고 후 16일부터는 국가사회보장원에서 비용을 부담한다.

국가사회보장원에서 제공하는 급여는 4가지로 분류할 수 있다. 사고질병지원금, 사고지원금, 장애퇴직보상금, 사고사망급여가 그것이다. 월별 사고질병지원급여는 근로자 기여임금의 91% 또는 최저임금의 10배를 넘지 않는 선에서 지급된다. 사고로 인한 장애퇴직보상의 경우에는 기여임금의 100% 또는 사고사망급여와 동일한 수준의 상한선이 적용된다.

국가사회보장원은 금전적 급여뿐만 아니라 전문적·개인적 훈련과 재활을 제공한다. 이는 산재보험의 보조기능을 수행하여 피보험자가 본인의 건강 수준에 맞는 기능을 통해 자율성을 제고하여 다시 노동시장에 편입되고 기동성과 삶의 질을 유지하도록 돕는다.

## (1) 사고질병지원금(Accidental illness aid)

이 급여는 업무상 사고로 인해 휴직하는 근로자에게 제공된다. 업무상 사고란 직업상 질병과 함께 업무 능력을 감소시키는 영구적 후유증을 포괄한다. 급여는 사고 후 16일부터 필요한 시점까지 지급된다.

급여 금액은 피보험자의 최근 12개월 급여의 산술평균을 초과할 수 없다. 2009년부터 2014년까지 국가사회보장원은 186만 6,546건의 급여를 제공했고 평균 금액은 976.52헤알이었다.

## (2) 사고지원금(Accidental aid)

사고지원금은 배상적 급여로, 명백히 업무상 사고로 인해 후유증을 겪는 피보험자에게 지급된다. 다음과 같은 경우가 이에 해당된다.

- 이전에 하던 작업의 수행능력이 감소하였을 때
- 이전에 하던 작업의 수행능력이 감소한 것과 더불어 사고 전 동일한 작업을 하던 때와 비교해 더 많은 노력을 기해야 할 때
- 사고 전에 수행했던 작업을 지속할 수 없지만 재활 후 다른 직업적 활동을 수행할 수 있을 때

이 급여는 질병지원을 받는 근로자 중 16일 이상 업무를 수행하지 못하는 경우에 제공된다. 국가사회보장원 의료진이 업무 불가에 대한 판정을 내린다. 2009년부터 2014년까지 국가사회보장원은 4만 5,055건의 급여를 제공했고 평균 금액은 514.88헤알이었다.

## (3) 장애퇴직보상금(Retirement disability pay)

사고로 인해 근로자가 업무 수행능력을 상실했고 직업적 재활도 불가능하다고 국가사회보장원 의료진이 판단한 경우, 해당 근로자는 장애퇴직보상금을 받을 수 있다. 이 급여는 근로자가 노동시장에 재편입될 수 없는 기간에 제공되며 급여의 기한은 제한되지 않는다.

규정에 따르면 근무 수행능력을 회복하여 근로자가 5년 미만 동안 수행했던 업무로 돌아가게 된다면 급여는 제공이 중지된다. 만약 해당 업무를 5년 이상 수행했다면 근로자는 활동의 내용과는 무관하게 첫 6개월 동안

급여를 받게 된다. 6개월 안에 50%로 급여가 줄어들고, 이후 6개월 내에 75%가 감소한 뒤 중지된다.

만약 피보험자가 55세 미만이면 매 2년마다 의료검진을 받아야 하고 처방된 직업재활 훈련을 받아야 한다. 만약 의료검진를 거부하면 국가사회보장원은 보상금을 중지할 수 있다. 2009년부터 2014년까지 국가사회보장원이 6만 4,274건의 급여가 제공하였고, 평균 금액은 1,221.24헤알이었다.

## (4) 사고사망급여(Accidental death benefit)

사고사망급여는 근로자가 공인된 업무상 재해로 인해 사망 혹은 사망으로 추정되는 실종에 처한 경우 그 부양가족에게 제공된다. 이 급여는 또한 사고로 인한 장애로 퇴직이 허락된 피보험자의 부양가족에게 제공된다.

수급기간은 피보험자의 기여 햇수, 피보험자의 가족관계(배우자, 동반자, 자녀 등) 그리고 통계상 연령에 따른 기대수명 등에 의해 결정된다. 예를 들어 41세로, 2년 이상 함께한 동반자가 있으며, 피보험자가 2년 이상 연금에 기여한 경우에 최대 연금 수혜기간은 20년이다.

2009년부터 2014년까지 국가사회보장원은 3,902건의 급여를 제공했고 평균 금액은 1,257.72헤알이었다.


## 4. 사회보장 재원조달

헌법상 정의에 따르면 산재보험은 고용주가 부담한다. 비용은 직장 내 그리고 업종의 특성상 일어나는 사고의 빈도와 강도를 감안해 개별 기업마다 상이하게 책정된다.

앞에서 언급한 바와 같이, 이 제도는 경제적 수단을 통해 기업의 공익적 행동을 장려하기 위하여 책임감 있는 기업에는 보상을 제공하고 그렇지 못한 기업은 처벌한다.

이 제도를 유지하는 분담금은 조정된 환경위험 조정노동(RiscoAmbiental do Trabalho: RAT Ajustado) [10] 이라는 계산법에 의해 산정된다.

## 1) 산정 공식

조정된 환경위험 조정노동은 다음 공식에 의해 도출된다.

조정된 환경위험 조정노동(RAT Ajustado)
= 환경위험 조정노동(RAT) X 사고예방요인(FAP)

〈법률 제 8212호〉제 22조 제 2절에 명시되었듯이, 1991년부터 주 업무의 산업재해 위험이 낮은 기업은 환경위험 조정노동 1%, 산재위험이 중간이면 2%, 높으면 3%로 책정된다.

비율이 정해지면 해당 월에 지불되거나, 미지불 혹은 이연되었을 시에는 그 비율에 따라 피보험 정규직 및 계약직 근로자의 전체 보상금이 정해진다. 만약 근로자가 특별 퇴직을 요하는 위험 요소에 노출이 되어 있는 경우, 규정에 따라 비율은 상승 책정된다.

개별 경제활동(CNAE 2. 0) [11] 에 할애된 위험의 수준은 2009년 〈법률 제 6957호〉에 의해 규정되었다. 1,301개 대분류에서 180개 항목은 낮은 위험

---

10) 기업의 분담 기여분을 대변하는 용어로, 경제활동위험도와 산업재해가 기업에 미치는 영향을 반영하여 조정되며 기업세액에 따라 차등 적용된다.

11) 국가경제활동분류(Classificação Nacional de Atividades Econômicas: CNAE) 는 국가통계체계(Sistema Estatístico Nacional) 와 행정부 산하의 기록 및 등록 관할기구(국세청 포함) 에서 공식적으로 적용하는 분류방식이며 대분류(*section*), 중분류(*division*), 소분류(*group*), 세분류(*class*), 세세분류(*subclass*) 의 5개 수준으로 구분된다.

도로 분류되어 1%가 적용되고 391개는 중간 위험도(2%), 730개는 높은 위험도(3%)로 분류되었다. 다시 말해, 브라질 내 경제활동 중 56.11%에서 산업재해 위험이 높은 것으로 나타났다(〈그림 9-4〉참고).

2007년 〈법률 제6042호〉하에서는 고위험군으로 지정된 대분류가 전체의 10.61%였으나 현재 법령에서는 56.11%로 증가했다. 중위험군으로 지정된 대분류는 2007년 41.20%에서 2009년 30.05%로 축소되었다. 저위험군의 대분류는 이전에는 48.19%였으나 현재는 13.84%로 크게 감소했다.

## 2) 사고예방요인

환경위험 조정노동비율은 경제활동 분야 및 기업의 성과에 따라 50%까지 낮아지거나 100%까지 높아질 수 있다.

사고예방요인은 보건과 직장 내 안전을 도모하는 공공정책적 수단으로 기능하여 기업의 활동에 따라 긍정적 유인책 또는 부정적 예방책이 된다. 이론적으로 이는 환경위험 조정노동에 따른 과세 유연성을 가능하게 한다. 즉, 국가경제활동 분류 2.0의 세세분류 내 기업의 활동에 따라 환경위험 조정노동의 비율을 낮추거나 높임으로서 분담금을 조정할 수 있는 것이다. 대법원(Superior Tribunal de Justiça: STJ) 판례 351에 의하면, 사고예방요인의 비율은 정기적으로 법인 등기소(Cadastro Nacional de Pessoa Jurídica: CNPJ)별로 산정된다.

2010년 국가사회복지위원회의 〈결의안 제1316호〉는 새로운 사고예방요인 계산법을 제시했다. 이 방법은 역학 사회보장관계(NTEP)를 포함한 국가사회보장원 전자자시스템 사고보상급여 양도 기록, 국립사회정보등기소(Cadastro Nacional de Informações Sociais: CNIS)의 고용 자료, 사회복지부 자료 및 국립통계원의 피보험자 기대수명 자료를 기반으로 빈도율,

〈그림 9-4〉 산업별 환경위험 조정노동비율의 분포(2009년 〈법률 제6957호〉)

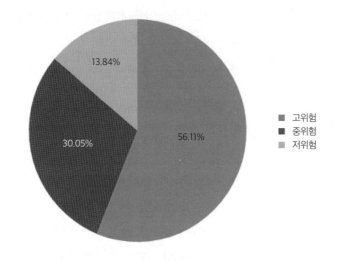

〈그림 9-5〉 위험평가에 따른 국가경제활동 분류 세분류 분포

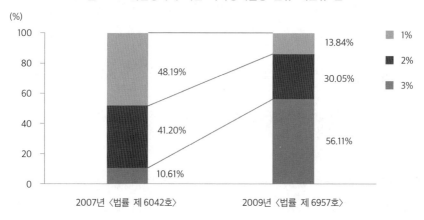

강도, 산업재해보고서 비용기록을 산정한다.

빈도지수(*Frequency Index*: FI)는 기업별로 발생하는 산업재해의 빈도를 나타낸다. 이 지수는 산업재해보고서를 이용해 계산한 기업별 사고 건수에 기술적 연계(NTEP를 포함)를 통한 건수를 더한 값을 법인 등기소하에 등록된 평균 보증보험의 수로 나눈 값이다.

$$ 빈도지수 = \frac{기록된\ 사고\ 건수 + CAT\ 제외\ 보상금}{보증보험\ 평균 \times 1.000} $$

강도지수(*Severity Index, Indice de Gravidade*: IG)는 사고질병보상금 건수, 장애퇴직보상금 건수, 사고사망보상금 건수, 사고지원보상금 건수에 각각 개별 기업과 강도함수에서 산정된 가중치를 곱한 수를 합산하여 평균 건수로 나눈 것이다. 사고사망보상금은 0.50, 장애퇴직보상금 0.30, 사고질병보상금 0.10 그리고 사고보상금은 0.10의 가중치를 갖는다.

$$ 강도지수 = \frac{(B91) \times 0.1 + (B92) \times 0.3 + (B93) \times 0.5 + (B94) \times 0.1}{보증보험\ 평균 \times 1.000} $$

B91: 사고질병보상금 건수, B92: 장애퇴직보상금 건수, B93: 사고사망보상금 건수,
B94: 사고지원보상금 건수

비용 지수(*Cost Index*: CI)는 국가사회보장원에서 부담하는 결근급여비용이다. 이 지수를 산정하기 위해 국가사회보장원이 매달 급여로 지불하는 금액이 활용된다. 질병급여보상금은 월별 결근시간과 사고예방요인 기본 기간값 아래의 근로자 월 분수(*fraction*)를 계산한 값이다. 장애퇴직보상금(부분 혹은 전체)이나 사망보상금의 경우 브라질 국립통계원(IBGE)의 기대여명을 사용하여 산정한다.

$$비용지수 = \frac{전체\ 보상금\ 건수}{전체\ 보상금\ 금액 \times 1.000}$$

이러한 지수들을 활용해 기업별 사고예방요인이 산정된다. 계산할 때에 각 지수는 각기 다른 가중치를 갖는다. 강도가 가장 높은 가중치(0.50)를 갖고, 빈도(0.35), 비용(0.15)이 그 뒤를 따른다. 복합지수에는 0.50의 아래 하계 가중치가 부여된다. 이를 2010년 국가사회복지위원회 〈결의안 제1316호〉는 다음과 같이 정리한다.

만약 특정 기업의 산업재해나 업무상 질병으로 인해 사망이나 영구적 장애가 발생하는 경우에 사고예방요인값은 1이하일 수 없으며, 기업의 비율은 〈사회보장 규정〉 별칙 5에 의거한 경제 분야에 기여하는 비율보다 낮을 수 없다. 그러나 기업이 안전을 제고하기 위해 노조와 고용주의 감독하에 유형·인적 자원 및 기술에 투자한 것을 증명한다면 국가사회보장원의 규정에 따라 사고예방요인은 1.0000으로 산정한다.

… 만약 사망 건수와 영구장애 건수 그리고 비용지수(CI)가 01(*malus* 범위)이면 사고예방요인값은 비용지수와 동일하다. 장애나 사망을 예방하기 위한 기업 내 활동을 장려하기 위해 25%를 낮춘 비용지수를 적용하지 않는 것과 같다.

만약 사망이나 영구장애가 통근 중 사고처럼 전형적인 산업재해라면 25% 낮춘 비용지수를 적용하여 malus 범위(비용지수〉1.0)를 달성한다.

## 3) 규칙적용모델

100명의 직원을 보유하고 매월 인건비가 25만 헤알인 바이오연료 제조기업이 있다고 가정하자.

이 기업이 속한 산업분야는 고위험 분야이므로 3%를 적용한다. 만약 이 기업에서 지난 2년 동안 산업재해가 발생하지 않았고 사고로 인한 퇴직이 일어나지 않았다면 보험금은 다음과 같이 산정된다. [12]

$$SAT = \frac{R\$\ 250,000.00 \times 13}{RAT\ (3\%)\ \times FAP\ (0.5)} = R\$\ 48,750.00$$

이 경우에 업무상 사고 발생 건수와 환경위험 조정노동 조정공식에 'malus'를 적용한 값의 차이는 146,250.00헤알이다.

## 4) 산업에 미치는 예상비용

산업사회서비스(Serviço Social da Indústria: SESI) [13]가 준비하여 제 88회 국가산업건설회의(National Meeting Industry Construction)에서 소개된 예비 연구에 따르면 평균 급여가 3,347.91헤알인 212개 기업의 평균 산업재해비용은 9,417.74헤알, 평균 사고처리비용은 51,741.42헤알이었다.

---

12) 급여를 제공하는 것은 도시와 농촌 근로자의 사회권이다. 이는 1988년 헌법 제 7조 제 8 절에 명시되어 있다.
13) 산업사회서비스는 민간기관 연합체이다. 국가산업연맹(Confederação Nacional da In- dústria: CNI)과 주별 산업연맹이 관리하며 산업계 재원으로 유지된다. 이 네트워크의 목표는 근로자와 부양가족의 삶의 질을 향상시키는 것으로, 교육·보건·여가를 중시하며 기업의 사회적 책임경영을 장려한다.

## 5. 브라질 산업재해 현황

2009년과 2013년 사이에 일자리(RAIS[14] 관련 정보에 입각해 측정)는 매년 4.39%로 증가했고 경제참여인구(População Economicamente Ativa: PEA)와 피고용인(População Ocupada: PO)의 수는 각각 연 1.091%, 연 1.416% 상승했다. 이 차이는 이 기간에 경제가 성장 중이었음을 의미하고 일자리의 순증가와 노동협약을 더 공식화하려는 정부의 노력이 반영된 결과이기도 하다.

산업재해 건수는 2009년 73만 3,365건, 2013년에는 72만 5,664건이었고 연평균 0.26% 감소했다. 그러나 이 수치를 더 잘 이해하려면 사고 관련 통계를 구성하는 다양한 종류의 수치를 들여다 볼 필요가 있다.

산업재해 중 '업무상 질병'과 '산업재해보고서가 없는 사고'는 이 시기에 각각 연간 3.20%와 5.03%의 큰 감소세를 보였으나 다른 사고들은 이처럼 좋은 결과를 드러내지 않았다.

전형적인 산업재해, 즉 업무상 발생하는 사고나 업무로 인해 발생하는 사고는 같은 기간에 연간 0.57% 증가했다. 가장 건수가 많은 사고는 통근, 즉 근로자가 집과 근무지 사이를 이동하는 중에 일어난 사고였다. 2009년에는 9만 180건의 통근사고가 보고되었다. 2013년에 통근사고로 분류된 사고는 11만 2,183건으로 증가하였는데 이는 2009년과 2013년 사이에 연평균 5.61% 상승한 수치이다.

〈그림 9-6〉은 산업재해보고서에 따라서 분류된 각 산업재해의 변화추이를 보여 준다. 이 중에서 통근사고가 다른 사고보다 확연히 높은 증가세를 보임을 확인할 수 있다.

---

14) 연간사회정보리포트(Relação Anual de Informações Sociais: RAIS)는 브라질의 고용계약 및 직업관련 통계를 담고 있는 보고서로, 고용 및 실업등록(Cadastro Geral de Empregados e Desempregados: CAGED)에 포함된다.

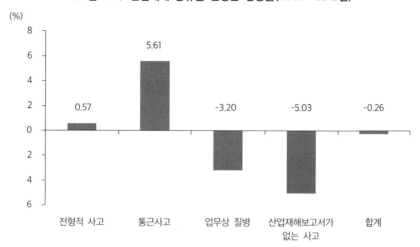

〈그림 9-5〉 산업재해 종류별 연평균 성장률(2009~2013년)

자료: AEAT InfoLogo.

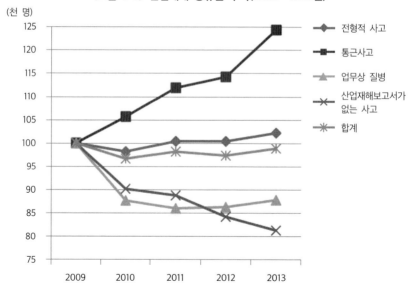

〈그림 9-6〉 산업재해 종류별 추이(2009~2013년)

자료: AEAT InfoLogo.

## 1) 사회보장 기술관계

산업재해 지침에서는 사회보장 기술관계(Social Security Technical Nexus, NTP)를 사회보장제도하에서의 일터와 위험 간의 관계라고 규정한다. 사회보장 네트워크(RPS) 제337조에 따르면 국가사회보장원이 사회보장 기술관계를 결정한다. 국가사회보장원(2016: 12)에 따르면 "사회보장 기술관계는 인과관계이거나 인과관계 이외의 관계일 수 있으며 3가지 종류로 구분된다. 전문 혹은 근로관계(Professional, Labor Nexus Technical), 단순관계(Nexus Single Technical), 역학 사회보장관계(Epidemiological Social Security Technical Nexus, NTEP)가 그것이다".

역학 사회보장관계는 국제질병사인분류(ICD)와 국가경제활동 분류 간의 통계적 관계를 나타낸다. 즉, 특정한 질병이 근로 중 얼마나 자주 일어나는지 확인하는 도구이다.

이 도구의 도입 정당성은 사고로 분류할 수 있는 사건의 낮은 보고율을 개선하는 것이다. 보고가 이루어지지 않아 은폐되었던 사건들이 역학 사회보장관계의 도입을 통하여 산업재해로 확인되었다.

역학 사회보장관계 기반 신고가 시작된 2007년에 14만 1,108건이 보고되었고 이것은 전체 신고의 21.39%를 차지하였다. 신고 수는 2008년에 절정을 이룬 후(20만 4,957건, 전체의 27.11%), 그 건수와 비율이 점차 줄어들어 2013년에는 전체 신고의 22.12%인 15만 8,830건을 기록했다.


## 6. 맺음말

브라질의 근로자 보호제도는 사회정의와 사회질서 선진화를 위한 지속적인 노력에 기반한다. 1988년 연방헌법과 함께 시작되지는 않았지만, 시민헌법의 도입과 함께 수정되고 확장되었다.

사회권의 표준화, 보건·사회보장·사회지원에 대한 접근 기회의 보편화, 자본과 노동 간의 관계 정립을 위한 일련의 권리에 형태와 내용을 제공하는 방법의 구체화는 이 제도를 구축하는 근간이 되었다.

산재보험과 근로자의 소득 유지라는 측면에서 공공기관은 효과적 보고를 위한 메커니즘을 추구하고 산업재해의 부정적 측면이 사회화되는 것을 방지하도록 노력을 기울여야 한다. 이를 위해서 이 제도는 근로자 보호에 소극적이거나 업무환경의 위험을 줄이기 위한 노력을 충분히 기울이지 않는 기업이 그렇지 않은 기업보다 더 많은 비용을 지불하도록 하는 방법을 사용한다.

보호 기제의 제도화는 헌법의 명령을 실현하고 제도적 규제를 가져오며 제도의 실현을 가능하게 하는 기관의 설립으로 이어진다. 이러한 법률과 공식적 기관은 공공정책을 실현하기 위해 필요한 지원을 제공한다. 이는 감독기관의 체계적이고 영구적인 조치에 의해 실현되고 대응적 수단(사후, *ex post facto*)이 되며 공공정책에 필요한 재원을 보장하고 기업이 공익적으로 행동할 수 있는 유인책을 제공한다.

# ■ 참고문헌

Brasil(1967a). Constituição da República Federativa do Brasil. Diário Oficial da União, Poder Legislativo, 24 January 1967.

_____(1967b). Lei 5.316, de 14 de setembro de 1967. Expounds on the insurance of occupational accidents in social security, and other measures.

_____(1988a). Constituição da República Federativa do Brasil. Diário Oficial da União, PoderLegislativo, 5 January 1988.

_____(1988b). Constitution of the Federative Republic of Brazil. Constitutional text of October 5, 1988, with the alterations introduced by Constitutional Amendments no.1/92 through 72/2013 and by Revision Constitutional Amendments no.1/94 through 6/94, translated and revised by Istvan Vajda, Patrícia de Queiroz Carvalho Zimbres, Vanira Tavares de Souza, 6th edition. The Federal Senate.

_____(1991a). Lei 8.213, de 24 de julho de 1991. It provides for the Benefit Plans of Social Security and other measures.

_____(1991b). Lei 8.212, de 24 de julho de 1991. It provides for the organization of Social Security, establishing Costing Plan, and other measures.

_____(1999). Decreto 3.048, de 6 de maio de 1999. Approves the regulation of social security, and other measures.

_____(2007). Decreto 6.042, de 12 de fevereiro de 2007. Amending Regulation of Social Security, regulates the implementation, monitoring and evaluation of the Accident Prevention Factor and the Nexus Technical Epidemiological.

_____(2008). Superior Tribunal de Justiça, Súmula 351. The contribution rate to Occupational Accident Insurance Coverage (SAT) is measured by the level of developed risk in each company, individualized by its CNPJ, or by the level of specific activity risk when there is only one record. Precedent 351, First Section, Judged on 11/06/2008. DJE 06/19/2008.

_____(2009). Decreto 6.957, de 9 de setembro de 2009. Amending Social Security Regulation, approved by Decree 3.048 of May 6, 1999, regarding the implementation, monitoring, and evaluation of the Accident Prevention Factor(FAP).

_____(2010). Conselho Nacional da Previdência Social (CNPS), Resolução CNPS 1.316, de 31 de maio de 2010. Menu (own development): provides for a new methodology for FAP generation.

_____(2015). Receita Federal do Brasil, InstruçãoNormativa RFB 1.453, de 24 de fevereiro de 2015. Changes the RFB Normative Instruction 971, November 13, 2009, in which establishes general standards of social security taxation and collection of social contributions for Social Security and those to other entities or funds, administered by the Federal Revenue of Brazil and other measures.

De Oliveira, A. L. F. (2016). *Acidentes de Trajeto: Impactos Econômicos e Tributários sobre as Empresas do Setor da Construção Civil.* Texto para discussão. Brasília: CBIC.

INSS (2016). *Manual de Acidente de Trabalho.* Brasília: INSS.

Sanseverino, P. de Tarso Vieira. (2015). *Cláusula Geral de Risco e a Jurisprudência dos Tribunais Superiores.* Brasília: STJ.

# 10

# 가족수당제도

## 1. 머리말

가족수당은 21세기 이전에는 브라질 사회보장체계에서 인기를 끌지 못했다. 21세기 들어서 아동 보호를 위해 두 가지 종류의 가족수당이 생겨났다. 그중 하나는 "가족급여"(*family salary*)로, 취업인구의 55%를 차지하는 공식 노동자에 한해 제공되며, 자녀가 있는 경우에는 월급 이외에 해당 수당이 추가로 지급된다. 다른 하나는 수당지급 하한선을 상회하는 납세자들에게 자녀 한 명당 세금 감면을 제공하는 소득세 방식을 통한 수당이다. 브라질의 빈곤과 비공식 노동의 실태를 고려할 때, 이 제도는 중산층 및 상류층 가구에게만 해당되었다.

1990년대 중반 초인플레이션 상황이 제어되고 정부의 예산이 자리를 잡았다. 이와 함께 민주주의가 재개되었고, 1988년에 마침내 가장 선진화된 인도주의적 헌법이 제정되었다. 이 시점부터 브라질은 빈곤을 사회적 문제로 인식하기 시작했다. 빈곤 문제는 항상 존재했지만 1990년대가 되어서야 사회적 문제로 인식되었고 브라질 사회가 해결해야 할 요소로 받아들여

졌다. 1)

실제로 노동당과 같은 중산층과 하류층으로 이뤄진 정당의 통합과 발의, 토지를 소유하지 못한 농민들의 사회운동, 1980년대와 1990년대의 도시빈곤 및 폭력의 증가는 빈곤 문제를 해결하는 데에 정부의 적극적인 개입이 필요하다는 더 폭넓은 인식을 가져왔다.

지방정부는 빈곤가구를 대상으로 조건부 현금이전(CCT) 프로그램을 시작했고, 이는 1996년 아동노동 철폐를 위한 전국적인 조건부 현금이전 프로그램으로 이어졌다. 그 후 다양한 목적을 가진 조건부 현금이전 프로그램이 생겨났고, 2003년 노동당 집권 당시 빈곤가구를 위한 5개의 조건부 현금이전 국가 프로그램이 여러 정부 부처에서 시행됨과 더불어 30여 개의 지자체 프로그램도 실시되었다. 그리고 노동당은 그 다음 단계로서 인구의 24%2)를 차지하는 빈곤가정을 모두 포용하겠다는 야심찬 목표를 가지고 모든 국가 프로그램을 보우사 파밀리아(Programa Bolsa Família) 프로그램으로 통합시키고자 하였다. 보우사 파밀리아는 3기를 연속으로 집권한 노동당 정부의 가장 중요한 대표적 프로그램 중 하나다.

실제로 보우사 파밀리아 프로그램은 13년간 진행되면서 브라질의 절대빈곤을 거의 퇴치하였다. 3,600만 명에 달하는 극빈층 인구가 이 프로그램을 통해 구제되었다.

브라질은 야심찬 비기여형 사회보장 축을 구축함과 더불어 이미 존재한

---

1) 1990년대와 2000년대에 제작된 브라질 영화가 빈곤, 폭력, 사회부패를 중점적으로 다룬 것을 보면 알 수 있다. Walter Salles 감독의 "See Central do Brasil"(1998)과 "Abril Despedaçado"(2001), Fernando Meirelles 감독의 "Domésticas"(2001), "Cidade de Deus"(2002), Cláudio Assis 감독의 "Amarelo Manga"(2002), Hector Babenco 감독의 "Carandiru"(2003)를 참조하라.
2) 보우사 파밀리아 프로그램 개발의 세부사항을 보려면 Soarses(2012)를 참고하라. 그리고 프로그램 평가는 IPC-IG 웹페이지를 참고하라(http://www.ipc-undp.org/?q=publications).

'중산층' 기여형 축을 더해 '소득보장 매트릭스'라고 일컫는 사회보장 시스템을 사실상 완성할 수 있었다.

짧은 역사 동안 보우사 파밀리아가 현금이전 프로그램을 뛰어넘어 크게 확대되었다는 점을 반드시 언급할 필요가 있다. 2011년 극빈층을 완전히 없애기 위한 브라질의 다양한 전략은 여러 통합 공공서비스 및 기회를 제공하는 것을 목표로 하였다. "빈곤 없는 브라질"(Brazil Without Extreme Poverty) 계획은 보우사 파밀리아 담당 부처의 지휘하에 여러 관련 부처와 기관이 동일한 목표를 위해 서로 협력하는 형태로 진행되었다. 3)

이 전략이 효력을 발휘할 수 있었던 이유는 대통령이 이 전략 및 전략의 조정기관인 사회개발부에 정치적 힘을 실어 줬기 때문이다. 극빈층 문제를 실용적 측면에서 다각적인 방법과 정책으로 접근할 수 있었던 이유는 보우사 파밀리아가 이미 단일등록(Cadastro Único)이라는 적절한 선별방식을 통해 수백만 가구에 적용되었기 때문이다. 이것을 기반으로 주택보조금 지급, 또는 브라질에서 가장 가물고 가난한 지역의 빈농을 위한 저수지 건설 등의 프로젝트들이 생겨날 수 있었다.

보우사 파밀리아와 멕시코의 조건부 현금이전제도(Oportunidades)는 여러 국가의 빈곤구제정책에 영감을 준 두 가지 가장 중요한 프로그램이다. 이 두 프로그램의 경험에 기초하여 대부분의 지식과 기술적 담론이 생겨났고 새로운(또는 새롭게 태어난) 세계적 공공사회정책의 범위가 정해졌다. 현금이전제도의 최근 발전 동향을 조명하는 것은 변화하는 정치적 환경에서 현금이전제도의 지속가능성을 저해하는 위협에 대처하는 데에 효과적일 것이다.

이후로는 보우사 파밀리아 프로그램의 설계 및 실행의 차별적 특성에 대해 알아보고자 한다. 그동안 많은 진전이 있었고 국제사회로부터 인정도

---

3) 이 전략에 대한 정부의 공식 요약문은 사회개발부(2015)를 참고하라.

받은 프로그램이지만, 이 장에서는 브라질의 가족수당제도가 직면한 도전과 과제를 집중적으로 살펴본다.

다른 소득보장 프로그램들과의 통합 및 연계 확대, 지방체계와의 통(폐)합 그리고 서비스 품질 향상을 위한 인력 확보 문제는 반드시 해결되어야할 부분이다. 이 과제들은 브라질 사회보장제도의 비기여형 분야를 통합시키는 데에 중요한 요소들이기는 하나, 정치적 불안정성과 경기침체가 팽배한 시기에 단행하기에는 상당한 어려움이 따른다.

## 2. 보우사 파밀리아의 실행과정 및 그 수에 대한 단상

간단히 말해서, 보우사 파밀리아는 해당 프로그램이 설정한 빈곤선, 즉 구매력평가지수(Purchasing Power Parity: PPP)가 미화 2. 57달러[4] 보다 낮은 소득을 가진 가정에 매달 급여가 제공되는 현금이전제도이다. 지급은 은행계좌로 이뤄지며 직불카드로 출금이 가능하다. 수혜 가정은 2년마다 등록정보를 갱신해야 하며, 일정한 보건 및 교육 요건에 부합해야 한다. 영유아 및 아동 백신 접종, 임산부의 정기검진, 6~17세 연령대 학생의 학교출석 등이 그것이다.

보우사 파밀리아 프로그램을 통해 각 가구에 지급되는 최종 금액은 일인당 소득과 구성 인원에 따라 차등 책정된다. 가장 중요한 차이점은, 구매력평가지수가 미화 1. 28달러에 해당하는 극빈선을 상회하지만 여전히 빈곤선 아래에 놓인 가구의 경우, 취약가족구성원인 아동 및 청소년, 임산부, 수유여성에게만 혜택을 지급한다는 것이다. 극빈선 이하 가구는 일인당 빈곤선 위로 올라갈 수 있도록 상대적으로 많은 금액을 지급받는다.

---

4) 빈곤선이 조정된 2016년 6월 기준이다.

<표 10-1> 보우사 파밀리아 프로그램의 자격요건 및 혜택

| 구분 | | | 월간 소득 (헤알/월) | 구매력 평가지수 (미 달러/월) | 구매력 평가지수 (미 달러/일) |
|---|---|---|---|---|---|
| 빈곤선(1인당) | | | 170.00 | 77.05 | 2.57 |
| 극빈선(1인당) | | | 85.00 | 38.52 | 1.28 |
| 빈곤선 이하 전체 가구 | 가구당 수혜 구성원 5인 이하 | 0~15세 자녀(1인당 고정금액) | 39.00 | 17.68 | 0.59 |
| | | 임산부(9개월간 지급, 1인당 고정금액) | 39.00 | 17.68 | 0.59 |
| | | 수유여성(6개월간 지급, 1인당 고정금액) | 39.00 | 17.68 | 0.59 |
| | 가구당 수혜 구성원 2인 이하 | 16~17세 청소년(1인당 고정금액) | 46.00 | 20.85 | 0.69 |
| 극빈선 이하 전체 가구 | 가구당 단일 혜택 | 월별 고정금액 | 85.00 | 38.52 | 1.28 |
| | 가구당 빈곤선 탈출 혜택 금액 | 전 가족 구성원 극빈선 85헤알 탈출에 필요한 금액 (2015년 6월 기준 가구당 평균) | 86.77 | 39.32 | 1.31 |

<그림 10-1> 보우사 파밀리아 수혜 가구 수와 GDP 대비 지출 비율(2004~2016년)

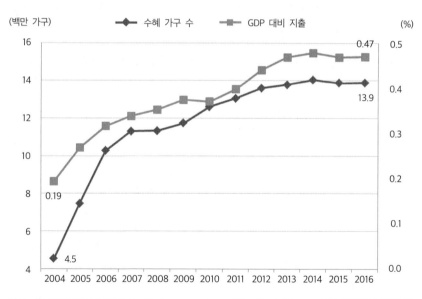

자료: 사회개발부(MDS) 자료(http://aplicacoes.mds.gov.br/sagi/portal/?grupo=88), 중앙은행 전망 자료(https://www.bcb.gov.br/pt-br/#!/n/SERIESTEMPORAIS)를 분석.

취약가족구성원에게 제공되는 급여 이외에 각 극빈가구에는 구매력평가지수 미화 1.28달러(1일 1가구당)를 기준으로 고정액이 지급되며, 2015년 12월에는 1,240만 가구가 혜택을 받았다. 만약 취약가족구성원에게 제공되는 혜택과 고정지급액을 받았음에도 극빈선 이상의 소득이 보장받지 못할 경우, 해당 가구에 또 다른 혜택이 차등 적용된다. 이 새로운 혜택은 2011년에 시작되었으며, 2015년 12월 기준 1일 1가구당 구매력평가지수 미화 1.31달러인 5백만 가구에게 제공되고 있다.

이 프로그램은 2003년 10월 시작된 이래 빠르게 확대되었다. 이제는 매달 1,400만 가구, 혹은 5천만 명이 혜택을 받는다. 이는 브라질 가구 24%에 해당되며 프로그램에 소요되는 비용은 2016년 예상 GDP의 0.47%에 달한다.[5]

〈그림 10-1〉에 볼 수 있는 것처럼, 수혜자 확대는 대부분 2단계로 이루어졌다. 2004~2007년까지 1단계가 실시되었으며, 보우사 파밀리아로 통합된 5가지 프로그램의 450만 가구가 첫 수혜 대상이 되었다. 2006년 중반에 이르러 수혜가구 수는 보우사 파밀리아가 최초에 정한 보장의 목표에 달하는 1,120만 가구를 기록하였다. 이는 전국가구조사 결과 빈곤가구 수를 바탕으로 집계되었다.

그 후 2007~2012년까지 2단계로 접어들면서 프로그램의 확대 폭은 줄어들었으며, 많은 브라질 빈곤가구가 경험하는 소득 변동성에 대응하는 방식으로 확장이 진행되었다.[6] 이를 위해 두 가지 메커니즘이 설정되었다.

첫 번째로, 소득이 빈곤선보다 높지만 일인당 최소소득의 2분의 1 기준

---

5) 보우사 파밀리아와 단일등록(Cadastro Único)에 대한 방대한 정보를 확인할 수 있는 유익한 요약 자료는 WWP 웹페이지를 참고하라(https://wwp.org.br). 더 상세한 자료는 IPC-IG의 웹페이지(http://www.ipc-undp.org/pt-br)를 참고하라.
6) 더 상세한 분석은 Soares(2010)을 참조하라. 영문은 IPC-IG 웹페이지에서 읽을 수 있다(http://www.ipc-undp.org/pub/IPCWorkingPaper71.pdf).

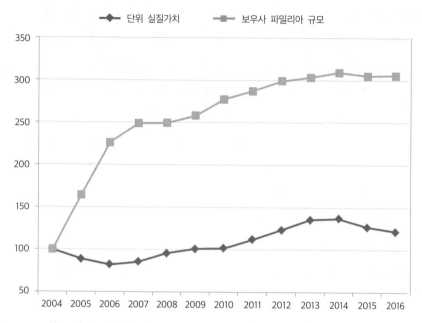

〈그림 10-2〉 보우사 파밀리아의 규모 및 단위 실질가치(2004~2016년)

주: 2004년의 수치를 100으로 두었을 때의 수치. 혜택 실질가치는 소비자물가지수에 의한 디플레이션을 적용한 헤알화로 계산하였고 혜택의 수량은 특정년도의 평균 월별 혜택 수를 나타냄. 2016년 값은 1월부터 10월까지이며, 11·12월 값은 10월 값에 근거하여 추정.
자료: 사회개발부 자료(http://aplicacoes.mds.gov.br/sagi/portal/?grupo=88)에 기반한 자체 분석.

점에 도달하지 못한 가구는 2년 동안 수혜를 받을 수 있다. 이는 빈곤가구가 빈곤에서 안전하게 탈출할 수 있도록 돕는 유예기간으로, 소득증가에 따라 정부 보조금을 삭감하는 조치를 유예시킨다. 이는 특히 정부가 자동적으로 모니터링하는 등록 빈곤가구에게 적용된다. 두 번째 메커니즘은 직전 한 달간 일인당 소득 대신 전년도 평균 소득으로 빈곤을 측정하는 것이다. 보우사 파밀리아의 새로운 등록 설문지와 시스템이 2010년에 시작되었으며(단일등록제도, Cadastro Único), 앞서 언급한 두 가지 빈곤 측정법이 자격 기준에 사용되었다.

프로그램이 목표한 보장 가구 수를 달성하고, 2011년 신규 혜택 적용으로 평균 실질가치가 점차 줄어들자, 해당 혜택 가치와 관련한 국가적 논쟁이 더욱 거세졌다. 정부는 이에 대한 충분한 민주적 토론을 전혀 제안하지 않았다. 인플레이션 심화로 인한 혜택의 실질가치 하락보다 정부의 재정적 상황을 고려한 중앙집중적 의사결정에 의해 임시방편적 조정이 이루어졌다. 그 후 2014년까지 여러 차례의 재량적 실질가치 상승이 발생했으나, 그 규칙을 정하는 입법적 결정은 이루어지지 않았다(〈그림 10-2〉 참고).

보우사 파밀리아의 성장을 가구 수와 각 가구에 제공된 평균 금액으로 평가하면, 2004~2016년까지 평균 실질가치가 22% 증가했음에도 불구하고 대부분의 성장은 보장의 확대에서 기인하였음을 알 수 있다. 이러한 이유 때문에 보우사 파밀리아가 광범위한 보장을 제공했음에도 불구하고 GDP에서 차지하는 비율이 매우 제한적인 것이다. 이는 앞으로 중요한 도전과제가 될 전망이다. 의도적이든 아니든 정부가 프로그램의 중요성을 약화시키는 두 가지 상황이 존재한다. 그것은 바로 보장 범위와 수혜 가치의 목표를 행정부가 설정하는 것이다. 이에 대해 법률상 언급한 유일한 설명은 이 프로그램이 국가의 재정적 상황에 따라 운영되므로 수급권을 부여하는 것은 아니라는 것이다. 따라서 최소한의 정치적 비용이 드는 방향으로 정부의 임시방편적 의사결정에 의해 프로그램의 수량과 가치가 정해질 수 있으며, 인플레이션으로 인해 혜택이 감소하고 연례 예산조정에 따라 신규 활동이 묵과될 수 있다. 숨겨져 있으나 매우 실질적인 이러한 위협은 브라질 빈곤가구 보호에 실제적인 저해요인이 된다.

급여는 연방정부의 결정에 의해 매달 제공되며 개인 은행계좌로 송금된다. 지급의 업무는 다양하고 넓은 브라질 영토 내에 광범위한 지급지점을 보유한 국립은행(CAIXA)에서 담당한다. 7)

보우사 파밀리아 프로그램은 다양한 전략을 요구하는 여러 지역의 특성

---

7) CAIXA와 보우사 파밀리아의 관계에 대해 추가 정보는 Mostafa 등(2014)을 참조하라.

<표 10-2> 보우사 파밀리아의 국립은행 지급지점

| 채널 | 수혜자 접근 채널 수 | 급여지급 건수(2015년 12월) | 비율(%) |
|---|---|---|---|
| 복권판매점 | 13,000 | 7,451,441 | 56 |
| 은행 예금 | 2,526,808 | 2,526,808 | 19 |
| ATM | 55,000 | 2,265,185 | 17 |
| CAIXA Aqui 은행거래점 | 5,000 | 961,422 | 7 |
| 대리점 및 서비스 지점 | 4,200 | 153,805 | 1 |
| 합계 | 2,604,008 | 13,358,661 | 100 |

자료: 국립은행(http://www.caixa.gov.br/atendimento/Paginas/default.aspx)과 사회개발부 자료 기반 자체 분석.

때문에 채널 다변화가 중요하다. 가장 중요한 채널은 브라질 도심지역에 산재해 있고 프로그램 시작 전부터 수혜자들에게 친숙했던 복권판매점이다. 동북부와 북부 지역에 집중된 농촌 및 소외 지역의 경우, 특정 지급활동의 수행 자격을 지닌 거래점〔은행거래점(*banking correspondents*)이라 칭한다〕에서 관련 업무가 이루어진다.

보우사 파밀리아는 CAIXA에 1,400만 명의 신규 고객을 인도하였다. 이러한 고객층은 비록 저소득 계층일지라도 확실한 경제적 가치를 제공한다. 이는 또한 공공부문과 보우사 파밀리아 수혜자들에게 명백한 이점으로 작용할 수 있다. 이점을 실현하는 한 가지 방법으로는 연금제도에서와 마찬가지로 보우사 파밀리아의 급여지급 명부를 민간은행에 경매하는 것이다. 또 다른 방법은 휴대폰과 인터넷 포털을 통해 새로운 지급채널과 서비스를 제공하는 것이다. 이는 CAIXA에게 보우사 파밀리아 수혜자들을 위해 좀더 나은 서비스를 제공하라는 압박으로 작용할 것이다.[8]

보우사 파밀리아의 제도적 체계는 매우 분산되어 있다. 지방정부(지방자치단체)가 국가적 표준에 따라 진입점, 등록과정, 지급 후의 관리를 맡는

---

8) 지역정부와 마찬가지로 이러한 대규모 지급구조를 조정·표준화하는 작업은 어려운 일이다. 지급금 부실관리 및 수혜자 부채를 관리하는 일환으로 은행거래점에서 지불카드를 막거나 토착민에 대한 부당대우 및 지급채널에 있어서의 차별 등도 있었다.

다. 학교 출석, 임산부 검진 및 백신 접종과 같은 조건적 목표를 관리하고 혜택의 보류, 중단, 재개 등도 관리한다.

브라질 공중보건시스템의 구조에서 영향을 받은 보우사 파밀리아와 사회복지 및 사회부조서비스는 연방적 특성에 기반한다. 각 지역·지방 및 중앙정부는 때로는 독자적으로, 때로는 공동으로 권한 및 책임을 갖는다. 이는 고용주와 근로자를 국가사회보장기관에 직접 연결하여 주는 기존의 중앙집중적 연금제도와 크게 차별화되는 점이다.

독립적인 기구로서 5,570여 가지 지역정부의 활동과 27가지 지방정부의 활동을 조율하는 것은 어려운 일이다. 서비스의 품질을 보장하기 위해 중앙정부는 지역체계[9]에 공동으로 재원을 제공하고 모든 종류의 규제와 표준을 전달하는 한편, 프로그램의 여러 측면과 관련한 지식을 전파하기 위한 역량구축 전략을 수립하고 서비스 표준화와 전국 정보 수집을 위한 수많은 국가정보시스템을 구축하였다.

전반적으로, 분산화 전략은 성공적인 제도적 기반을 마련하였다. 우리는 분산화 전략이 ① 비용효과적이고, ② 지역 차원에서 다소 혼재된 품질의 서비스를 제공하긴 했으나 서서히 개선 중이며, ③ 장기적으로는 프로그램의 정치적 지속가능성을 담보하는 일환이라는 점을 피력하고자 한다.

보우사 파밀리아 운영에 소요되는 행정비용은 3가지 요소로 나뉜다. 첫째는 지역 단위에서 등록 업무를 수행하기 위한 인력에 드는 비용이다. 보우사 파밀리아는 단일등록제도인 카다스트루 우니쿠(Cadastro Único)에

---

9) 연방정부는 지역 및 지방정부에 대한 공동재원 제공을 위해 각 지자체 또는 주가서비스 보장 범위, 데이터 갱신, 보건 및 교육 조건 준수 모니터링 등을 얼마나 잘 수행하고 있는지 측정하는 성과지표를 마련하였다. 해당 지차제 및 주의 성과에 따라 제공되는 재원의 규모가 비례한다. 분산관리지수(IGD)는 지자체가 좀더 나은 생산적 서비스를 제공할 수 있도록 유도하는 데에 성공적이었으나, 가장 중요한 지역서비스, 즉 인적 자원에 대한 재원 공급은 충분하지 않은 형편이다. 그 이유는 재원이 성과에 기반하는 변수라는 점, 그리고 긴축재정 시 지급 지연이 된 부분을 보장해 주는 시스템이 부재하기 때문이다.

의해 통합되었다. 카다스트루는 보우사 파밀리아의 개념과 시스템, 교육 및 연수과정을 담은 설문지이자, 모든 지자체에서 하루 8만 건의 인터뷰를 진행하는 수많은 인력 집단을 의미한다. 사회개발부는 2013년부터 2014년까지 연 평균 3만 2,371명에 달하는 인력이 인터뷰를 진행한 것으로 추정하였다.[10]

행정비용 중 두 번째로 중요한 요소는 연방정부의 이전금으로 지원되는 지역구조에 대한 투자 및 유지다. 이러한 작업은 분산관리지수를 통해 이뤄지며, 특정 달에 갱신된 등록 건수나 몇 가지 조건이 모니터링[11] 되었는지 등과 같은 서비스 지표에 대한 지역정부의 실적에 따라 자금이 제공된다. 이러한 재원은 주로 가구방문을 위한 차량지원, 컴퓨터, 유틸리티, 인터넷, 캠페인 자료 등 고정자산 그리고 면접과 방문을 집중적으로 수행할 때 투입되는 인력인 임시직 인건비에 사용된다.

세 번째 행정비용은 실제 지급의 전달과 연관성이 있는 부분이다. 이 작업은 CAIXA와 계약을 맺고 있으며, 기타 IT서비스와 함께 전체 행정비용의 30%을 차지한다.

〈표 10-3〉은 연방정부와 지자체 차원의 모든 요소들을 고려한 보우사 파밀리아의 총행정비용 추정치이다. 지자체 인력에 대한 추정에 따라 예상 수치는 약간 달라질 수 있다. 면접관 수에 대한 사회개발부의 추정치는 상당히 정확하지만 단일등록제도와 보우사 파밀리아 서비스 지점에는 다른 근로자도 상당수 배치된다. 완성된 서식을 시스템에 입력하는 시스템 운영

---

[10] 이 추정치는 지자체별 인구 규모와 연간 단일등록제도를 진행하는 빈도에 따라서 계산되었다. 이 변수를 사용하여 대부분 정규직인 면접관의 수를 계산할 수 있었고, 인터뷰 진행에는 참여했으나 단일등록제도에 대한 책임이 없는 면접관의 수는 포함시키지 않았다.

[11] 이전금액 중 일부는 면접을 실시하는 임시직 인건비와 기타 부문에 활용될 수 있다. 사회개발부에서 추정하는 면접관의 수는 대체로 정규직에 국한되어 있기 때문에 분산관리지수로 인한 이전과 비용의 중복은 거의 없다.

<표 10-3> 보우사 파밀리아 추정 행정비용(2015년)

| 예산 내역 | | 연간 추정치 (헤알) | 연간 추정치 (구매력평가지수, 미 달러) | 전체 행정비용 대비(%) |
|---|---|---|---|---|
| 보우사 파밀리아 총이전액 | | 27,650,301,339 | 12,922,513,128 | - |
| 연방 | 분산관리지수(IGD)에 따른 연방정부에서 지역정부로의 이전 | 530,000,000 | 247,698,275 | 30 |
| | CAIXA 계약: 급여지급 명부, 지급 전달, IT서비스 | 360,000,000 | 168,247,885 | 21 |
| | 단일등록제도 연방 예산 (예산선 6414) | 28,500,000 | 13,319,624 | 2 |
| | 의향서(letter contract, 예산선 20iT) | 12,500,000 | 5,841,940 | 1 |
| | 사회개발부와 CAIXA 인적 자원[1] | 13,650,000 | 6,379,399 | 1 |
| | 소계 | 944,650,000 | 441,487,124 | 54 |
| 지자체 | 연방 이전 금액으로 충당되지 않는 인력[2] | 797,319,095 | 372,631,254 | 46 |
| 추정 행정비용 | | 1,741,969,095 | 814,118,379 | 100 |
| 총 이전액 중 행정비용의 비중(%) | | 6.3% | 6.3% | - |

주: 1) 총(gross) 기준 월 급여 7,000헤알 x 150명 x 13.
　　2) 3만 2천여 명의 면접관 + 50% 시스템 운영자, 감독관, 관리자. RAIS 2014년 기준 평균 급여는
　　　 1,368헤알 x 12개월.
자료: 사회개발부 자료를 기반으로 계산. 2015년 12월 구매력평가지수 기준.

자와 감독관, 관리자, 혜택 관리 및 조건 준수 모니터링을 담당하는 인력
이 여기에 포함된다.

　면접관들이 일련의 노동자 집단이라는 점과 이들이 인터뷰 외에도 수많
은 역할을 수행한다는 점(특히 작은 지자체에서)을 감안할 때, 지역정부에
서 보우사 파밀리아를 전담하는 인력의 수는 면접관 수의 2배까지는 아니
더라도 최소한 면접관의 수와 동등할 것으로 예상된다. 추정 행정비용 역
시 2015년 가구에 전달된 총이전액의 5.3~7.3%까지 달라질 수 있다.

　단일등록제도의 차별화된 특징 중 하나는 전국적으로 20여 개의 프로그
램에 활용된다는 점이다. 이 프로그램들은 각기 다른 자격 요건을 가진다.
단일등록제도에는 보우사 파밀리아보다 훨씬 많은 2,700만 가구가 등록되

어 있다. 따라서 면접관에 드는 인건비는 모든 프로그램이 공동 부담하며, 보우사 파밀리아에게 전적으로 할당되지 않는다. 그럼에도 불구하고, 보우사 파밀리아는 단일등록제도를 가장 광범위하게 그리고 집중적으로 사용하는 최대 사용자다.

한 가지 주지할 만한 사실은, 위에서 언급한 추정치에 의해 국가 단위에서 보우사 파밀리아 운영 행정비용의 대부분을 부담한다는 것이다. 그러나 인력 관련 측정값이 다를 수 있기 때문에 대략 절반은 연방정부가, 나머지 절반은 지역정부가 분담한다고 할 수 있다.

분산화된 보우사 파밀리아 구조는 느리고 비선형적이나, 지역 단위의 관리 역량을 향상시키는 한편 다른 정책 및 영역으로 확산되는 효과가 있다. 3개월을 이어 업무를 수행하는 면접관이 약 43%밖에 되지 않을 정도로 이직률이 높지만, 분산관리지수는 등록된 보장 범위, 정보의 갱신, 조건 준수 모니터링[12] 등과 같은 지자체의 성과에서 매년 개선되는 추세를 나타낸다.

지역 역량이 개선되는 징후는 이뿐만이 아니다. 보우사 파밀리아 기본 교육 및 연수에 대한 수요가 줄어드는 추세인데, 이는 지역 단위의 역량이 통합적으로 잘 구축되고 있음을 보여 주며 유지관리의 필요성이 점차 줄어드는 것을 의미한다. 이러한 평균적인 개선 추세에도 불구하고, 잘 알려진 지자체 중에서도 상당수가 수년의 세월이 흐른 지금까지도 충분한 역량을 구축하지 못하여 재정적, 정치적 문제 및 부패 등에 시달린다. 이로 인해 공중보건·교육 및 그 외 보우사 파밀리아와 기타 프로그램을 제대로 제공하지 못하며, 이러한 문제는 세 층위의 정부가 공동으로 노력을 기울였음에도 아직 해결되지 않고 있다.

---

12) 이는 단일등록제도의 연방 공무원들에 의해 강화된다. 이들은 지표들을 통해 지자체를 모니터링하고 관리자와 담당자들에게 워크숍, 교육 및 연수, 현장방문 등의 지원을 제공한다.

마지막으로 보우사 파밀리아는 지역 단위에서 매우 많은 정치적 집단 및 이해 집단을 아우른다. 이러한 상황은 지역마다 상당히 상이한 모습을 드러낸다. 여기에는 모든 정당의 지역 정치인이 포함되며, 이들은 급여 관리에 대한 자신의 영향력을 뺏기지 않으려 한다. 보우사 파밀리아 관련 노조에 가입한 사회복지 공무원들은 자신의 목적과 일자리를 잃지 않고 싶어한다. 수혜자들 중 11만여 명에 달하는 토착민 가구와 100만 명가량의 빈농은 매우 떠들썩한 시위 전략을 내세운다. 보우사 파밀리아는 또한 지역 경제에 중요한 영향을 미치기 때문에 연방정부의 의도와 지자체 정치 간에 떼려야 뗄 수 없는 관계를 형성한다.

앞으로 예의주시해야 할 사항은 보우사 파밀리아의 제도적 환경이 훗날 제기될 축소 압박에 저항할 수 있을 정도로 강력한 이해 집단을 만들 수 있느냐는 것이다. 보우사 파밀리아는 2016년 5월 강력한 반대 세력에 의해 실각한 노동당 정부의 상징과도 같다. 신정부가 노동당의 전유물과 거리를 두는 한편 새롭고 적절한 기치를 내놓는 상황에서, 보우사 파밀리아가 집중포화를 맞는 것이다.


## 3. 보우사 파밀리아의 영향

범국가적 논의에서 지적된 바와 같이, 보우사 파밀리아의 가장 중요한 영향은 브라질 소득불균형 감소에 직접적인 기여를 했다는 점이다. 이러한 성과는 브라질이 세계은행 기준으로 중상위 소득국임에도 불구하고 1980년대 이후 불평등 국가 순위로 세계 20위 안에 든다는 것을 고려하면 더욱 의미가 있다. 불평등은 대도시의 공격적인 사회생활 환경, 이권을 둘러싼 부패, 서회적 저항 등 많은 문제의 근원이다. 보건, 교육, 노동 및 그 밖의 다른 부문에 미친 영향도 중요한 관심의 대상이지만, 보우사 파밀리아는 무엇보다 불평등과 빈곤에 가장 직접적이고 즉각적인 영향을 미쳤다.

보우사 파밀리아가 빈곤가정에 특별히 집중함에 따라 최근 브라질 소득 불균형이 약 5분의 1가량 감소하는 효과가 발생하였다.[13] 가장 큰 영향을 받은 소득원은 노동임금이었다(약 55%). 브라질 경제성장과 고용률 상승 그리고 노동당 정부의 주요 의제인 최저임금의 실질증가는 빈곤가구의 임금 상승에 지대한 영향을 미쳤다.

소득불평등을 측정하는 지니계수를 볼 때 2003년 0.581에서 2014년 0.517로 하락하였으므로 브라질의 불평등 상황이 개선되었음을 알 수 있다(사회개발부, 2012). 브라질이 이 추세를 유지한다면 20여 년 뒤에는 불평등이 캐나다 수준으로 감소할 것으로 전망된다(Soares, 2010). 이 수치들만 보더라도 지난 수년간 얼마나 큰 변화가 있었는지 알 수 있다.

극빈층 비율은 2003년 전체 인구의 8.2%에서 2014년 2.5%로 감소하였고 같은 기간에 빈곤층 전체도 23.6%에서 7%로 크게 감소하였다. 특히 어려운 시기였던 2008년 금융위기 이후에 보우사 파밀리아의 영향력이 더욱 빛을 발하였다. 이 프로그램 덕분에 2009년에는 극빈층을 32% 축소시킬 수 있었고, 빈곤가구를 경기침체와 심각한 식량불안으로부터 보호했다(Soares, 2012). 그러나 보우사 파밀리아가 경제성장기에 극빈층 및 빈곤층의 감축에 미친 실효성은 상대적으로 저조하다. 목표가 잘 설정된 경우라도 프로그램의 혜택은 매우 낮았다.

보우사 파밀리아는 브라질에서 가장 많은 관심을 받는 공공정책으로, 이 프로그램의 영향에 관한 다양한 연구가 진행되고 있다. 한 연구에서는

---

13) 브라질의 보우사 파밀리아와 멕시코의 오포튜니다데스(Oportunidades), 칠레의 솔리다리오(Solidario)를 상호 비교한 연구 중에서 가장 잘 알려진 것 Soares 외(2007)이다. 브라질의 빈곤과 불균형을 측정한 최신 연구 결과는 IPEA(2013)를 참고하라. 보우사 파밀리아 프로그램이 불균형, 빈곤, 교육, 보건, 일자리, 미디어, 정치 등에 미친 영향에 관한 일련의 연구는 Soares(2012)를 참고하라.

보우사 파밀리아가 아동 사망률에 미친 영향을 측정하였다(Rasella et al, 2013). 해당 연구를 위해 환경적, 사회경제적 요인을 통제한 가운데 보우사 파밀리아와 가족보건 프로그램 간의 상호작용을 살펴봄으로써 5세 미만 아동의 사망률에 이 두 프로그램이 단독 혹은 공동으로 미친 영향을 조사하였다. 이 연구에 따르면 보우사 파밀리아의 효과가 매우 큰 것으로 나타났는데, 빈곤으로 발생하는 설사 및 영양실조로 인한 사망이 2004년부터 2009년까지 각각 46%, 58% 감소했다.

마지막으로, 보우사 파밀리아가 성별관계에 미치는 영향은 아직까지 수수께끼로 남아 있다. 프로그램의 규정에 따르면 혜택카드를 성인 여성이 보유할 것을 권고하는데, 이는 브라질 가정에서 전통적으로 여성이 아이를 돌보는 역할을 맡기 때문이다. 최근의 연구에 의하면 본 프로그램을 통해 도시가구에서 내구 소비재, 의약품, 학용품, 피임기 구매에 있어 여성들의 자율적인 의사결정이 확대되었다. 특히 피임기구의 구매를 통해 수혜 여성의 출산권이 더 많이 보장받음을 알 수 있다(Bartholo, 2016).

그럼에도 불구하고 보우사 파밀리아는 어머니 및 돌봄 제공자로서의 여성의 전통적인 역할을 강화하는 한편, 빈곤여성이 사회적 고립과 정보의 부족으로부터 탈출할 수 있는 기회를 제공하지 못한다. 초기의 한 정성조사에 따르면 인터뷰 응답자 대부분의 일상생활(63%)이 가정이나 뒤뜰에서 이뤄지는 것으로 나타났다. 수혜 여성들에게 있어 두 번째로 중요한 생활공간은 교회(9.8%)였으나, 첫 번째와의 격차가 매우 컸다(사회개발부, 2007). 양성평등이 빈곤의 중요한 척도 중 하나라는 점에서, 빈곤퇴치를 목표로 하는 이 프로그램이 성역할의 변화에 일조하지 못하고 이를 오히려 강화하는 것은 우려할 만한 사항이다.

## 4. 맺음말: 현재의 도전과제와 선택

지금까지 살펴보았듯이 보우사 파밀리아는 매우 단순하고 표준화된 프로 그램이다. 브라질의 정책이 대부분 그렇듯, 이 프로그램 역시 공식적인 입법적·규범적 패키지와 제도, 구조 및 다양한 수단으로 구성된다. 보우사 파밀리아는 실제로 투명성과 안정성이 결여되어 있어, 수혜에 대한 개념이 집권 정부의 선물인 것으로 일반화된다.

보우사 파밀리아는 수급권이 아니다. 혜택의 가치와 지속성은 예산의 가용성에 의존하며, 집권정부의 예산편성 재량에 따라 달라진다. 매 회계연도마다 인플레이션 대비 실질가치의 회복을 위한 새로운 계산법과 급여 조정의 필요성을 두고 의사결정이 내려진다. 또한 매년 급여 수정이 발생하는데, 이로 인해 보장 범위가 축소될 가능성이 있다.

급여의 산정 방식은 일반적으로 지역 행정기관, 수혜자, 시민사회에게 충분히 투명하지 않다. 2011년 이전에도 수혜자들이 자신이 왜 이웃과 다른 금액을 지급받는지 문의해도 이를 설명할 방법이 없었다. 이후 급여 규정이 (빈곤선과 신고된 가구소득 간의 차이를 나타내는) 빈곤격차를 따르는 것으로 변경되면서 각 가정은 동일한 금액이 아닌 차등 급여 받게 되었다. 그러나 이는 급여에 대한 사회적 통제를 약화시키고, 무엇보다 지자체 정부 공무원과 지급 채널 인력에 대한 수혜 가정의 감시를 불가능하게 만듦으로써 수급자가 스스로 정확한 금액을 받는지 알 수 없게 만들었다. 투명성의 부재는 또한 수급권 논리에 반하는 역학으로 작동한다.

보우사 파밀리아가 비록 종전에 의도한 목표에 도달하였으나, 여전히 3가지의 과제가 남아 있다. 첫째는 관련 행정 및 재정의 강화다. 지역정부가 담당하는 재정의 비중과 이에 대비되어 중앙정부가 부담하는 공동재원은 반드시 장기적인 협정에 의거해 평가되고 협상되어야 한다. 인력의 저임금, 비숙련도, 높은 이직률도 문제다. 정치적 불안정과 후견주의는 여전히 지역·지방정부들을 위협한다. 권한과 책임성이 상대적으로 공식화되지 않은 상황인 만큼 중앙정부와 지역·지방정부간 '협약'에 대한 검토도 필요하다.

둘째는 보우사 파밀리아의 비기여형 시스템과 다른 프로그램들의 비기여형 급여(이전에 존재하던 가족수당 및 세금감면), 혹은 기여형 시스템과의 병렬이나 접근성과 연관이 있다. 급여 수혜자가 공식 고용보호법 혹은 정식 고용과 연계된 연금 등을 통하여 기여형 보장 축으로의 진입하고 빈곤으로부터 탈출하도록 보장하려면, 전체 사회보장제도의 규정 및 IT 시스템(백오피스), 전치구조(frontend structure) 간의 조정과 상호운영성이 제공되어야 한다.

수혜 가정마다 각기 다른 보장 패키지를 제공하는 것이 필수적인 시스템인지, 아니면 이러한 시스템이 고립적이고 중첩적이어서 시너지를 발휘하지 못하도록 가로막는 정책·구조인지 따져볼 필요가 있다. 브라질의 경우에는 이러한 숙고가 더욱 중요한데 그 이유는 공공자원이 부족함에도 불구하고 낭비가 발생할 수 있기 때문이다. 조정을 통해 비용이 최적화되어야 하는데 개별적인 각 시책이 고립적으로 진행되어 낭비가 발생하는 것이다.

여러 패키지가 적용되면 동일한 위험을 각자 중복되게 보장할 우려가 있다. 이 경우에 이중 수령의 문제가 생길 가능성도 있지만, 실제로 각 패키지는 가족수당과 마찬가지로 수혜자의 사회적 지위에 따라 다르게 적용된다. 이는 계층 간 연대를 약화시키는 한편, 특정한 공적 이전을 합법화하고 이에 대한 정치적 지지를 이끌어내는 메커니즘으로 작용할 수 있다. 반면 아동에 대한 보편적 혜택을 통해 보우사 파밀리아의 해당 부문에 대한 통합을 이루어낸다면, 그리고 이것이 자녀가 있는 가정의 소득세 감면과 기여형 축의 '가족급여' 제공과 연계된다면, 이는 불평등이 심각한 브라질이라는 사회에 공통적인 경험을 제공하게 될 것이며, 보우사 파밀리아에 대한 상류층의 시각을 바꾸게 될 것이다. 아직 브라질 내는 여전히 보우사 파밀리아와 빈곤층에 대한 많은 편견이 존재한다.

　세 번째 과제는 보우사 파밀리아가 혜택 가치의 정당성을 유지하고 국민의 복지에 미치는 영향을 향상시키는 것이다. 보우사 파밀리아는 1988년 헌법 이후 수혜자들에게 최저급여 미만의 혜택을 제공한 최초의, 유일한 급여 프로그램이다. 이를 통해 적은 비용(GDP의 0.47%)으로 많은 빈곤가정에 혜택을 줄 수 있었지만 역시 많은 문제점이 발생하게 된다.

　매년 급여를 갱신하는 데에는 어쩔 수 없는 불확실성이 상존한다. 정치적으로, 기술적으로 빈곤(하한선)을 감소시키는 영향을 저해하지 않으면서 동시에 최저임금(상한선)을 지급하는 정규 고용을 회피하려는 유인이 발생하지 않는 선에서 급여의 상한선과 하한선을 설정하는 것이 바람직하다. 그러나 여기에는 '최저임금이 정부가 제시하는 복지의 하한선이 아니라면, 왜 그것이 연금혜택 또는 고용주가 지급하는 피고용인 임금의 범위를 규정해야 하는가' 하는 의문이 존재한다.

## ■ 참고문헌

사회개발부(MDS) (2007). *Avaliação de Políticas e Programas do MDS*. Resultados, 2. Brasília: SAGI/MDS.

_____(2015). *Brazil Without Extreme Poverty*. Campello, T., Falcão, T., & da Costa, P. V. (Eds.). Brasília: MDS.

_____(2016). *Brasil Sem Miséria: Resultados, Institucionalidades e Desafios*. Jannuzzi, P., Falcão, T., Castro, I., Camops, A. (Eds.). Cadernos de Estudos Desenvolvimento Social em Debate, no.25. Brasília: MDS.

Bartholo, L. (2016). Bolsa Família e relações de gênero: O que indicam as pesquisas nacionais. IPC-IG Research Brief no.55.

IPEA(2013). *Duas Décadas de Desigualdade e Pobreza no Brasil Medidas pela*

*PNAD/IBGE.* Comunicado do IPEA no. 159.

Mostafa, J. & Sátyro, N. G. D. (2014). Cadastro Único: A registry supported by a national public bank. IPC-IG Working Paper 126.

Rasella, D. et al. (2013). Effect of a conditional cash transfer programme on childhood mortality: A nationwide analysis of Brazilian municipalities. *The Lancet, 382(9886),* 57~64.

Soares, S. (2010). O ritmo na queda da desigualdade no Brasil é aceitável? *Revista de Economia Politica, 30(3),* 364~380.

_____(2012). Bolsa Família, its design, its impacts and possibilities for the future. IPC-IG Working Paper no. 89.

Soares, S. et al. (2007). Programas de Transferência Condicionada de renda no Brasil, Chile e México: Impactos sobre a desigualdade. IPEA Texto para Discussão no. 1293.

Soares, S. et al. (2010). Targeting and coverage of the Bolsa Família Programme: Why knowing what you measure is important in choosing the numbers. IPC-IG Working Paper no. 71.

# 11

# 공공부조제도*

## 1. 머리말

모든 자본주의 사회에서 사회부조의 정치에는 Pereira (1996) 가 언급한 두 가지 원칙이 있다. 첫째는 경제적 수익성의 원칙, 즉 노동의 잠재력을 극대화해 수익을 만든다는 원칙이며, 둘째는 인간의 기본적 요구의 원칙, 즉 노동 계층에게 복지를 제공해야 한다는 원칙이다. 이러한 원칙들이 서로 충돌할 때 노동 계층과 지배 계층은 상호 대립하게 되며, 이러한 과정에서 나오는 결과가 바로 사회복지이다. 즉, 사회복지가 제공하는 서비스와 급여는 자본주의로 인해 발생한 피해를 복원하기 위한 시도이자 모순적 제도의 실패에 대한 비난이며, 그와 동시에 변화의 요구인 것이다.

이 장에서는 브라질에서의 상황에 비추어 이와 같은 역사적 과정을 기술하고자 한다. 브라질은 식민지와 노예제의 역사를 겪은 국가로서, 이 장의

---

* 이 글은 "사회부조와 정치문화: 오늘날 브라질 SUAS 제도의 당면 과제"(Social Assistance and Political Culture: Contemporary Challenges of SUAS in Brazil) 를 번역한 것이다.

앞부분에서는 사회복지가 공공정책에서 완전히 배제되었던 이유와 그것이 가져온 정치적 결과, 특히 극빈 계층에 미친 영향을 기술하는 데 집중하고 자 한다. 이러한 영향은 가부장제도·혈연주의·부패·정치후원 등과 같은 보수적 특징을 보이는 민영화된 브라질 국가체계에서 기부와 후원이 바탕에 깔린 정치문화를 만들어 내는 것으로 보인다.

우리는 또한 질서 있는 시민사회의 갈등과정에서 생겨난 무지하고 비효율적인 특성을 여전히 나타내던 이 정책의 동력이 바로 산업화였다는 점을 입증하고자 한다. 이와 더불어 다음 내용에서는 1998년 헌법이 바꾸어 놓은 정치투쟁의 양상 그리고 그것이 브라질 정치의 흐름과 사회권으로서의 사회복지에 어떻게 새로운 사실을 제공했는지 설명하고자 한다. 그 다음으로는 도입과정에서 수차례 난관에 봉착했던 이 공공정책이 거쳐 온 경로를 조명하며 내재된 모순적 관점과 정치적 잠재력을 살펴본다. 이 역사적 진화의 다음 단계에는 바로 통합사회부조체계가 있다. 통합사회부조체계는 효과적인 시민권 및 브라질 사회의 복지에 대한 모색이라는 점에서 새로운 정치문화를 구축할 잠재력을 가지고 있다.


## 2. 사회부조: 복지에서 권리로

브라질 사회부조의 발자취를 올바로 이해하려면 사회부조제도의 발전에 영향을 준 역사적 시기를 넓은 시각에서 먼저 살펴볼 필요가 있다. 우리는 1930년대 이전 바르가스(Vargas) 정부 집권기, 1964년 군사독재기 그리고 1988년 연방헌법(1988 Federal Constitution) 등 크게 세 가지 역사적 시기를 중심으로 사회부조를 조명하고자 한다.

구(舊) 공화국으로 대표되는 1930년대 이전의 시기는 이념적 자유주의가 지배하는 과두제 국가가 형성된 시기로서, 포르투갈의 식민지배와 노예제도의 영향을 받았던 시대이다. 이러한 영향으로 인해 브라질에서의 정치문화는 사회적 문제를 곧 정치적 문제로 인식하였던 사회적 권위주의(*social authoritarianism*)·정실주의(*patronage*)[1]·세습주의(*state patrimonialism*)[2] 적 성격을 띠게 되었다. 이 시기는 또한 19세기 후반 동안 진행된 산업혁명·사회운동·하층 계급의 수난 등이 뚜렷이 나타난 시기였다는 점을 강조할 필요가 있다.

이 시기에는 공공과 민간의 영역 구분이 전혀 없었다. 유럽, 그중에서도 특히 포르투갈의 영향에 따른 민간 영역의 특징이라 할 수 있는 권위·규율·질서·복종 등이 공공 영역까지 그대로 확장되었고, 그 결과 가산주의(*patrimonialism*)가 이 시대의 정치문화적 특징으로 굳어졌다.

심지어 사회를 특수주의적 규범에 따라 정착시키는 것을 의도로 하는 이상과 중립적 원칙 위에 세워진 민주주의적 제도가 수립된 곳에서조차 공적인 책임을 수행해야 할 지위에 있는 사람들은 민간과 공공 영역 간의 근본적인 차이를 이해하는 것이 쉽지 않았다(Holanda, 1995: 145-146).

사회복지는 일할 능력이 없는 부랑자 취급을 받았던 병자와 약자들을 대상으로 빈곤화나 처벌 등의 형태로 사회보장이 이루어졌던 교회의 자선활동 및 호의적 자선 등을 특징으로 하는 민간자선활동 영역에 속하였다. 국가는 아무런 행동을 취하지 않았으며, 자선사업을 지원하는 모든 활동을

---

1) 이 장에서는 정실주의를 호의의 이념을 바탕으로 한 여러 사회적 그룹 간의 비대칭적이고 계층적인 관계로 이해한다. 정실주의는 투표를 위한 정치인과 유권자들 간의 거래를 넘어서서 정치적, 경제적 권력을 가진 자와 그렇지 못한 자와의 사이에 이루어지는 흥정을 의미한다.

2) 막스 베버에 따르면 가부장적 지배의 뿌리는 가족 단위에 대한 지배자의 권위에서 생겨난다. 이러한 개인적 권위와 관료적 지배에는 공통점이 있는데, 바로 비인간적인 방식으로 행해진다는 것이다(Schwartzman, 1988: 58).

민간자선활동에 떠넘겼다.

이러한 관습은 Pereira(2009: 61)가 지적한 것처럼 19세기의 절반 동안 사용됐던 1834년 영국의 〈구빈법〉(Poor Law)에서 "빈민을 시민권이 있는 시민으로 보지 않고 공공질서 유지에 위협적인 요소로 간주하는 관점"과 동일선상에 있는 것이었다. 따라서 직업이 없는 사람들은 사회적 낙인이 찍히고 혹독한 처벌을 받았으며, 부랑자에 가까운 대우를 받았다.

구공화국 시대가 끝나며 새로운 역사가 시작됨과 함께 각종 사회 문제에 대한 부르주아 국가의 개입이 이루어지고 사회복지도 변화를 맞이했다. 1929년의 위기 후 바르가스 행정부는 1930년 혁명을 추진하였는데, 이 혁명의 이념은 노동조합의 통제, 직업 규제, 최초의 노동법 그리고 노동카드의 등장 등으로 실현되었다.

Draibe(1988)에 따르면 이 시기 사회부조모델의 대표적인 특징은 실적주의적 박애주의다(meritocratic-philanthropy). 1930년은 브라질 사회 내의 역학관계에 변화를 가져왔으며, 빈곤 및 빈곤 관련 문제는 공익적 차원의 사안이 되었다. Faleiros(1985)가 언급했듯이, 당시 사회복지 담론을 지배했던 것은 "국가의 명백한 미덕"에 대한 대립적 이해관계에 따라 벌어진 서로 다른 계층 간의 선의, 사회통합 그리고 타협에 관한 논의였다.

1939년에는 사회복지위원회(Conselho Nacional de Serviço Social: CNSS)가 설립되었다. 사회복지위원회는 이른바 신국가(New State)의 시기에 자선사업을 인증하기 위한 목적으로 설립되었으며, 대부분의 위원은 정실주의 성향이 강한 사회복지 전문가였다.

제2차 세계대전 중 국가의 주요 전략 가운데 하나는 사회보장 및 복지 관련 정책이었다. 이러한 배경에서 연방 단위의 조직 수가 증가하였으며, 이 가운데 대표적인 것이 바로 1942년에 빈곤 계층을 지원하고자 설립된 최초의 사회복지기관 '재향군인복지회'(LBA)이다. 사회적·정치적·경제적인 일대 변혁이 진행되던 1940년대에 만들어진 재향군인복지회의 당초 목표는 전역한 장병들의 가족을 돕기 위한 것이었다. 재향군인복지회가 설립된 계기는 1942년 8월 28일 당시 영부인이던 다우시 바르가스(Dalci Vargas) 여사가 보낸 한 통의 서신이었다. 그녀는 모든 주지사의 부인들에게 이 서신을 통해 연방의 각 주에 재향군인복지회를 설립할 것을 제안했다.

나라가 지금처럼 이렇게 힘들고 어지러운 와중에 우리 브라질 여성들은 용감한 장병들의 가족을 지키고 시민으로서의 의무를 성실히 이행해야 한다는 시대적 요구에 응해야 합니다. 재향군인복지회는 이것을 목표로 하여 브라질 연방 상업협회 소속기관으로 설립되었습니다. 지원단이 제공하는 혜택이 나라 전체로 확산될 수 있도록 여러분들이 상업협회와 함께 이 운동의 지도자 역할을 계속해서 수행해 주실 것을 바랍니다. 곧 상업협회에서 여러분께 개별적으로 연락을 취할 것입니다. 여러분의 협조에 감사의 뜻을 전합니다.
다우시 바르가스 드림.

이 서신에서 제 2차 세계대전 및 여성의 사회복지 참여에 대한 바르가스 정부의 지배적 담론을 분명히 읽을 수 있다. 1969년 사회복지정책 제정 후 재향군인복지회는 그 형태를 재단으로 바꾸었다. 이러한 기관의 등장과 더불어 영부인을 비롯한 브라질 여성들의 역할에도 변화가 생겼는데, 이들은 더 이상 집안에 머물지 않고 도움이 필요한 사람들을 대상으로 자선활동을 펼치기 위해 활발한 외부활동을 전개하기 시작하였다. 사실 영부인 바르가스 여사는 자신과 사회복지 수혜자 사이에 가부장주의적(paternalism) 지배 관계를 형성했다. 이것은 잔인한 억압의 측면으로서 수동성을 유도하는 것이자, 복지 수혜자들을 그와 같은 서비스에 의존하는 존재로 취급하는 것이었다(Torres, 2002: 93).

바르가스 정부 이후의 1950~1960년대는 사회 분야에 개입이나 변혁이

거의 이루어지지 않은 이른바 '개발주의' 시대로 잘 알려져 있다. 이 시기에는 민족주의가 팽배하였으며, 빠르게 진행되는 산업화과정에 대한 반응으로서 확장주의적 수사가 전면에 대두되었다.

1964년 브라질에는 독재정권이 들어섰다. 1970년대의 두드러진 특징으로는 국가의 독재주의 그리고 인구 대부분이 경험하던 빈곤 상태에 대한 대중의 비난을 들 수 있다. 1970년대를 거치며 자본주의의 가속화는 사회적 불평등과 계급 간 갈등의 진행을 더욱 빠르게 앞당겼다. 국가경제 측면에서는 다국적화가 빠르게 이루어졌다. 국가는 구조적으로 매우 불평등한 형태를 가지게 되었으며, 독재주의적 중앙집권기를 거쳐 1964년 후에 이르기까지 특정한 빈곤 및 소외 계층을 위하여 대대적으로 서비스를 확대함으로써 그러한 불평등 형태는 더욱 강조되었다. Draibe(1988)에 따르면 군사독재 기간 중 사회정책에는 보편적 성향을 가진 단편적 확장이 이루어졌다.

인간성 향상은 복지를 통해 두드러진다는 인식, 정치적 호의, 관료주의와의 연계를 필두로 사회복지의 정치적 개념은 계속 이어졌다. 1977년에는 사회보장 및 사회복지부(Ministério da Previdência e Assistência Social: MPAS)가 설립되어 사회복지가 새로운 주목을 받았으며, 재향군인복지회는 국립사회복지원(Instituto Nacional de Previdência Social: INPS)이 시행하던 노인 및 장애인을 위한 두 개의 복지 프로그램을 합치면서 그 기능을 더욱 강화하였다. 당시 브라질 정부는 사회의 발전을 위해서는 반드시 해결해야만 하는 소외 및 빈곤 계층 문제를 통해 가난을 강조하려 하였다. 사용자들의 존재는 불평등의 관계 그리고 노동에 참여하지 못하는 사람들에 대한 사회보장을 논의하며 대두되었다.

사회보장 및 사회복지부가 다루는 세 가지 영역 중 하나인 사회복지는 국민 중에서 사회적으로 가장 취약하며 극심한 빈곤에 노출된 상태로 인하여 사회

보장에 아직 기여하지 못하는 이른바 '제 4계급'을 지원할 수 있도록 만들어진 제도이다. 3)

1986년, 사회보장 및 사회복지부는 정치적 원조의 개발을 진전시킬 목적으로 사회복지체계의 구조 개편을 지원할 별도의 위원회를 만들었다. 이 위원회는 ① 정치적·행정적 분권화, ② 정책 도입과 평가에 있어 사회의 참여, ③ 자선사업의 개념 및 관행에서 탈피한 진정한 시민권으로의 회귀를 목표로 했다. 정부는 계속해서 시민들에게 사회복지를 제공하며 권리를 홍보했지만, 실제 사회복지는 구시대적 가치에 여전히 얽매여 있었다.

사회복지 분야가 발전할 수 있었던 것은 1970년대 이루어진 여러 가지 변화에 힘입은 것이었고, 그중에서 가장 큰 원인은 노동자, 사업자 그리고 중산층에 의한 시민사회의 등장이었다. 여러 단체가 정부에게 경제자유화와 생활환경 향상을 위해 사면을 압박했다.

1970~1980년대에는 독재정치에 맞서는 영역 가운데 하나로 새로운 사회참여 경로들이 등장했다. 이러한 경로들은 정부의 독재주의를 비난하며 노조나 정당 등과 같이 투쟁을 논하기 위한 하나의 대안이 되었으며, 이를 통해 시민사회는 정치적 저항을 위한 도구이자 삶의 질을 높이기 위한 방도로 스스로를 재정의할 수 있었다. 사람들의 참여는 1980년대 주요 민중 운동 내에서 나타나기 시작하여 민주주의로의 전환을 한층 더 강화시켰다 (Doimo, 1995). 참여는 좌파에게 하나의 수단이 되었고, 일부 도시에서는 참여경험을 급격히 확대하는 효과가 생겼다.

1980년대에는 도시 사회운동에 대한 국가적 사회통제의 영향으로 집단적이고 사회적인 참여가 더욱 높은 정당성을 얻었다. 1990년대에는 새로운 형태의 상호작용이 등장하였다. 이로 인하여 기존과는 달리 신자유주의

---

3) 1977년 브라질 에르네스투 가이젤 대통령 의회 연설 중 발췌한 내용이다.

계획에 따라 비정치화가 될 수도, 되지 않을 수도 있는 정치문화가 형성되었다. 이러한 1990년대의 참여는 국가와 사회가 이를 공동으로 관리하려는 과정에서 발생한 서로 다른 프로젝트 간의 투쟁에서 정부에 대한 원색적 비난을 중단하고 '절충 가능한 참여'로 변화했다. 이 시기에는 두 가지 문제가 집중적으로 조명되었다. 첫째는 능동적 시민권을 확립해 나갈 권리를 가질 권리, 즉 새로운 권리에 대한 모색이었고, 둘째는 적극적 문화의 확립을 위한 지역사회개발에서의 시민적 참여였다.

## 3. 1988년 헌법: 사회권 중 하나로서의 사회복지정책

1998년 헌법의 제정으로 브라질은 민주주의 법치국가로서의 막을 올렸다. 다른 대부분의 유럽 자본주의식 민주주의 국가들은 이미 이러한 형태의 정부조직을 사용하였으므로 예외적 사례는 아니었다. 브라질에도 사회적 투쟁의 결과로 사회적 지배구조[4]가 나타나기는 했으나 유럽과 비교하면 몇 년이나 지연되었고, 그 효과성 또한 의문스러웠다는 점에서 유럽 자본주의 국가와는 차이가 있다. 이런 맥락에서 Netto(1999: 77, apud Montano, 2002: 35)는 다음과 같이 언급했다.

1988년 헌법은 브라질 역사 최초로 '사회적 타협'을 의미하는 것이었으며, '사회복지국가'로 나아가려는 의지를 보여 준 것이었다.

---

4) 사회정책을 국정의 형태로 운영하는 방식의 복지국가가 유럽에 도입된 것은 제2차 세계대전 종전 후였고, 브라질에는 1988년 헌법이 그 계기였다. 이러한 '신국가'의 기본적인 원칙 중 하나는 바로 정부가 국민에게 기본적인 생활수준을 보장하기 위해 노력해야 하며, 불평등을 자본주의 사회에서 필연적으로 나타나는 현상으로 인식함으로써 그 영향을 최소화하려는 노력을 기울여야 한다는 것이다(Pereira, 2008).

이 '사회적 타협'의 중요성은 헌법적 맥락에서 사회보장의 개념을 도입했다는 것이며, 사회보장제도가 노동능력과는 관계없이 필요시에 개인을 보호하는 제도가 됨으로써 실질적인 '사회적 비상대응체제'(System of Social Contingencies)가 마련되는 계기가 되었다는 데에 있다(Vianna, 2002). 이는 브라질 연방헌법 제2장 제3편에 다음과 같이 반영되어 있다.

제194항 사회보장이란 보건, 사회보장, 사회복지에 대한 권리를 보장할 목적으로 공공기관과 사회가 취하는 모든 행위를 통칭하는 것으로 해석한다.

이러한 통합체제에서 세 가지 사회정책이 도입되었는데, 그중 첫 번째는 기여금을 반드시 납부하지 않더라도 보장해 주는 보건정책이다. 이러한 보편적 보건의료의 관점은 기존 의료복지 배제의 개념과 전혀 다른 것이다. 이전까지는 공식 영역에 속한 근로자에게만 공공의료체계의 혜택을 허용했었기 때문이다. 사회복지정책 면에서는 "이전의 기여에 대해 조건부의 성격을 적용하고 복지 혜택의 범위도 기여한 양에 따라 비례하도록 하는" 형태를 구축함으로써 이전에 존재했던 관련법의 특성을 가지고 왔다(Boschetti, 2003: 69).

과거에는 사회복지 자체가 사회적 낙인으로 인식되거나 체계적이지 못하게 수행되었던 것을 고려하면, 이러한 변화를 통해 사회보장정책에 상당한 의미를 부여하게 되었다고 볼 수 있다. 이 연방헌법에서 비공제 참여자의 법적인 지위 자체를 전제하였다는 것만으로도 상당한 진전으로 보아야 한다. 이전까지의 전개와 달리, 새롭게 제안된 공공정책은 민주적 통제[5]

---

5) 여기서 말하는 통제란 헌법이 정의한 기본틀 안에서 사회정책의 실행으로 촉진되는 것으로 Neves(2012: 215)가 "사회적 통제의 개념을 민주적 통제로 대체해야 한다"고 말한 바와 같다. 이는 곧 "이념 헤게모니의 구축에 있어 시민사회가 가진 정치적 방향성을 제시하고 그러한 결정을 국가로 확대하는 것"을 말한다.

가 가능하도록 하는 결정적 공간을 만드는 것을 목표로 하였으며, 이는 De Carvalho (2002) 가 언급한 바와 같은 정실주의와 '장교주의'(colonelism) 6) 로 대변되는 정치문화로부터 탈피하는 결과를 유도하려는 것이었다. 이것은 더 적극적이고 민주적인 관행을 향한 움직임이었다.

1988년 연방헌법 이후에는 새로운 형태의 합의체들이 나타나기 시작했는데, 특히 1990년대에는 운영회의 · 참여예산7) · 위원회 · 협의회 등이 큰 폭으로 늘어났다. 1990년대 초반 이후부터는8) 국가위원회의 수가 눈에 띄게 급증했다.

1930~1989년에 만들어진 국가위원회는 총 5개에 불과했고, 1990~2009년 사이에는 1988년 연방헌법 제정 후 공공정책 수립과정의 참여 확대를 목표로 26개 이상의 위원회가 새로 추가되었다(IPEA, 2010).

즉, 민주적 통제를 원칙으로 하는 민주적 법치국가의 강화를 모색했던 것이다. 이는 권리의 정치적 문화를 만들기 위한 기초였다. 이러한 위원회는 1990년대 말에 나타나기 시작하였으며, 오늘날에는 이미 국가의 제도화된 참여에 통합되었다. 브라질 국립통계원이 조사한 브라질 각 군의 현황(IBGE, 2012)에 따르면 2012년 기준으로 브라질에는 총 5,527개의 군이 존재하였는데, 그중 대부분의 군(99.3%)에 자체 사회복지위원회가 설립되어 있었다.

---

6) 브라질의 정실주의가 '장교주의'로 표현되기도 한 까닭은 지역사회에서 실력자, 후원자 역할을 한 인물이 군 장교로서의 직함을 가진 경우가 많았기 때문이다.

7) 참여 합의체란 주로 정책 입안자에 의한 여러 가지 기관혁신 및 기관참여 계획을 말한다.

8) 사회복지, 보건, 노인, 아동 및 청소년 등 분야에 대한 운영회의는 여러 명이 합동으로 참여하는 다원적인 형태였다. 이러한 운영회의는 1990년대 초부터 공공정책의 수립에 반드시 필요한 법적 요구사항이었으며, 권력의 공유 차원에서 국가와 사회 간의 조정을 위한 확고한 장치였다.

한편으로는 이러한 제도적 확장이 공공 영역과 민주적 통제가 강화된 결과라고 볼 수 있을 것이다. 하지만 또 다른 시각에 의하면 이러한 제도적 확장이 사회적 공공정책을 강화하는 데에 가장 큰 걸림돌이 되었다. 이러한 현상은 주로 1930~1988년 동안에 브라질 정부가 추진한 민영화 정책 및 의사결정과정에서 시민사회를 배제하는 형태로 주로 나타났다.

공공정책의 법적 도입이 반드시 정책의 강화를 보장하는 것은 아니다. 현재 국가와 시민사회가 관습적으로 따르는 정치문화가 반민주적 전통과 어떠한 관계를 가지는지에 따라 결과가 달라지기 때문이다.

국가사회부조위원회(Conselho Nacional de Assistência Social: CNAS)는 1995년 기존의 사회복지위원회(CNSS)를 대체하기 위해 만들어졌다. 주요 업무는 연방 수준에서 사회복지 네트워크에 속한 민간단체들을 위하여 세금 공제를 위한 증빙자료를 제공하는 것이었다. 2009년 〈법령 제 12101호〉가 통과되어 위원회가 자선활동에 대한 세금 공제 증명서 발급 및 공증 업무를 전면 중단하면서 위원회의 역할이 변화하기 시작했다. 이 법은 사회복지서비스를 제공하는 민간단체에 대한 증명서 발급자의 역할을 크게 변화시켰다. 위원회는 마침내 민주적 통제의 강화라는 본연의 위치로 돌아갔다. 이러한 법률적 권고안을 통해 위원회는 정부 내에서 부패에 맞서기 위한 정당성을 얻게 되었다.

브라질의 사회복지제도는 사회적 불평등과 싸우기 위해 이러한 정책들을 통해 탄생한 것이다. 사회적 부조리와의 싸움에 대해 사회복지정책이 제공할 수 있는 잠재적 가치는 의심할 여지가 없을 것이다. 그러나 보수적인 사회에서 법률이 받아들여지기까지는 무수히 많은 정쟁의 과정을 거치게 된다.

## 4. 〈사회부조 기본법〉

1988년 헌법이 공표된 후 각 계층의 이해관계가 본격적으로 충돌을 빚기 시작했다. 브라질에서 헌법의 각 조항은 구체적 법령으로 제정된 후에야 비로소 공공정책으로서의 형태를 가진다. 바로 이런 이유에서 〈사회부조 기본법〉(Lei Orgânica de Assistência Social: LOAS)[9]에 의거한 활동의 규제가 지연되었기 때문에, 브라질의 사회복지는 또 다시 뒷걸음질을 치게 된다. 최초로 헌법에 명시되어 공표된 후 불과 5년 만에 해당 법률은 개정을 거치게 되었으며, 첫 번째 조항은 당시 재임 중이던 콜로르 지 멜루 대통령이 반대했다.

이 시기 이후 〈사회부조 기본법〉의 조작화는 복지주의와 보장권리의 논리 사이에 벌어지는 끝없는 분쟁의 대상이 되고 만다. 5년의 지연 후 마침내 사회복지 영역은 대단히 혁신적인 공공정책을 통해 규제를 받게 된다. 사회복지는 기여를 전제하지 않는 권리이며, 불평등에 맞설 것을 제안하고, 그와 동시에 경제적 수익성으로 인해 손해를 입는 사회적 필요에 초점을 맞추는 제도로서 법적인 정의를 내렸다(Pereira 1996, Esping-Andersen 1991). 그 목적은 근로와 무관하게 사회보장을 제공하는 것이었다.

사회복지의 혜택을 받는 사람들은 '취약 계층' 또는 〈그림 11 -1〉에서 볼 수 있듯이 노동불가 계층으로 불렸다. 그 대상이 제한된 집단이었음에도 불구하고 사회복지는 서비스 구성 면에서 엄청난 발전을 이룩했다. 서비스 체계는 매우 활발한 형태로 분산되어 구성되었다. 다시 말해 연방정부, 주·군 단위 행정기구가 사회부조의 운영과 혜택 및 서비스 제공에서 모두 균등하게 책임을 졌다는 뜻이다. 이들은 운영회의로부터 지원을 받았다. 예를 들어 시 단위에서 의사결정을 내리면 지자체 사회복지위원회의 승인

9) 1993년 12월 〈법령 제 8742/7호〉이다.

<그림 11-1> 사회부조 대상 계층

을 받아야 한다는 식인데, 이렇게 함으로써 모든 수준의 활동에서 시민을
대표하는 대의원으로부터 승인을 받고 공공 대리인의 조율을 거치도록 한
것이다.

재정구조는 연방정부 차원에서 시작하며, 그 다음 각 주 단위, 그리고
각 군 단위로 재원이 전달되게 된다. 또한 사회부조는 여러 가지 종류의 복
지서비스와 계획으로 나누어진 다양한 형태의 활동을 통해 분산되어 제공
된다. 이렇게 서비스의 구조가 분산형이기 때문에 각 서비스는 수혜 당사
자의 실제 거주지와 최대한 가까운 위치에서 이루어져야 한다. 사회부조서
비스는 복지를 필요로 하는 모든 이들에게 제공되며, 공공기관은 이를 제
공해야 한다. 소득이전에 해당하는 연속연금수당(BPC) 은 67세 이상의 모
든 고령자와 자활이 불가능한 모든 장애인에게 최저소득을 보장해 준다.
기타 수당은 특정한 수요, 즉 출산이나 사망 등에 의해 복지 관련 수요가
발생한 가족에게 제공된다. 기타 수당은 취약 계층에 속한 어린이와 가족,

노약자, 임산부 또는 장애인 등이 일시적으로 처한 문제에 대응하고자 지원을 받을 목적으로 요청할 수 있다. 빈곤퇴치사업은 인구학적 수요에 맞춰 정의하고 있다.

〈사회부조 기본법〉은 브라질의 인구구성을 고려하여 매우 복잡하게 설계된 사회복지제도를 구축하는 근간이 되었다. 그러나 법률만으로는 목표를 달성하기에 충분하지 않았으며, 시간이 지나 사회복지 영역도 계속해서

〈그림 11-2〉 사회부조 재정구조

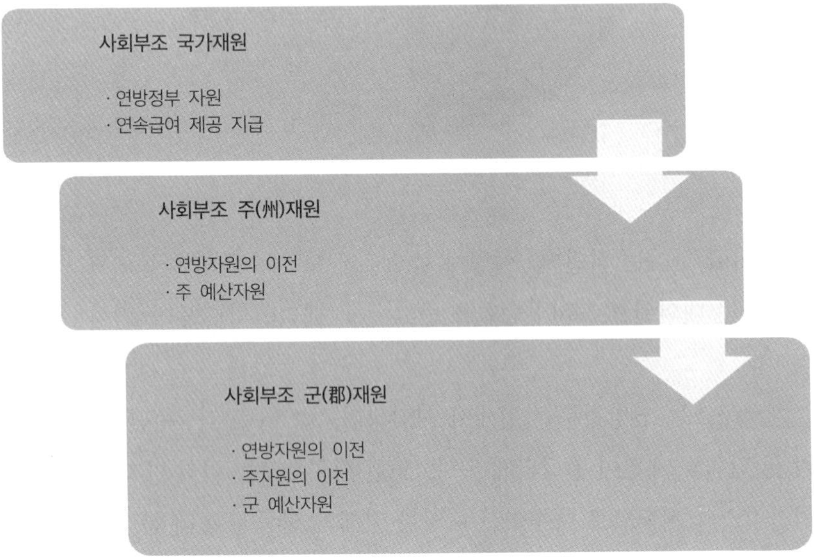

〈표 11-1〉 사회부조 서비스구조

| 사회부조 | · 가족에 대한 완전보호서비스<br>· 생활서비스 및 연계 강화<br>· 가정 내 기초사회보호서비스<br>· 일반 국민 대상 |
|---|---|
| 복지 혜택 | · 연속연금수당 제공(노인 및 장애인, 소득이전)<br>· 기타 혜택(출산 및 사망 시 지원) |
| 빈곤퇴치사업 | · 해당 계층의 수요에 따라 정의 |

발전과 퇴보를 거듭했다. 도입된 방안들은 국제사회가 복지국가 및 정부의 사회 개입에 대해 제기하여 온 의문에 반하는 것이었다(Da Mota, 2000: 142). 따라서 1988년 헌법 이후 집권한 행정부들에게 한 가지의 선택사항이 주어졌다. 바로 "국제기관들이 국가의 개입을 축소할 목적으로 요구하는 조정안에 복종하고, 자본 선호의 지향성을 갖추는 것"이었다(Boschetti, 2004: 118).

조제 사르네이, 콜로르 지 멜루, 이타마르 프랑쿠, 페르난두 엔히키 카르도주(FHC) 행정부는 모두 동일한 과정을 거쳐 국가 전체가 워싱턴위원회10)를 충실히 따르도록 통합했다(Couto, 2004). 신자유주의적 관점11)은 민주적 관점과는 명백하게 반대로 작용했다. 사회복지는 그러한 국면에서 영향을 받았다. 콜로르 정부의 집권기 동안 특정 활동은 계속 유지됐다. 〈사회부조 기본법〉으로 제출된 첫 법안의 조항에 거부권을 행사함으로써 콜로르 정부는 재향군인복지회의 마지막 회장인 영부인 로자느 콜로르(Rosane Collor)가 이끈 복지국가적 행동에 종점을 찍었다. 〈사회부조 기본법〉은 법제화되었으나 브라질 국민들에게는 아무런 현실적 혜택이 돌아가지 않았다.

카르도주 행정부의 집권기에 재향군인복지회는 해체되었으나 복지국가주의모델은 그대로 남았다. 정부는 최소국가 관점을 따르기로 선택했으며, 영부인 카르도주 여사는 '공동체연대'라는 새 프로그램을 이끌었다.

공동체연대 프로그램은 빈곤선 아래에 속한 극빈층을 대상으로 한다. 조건부 특혜 없이 시민사회, 정부, 민간단체의 참여를 유도하는 것을 그 목적으로 하

---

10) 워싱턴위원회가 내린 권고안은 경제에 우선순위를 두고 사회정책에 대한 주 예산 지출을 줄이라는 내용을 담았다(Couto, 2004).
11) 신자유주의란 국가의 개입과 사회의 안녕에 강력히 반대하는 이론적 대응 및 정책이다 (Anderson, 1995).

며, 연방, 주, 군 단위 지자체가 협력하여 기아와 빈곤의 퇴치를 위해 노력하는 것이 이 프로그램의 목표였다(Suplicy, 1995).

공동체연대 프로그램은 국가의 구체적 행위로 지속되었던 사회복지의 법제화 가능성에 기여했다. Draibe가 기술한 바와 같이 이 역사적 시기 동안 브라질 정부는 구체적이고 집중화된 행동을 선택했으며, 현금급여의 논리를 우선순위에 두었다.

룰라 행정부 동안에는 빈곤층에게 복지를 제공하기 위한 두 가지 방안이 등장했다. 그중 하나는 '보우사 파밀리아 프로그램'을 통한 지원금이며, 다른 하나는 〈사회부조 기본법〉에 따른 방식의 복지를 실질적으로 도입함으로써 법률이 규정한 내용에 마침내 실효성을 부가한 조치였다.

세계적으로 유명한 보우사 파밀리아 프로그램은 카르도주 정권기에 이미 존재했던 네 가지 소득이전제도를 통합한 것이다.

2004년 1월 9일, 룰라 다 시우바 대통령은 〈법령 제 10836호〉를 통해 보우사 이스콜라, 보우사 파밀리아, 아우실리우 가스(Auxilio Gas), 아동노동퇴치 프로그램(PETI)의 네 가지 소득이전제도를 통합해 '보우사 파밀리아 프로그램'을 만들었다. 이는 연방정부 차원에서 사회제도의 단일등록체계(Cadastro Único)를 갖추는 토대가 되었다(Graziano, 2013).

보우사 파밀리아 프로그램은 주 정부의 정책이 아닌 중앙정부가 만든 사회부조 관련 제도라는 것이 중요하다. 이 프로그램은 연방헌법에서는 사전에 찾아볼 수 없었으며, 이 장에서 제시한 사회부조정책 중에도 포함되지 않았다. 보우사 파밀리아는 카르도주 행정부 기간에 시작해 룰라 행정부까지 이어진, 국제통화기금(IMF) 등과 같은 국제기구와도 연관된 정부 주도의 빈곤퇴치정책의 일환이었다.

보우사 파밀리아와 사회부조정책 간의 상관관계는 그 대상자들인데, 이러한 제도의 지원을 받는다는 것은 그들이 곧 극단적인 수준의 사회적 취약 계층임을 의미하는 것이다. 보우사 파밀리아는 소득이전과 관련된 정책들로부터 운영 및 재원을 지원받기에 이 장에서 다루는 사회부조의 범주에 들지는 않는다.

소득이전이 룰라 행정부가 취한 여러 조치에 상당한 영향력을 미친 것은 사실이나, 통화 관련 조치는 1988년 헌법이 정한 바에 따른 국가에 의한 서비스제공체계의 연장이었다는 사실은 중요하게 짚고 넘어갈 필요가 있다. 브라질 역사상 최초로 민주적으로 선출된 룰라 행정부가 진정한 사회복지시스템을 도입, 시작하게 되었다.

## 5. 통합사회부조체계

통합사회부조체계(Sistema Único de Assistência Social: SUAS)는 가장 최근 진행된 사안이다. 통합사회부조체계는 공공정책 가운데 가장 효과적인 사회복지 수단임이 입증되고 있다. 통합사회부조체계는 브라질의 공공보건체계로서 해외에도 잘 알려진 통합의료체계(Sistema Único de Sáude: SUS)로부터 많은 부분을 참고했다. 통합의료체계는 거주지역과 가까운 곳에 배치된 공공기관을 활용하여 질병 예방 및 치료를 받도록 한다. 통합의료체계 도입이 필요했던 가장 큰 이유는 사회복지를 좀더 접근하기 쉬운 공공제도 안으로 편입시켜야 했기 때문이다. 보건의료부문에 적용한 개념을 따라, 이 제도는 거주지와 가까운 곳에 위치한 공공기관이 사회복지 영역에 속하는 문제를 예방하고 처리할 수 있도록 하는 것을 목표로 했다.

브라질은 이러한 제도가 절실히 필요했다. 1988년 헌법을 통해 법률적 영역에서는 분명한 진전이 있었으나, 그동안 어느 행정부도 〈사회부조 기본법〉이 지향하는 적극적·분산적 형태의 사회복지정책을 실제로 가동하지는 않았기 때문이다. 통합사회부조체계는 이러한 관행을 바꾸고 사회복지정책의 온기를 브라질 국민이 피부로 체감할 수 있도록 한 것이다.

각종 어려움을 겪는 국민들을 삶의 현장에서 직접 도울 수 있다는 장점과 함께, 통합사회부조체계는 사회복지위원회가 조직한 시민사회가 주도하여 성취한 계획이라는 점 또한 특징적이다. 2003년 브라질리아에서 열린 제4차 전국사회복지총회[12]에서는 해당 정책의 전문 및 통합사회부조체계[13]를 구성할 각 항목에 대한 합의가 이루어졌다. 이것은 단순히 법령을 이행하는 조치가 아니라, 종합적 결과가 현행 법령에 반영된 광범위한 사회적 토의의 과정이었던 것이다.

이 장에서 기술한 재정 및 운영구조뿐만 아니라, 통합사회부조체계의 가장 대표적인 혁신 항목으로는 다음과 같은 내용을 들 수 있다.

- 사회부조정보센터(CRAS)와 사회부조전문정보센터(CREAS)로 불리는 사회복지 공공기관을 설립하여 운영 및 시각적 정체성을 확보했다.
- 각 군이 직접 책임을 지고 더 계획적으로 공공정책을 제공하게 했다.
- 행정 및 관리업무구성과 모델 등, 제공되는 복지서비스의 품질을 표준화하도록 했다.
- 정부가 바뀌더라도 그와 무관하게 지속적인 복지서비스가 제공되도록 했다.
- 가족 대상 복지서비스의 중심점 역할을 하도록 했다.
- 각종 사회 문제를 예방하고 극단적인 사례를 막을 수 있도록 선제적으

---

12) 해당 총회는 법이 정한 바에 따라 개최되는 행사로서, 모든 주 및 군 단위 대표자들이 모여 국가 사회복지정책의 전개 방향을 결정하는 회의다. 사회복지정책에 대한 토론이 이루어지는 가장 대표적인 회의다.

13) 2004년 10월 15일 국가사회부조위원회 〈결의안 제145호〉(CNAS, 2004)이다.

로 노력했다.

· 과거 영부인 등에 의해 이루어졌던 정치적 단체행동과 거리를 두고 더 전문적인 차원에서의 복지서비스를 제공하도록 했다.

사회 문제에는 개별 사례마다 독특한 복잡성이 존재하며, 그에 맞는 해결책을 맞춤형으로 찾아 제공해야 한다. 복지서비스가 제공하는 보호 조치에는 기초사회보호와, 특수사회보호의 두 가지가 있다. 기초보호의 경우 대상 가정에 최초 발생한 문제에 대한 지원이 이루어지며, 극단적인 상황으로 치닫지 않도록 예방 조치가 취해진다. 특수보호의 경우에는 현재 진행 중인 극단적 상황에 초점을 두며, 가정에 이미 심각한 문제가 발생했거나 폭력행위가 있을 때에 맞추어 조치가 취해진다. 이렇게 함으로써 이 정책은 모든 각각의 사회 문제에 각기 다른 각도에서 대응하게 된다.

〈표 11-2〉에 제시된 공공서비스의 예는 상징적인 것이다. 이어서 제시되는 수치에서 볼 수 있듯이, 브라질에서 제공되는 사회복지서비스의 질적 및 양적 성장은 뚜렷하게 드러난다.

2014년 통합사회부조체계 조사에 따르면 7년 동안 사회복지서비스를 제공하는 군 단위 기관이 50% 증가한 것으로 파악되었으며, 이는 곧 브라질

〈표 11-2〉 통합사회부조체계의 서비스구조

| 보호의 구분 | 기초사회보호 | 특수사회보호 |
|---|---|---|
| 관련 공공기관 | 사회부조정보센터 | 사회부조전문정보센터 |
| 서비스의 구분 | 광역서비스 | 지역서비스 |
| 주요 대응 상황 | · 사회적 문제가 있는 가정<br>· 보우사 파밀리아 수급가구<br>· 사회부조 수급가구<br>· 사회적 친목활동<br>· 가정불화 및 갈등 문제<br>· 기타 사회적 취약 계층 | · 신체적 또는 정신적 폭력<br>· 경제적 폭력<br>· 가정폭력<br>· 아동방임 및 유기<br>· 차별<br>· 미성년자 노동<br>· 노숙<br>· 기타 긴급한 위기 상황 |

전역에 걸쳐 사회복지시스템이 마침내 현실화되었음을 의미한다. 사회부조전문정보센터가 제공하는 복지서비스가 지역 중심적으로 작동함으로써 좀더 세부적이라는 점을 감안하면 그 양적인 성장세는 사회부조정보센터 서비스보다 낮은 것이 당연하지만, 부속기관의 수가 증가했다는 점은 분명한 의미가 있다.

그러므로 통합사회부조체계는 민주적·참여적 관점을 효과적으로 보여주며, 사회정책에 항상 수반되었던 가이드라인의 부재나 운영상의 어려움 등을 극복한 사례라고 볼 수 있다. 관련법을 만드는 과정에서는 전국의 주·군 단위 위원회가 적극적으로 참여하는 끈기 있는 거국적 토론이 반드시 필요하다. 모든 운영 수준에서 찾아볼 수 있는 참여적 토론과정과 모든 통합사회부조체계의 법률 조항은 민주적인 방법으로 사회복지를 실현하고 강화하는 선진적 변화를 상징하는 것이다. 역사적으로 정실주의는 사회복지정치의 일부분이었다.

이것은 곧 브라질에서 시민권 영역에 역사적인 퇴보가 있었음에도 불구하고 권리의 문화가 발전하기 시작했다는 것을 잘 보여 준다. 1980년대 이후 브라질에서는 젊은 민주주의와 시민사회가 다시 부상하기 시작했으며, 민주적 권리와 시민권을 강화하는 맥락에서 시민들은 공공 영역에 반대함으로서 정실주의에 맞서 싸웠다.


# 6. 맺음말: 권리와 호의, 통합사회부조체계의 과제

사회부조 분야에서는 두 가지 정치문화 간에 논쟁이 있다. 하나는 편애주의·정실주의·가산주의 등을 내세운 보수적 정치문화이며, 다른 하나는 여러 가지 운영위원회의 등장으로 시작되어 통합사회부조체계의 통합을 목적으로 하며 힘을 얻은 민주적 문화다. 이 두 가지 요소는 사회복지를 자선사업과 복지국가주의가 아닌 사회적 권리의 영역으로 편입시키는 데에 결정적인 역할을 했다.

이전까지와 같은 보수적 정치문화는 여전히 남아 있다. 2016년 브라질은 매우 중요한 정치적 위기에 휩싸였고, 이로 인해 민주적으로 선출된 정부와 기관이 축출되는 한편 대체정부가 들어서면서 국제적인 비난을 받았다. 이와 같은 새로운 정치적 현실은 브라질 국민의 삶에 상당한 영향을 미쳤고, 이 과정에서 사회복지도 상당한 피해를 입었다. 통합사회부조체계는 계속되는 변화에 위협을 받는데, 지금까지 관련된 업무의 구성과 운영을 연방정부 차원에서 이끌어 왔던 사회개발부가 폐지된 것이 그 혼란의 시작점이었다.

또 한 가지 짚고 넘어가야 할 중요한 사항은 최근 제정된 '행복한 아이들'(Criança Feliz)14)이라는 프로그램인데, 이 프로그램은 통합사회부조체계의 틀을 완전히 무시하고 또다시 현직 대통령 영부인의 주도로 진행됨으로써 과거의 관행이던 영부인과 사회복지 프로그램과의 관계를 부활시켰다. 최근 정부는 국가사회복지위원회에 해당 프로그램을 지원해 줄 것을 요청했으며, 이는 통합사회부조체계를 통해 도입된 정치적 원조의 법적 형태와 전혀 다른 운영 형태, 즉 사업의 진행과정에서 시민사회의 역할을 완전히 무시하는 방향을 보여 주는 것이다. 이것은 시급한 위협이자 정실주의와 가산주의를 향한 역행이다.

사회발전은 대단히 달성하기 힘든 과제다. 사회복지 영역에서는 잘 조직된 시민사회로부터의 압력과 참여의 유도가 통합사회부조체계 도입에 큰 역할을 했다. 하지만 현재의 상황을 보면 이제 막 시작된 정치문화과정으로 관심이 집중된다. 오늘날에는 지속적인 위협에 직면하여 눈을 크게 뜨고 지켜볼 필요가 있으며, 그간의 성취에 가치를 두고 앞으로 더욱 확장

---

14) 이 프로그램은 보우사 파밀리아 수혜 아동에게 혜택을 전달하는 것을 목표로 한다.

해 나가기 위해 애써야 한다. 이 장의 내용은 미래 세대에 매우 중요한 도구가 되리라 생각하며 집필한 것이다. 다음 세대가 민주주의 수호와 더 나은 사회복지의 모색을 위하여 과거의 역사를 잊지 않고 발전과정의 가치를 중시함으로써 지속성을 확보할 수 있기를 소망한다.

## ■ 참고문헌

Anderson, P. (1995). Balanço do Neoliberalismo. In Sader, E. (Ed.). *Pós-neoliberalismo: As Políticas Cociais e o Estado Democrático*, São Paulo: Paz e Terra.

Avritzer, L. & De Souza, C. H. L. (Ed.) (2013). *Conferências Nacionais: Atores, Dinâmicas Participativas e Efetividades*. Brasília: IPEA.

Boschetti, I. (2003). *Assistência Social no Brasil: Um Direito Entre Originalidade e Conservadorismo*, 2nd edition. Brasília: GESST/SER/UnB.

_____(2004). Seguridade social e projeto ético-político do Serviço Social: Que direitos para qual cidadania? *Serviço Social: formação e projeto político*. Revista Serviço Social & Sociedade, 79. São Paulo: Cortez.

Castro, A. T., & Neves, A. V. (Eds.) (2012). *Democracia, Sociedade Civil e Serviço Social*. Editora da UNB.

Correia, M. V. C. (2005). *Desafios para o Controle Social: Subsídios para Capacitação de Conselheiros de Saúde*. Rio de janeiro: Editora Fiocruz.

Couto, B. R. (2004). *O Direito Social e a Assistência Social na Sociedade Brasileira: Uma Equação Possível?* São Paulo: Cortez.

Da Mota, A. E. S. (2000). *Cultura da Crise e Seguridade Social: Um Estudo sobre as Tendências da Previdência e da Assistência Social Brasileira nos Anos 80 e 90*. São Paulo: Cortez.

De Carvalho, J. M. (2002). *Cidadania no Brasil. O Longo Caminho*, 3rd edition. Rio de Janeiro: Civilização Brasileira.

Doimo, A. M. (1995). *A Vez e a Voz do Popular*: *Movimentos Sociais e Participação Política no Brasil pós-70*. Rio de Janeiro: ANPOCS/Relume Dumará.

Draibe, S. M. (1988). O welfare state no Brasil: Características e perspectivas. In *Ciências Sociais Hoje - 1988*. São Paulo: ANPOCS.

Esping-Andersen, G. (1991). As três economias políticas do welfare State. In *Revista Lua Nova, 24*. São Paulo: Marco Zero/CEDEC.

Faleiros, V. de Paula. (1985). *A Política Social do Estado Capitalista: As Funções da Previdência e Assistência Social*. São Paulo: Cortez.

Graziano, X. (2013). *Políticas Sociais no Brasil*: *Pequena História dos Programas de Transferência de Renda*. São Paulo: Instituto Fernando Henrique Cardoso (IFHC).

Holanda, S. B. (1995). *Raízes do Brasil*, 26th edition. SP Companhia das Letras.

IBGE (2012). *Perfil dos Municípios Brasileiros Brasil*.

IPEA (2010). Instituições Participativase Políticas Públicas no Brasil: Caracteriísticas e Evolução na Última Década. *Brasil em Desenvolvimento, 3*, 565~587.

Matta, R. (1984). *A Casa e a Rua*: *Espaço, Cidadania, Mulher e Morte no Brasil*. Rio de Janeiro: Rocco.

Montaño, C. (2002). *Terceiro Setor e Questão Social*: *Crítica ao Padrão Emergente de Intervenção Social*. São Paulo: Cortez.

Neves, A. V. (1994). *A Assistência Social*: *Do Discurso à Prática Profissional*: *As Representações dos Assistentes Sociais da Legião Brasileira da Assistência*. Master thesis. Pontifícia Universidade Católica do Rio de Janeiro.

_____ (2008). *Cultura Política e Democracia Participativa*: *Um Estudo de Caso sobre o Orçamento Participativo*. Rio de Janeiro: Gramma.

_____ (2012). Controles democráticos, participação e clientelismo: As dificuldades da representação da sociedade civil no conselho de Assistência Social. *Revista Políticas Públicas, 16 (1)*, 213~222.

Pereira, P. A. P. (2000). A questão social e as transformações das políticas sociais: respostas do Estado e da sociedade civil. *Ser Social, 6*, 119~132.

_____ (1996). *A Assistência Social na Perspectiva dos Direitos*: *Crítica aos Padrões Dominantes de Proteção aos Pobres no Brasil*. Brasília: Thesaurus.

_____ (2008). *Política Social*: *Temas & Questões*. São Paulo: Cortez.

_____ (2009). *Política Social-Temas e Questões*, 2nd edition. Cortez Editora.

Sales, T. (1994). Raízes da desigualdade social na cultura Brasileira. *Revista Brasileira de Ciências Sociais, 25.*

Schwartzman, S. (1988). *Bases do Autoritarismo Brasileiro.* Rio de Janeiro: Editora Campus.

Sposatti, A. D. O. & Falcão, M. D. C. B. D. C. (1989). *Identidade e Efetividade das Ações no Enfrentamento da Pobreza Brasileira.* São Paulo: Educ.

Suplicy, E. M. & Neto, M. (1995). Políticas sociais: O programa comunidade solidária e o programa de garantia de renda mínima. *Planejamento e Políticas Públicas, 12.* Brasília: IPEA.

Torres, I. C. (2002). *As Primeiras-damas e a Assistência Social: Relações de Gênero e de Poder.* São Paulo: Cortez.

Vianna, M. L. T. W. (2002). Que reforma? O sistema brasileiro de proteção social, entre a previdência e a seguridade. *Ser Social, 11,* 75~104.

# 보건의료제도

## 1. 머리말

이 장에서는 브라질 공공 및 민간병원의 의료서비스체계를 소개하고, 브라질의 통합의료체계인 통합의료체계(Sistema Único de Saúde: SUS) 도입 및 통폐합 전반에 걸친 이용자의 만족도를 파악함으로써 이들 병원이 제공하는 고객서비스의 질을 평가하고자 한다.

1950년대 말에서 1960년대 초까지 브라질 병원의 대부분은 퇴직 및 연금원(Instituto de Aposentadoria e Pensão: IAP)이 관리하였다. 그 후 브라질의 사회보장제도가 여러 차례 중대한 변화를 거치면서 여러 개로 분산되어 있던 퇴직 및 연금원이 연방정부 산하의 국립사회복지원(Instituto Nacional da Previdência Social: INPS)으로 통합되었다. 미국식 서비스모델의 채택과 더불어 다양한 병원서비스 및 선진화된 장비에 대한 브라질 국민들의 요구가 거세어짐에 따라 공공서비스, 특히 국립사회복지원과 연계된 의료서비스 관리 측면에서 여러 문제가 발생하기 시작했다.

곧이어 연방정부는 의료지원·관리 수행능력에 있어서 민간부문이 상대적으로 우월함을 인정하면서 공공병원을 민영화하려는 계획을 제시하였다. 정부의 보조성 대출 및 인센티브와 더불어 은행 신용한도가 민간부문에 제공되기 시작하면서 민간부문이 공공시스템 내 의료서비스를 제공할 임무를 맡게 되었다.

오늘날에도 이러한 민영화 방식이 브라질 의료지원서비스의 제공 측면에서 가장 많이 활용된다. 현재 브라질 내 공공병원의 수는 민간병원의 수보다 적다. 2016년 초 기준으로 공공의료체계에 속한 병원 중 2,300개만이 공공소유이며, 나머지 60% 이상은 정부와의 계약체결을 통해 운영되는 민간소유의 병원이다.

브라질 공공의료는 대체로 걱정스러운 상황이다. 산타카자(Santa Casa) 병원 및 브라질 자선병원연합(Charitable Hospitals Confederation) 총재인 조제 루이스 스피골룽(José Luis Spigolon)은 의료부문의 재원이 부족하고 브라질이 겪는 다양한 국가적 위기가 영향을 미쳐 공공의료의 상황이 악화된다고 지적하였다. 그에 따르면 2016년 4분기 동안 브라질의 대학병원들은 직원 파업과 의료물자 및 의약품 부족, 열악한 물리적·기술적 상황으로 인해 (리우데자네이루에서 관찰한 바와 같이) 의료서비스 공급을 제대로 하지 못하는 실정이다.

공공의료시스템 제공자로서 가장 큰 비중을 차지하는 산타카자 및 다른 자선병원들의 상황도 이와 유사하다. 이들 기관은 국민들에게 지속적으로 의료서비스를 제공하기 위해 급기야 은행으로부터 고금리로 대출을 받기에 이르렀고, 이로 인해 이들의 재무 상황은 악화일로에 있다. 이들 자선병원의 전체 부채 규모는 210억 헤알을 넘어섰다. 그 결과, 2015년에는 병원 218곳, 1만 1천 개 병상이 폐쇄되었고 3만 9천 명의 인원이 일자리를 잃었다. 이렇게 대대적으로 구조조정이 단행된 이유는 자선병원이 공공의료체계 내에서 복잡한 입원서비스를 제공하는 기관의 50% 이상, 브라질 전체의 이식 및 암 치료서비스 제공 기관의 60% 이상을 차지하며, 주민 수

<그림 12-1> 병원 운영 주체별 병원 수의 비율(2016년 10월)

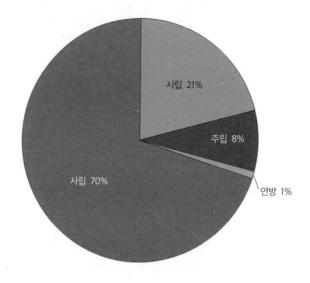

자료: CNS(2016).

<표 12-1> 병상 수 분포 현황(2016년 10월)

| 병상 구분 | 공공 | | 민간 | | 전체 | |
|---|---|---|---|---|---|---|
| | 병상 수(개) | 비중(%) | 병상 수(개) | 비중(%) | 병상 수(개) | 비중(%) |
| 외과 | 74,683 | 65 | 40,774 | 35 | 115,457 | 23 |
| 내과 | 84,292 | 72 | 32,036 | 28 | 116,328 | 24 |
| 정신과 | 25,728 | 70 | 11,223 | 30 | 36,951 | 8 |
| 소아과 | 41,934 | 79 | 11,248 | 21 | 53,182 | 11 |
| 산부인과 | 40,879 | 75 | 13,295 | 25 | 54,174 | 11 |
| 기타 | 69,570 | 60 | 46,810 | 40 | 116,380 | 24 |
| 합계 | 337,086 | 68 | 155,386 | 32 | 492,472 | 100 |

자료: CNS(2016).

3만 명 미만의 작은 마을의 경우에는 대부분 자선병원이 유일한 의료시설의 역할을 담당하기 때문이다.


## 2. 공공의료시스템은 건강할 권리를 의미하는가?

1988년 브라질 연방헌법은 "보건의료는 모든 국민의 권리이자 국가의 의무"라고 천명하였다. 이 조항에 따라 질병의 위험을 경감하고 보건의료시스템에 대한 보편적인 접근을 보장함으로써 국민건강을 증진하고 예방 및 회복을 보장해야 하는 것이다.

브라질의 공공의료는 자국 역사상 가장 위대한 사회통합운동으로 자리 잡았음에도 불구하고, 현재 브라질은 보건의료 측면에서 매우 중대한 순간을 맞이하고 있다. 이는 사회적 갈등과 불평등, 높은 실업률 등 다양한 요인의 영향을 받았는데, 그 결과 수많은 사람이 보건의료의 지원을 받기 위해 하염없이 기다려야 하는 형편에 처했다.

브라질의 공공의료시스템은 보건의료에서의 증진·예방·회복에 대한 인식을 확산시키고자 노력한다. 하지만 현재 브라질이 직면한 여러 가지 사회·경제·정치적 과제로 인해 이를 달성하기란 어려운 상황이다.

세계보건기구(WHO)의 정의에 따르면 건강은 "질병이나 손상이 없을 뿐만 아니라 신체적·정신적·사회적으로 완전히 안녕한 상태"를 말한다. 개별 질병이 개인적 차원에서의 건강을 손상시키기는 하지만, 우리는 사회경제적 지위 등의 특정 요소가 건강-질병과정에 어떠한 영향을 미치는지 늘 함께 살펴봐야 한다.

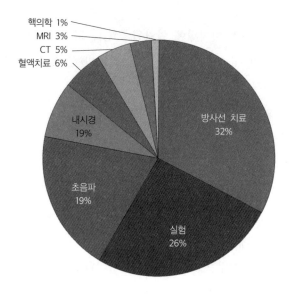

〈그림 12-2〉 브라질의 부가의료서비스(2016년 10월)

핵의학 1%
MRI 3%
CT 5%
혈액치료 6%

방사선 치료
32%

내시경
19%

초음파
19%

실험
26%

자료: CNES(2016).

〈그림 12-3〉 브라질의 의료장비 보유 및 사용 대수(2016년 10월)

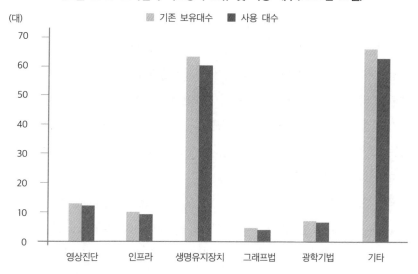

자료: CNES(2016).

## 3. 공공의료 네트워크 지원을 위한 민간 네트워크 활용

퇴직 및 연금원 중 가장 마지막에 설립된 산업체 퇴직 및 연금원(Instituto de Aposentadoria e Pensões dos Industriarios: IAPI)은 의료회사 및 헬스케어홈과의 계약 체결을 수행하는 최초의 연구소였으며, 그 후 많은 기관이 산업체 퇴직 및 연금원과 같은 행보를 따랐다. 한편 1964년 군사정권이 들어서면서 여러 개로 분산되어 있던 퇴직 및 연금원이 단일기관인 국립사회복지원으로 통합되었다.

국립사회복지원이 탄생함으로써 모든 등록·미등록 근로자 그리고 퇴직연금제도에 가입한 고용주들을 대상으로 의료지원 보장이 확대되었다. 이에 따라 의료서비스에 대한 수요가 기존 퇴직 및 연금원 관리하의 병원 및 의원의 수용 능력을 크게 초과하는 규모로 늘어나는 결과를 낳았으며, 이러한 수요 증가에 부합하기 위해 민간의 보건의료서비스 네트워크와의 계약 체결, 인증, 협력관계 구축 등을 대대적으로 확대하는 것이 불가피하였다. 이러한 해법은 정부 정책의 변화를 가져왔다. 또한 공공의료서비스 제공을 위한 민간 네트워크 활용 및 국가의 책임이었던 다양한 공공서비스 집행의 민간부문 위임에 대한 시각이 우호적으로 바뀌기 시작하였다.

민간서비스와 공공조직 간의 이러한 계약관계로 인해 민간병원들은 의약품과 의료물자, 진단서비스를 제공하면서 사기행위를 통한 과다지급을 하기 시작했다. 즉, 병실 입원치료면 충분한 환자를 호스피탈 아파트로 보내는 등의 행위가 만연했던 것이다. 병상은 점차 호스피탈 아파트로 바뀌었고, 이와 함께 서비스의 질은 악화되었다.

국립사회복지 사회부조원(Instituto Nacional de Assistência Médica da Previdência Social: INAMPS)의 진료과목별 가격 기준(보건의료 공급기관이 제공하는 서비스에 대해 정부가 정한 표준가격)은 1982년 11월부터 1983년까지 한 차례도 재조정되지 않았으며, 너무 낮은 수준에 그쳐서 민간부문은

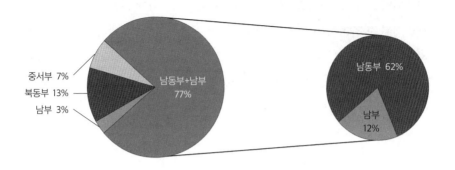

〈그림 12-4〉 보건의료 계획의 지역별 분포도

자료: ANS(Agência Nacional de Saúde in Portuguese), 2016년 10월.

대중에게 수술이나 치료를 비롯한 보건서비스를 제공하는 데에 아무런 관심을 보이지 않았다. 1982~1983년 당시 이러한 일시적 위기 상황은 보건의료의 자치를 추구하는 민간부문의 급속한 성장을 초래했다. 그 후 1992년, 국립사회복지 사회부조원은 국가공공안전위원회(Conselho Nacional de Segurança Pública: CONASP) 계획을 출범시켰는데, 주요 개혁 과제 중에서도 특히 입원수속을 기존 진료과 중심의 입원가이드시스템(Sistema Guia de Internação Hospitalar: GIH)에서 절차 중심의 입원승인시스템(Autorização de Internação Hospitalar: AIH)으로 변경하는 것을 골자로 하고 있다. 수술(절차)별 보상체계는 특정 수술을 완료하는 데에 필요한 의료행위의 수와 무관하게 책정되어 불필요한 수술의 수를 줄일 수 있도록 하였다.

그러나 브라질 의료시장의 전망은 그리 낙관적이지 않다. 브라질 정부의 공공의료시스템은 보건의료 목표 달성을 위해 여전히 민간부문에 공공연하게 의존하는 상태다. 그 현실은 놀라울 정도인데, 특히 병상을 기준으로 하였을 때, 전체 병원의 80%가 민간 소유일 정도이다.

1980년대를 거치면서 의료기관은 기업과 노조에 자율적으로 보건의료

보건의료제도 301

서비스를 제공할 수 있게 되었다. 이는 보건의료서비스가 회사 자체에서 관리되었으며, 보건의료 계획 및 의료협동조합, 단체 의료기업 또는 의료 보험기관을 관리하는 조직에 의해 서비스가 결정되었기 때문이다. 의료비 지불은 회사가 인가를 받아 브라질의료협회(Associação Médica Brasileira: AMB) 차트를 기반으로 서비스를 제공받기 위한 계약을 통해 이루어졌다. 이에 따라 민간 네트워크는 독립성을 가지게 되었다.

## 4. 민간 보건의료 네트워크 및 체계화

전 세계 병원의 대다수는 정부 및 종교기관에 소속된 자선단체들의 참여로 시작되었다. 그 후 개별적·자립적으로 활동하는 전문 의료인의 증가와 공공의료시스템에 대한 사람들의 불만으로 인해 의료기업이 등장하였다.

　신속한 진료예약과 특화된 고객서비스 등 민간의료지원의 유리한 이점들로 인해 보건의료기업의 필요성이 부상하게 되었다. 알려지지 않은 질병들이 발생함과 더불어 의료기업이 제공하는 효과적 치료로 인해 환자들은 이러한 종류의 서비스에 이전보다 더욱 의존하게 되었다. 치료뿐만 아니라 동반자 투숙이 가능한 편안한 개인실 등 민간의료지원이 상대적으로 더 나은 환경을 제공하였다.

　아울러 민간부문에 종사하는 전문 의료인은 공공부문에서와 같은 재정적 불안을 겪지 않게 되었다. 또한 자재, 장비 및 인프라의 품질 등과 관련된 근로 환경도 역시 민간부문이 상대적으로 더 나은 것으로 나타났다. 이에 따라 전문 의료인들은 고질적으로 분노와 냉담을 감내하여야 했던 공공부문에서의 업무를 기피하며, 대신 민간부문의 환자 및 사용자들을 선호하기 시작하였다.

　그 결과, 상대적으로 재정적 여유가 있는 계층은 좀더 양질의 인간적 보

건의료서비스를 받기 위하여 민간부문의 의료서비스를 고수하는 결과가
초래되었다.


## 5. 감사 및 인증: 서비스의 질과 안전성 제고

감사는 조사 및 수정, 자격인증을 의미한다. 따라서 감사는 여러 행위들이
올바른 목적에 따라 수행되었는지 측정하기 위한 체계적이고 공식적인 평
가체계로 이루어진다. 감사는 또한 다양한 업종에서 실수를 바로 잡고, 업
무의 질과 안전성, 효능을 보장하기 위해 활용되는 회계감독의 한 방법이
기도 하다.

한편 의료기관 감사는 훨씬 강력하게 이행되는데, 그 이유는 보건의료
서비스 측면에서 많은 변혁을 가져올 수 있기 때문이다. 병원에 자격을 부
여하면 시장 경쟁력을 확보함으로써 병원서비스를 크게 개선시킬 수 있다.
이러한 맥락에서 병원을 대상으로 한 감사는 환자 기록을 통해 검증된 체
계적 보건의료 평가를 수행한다. 이와 더불어 의료기관 감사는 고비용 요
소들을 통제해야 한다는 제도적 필요성도 수반한다.

간호 감사는 구체적인 데이터를 통해 간호서비스부문에서 불충분한 영
역을 파악한다. 이를 토대로 인원의 충원 및 감축에 관한 의사결정을 내리
고, 결과적으로 간호부문의 개선을 달성한다. 간호사의 영역이 병원 감사
에 있어서 상당한 부분을 차지하는데, 간호사들이 실용적이고 과학적인 지
식을 보유함으로써 과잉간호를 최소화하고 적절한 간호의 수준을 평가할
수 있는 능력을 확보한다.

인증은 다차원적 구조로 이루어져 있다. 인증의 과정은 그 마지막 결과
에서뿐만 아니라 지속적인 과정을 통해 서비스의 질을 향상시킴으로써 환
자의 안전을 제고한다.

## 〈표 12-2〉 지역별 의료기관 평가기구 인증 병원(2016년 7월 27일)[1)]

| 주 | 지역 | JCI 인증 병원 수(개) | 지역 간 JCI 인증 병원 비율(%) |
|---|---|---|---|
| 상파울루 | 남동부 | 17 | 58.62 |
| 리우데자네이루 | 남동부 | 5 | 17.24 |
| 미나스제라이스 | 남동부 | 1 | 3.45 |
| 페르남부쿠 | 북동부 | 2 | 6.90 |
| 산타카타리나 | 남부 | 1 | 3.45 |
| 히우그란지두술 | 남부 | 3 | 10.34 |
| 합계 | | 29 | 100.0 |

자료: 의료서비스인증 IQG

## 〈표 12-3〉 브라질에서 사용되는 4대 국제인증 획득 병원 수(2016년 7월 26일)[2)]

| 주 | 지역 | JCI | ACI | NIAHO | 합계 |
|---|---|---|---|---|---|
| 상파울루 | 남동부 | 17 | 28 | - | 45 |
| 리우데자네이루 | 남동부 | 5 | 3 | - | 8 |
| 미나스제라이스 | 남동부 | 1 | - | 5 | 6 |
| 파라 | 북부 | - | 1 | - | 1 |
| 페르남부쿠 | 북동부 | 2 | 1 | - | 3 |
| 파라나 | 남부 | - | 1 | - | 1 |
| 산타카타리나 | 남부 | 1 | 1 | - | 2 |
| 히우그란지두술 | 남부 | 3 | - | - | 3 |
| 합계 | | 29 | 35 | 5 | 69 |

자료: 의료서비스인증 IQG

---

1) 상파울루는 의료기관 평가기구의 인증을 받은 병원 비율이 가장 높다(58.62%). 남동부 지역은 의료기관 평가기구 인증 병원이 가장 많이 위치한 지역(70.31%)이며, 그 다음이 남부 지역(13.76%)이다. 의료기관 평가기구의 인증을 받은 29개 병원 중 공공병원은 4개인 것으로 조사되었다(13.79%).

2) NIAHO 인증을 획득한 병원은 이미 ONA 인증을 받은 병원이다. 상파울루는 국제인증 병원을 가장 많이 보유한 주(65.22%)이며, 그 다음은 리우데자네이루(11.59%)와 미나스 제라이스(8.69%) 순이다. 남동부 지역은 국제인증 병원을 가장 많이 보유한 지역(85.50%)으로 나타났다.

의료기관 평가기구(Joint Commission International: JCI)는 모범적인 의료서비스 사례들을 대상으로 인증을 해 준다. 이렇게 인증을 받은 기관 및 활동은 우수한 고객서비스를 제공한다고 공인받은 것으로서 국제사회의 인정을 받는다.

병원들은 이러한 인증을 획득하기 소망한다. 환자의 안전과 신뢰할 수 있는 프로세스를 확보하여 지속적 발전을 도모하는 것보다도 이러한 인증을 획득하는 것이 환자의 만족도와 의료서비스 결과를 향상시킬 수 있기 때문이다. 또한 세계적 모범사례로 거듭나는 한편, 이러한 인증을 받지 못한 타 병원과의 관계에 있어서도 인지도, 헌신적 성취 및 탁월한 고객서비스 등을 걸고 경쟁할 필요가 더 이상 없어질 것이기 때문이다.


## 6. 모두를 위한 인간적인 서비스

인간화와 돌봄은 분리될 수 없다. 인간화, 즉 인간성을 부여하는 것은 친절·연민·선의의 행위로, 타인의 입장에서 생각하고 공정함을 추구하는 것이다. 일반적으로 인간화란 인류의 안녕을 위해 개인적 또는 집단적으로 타인을 돌보는 행위를 말한다.

인간의 본성은 보살핌과 사랑·우정·치유를 표출함으로써 드러난다. 치유는 기술적인 보살핌만으로는 도달할 수 없다. 따라서 정서적 소통이야말로 의료서비스를 제공하는 전문가의 주된 역할이라 하겠다.

오늘날 이러한 과정을 뒷받침하기 위해 '인간화'라는 신조어까지 등장했으나, 정작 인간화는 실행되지 않는다. 비인간화는 존재와 소유의 차이에 관한 시각이 흐려져 보살핌을 소홀히 하는 행동으로 나타난다.

병원치료서비스에서 인간화를 다루는 것은 가장 중요한 도구, 즉 치료를 다루는 것이다. 치료의 본질에는 인간적인 태도가 담겨 있기에 상호 유익한 관계의 전형을 나타낸다. 보건의료서비스는 타인의 상태를 관찰하고 타인의 가치관과 신조를 파악하는 한편, 타인을 이해하고 최대한 지원하는 활동이다.

환자가 인간답게 보호 받는다고 느낄 수 있도록 하는 가장 좋은 방법은 적극적인 경청이다. 많은 상황에서 환자들은 소중하게 보살핌을 받기보다는 기계처럼 다루어지며, 그 결과 서비스는 비인간적으로 전락한다. 이러한 환경은 결국 정확한 진단을 위해, 또는 처방 및 치료를 향한 환자의 의구심을 해소하기 위해 올바른 정보를 전달하는 데에 불편을 초래한다.


## 7. '사용자에게 양질의 의료서비스를 제공하는 것'이란?

서비스 사용자에게 양질의 보건의료서비스(공공 및 민간)를 제공하는 것은 사용자의 서비스 만족도 그리고 기대치 충족과 관련이 있다. 이는 또한 서비스 통합 및 맞춤화의 정도와도 연관된다. 다시 말해, 동일한 기술이 여러 차례 적용되더라도 각 사용자 개인에 맞는 해결책이 제시되어야 함을 고려해야 한다.

서비스 제공과정은 구매·생산·소비를 모두 아우르며, 이 과정에서 표면상의 결점이 부각될 수 있다. 그러므로 서비스 평가는 매우 복잡한 작업이다. 따라서 서비스 제공자와 사용자, 서비스 품질 사이에 좋은 관계를 형성하는 것이 중요하다.

서비스 사용자는 다음과 같은 방식을 따른다. 서비스 사용자의 인식치가 기대치보다 높은 경우, 인식품질은 좋은 수준이다. 기대치와 인식치가 동일한 수준이라면 인식품질은 용납할 수 있는 수준이 될 것이다. 반면 기대치가 인식치보다 높을 경우, 인식품질은 좋지 못하다.

병원서비스는 그 과정 중에 정보가 제공된다. 즉, 제공되는 서비스의 품

〈표 12-4〉 브라질의 의료보조 직업군 분포

| 직업군 | 인원 수(명) | 비율(%) |
|---|---|---|
| 지역사회 담당자(Community Agent) | 287,003 | 20 |
| 간호보조사 | 253,074 | 18 |
| 치과의사 | 154,270 | 10 |
| 간호사 | 232,310 | 16 |
| 물리요법사 | 70,524 | 5 |
| 간호기술자 | 417,013 | 29 |
| 합계 | 1,414,194 | 100 |

자료: CNES, Cadastro de Estabelecimentos de Saúde in Portuguese. 2016년 10월.

〈그림 12-5〉 지역별 활동하는 의사의 비율

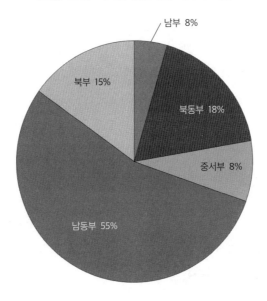

자료: CFM(Conselho Federal de Medicina in Portuguese),
2016년 10월.

질에 대한 관리책임 및 사용자의 기대치와 필요가 제시되는 것이다. 이를 통하여 서비스 사용자가 실망을 경험하지 않고 기대치가 충족될 수 있을 만큼의 서비스 개선을 하기 위한 평가가 가능해진다. 또한 병원서비스에서 제공되는 기능적 보살핌과 관련된 기술적 품질은 사용자의 인식품질과 관련이 있으나 사용자로서는 평가하기 어려운 부분임을 인식해야 한다.

지속적인 개선은 서비스 제공의 핵심적 요소로 볼 수 있다. 최선의 고객 서비스가 가능하도록 하기 위해서는 서비스 내용을 향상시키고 서비스 질을 평가하기 위해 필요한 도구를 개발하는 과정에 간호사들이 책임을 지고 철저하고도 역동적으로 참여해야 한다.


## 8. 서비스의 질을 성찰하는 행정적 과제

전략적 기반은 대체로 배제되게 마련이다. 일반적으로 사람들은 자신이 판단하기에 타당하다고 보는 것에 대해서만 행동하고 관심을 가지며, 각자가 가진 다른 신념으로 인해 각기 다르게 행동한다. 이러함에도 불구하고 양질의 서비스를 제공하려면 자연스럽고 원활한 업무 수행을 위해 관련 당사자가 준수해야 할 일련의 가이드라인에 대한 제안이 필요하다.

이러한 작업을 시작하려면 우수성 확보에 필요한 몇 가지 단계를 우선 고려해야 하며, 그 단계들은 다음과 같다.


1단계: 최고 경영진의 의지. 의사·간호사·간호기술자·행정보조원·유지관리 전문가 및 기타 전문가들을 이끄는 리더십과 양질의 효율적 관리, 자신감·에너지·끈기를 바탕으로 끊임없는 동기부여로 성과를 도출하려는 지속적인 헌신이 필요하다.

2단계: "원하는 것과 방향성" 파악하기. 이는 일상활동에 반영되어야 한다는 인식을 갖춘 건설적 비전을 의미한다. 인력평가와도 연결된다.

3단계: 인간적인 방식으로 사용자의 필요에 부합하는 방법 이해하기. 안전하고 위생적이며 청결한 양질의 치료서비스를 제공하고 환자의 정보에 쉽게 접근할 수 있도록 하여 양질의 간호서비스를 제공해야 한다.

4단계: 직업윤리. 서비스 사용자에 대한 제공자의 존중 및 신뢰에 관한 약속으로, 성실·정직 및 정보의 기밀보장이 이루어져야 한다.

5단계: 추측이 아닌 사실에 근거한 의사결정. 생명을 다룸에 있어 최신 정보를 지속적으로 업데이트하는 것은 양질의 서비스를 실현할 수 있는 바람직한 방법이다.

6단계: 시설·장비·재료·기술 및 인력을 포함하는 기능 세트를 갖춘 프로세스 접근방식. 무엇보다 사용자의 필요를 고려한 서비스를 구축하고, 그 이후에 서비스와 필요한 자원을 어떻게 조달할 것인지 설정해야 한다.

7단계: 조직 혁신 및 개선. 조직원들로 하여금 관습적 행위를 뛰어넘도록 동기를 부여함으로써 지속적인 개선을 이뤄내야 한다.

8단계: 효율성. 사용자의 필요에 더 잘 부응하기 위해 자신의 시간을 최적화하는 방법을 알아야 한다. 기다림은 고통을 야기한다는 점을 고려할 때 이러한 효율성이 서비스의 품질을 저하시키지 않을 것이므로 우선순위가 되어야 한다.

9단계: 조직학습. 평가의 수행과 개선을 의미하며, 실행을 재고하여 필요한 경우에는 성과 및 서비스의 질을 향상시키기 위해 변화를 일으켜야 한다.

10단계: 결과에 집중. 우수성을 달성하려면 이윤에만 초점을 맞출 것이 아니라 서비스 사용자와 직원·공급자·제품 및 사회와 관련된 결과에 초점을 맞춰야 한다. 공공부문에서는 특히 결과보다는 절차를 수행하는 데 초점을 맞추는 경우가 대부분이다.

모든 조직은 수행 행동성과에 자격을 부여하고, 실수를 진단하여 우수성을 추구하는 일련의 실행 지침을 제안해야 하며, 이는 목표 달성을 위한 훌륭한 출발점이 된다.


## 9. 보건의료: 영속 교육

보건의료는 교수학습 실행과 같은 영속적 교육으로서 이해되고 다루어져야 한다. 이는 공공·민간 의료기관들이 날마다 지식의 생산에 힘써야 함을 의미한다.

영속 교육은 세상의 경험 그리고 세계의 존재와 실천을 학습하며 새로운

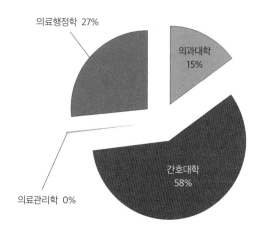

〈그림 12-6〉 브라질의 보건의료 교육기관

자료: 교육부(MEC), 2016년 10월.

의문을 가지는 이들의 경험에서 생기는 질문에 답하는 지식을 생산하는 것이다. 이는 기계적 학습, 즉 일상의 실천 없이 지식을 지식으로만 다룸으로써 학생들을 청중에 머물게 하는 교육과는 완전히 반대된다.

"보건의료 교육정책"의 도입과 함께, "보건의료 영속 교육"은 공공의료시스템(PHS)의 구축에서 교육의 기여도와 관련이 있다. 공공의료시스템과 집단 보건의료는 브라질의 두드러진 특징이자 특유한 산물이다. 또한 브라질 보건의료정책의 환경적 포괄성과 보건체계의 사회적 통제 역할에 대한 대중의 참여는 브라질의 고유한 특징으로 인식된다.

브라질의 보건의료정책에는 다음과 같이 명시되어 있다.

1) 교육, 직업 및 시민권의 연계
2) 교육, 분야별 관리, 보건 및 지역사회 참여에 대한 관심 연계
3) 전문적인 교육 공간으로서의 공공의료시스템
4) 교육전략 수립을 위해 교육체계 및 서비스가 참여하는 지정학적 단위로서의 지역 기반 인정

영속적인 보건의료 교육을 위해서는 정보의 교류가 필수적이다. 무언가를 완전히 아는 사람은 존재하지 않으며, 누구나 경험적 교류를 기초로 지식을 배운다. 필요한 정보는 배움의 기회뿐 아니라 정보 그 자체와 일·사람·세상·현실을 더 예민하게 볼 수 있는 감각을 추구하기 위한 것이다.

보건의료에서의 영속교육은 활동을 수행하는 새로운 방법이자, 수용성 증대와 직무 문제 해결 및 직무 개발을 위한 선택이다.

# ■ 참고문헌

Araujo, C. A. S., Figueiredo, O. H. S., & Figueiredo, K. F. (2015). O que motiva os hospitais brasileiros a buscar a acreditação? *Revista de Gestão em Sistemas de Saúde*, 4(1), 17~28.

Caprara, A., & Franco, A. L. C. (1999). A Relação paciente-médico: Para uma humanização da prática médica. *Cadernos de Saúde Pública*, 15(3), 647~654.

Cruz, W. B. S., & Melleiro, M. M. (2010). Análise da satisfação dos usuários de um hospital privado. *Rev. esc. enferm. USP*, 44(1), 147~153.

Dias, T. C. L. et al. (2011). Auditoria em enfermagem: Revisão sistemática da literatura. *Rev. bras. enferm.*, 64(5), 931~937.

Fortes, P. A. C. (2004). Ética, direitos dos usuários e políticas de humanização da atenção à saúde. *Saude soc.*, 13(3), 30~35.

Machado, J. P., Martins, A. C. M., & Martins, M. S. (2013). Avaliação da qualidade do cuidado hospitalar no Brasil: Uma revisão sistemática. *Cadernos de Saúde Pública*, 29(6), 1063~1082.

Medici, A. C. (1992). Incentivos governamentais ao setor privado de saúde no Brasil. *Rev. adm. pública*, 26(2), 79~115.

Ramos, M. C. A. et al. (2015). Avaliação de desempenho de hospitais que prestam atendimento pelo sistema público de saúde, Brasil. *Revista de Saúde Pública*, 49, 1~9.

Souza, G. C. A. & Costa, I. C. C. (2010). O SUS nos seus 20 anos: Reflexões num contexto de mudanças. *Saude soc.*, 19(3), 509~517.

# 13

# 의료보장제도

## 1. 머리말: 남미 대륙에서의 브라질

남미 국가들은 무엇보다도 면적, 인구밀도, 경제생산, 사회적 발전 측면에서 두드러진 비대칭적 불균형을 보여 준다. 역사적으로 이러한 불균형은 남미 국가 간의 지정학적 단절을 꾀한 식민정책으로 인해 조성되었으며, 이로 인해 남미 각국은 자국 내에서 각 대도시 간의 연결고리를 형성해야 했다. 브라질의 지리적, 인구통계학적, 사회경제적 상황은 이러한 남미 대륙의 불균형과 맥을 같이 한다. 브라질의 경제, 정치, 사회적 발전은 역사적 구조적 원인에 의해 제약을 받는 것이다.

안데스 지역 국가들(볼리비아, 콜롬비아, 에콰도르, 페루, 베네수엘라)의 인구에 브라질과 원뿔꼴 지역(아르헨티나, 칠레, 파라과이, 우루과이)의 인구를 더하여 산출한 2015년 남미 전체 인구는 4억 1,343만 2천 명으로 추산된다(PAHO & WHO, 2015: Demographic Indicators, Indicator 1).

남아메리카 대륙은 넓이가 약 1,700만 제곱킬로미터이고 4억 1,300만여 명의 인구가 거주하는 곳이다. 브라질 국립통계원(IBGE)의 2010년 인구조사(Brasil, 2011: 113)에 따르면 브라질의 인구는 1억 9,075만 5,799명이었고, 2015년에는 2억 445만 649명으로 추산되었다. 이는 남미 대륙 전체 인구의 절반에 해당하는 수이다(Brasil, 2015). 브라질의 영토 또한 850만 제곱킬로미터로, 남미의 약 절반을 차지하는 넓이이다(47%). 이러한 상황은 앞서 언급한 불균형으로 인한 것이다.

브라질은 연방공화국이다. 정치 및 행정은 1988년의 연방헌법에 따라 연방정부, 26개 주와 연방지구, 5,563개의 지방자치단체라는 3계층의 정부로 구성된다. 연방지구는 연방정부의 행정부, 입법부, 사법부가 위치한 자치구역이다(Brasil, 2012: 17). 이러한 구조는 행정부 수반인 공화국 대통령, 하원과 상원으로 이루어진 양원제 입법부 그리고 독립적인 사법부에 의해 통합된다.[1]

브라질은 북부, 북동부, 중서부, 남동부, 남부의 다섯 개 큰 지역으로 영토를 구분한다. 브라질의 각 지역은 뚜렷한 인구통계학적, 경제적, 사회적, 문화적, 보건적 특성을 지니며 광범위한 국내적 불평등을 노출한다. 이러한 격차를 극명히 드러내는 예가 남동부 지역이다. 남동부 지역의 넓이는 브라질 면적의 불과 11%밖에 되지 않지만 2011년 기준으로 인구의 43%와 국내총생산(GDP)의 56%가 이 지역에 집중되었다. 이러한 격차의 다른 한 축은 북부 지역을 통해 확인할 수 있다. 북부 지역은 아마존 우림의 대부분을 차지하나 인구 밀도는 가장 낮으며 브라질에서 두 번째로 빈곤한 지역이기도 하다. 한편 브라질에서 가장 빈곤한 지역은 북동부이다(Paim et al., 2011: 12).

브라질 인구의 대다수는 대도시 및 중간 규모 도시의 도심 지역에 거주하는데, 이는 남미 대륙에서 쉽게 찾아볼 수 있는 일반적 양상이다. 약 300

---

1) 1500년부터 포르투갈의 영토로 통치를 받다가 1822년에 정치적 독립을 쟁취하였다. 그 후 1889년이 되어서야 공화국이 되었다(Paim et al., 2011).

개 정도인 10만 명 이상 규모의 도시들에 브라질 인구의 절반 이상이 집중되어 있다(Brasil, 2015a). 2015년에 브라질의 도시인구 비율은 85.7%로 추산되었는데, 안데스 지역 국가들의 도시인구 비율(77.6%)보다 약간 높으며 남미 원뿔꼴 지역 국가들(88.2%)보다는 다소 낮다(PAHO & WHO, 2015: Demographic Indicators, Indicator 7).

1960년까지 브라질의 전체 출산율은 여성 1인당 자녀 6.0명 이상이었으나 이후 급감하여 2010년에는 1.9명이 되었다. 출산율지수는 세대교체를 보장하는 대체수준(여성 1인당 자녀 2.1명)보다 낮다. 반면 2010년 북부 지역에서의 출산율은 여성 1인당 자녀 2.47명으로, 대체수준보다 약간 높은 수치를 보였다(Brasil, 2012a: 72~73).

브라질에는 대체로 혼혈이 많다. 이러한 인구구성은 2000~2010년 사이에 변화를 거쳤다. 2010년 인구조사에서 자신을 백인이라고 응답한 사람의 비율(전체의 47.7%)은 2000년 인구조사 결과(53.7%)보다 감소했다(Brasil, 2011: 75~76). 자신을 흑인 또는 혼혈이라고 응답한 사람의 비율은 2000년 44.7%에서 2010년 50.7%로 증가하였다. 2010년 인구조사에서 황인종은 인구의 1.1%, 토착민은 0.4%였다(Brasil, 2011: 132). 하지만 인종집단 간의 불평등은 여전히 존재한다.

문해율(식자율)을 살펴보면, 2015년 15세 이상 문해율은 92.6%인데, 같은 기간에 조사된 안데스 지역의 비율(95.1%) 및 원뿔꼴 지역의 비율(97.7%)보다 낮았다(PAHO & WHO, 2015: Socioeconomic Indicators, Indicator 49T).

브라질은 물론 대부분 남미 국가에서 많은 인구가 구조적 빈곤, 주기적 실업, 학교교육 부재 및 부족, 열악한 보건, 폭력으로 인하여 사회적 배제 상태로 살아간다. 빈곤선보다 적은 수입으로 생활하는 사람도 많다. 이러한 여건은 사회보장제도가 브라질 국민의 생활수준 및 공공시설 이용 기회의 불평등을 줄이는 데에 적합한 수단임을 증명해 준다.

## 2. 브라질의 보건의료제도: 배경 및 구성 요소

20세기 초까지 브라질의 대표적 수출품은 농산물이었으며 도시화와 산업화의 점진적인 진행을 경험하였다. 한편 공공의료시스템은 존재하지 않았다. 구매력이 높은 환자는 민간의료시설에 비용을 지불하고 치료를 받았으며, 도시의 저소득 계층은 가난한 환자를 받아 주는 공공 및 자선시설을 찾았다. 농촌의 농민과 소작인은 치료사 또는 훈련을 받지 않은 간호인의 도움을 받았다(Almeida-Filho, 2011: 6). 공공의료활동은 억압적 개입과 함께 캠페인의 형태로 실시되었다.

브라질에서 시행된 공공의료 프로젝트의 선례는 1970년대와 1980년대의 보건의료부문 개혁운동이다. 이 운동은 보건의료를 전적으로 생물학적인 사안으로서 보건의료서비스와 기술의 맥락으로만 해결해야 하는 사항이 아닌, 사회정치적 성격의 주제로서 각 개인의 참여와 사회적 통제를 통해 공공부문에서 해결해야 할 문제라고 간주하였다(Paim et al., 2011: 18; Noronha, Lima & Machado, 2012: 366).

통합의료체계(Sistema Único de Saúde: SUS)를 헌법에 반영한 결과, 시민사회 조직과 민중운동으로부터 제기된 제언들이 통합되었다. 따라서 민간부문의 강력한 반대에도 불구하고, 1988년 연방헌법(Brasil, 1988)에서 광의의 건강권이 지지되었다. 이후 통합의료체계가 설립되었고, 이 제도는 1990년 〈보건기본법〉(Health Organic Law)(Brasil, 1990)을 통해 규율되었다(Fleury, 2011: 4; Paim et al., 2011: 18).

따라서 통합의료체계는 1988년 연방헌법의 본문에서 공식화된 브라질의 공식 보건의료제도의 구현을 의미한다. 통합의료체계는 브라질의 보건의료정책에 법적인 근거를 제공하는 결정적인 수단으로 기능하여 왔다.

통합의료체계는 지역, 주 및 연방 차원에서 공중보건의료조직을 통합하는 보건활동과 서비스의 체계적이고 명확한 조합으로 구성된다. 또한 이

제도는 보건의료상의 목적을 위하여 이용되는 상호보완적인 자산 또는 관련된 민간서비스도 포함한다. 공식적 제도인 통합의료체계는 돌봄서비스만 제공하는 것이 아니다. 치유 및 재활활동과 더불어 건강증진 및 예방활동을 명확히 하고 조정하는 것이 일차적 과제인 복잡한 제도인 것이다 (Vasconcelos & Pasche, 2009: 531~532).

## 3. 통합의료체계의 사회보장 개념 및 사회보호모델

헌법 본문에 명시된 사회보장의 개념은 "건강, 복지, 사회보장과 관련된 권리들을 보장하려는 취지로 공공 당국과 사회의 계획에 의해 마련된 조치들의 종합"으로 해석된다(Brasil, 1988: Art. 194). 이러한 개념은 통합적인 신 사회보장모델 구축을 위해 브라질 전역에서 전개된 건강을 위한 사회운동 그리고 브라질 시민사회의 형성과정과 압력으로부터 출발하였다. 따라서 보편주의자와 형평성의 비전에 따르면 사회보장을 구성하는 것은 공공 당국의 임무이다. 사회보장의 재원은 세수와 사회부담금, 그리고 연방, 주, 지자체 예산에 이르기까지 다양하다(Noronha, Lima & Machado, 2012: 366).

브라질의 사회정책 프로젝트는 사회보장 프로젝트를 이끌었으며, 그 형성과정에서 다음과 같은 두 가지 특별한 요소를 통합하였다. 첫 번째로 사회정책 프로젝트는 사회운동을 통해 구상되었다. 이는 브라질의 위생 개혁이 정당, 국제정치적 단체 또는 정부가 아닌 시민사회에 의해 강력히 지탱되었기 때문이다. 두 번째로 브라질의 사회정책은 브라질 국가 및 사회를 민주화하려는 움직임과 밀접하게 연결되었다. 이러한 국면에서 브라질의 사회보장제도는 보건의료를, 비록 민간기업에게 개방된 영역이었을지라도, 만인의 권리이자 국가의 의무라고 인식하여 왔다(Fleury, 2011: 4).

사회보호모델이란 전체 사회부문과 관련된 조직 및 국가의 개입 형태를 일컫는데, 다시 말해 보건의료, 사회보장(연금과 퇴직) 그리고 사회적 돌봄을 뜻한다. 보건의료 영역에서 선진 산업화를 달성한 국가들이 주로 채택한 3가지 고전적 사회보호모델은 사회부조모델, 사회보험모델 그리고 사회보장모델이다.

잔여적 모델로서의 사회부조를 선택한 미국과 같은 국가는 전반적으로 시장을 강조한다. 이 모델은 공공부문에 매우 축소된 역할만을 부여하는데, 공공의 개입은 시장을 이용할 경제적 능력이 없다고 판명된 인구집단만을 대상으로 한다. 사회부조모델에서 더 우세한 가치는 자유, 개인주의, 동등한 기회이다(Fleury & Ouverney, 2012: 32).

사회보장형2)의 보건의료와 관련된 사회보호모델은 보편적 보건의료제도로 구현된다. 이러한 모델은 복지국가를 기반으로 1942년 영국에서 설립되었으며 베버리지 계획에 역사적 근간을 둔 NHS(National Health Service)와 같이 이른바 국가의료제도라 일컫는다. 보편적 제도 내에서 국가는 대개 직접적인 방식으로 보건의료서비스를 제공한다. 입원환자와 외래환자의 연계 서비스는 전부 또는 대부분 국가 소유다. 보건의료제도 내 의료 전문가 대다수는 공무원이다. 민간부문이 계약을 체결한 서비스의 경우에는 국가가 서비스를 규제하고 비용을 통제하는데, 이는 국가가 주 구매자인 동시에 제공될 서비스를 정의하기 때문이다(Lobato & Giovanella, 2012).

보건의료에서 사회보험이라는 사회보호의 형식은 독일의 비스마르크 입법안(Bismarck proposal)에서 영감을 얻은 것으로, 계약상의 관계에 근거

---

2) 사회보장제도는 베버리지 시스템이라고도 알려져 있다. 사회보장제도가 사회보호의 새로운 모델로서 최초로 제안되었던 역사적 출처가 바로 〈베버리지 보고서〉였기 때문이다. 보고서의 제안은 시민권 조건을 기반으로 하였으며, 시민들은 국가가 보장하는 사회권을 지니게 되었다.

한 직업의료보장을 가리킨다. 사회보험은 정규 노동시장의 근로자 집단을 겨냥한 것으로, 고용주·피고용인·국가가 의무적으로 납입하는 3자 재정 모델로 이루어진다(Fleury & Ouverney, 2012).

브라질의 의료제도는 혼합형이다. 공적 제도인 통합의료체계는 사회보장 유형의 보건의료모델과 유사한 반면, 민간보건 프로그램 및 보험제도는 비스마르크의 영향을 받은 사회보험식 의료보장을 표방한다.


## 4. 통합의료체계의 형성과 규제

1990년, 〈보건기본법〉이라고도 불리는 〈연방법 제8080호〉는 통합의료체계의 수립과 관련한 헌법 198조의 규율적 도구였다. 이 법은 통합의료체계의 공적·사적 활동 및 서비스에서 지켜야 할 원칙들을 정의하였다(Brasil, 1990). 이 원칙에 포함된 사항들은 전체 부조 차원에서 의료서비스 이용 기회의 '보편성', 모든 복잡성 차원에서 각각의 사례에 대해 요구되는 지속적이고 확실한 일련의 개별적·집합적·예방적·치료적 조치 및 서비스로 이해되는 부조의 '완결성', 어떠한 편견이나 특권도 존재하지 않는 보건의료의 '형평성', 지역사회의 참여·각 방면에서 제공되는 정부의 단일 지침과 함께 지자체를 위한 서비스의 탈중앙화와 서비스 연계의 지역화 및 위계화를 강조하는 '정치행정적 탈중앙화'이다(Brasil, 1990).

지역사회 참여의 원칙은 참여 민주주의를 요구하는 목소리를 반영한 것으로, 시민들은 의료정책의 도입 및 집행에 결정적 영향을 미칠 수 있다. 사회보건에 대한 참여를 가능하게 하는 양대 제도적 메커니즘은 보건위원회와 보건협의회로서, 1988년 연방헌법을 규제한 1990년 〈연방법 제8142호〉에서 규정되었다(Brasil, 1990a). 보건위원회와 협의회는 세 층위의 정부에서 참여민주주의를 실현하는 공식기구이며 국가와 시민사회 간의 새로운 관계를 수립하고 있다.

보건위원회는 영구적·심의적 성격을 지닌 통합적 기구로서 사회적 통제[3] 기능을 담당하며, 전략 수립, 통제 및 의료정책의 이행을 감독한다. 이용자·보건의료 종사자·보건의료 관리자·민간보건의료서비스 사업체를 각각 대변하는 대표들로 구성되며, 양성이 평등하도록 구성된다.

보건협의회는 정기적으로 소집되며 공통의 정책적 기반을 형성하기 위한 가이드라인을 규정하는 한편, 상이한 이해관계를 두고 의사소통을 하려는 취지의 기구이다(Fleury, 2011).

탈중앙화 정책은 혁신적인 제도적 구조를 바탕으로 실현되었다. 기관 간 위원회가 주(양자, *bipartite*)와 연방(삼자, *tripartite*) 차원에서 설립되었다. 연방 간의 약정(*inter-federative covenants*)은 이러한 위원회들을 통해 체계적이고 지속적인 방식으로 작동한다. 지역·주·연방의 행정기구는 책임 및 자원 측면에서 서로 합의된 계획을 도출하기 위해 위원회에 참여한다(Vasconcelos & Paschner, 2009; Paim et al., 2011: 19). 관리위원회에

---

3) 카르발류(Carvalho)는 "사회적 통제"라는 용어의 기원을 연구하면서, 이 용어가 사회학에서 최초로 사용된 것이 사회학자 에두아르도 로스(Eduardo Ross)에 의해서였다고 추정하며, 그 의미는 현재 사용되는 것에 사실상 반한다고 밝혔다(1995). 고전 사회학에서 이 용어는 개인에게 영향을 미치기 위한 사회(또는 집합적 차원)의 프로세스를 규정하기 위해 사용되었다. 뒤르켐의 사회학(Durkheimian sociology)에서 통제는 사회에 의해 개인의 내부에서 형성된 압력이나 도덕적 의무감의 강도를 통해 생겨난다. 프로이트(Freud)는 인격구조에 의한 사회적 규범의 동화로서 초자아(Superego)를 구상하며, 사회적 통제의 주관적 차원을 제안하였다. 텔컷 파슨스(Talcott Parsons)는 사회를 인격의 상호작용에 기반하고 사회적 통제의 효과성에 의존하는 사회적 시스템으로 이해함으로써 사회학과 심리학 정보의 종합을 추구하였다. 홉스(Hobbes)에 따르면 자연의 상태에서 사회에 존재하는 해체적 힘 및 동향을 저지하는 역할은 국가에게 있으며, 사회적 통제의 개념은 사회에서 행동하는 개인을 제한하는 것이다. 통합의료체계(SUS)에서 사회적 통제는 조직된 사회가 국민의 생활 및 건강 여건을 개선하기 위해 실시하는 의사결정, 후속 관리, 감독의 프로세스에 참여하는 것을 의미한다.

서의 결정은 합의를 통해 도출된다. 이렇게 합의를 추구하기 위해서는 의료기관과 각 대리인이 지속적이고 체계적으로 협력해야 한다.

의료서비스 및 체계를 규율하는 원칙 및 가이드라인이 세 층위의 정부에서 공통적으로 활용되므로 공공보건제도는 통합되었다고 간주될 수 있다. 이러한 개념은 지역적 현실의 특징을 간과하지 않으면서도 서비스 간 관계의 명확성을 강화한다.

1990년 브라질 통합의료체계의 도입 이후 25년이 지나고 2010년대에 들어선 지금, 지자체들은 자신의 영역 내에서 부조 자원을 배분하는 데에 이미 주도적인 역할을 담당하고 있다. 이들은 통합의료체계의 탈중앙화가 기대한 것처럼 더 간소화되고 공정한 방법으로 활동 및 제도조직의 통합을 추진한다.

활동과 서비스의 지방화가 보건의료 탈중앙화의 전부는 아니지만, 1차 진료의 확산은 여전히 중요하다. 또한 지방분권화와 위계화도 중요한 요소이다. 의료의 지방분권화는 의료서비스를 간소화한다(Vasconcelos & Pasche, 2009: 536). 의료 위계화는 제도가 더 복잡한 구조를 수용할 수 있도록 하며, 서비스의 흐름이 국민들에게 문제 해결력 있는 지원을 보장하는 방향으로 구축되게 한다(Aguiar, 2011: 54).

## 5. 통합의료체계의 공적 재정

통합의료체계의 재원은 주의 세수와 연방·주·지자체 예산에서 교부하는 사회부담금이다. 다른 재원은 국민의 직접부담비용과 고용주 부담에 해당하는 보건의료 지출이다(Paim et al., 2011: 20).

국가, 지역, 국제보건기구, 과학계와 보건의료 관리자는 여러 제도 간에 보건의료 생산의 비교 및 평가를 가능하게 하는 지표들을 구체화하기

<표 13-1> 주요 국가의 공공보건 지출 상황(2011년)

(단위: %)

| 국가 | 총보건비용 대비 공공보건 지출의 비중 | 국가 | GDP 대비 공공보건 지출의 비중 |
|---|---|---|---|
| 쿠바 | 94.2 | 미국 | 17.0 |
| 영국 | 84.0 | 프랑스 | 11.6 |
| 스웨덴 | 81.3 | 독일 | 11.3 |
| 프랑스 | 77.4 | 캐나다 | 10.9 |
| 이탈리아 | 77.3 | 코스타리카 | 10.1 |
| 독일 | 76.7 | 포르투갈 | 9.9 |
| 코스타리카 | 74.7 | 스웨덴 | 9.6 |
| 스페인 | 71.7 | 브라질 | 9.5 |
| 캐나다 | 70.1 | 영국 | 9.3 |
| 아르헨티나 | 69.3 | 스페인 | 9.3 |
| 포르투갈 | 64.0 | 이탈리아 | 9.2 |
| 멕시코 | 51.8 | 쿠바 | 8.6 |
| 칠레 | 47.7 | 칠레 | 7.3 |
| 브라질 | 47.5 | 아르헨티나 | 6.8 |
| 미국 | 47.0 | 멕시코 | 6.1 |

자료: WHO(2015). World Health Statistics. Brasil(2015b)에서 재인용.

위해 보건의료 지출의 매개변수를 정의하고자 한다. 〈표 13-1〉은 일부 국가들로부터 추출한 비교 데이터로, 공공보건 지출의 규모를 총보건비용(왼쪽) 및 GDP(오른쪽)와 각각 비교하였다. 두 경우 모두 보건 지출과 관련하여 브라질이 차지하고 있는 위치가 선택된 나라들과 비교했을 때 낮음을 알 수 있다.

통합의료체계는 보건의료에 배정된 자원의 부족 또는 불안정성과 빈약한 규제로 인해 역사적으로 재정의 부족함을 겪어 왔다. 통합의료체계가 수립되었을 때 제시하였던 자원 예측은 실현되지 못했다. 공공제도의 재원 규모는 국민의 의료 수요를 충족시키기 위해 필요한 수준에 미치지 못한다. 이러한 상황은 제도의 보편성과 통합성을 저해하는 요인으로 작동한다(Paim et al., 2011: 21). 이미 언급된 의료 제도상의 부족한 규제 메커니즘은 역사적으로 의료부문의 민관관계에서 열악한 규율 환경을 야기하여 왔다. 이러한 상황에서 개인과 사회단체의 참여 및 사회적 통제를 강화하는 것은 브라질 사회에서 통합의료체계와 건강권을 통합시키기 위한 하나의 요소라고 판단된다.

## 6. 브라질의 통합의료체계와 민간부문의 통합

브라질은 같은 아메리카대륙의 코스타리카, 캐나다, 쿠바와 마찬가지로 건강권의 개념에 있어서 매우 선진화된 법률을 보유하였다. 하지만 보편적 의료제도를 가진 대륙 내 다른 나라들과 달리, 브라질의 공공보건제도는 혼합형으로서 풍부한 민간시장, 특히 민간건강보험과 공존한다(Bahia & Scheffer, 2012).

보건 영역은 1988년 연방헌법의 구체적 조항에서 다루는데, 제 196조에서 "만인의 권리이자 국가의 의무"라고 명기하였다. 헌법상의 공공보건제도는 1990년 〈보건기본법〉이라고도 불리는 〈법률 제 9090호〉에서 규율하였으며(Brasil, 1990), 이는 브라질 영토에서 통합의료체계의 속성과 구성을 정의한 법적 수단이 되었다(Paim et al., 2011: 19). 그러나 통합의료체계(SUS)가 반포된 1990년 이후 10년간 나타난 뚜렷한 특징은 신자유주의적 조정을 고수하는 정책이었다. 신자유주의의 헤게모니적 목표는 국내 및 국제시장에서의 규제완화와 자유화, 사회정책에 대한 국가 책임의 대폭 축소 그리고 국영기업과 공공서비스의 민영화를 통해 구현되었다(Anderson, 1995).

역사적으로 브라질 보건의료시스템의 발전에서는 보건의료를 민영화하는 정책적 수단의 도입이 선호되었다. 특정 서비스의 인가, 진단서비스의 탄생, 특화의원 및 병원서비스의 보상체계, 민간건강보험에 대한 인센티브 등이 그 예이다(Paim et al., 2011: 19).

2000년, 브라질 정부는 민간의료보험시장의 확대와 통폐합을 법적으로 규율하려는 목적으로 국가기관을 설립했다. 그러나 민간부문에 교부하는 기존 국가 보조금의 확대가 공공의료제도의 재정 부족을 야기하였다. 이러한 상황은 잠재적으로 국민에게 보건의료서비스를 제공하는 공공시스템의 능력을 제한하고 돌봄서비스의 품질을 저해한다(Paim et al., 2011: 20).

보건제도에 있어서 공공부문과 민간부문은 서로 별개의 영역이다. 그러나 두 부문은 상호 연결되어 있으며 국민은 이용의 용이성(통합의료체계의 보장 범위)이나 자신의 지불 능력에 따라 그중 하나를 이용할 수 있다(Paim et al., 2011: 19; Bahia & Scheffer, 2012).

민간보건의료의 하위부문과 보완적 보건의료의 하위부문은 아래에 기술된 것처럼 공공보건부문과 상이한 방식으로 통합되었다.

① 대부분의 건강보험상품 가입자들은 의료서비스 업체(민간의료보험사)와의 계약 때문에 복잡한 절차에 대한 접근성을 가지고 있지 않으며, 종종 통합의료체계의 도움으로 예방접종과 고비용 서비스, 혈액투석, 이식수술과 같은 기술집약적 치료를 받는다. 공공보건서비스 네트워크는 민간건강보험의 보장 범위를 보완하기 위해 활성화된다. 관련법 조항이 존재함에도 불구하고, 민간건강보험으로부터 응당한 보상을 받기가 어려운 것으로 나타났다.

② 대부분의 건강보험상품에 대한 지불액은 개인이 납부해야 하는 소득세로부터 차감된다. 이러한 보조금 혜택은 통합의료체계의 재정을 지나치게 약화시킨다.

③ 공기업은 직원에게 민간건강보험 가입을 제공하며 관련된 비용을 직원과 분담한다.

④ 많은 민간기업이 통합의료체계와 민간건강보험 가입자에게 서비스를

제공한다.

⑤ 개업의 및 간호사 등 보건의료 전문가들은 종종 공공 및 민간부문 모두에서 직업적 역량을 개발한다.

⑥ 더 전문적인 인력의 구축과 교육은 정부기관의 몫이다. 민간건강보험사들은 그러한 의무가 면제된다(Bahia & Scheffer, 2012).

국가적 차원에서 실시한 민간건강보험 가입자 실태에 관한 조사에 따르면 2008년 브라질 인구의 25.9%가 민간건강보험에 가입한 것으로 나타났다. 그러나 가장 부유한 남동부 및 남부 지역에서는 사보험 가입자 비중이 각각 35.6%와 30%였다. 반면 구매력이 낮은 북부 및 북동부 지역은 각각 13.3%와 13.2%로 나타났는데, 이는 위에서 언급한 가장 부유한 두 지역에 대비하여 절반에도 못 미치는 수준이다(Brasil, 2012). 브라질 남동부 및 남부 지역은 사회경제적 여건이 상대적으로 나을 뿐만 아니라 산업기술 단지가 집중적으로 위치하였다. 이러한 현상은 브라질의 건강보험 확대 추세와 맞물리는데, 이는 근로자의 무단결근에 대안을 찾는 관리자의 수요와도 강력하게 결부된다(Bahia & Scheffer, 2012).

보건부문 내 사회단체 대표자들의 참여와 사회적 통제에도 불구하고, 민관관계에서의 이러한 복잡한 구도는 브라질 보건제도와 같은 혼합형 제도에서 통상적으로 발견되는데, 단기적으로는 극복이 요원해 보인다.


## 7. 통합의료체계에 포함된 보건서비스 및 활동

브라질 통합의료체계의 주된 목표는 국가의 공공보건정책 수립 및 이행을 구축하는 한편, 복지와 예방적 조치를 통합하는 것이다. 그 외에도 건강증진, 보호 및 회복을 위한 활동 등을 통해 보건의 결정요인 및 조건을 파악 및 공개하고, 사회경제적 영역을 촉진하며, 건강에 위해를 끼치는 위험을 줄이고자 한다(Brasil, 1990).

통합의료체계가 작동하려면 다음 의료서비스 및 활동이 필요하다.

- 보건 감시(*vigilance in health*) : 환경 감시(작업장 감시 포함), 위생 감시, 유행병 감시 및 영양 감시.
- 1차 진료, 전문의 외래환자 진료, 입원환자 진료 통합을 위한 다양하고 복잡한 차원의 지원 제공.
- 근로자 보건정책 수립 및 이행.
- 의약품 지원을 포함한 통합적 치료.
- 혈액 및 그 파생물에 대한 정책 수립 및 이행.
- 민간보건의료서비스의 규제.
- 보건 영역에서의 인력 구축에 대한 조례.
- 의약품, 약물, 장비, 면역생물학적 제재, 기타 관련된 보건 개입 및 생산 참여를 위한 정책 수립.
- 서비스, 보건 관련 제품 및 성분의 통제 및 감독.
- 정신활성 약물, 유독성, 방사능 물질과 제품의 생산, 이동, 보관 및 사용에 대한 통제 및 감독 참여.
- 기술 접목을 위한 표준을 포함한 보건부문 과학기술정책 수립과 이행.
- 다른 정부 영역 및 기관과 연계한 보건 증진(Brasil, 1990; Vasconcelos & Pasche, 2009: 538).

통합의료체계는 다음과 같이 보건활동과 서비스를 이용하는 국민의 기회를 확대하고 자격을 부여하기 위해 보건의료 생산을 확대하고 다변화 시켜 왔다.

공식 데이터에 따르면 2016년 8월을 기준, 외래환자가 통합의료체계를 통해 의료서비스를 이용한 건수는 총 3억 1,034만 7,744건이었다(Brasil, 2016). 2016년 기준으로 브라질은 6,705개소의 병원시설을 보유하고 있으며, 그중 70%가 민간시설이다. 49만 2,472개의 병상 중에서는 68.4%가 공적 제도에 편입되었다(Brasil, 2016a). 안데스 지역 남미 국가들의 경우에는 2011~2014년 사이에 인구 1천 명당 병상 수가 1.3개였다. 한편 원뿔꼴 지역 국가들에서는 3.3개였다. 같은 기간 브라질의 인구 1천 명당 병상의 수는 2.2개였는데, 이는 안데스 지역 국가들보다는 많지만 원뿔꼴 지역 국가들보다는 적은 수준이다(PAHO & WHO, 2015: Resources, Access and Coverage Indicators, Indicator 50). 브라질의 병원시설에서는 예방 가능한 합병증 발생률이 높게 나타났다. 분석가들은 병원감염의 발생 및 약물 관련 부작용을 상당수 발견하였으며, 전체 부작용 사례 중 약 70%가 예방 가능했다고 본다(Paim et al., 2011: 27).

보건부문의 탈중앙화를 통해 통합의료체계는 보편적 이용 기회와 서비스 보장 범위 확대를 위해 1차 진료에 우선순위를 부여하였다. 지역 시스템에서 1차 진료를 강화하기 위하여서 가족보건이 구축되었다. 이 접근법에서 가족보건팀은 보건의료시설과 이용자의 거주지 및 지역사회에서 활동하며 건강증진 및 보호 조치를 강조한다(Paim et al., 2011: p. 19). 이러한 전략은 농촌인구가 포진한 특정 지역에서의 1차 진료 확대를 가능하게 하였다. 가족보건 전략을 통해 브라질의 작은 마을과 대도시 인근 지역, 빈곤 지역 그리고 특히 북부와 북동부 지역의 농촌 지역이 주목을 받게 되었다(Victora et al., 2011: 92). 2010년까지 브라질에서 1차 진료시설 3만 9,518개소가 생겨났는데, 이는 통합의료체계의 탄생 이전부터 시작된 움직임이었다(Paim et al., 2011: 25). 2010년 4,737개의 브라질 지자체가 실시하는 가족보건 전략을 통해 약 9,800만 명(전체의 85%)이 1차 진료를 이용한 것으로 나타났다(Paim et al., 2011: 22).

2차 진료와 관련하여, 2008년에 응급의료소(브라질에서는 Unidades de

Pronto Atendimento 또는 UPA라 칭한다)가 신설되었는데, 병원시설의 응급 수요를 억제하는 것을 목표로 한다. 응급의료소는 24시간 운영되며, 이동 식 응급의료서비스(브라질에서는 Serviço de Atendimento Móvel de Urgência 또는 SAMU라 칭한다)와 함께 거리, 가정 내 또는 작업장에서 의료행위를 할 수 있도록 앰뷸런스, 보트 또는 모터사이클을 갖추고 있다(PAIM, 2011, et al., 2011: 24). 2015년, 이동식 응급의료서비스는 3,049개의 브 라질 지자체에서 운영되었다(Brasil, 2016c). 2016년, 350개 지자체에서 466개소의 응급의료소가 운영되었다(Brasil, 2016d).

국가 예방접종 프로그램은 브라질에서 가장 성공적인 공공보건 프로그 램의 하나로 간주된다. 브라질은 통합의료체계하에서 일부 백신 생산의 자 급자족이 가능하게 되었다. 이러한 자율성은 국민의 무료 예방접종 이용, 보편적 보장, 프로그램의 지속가능성을 실현한다(Paim et al., 2011: 27).

브라질의 유아 사망률은 크게 감소하여 2015년의 영아인구 1천 명당 사 망자 수는 14.5명이었다(PAHO & WHO, 2015. Mortality Indicators. Indi-cator 12). 여러 다른 지역 및 국가의 유아 사망률을 브라질과 비교해 보자 면, 2013년에 전 세계의 영아인구 1천 명당 사망자 수는 36.3명이었는데, 동일한 기간에 선진국에서는 5.5명, 남미에서는 17.7명이었다(Silva Jr. & Ramalho, 2015).

브라질의 국립장기이식시스템은 세계 최대 공공시스템으로 평가되며, 2012년 브라질에서 7,300건의 고형 장기이식을 시술했다(Brasil, 2016b). 2000년과 비교했을 때 2009년의 고형 장기이식 건수는 62% 증가했다 (Paim et al., 2011: 23). 장기이식을 받은 이용자는 통합의료체계를 통해 필수적인 지원을 받는다.

항레트로바이러스 의약품을 이용한 무상치료라는 보편적 정책은 브라질 에서 에이즈 발병의 감소로 귀결되었다. 에이즈 예방정책은 인구의 동원, NGO 및 국제단체의 지원과 함께 기울인 협력적 노력을 근간으로 하였다.

이러한 예방정책의 성공에 뒤이어 브라질은 에이즈를 감소시킨 모범적 사례로 세계의 인정을 받았다(Fleury, 2011: 5).

통합의료체계는 신장 및 심혈관에 질환이 있는 환자, 치료적 거주와 사회심리적 돌봄이 필요한 정신질환 환자, 구강건강에 문제가 있거나 응급 및 재활치료가 필요한 사람들의 보건의료서비스를 위한 특별 프로그램을 제공한다. 이 밖의 다른 프로그램들은 건강증진을 목표로 한다. 가령 2004년에 실시된 "Popular Pharmacy Program"은 브라질에서 높은 질환사망률을 보이는 심장병, 당뇨, 고 콜레스테롤혈증 및 천식이 있는 환자들에게 무상으로 의약품을 제공하였다(Paim et al., 2011: 23).

흑인 인구집단과 장애인을 대상으로 한 특별 보건의료 프로그램이 마련되었다. 토착민을 위한 국립보건의료정책은 가족보건 전략과 함께 34개 특별구에서 토착민에게 1차 진료를 제공한다(Paim et al., 2011: 23).

통합의료체계의 수립은 브라질 국민 상당수의 보건의료 이용 기회를 확대했다. 그러나 브라질 공공보건제도에서는 고질적 문제가 발견되는데, 이는 규제적 메커니즘이 브라질 보건제도의 전통적인 지배적 양상을 해결하기에 아직 역부족이기 때문이다. 민간부문에 대한 의존이 규제가 취약한 2차 진료, 특히 진단 및 치료지원서비스와 관계된 부분에서 특화된 서비스를 제공하는 것을 방해한다. 3차 진료 역시 민간계약업체들에게 의존한다 (Paim et al., 2011: 24, 25). 병원 대상 지원은 비용 절감, 효율성 증대, 의료 품질 및 이용자의 안전 보장 그리고 1차 진료 통합과 같은 이슈들에 봉착해 있는데, 이는 세계 보건제도 전반의 문제이기도 하다(Paim et al., 2011: 25). 보건의료서비스 이용 접근성, 서비스 흐름의 통합 및 조정의 어려움, 이용자에게 제공되는 보건의료 측면에서 양질의 범위 설정 문제 등에서 여전히 부당성이 발생하여 보편성의 통폐합과 완전성 그리고 건강권의 보장을 방해한다.

## 8. 일반 동향: 만성 유행병과 새로운 유행병의 특징

21세기 들어서면서 브라질은 인구통계학적・유행병적 과도기를 겪는 중이며, 이는 브라질의 국민건강 및 생활 여건에 영향을 미친다.

인구통계학적・유행병적 과도기와 비전염성 만성질환(NCD)의 증가와 함께, 브라질은 국민들에게 역사적・구조적인 영향을 미치는 여러 지속적 문제들로 고통을 받고 있다. 그 문제들이란 오늘날 감소하는 추세임에도 여전히 상당수의 브라질 인구에 영향을 미치는 전염성 질환, 새롭게 등장하거나 다시 나타나기 시작한 질병들(Brasil, 2013; Paim et al., 2011: 14), 외부적 요인에 의한 사망 그리고 이른바 방치된 질병들이다.

브라질의 출생률은 사망률보다 더 빠르게 감소하는 추세이다. 그로 인해 인구성장률이 감소하였다. 기대수명이 1950년의 45.9세에서 2013년 74.9세로 증가(Brasil, 2014)하는 등 인구고령화도 진행 중이다. 이러한 상황은 21세기 들어 고혈압, 당뇨, 심혈관, 만성호흡기질환, 신경정신질환 및 일부 특정 유형의 암 등 비전염성 질환의 증가를 야기했다(Barreto, 2013; Brasil, 2013). 비전염성 만성질환이 전체 사망원인의 70% 이상을 차지하기 때문에, 이에 대한 대응은 브라질의 보건 영역에서 우선시되는 과제이다(Brasil, 2014a: 35). 뿐만 아니라 비전염성 만성질환으로 유발된 질환사망률 증가는 극빈층 인구집단에서 많이 발견된다(Schmidt et al., 2011).

일부 연구 결과에 따르면 주요 비전염성 만성질환과 흡연, 비만, 좌식생활, 고콜레스테롤, 영양결핍, 과도한 음주 등 일반적인 위험요인 노출 간에 상관관계가 있음이 증명되었다. 이러한 요인들은 브라질의 비전염성 만성질환 발생을 억제하고 예방정책을 수립하기 위한 모니터링이 필요함을 보여 준다(Brasil, 2014a).

브라질에서 두 번째로 높은 사망원인은 종양이다(Brasil, 2013; Barreto,

2013). [4] 세 번째로 높은 사망원인은 외부요인에 의한 사망이다. 이 가운데 가장 비중이 높은 것은 폭력과 교통사고이다. 청년층과 대부분 남성인 구집단이 외부요인에 의한 사망과 관련한 고위험군에 해당된다(Barreto, 2013; Paim et al., 2011: 12).

방치된 질병은 개발도상국에서 상대적으로 더 만연하거나 특징적으로 나타나는데(Morel, 2006), 주로 빈곤 및 사회경제적 불평등 상태에서 전파되기 때문에 배제 질병이라고도 불린다. 샤가스병, 리슈마니어증, 말라리아, 한센병, 주혈흡충병, 뎅기열, 폐결핵 및 기타 질병은 세계 인구의 6분의 1에게 영향을 미치고 있다.

브라질에서 실시된 일부 미래연구는 이처럼 상존하며 지속 중인, 또는 새로이 등장하는 유행병의 영향력이 2020년대 브라질 인구의 건강 상태에 미칠 결과에 대해 지적한다(Brasil, 2016).

공공제도의 통폐합과정과 향후 전망에서 관찰된 어려움에도 불구하고, 브라질의 통합의료체계는 1990년에 수립된 이래 이러한 도전에 직면하는 데에 기여하여 왔다. 통합의료체계는 국민의 보건의료활동 및 서비스 접근성을 증대시켰고 서비스 이용 자격을 더 많은 이들에게 확대하고 국민건강 개선에 긍정적으로 작용하였다.


## 9. 맺음말

브라질에게는 극복해야 할 수많은 장애물이 있다. 브라질의 사회경제적 불평등은 브라질 국민 상당수의 생활에 직접적 영향을 미치며, 이로 인해 국민건강에도 악영향을 준다. 기존의 지속적인 보건 수요와 함께 새로운 수

---

4) 일부 암 유형의 질환사망률은 비전염성 만성질환을 다룬 일련의 연구를 통해 분석하였다.

요도 등장하였는데, 이는 모두 배타적인 사회·정치·경제·환경적 맥락에 의해 생겨났다. 브라질의 방대한 영토와 심각한 지역 간 불균형 문제는 통합의료체계를 위한 국가적 통합 및 개입을 뒷받침하는 기재가 되었다. 민간건강보험 하위부문의 영향력 증대와 더불어 서비스 전달 측면에서 민간부문의 강력한 영향력을 발견할 수 있다. 그 결과, 브라질의 공공보건정책의 수립은 갈등, 모순, 논쟁을 특징으로 하는 영역이 되었다.

브라질 사회에서 국민의 건강권을 보장하는 사회보장제도를 통폐합함에 있어 중요한 과제가 존재한다. 이러한 과제는 통합의료체계의 재정 부족, 보건의 상업화에 우호적인 정책 수립과 연관된 민간부문의 강력한 이해관계 그리고 보편적 건강권을 보장해야 할 정부 당국의 정치적 이해관계 부재 등으로 표현될 수 있다. 이를 넘어서기 위해서는 국민들의 활발한 참여와 시민사회 및 국가의 지속적 운동이 필요하다.

따라서 브라질이 당면한 보건 영역에서의 과제는 개인과 사회의 공동 노력을 통해서만 해결될 수 있으므로, 정치적 성격의 문제라 할 수 있을 것이다(Paim et al., 2011: 28).

# ■ 참고 문헌

Aguiar, Z. N. (2011). *Sistema Único de Saúde: Antecedentes, Percurso, Perspectiva e Desafios.* São Paulo: Martinari.

Almeida-Filho, N. (2011). Ensino superior e os serviços de saúde no Brasil. *The Lancet, 2011: Saúde no Brasil,* 6~7.

Anderson, P. (1995). Balanço do neoliberalismo. In Sader, E. , & Gentili, P. (Eds.). *Pós-neoliberalismo: As Políticas Sociais e o Estado Democrático,* 9~23. Rio de Janeiro: Paz e Terra.

Bahia, L. , & Scheffer, M. (2012). Planos e seguros de saúde. In Giovanella, L. et al. (Eds.). *Políticas e Sistemas de Saúde no Brasil,* 2nd edition, 427~457. Rio de Janeiro: Editora Fiocruz.

Barreto, M. L. (2013). Esboços para um cenário das condições de saúde da população brasileira 2022/2030. In Brasil (Ministério da Saúde) & Fundação Oswaldo Cruz, *A Saúde no Brasil em 2030 - Prospecção Estratégica do Sistema de Saúde Brasileiro: População e Perfil Sanitário,* 2, 97~120.

Brasil (1988). Constituição da República Federativa do Brasil de 1988. Brasília: Diário Oficial da União.

_____(1990a). Lei Nº 8.080, de 19 de setembro de 1990. Dispõe sobre as condições para a promoção, proteção e recuperação da saúde, a organização e o funcionamento dos serviços correspondentes e dá outras providências. Brasília: Diário Oficial da União.

_____(1990b). Lei Nº 8.142, de 28 de dezembro de 1990-a. Dispõe sobre a participação da comunidade na gestão do Sistema Único de Saúde (SUS) e sobre as transferências intergovernamentais de recursos financeiros na área da saúde e dá outras providências. Brasília: Diário Oficial da União.

_____(2008). Proporção da população coberta por planos de saúde, segundo região. *Indicadores e Dados Básicos - Brasil 2012 - IDB 2012.*

_____(2010). *Censo Demográfico 2010. Características da População e dos Domicílios: Resultados do Universo.* Rio de Janeiro: IBGE.

_____(2011a). *O Financiamento da Saúde.* Brasília: CONASS. 2015. 6. 22. 인출.

_____(2012a). Nupcialidade, fecundidade e migração: Resultados da amostra. In

*Censo Demográfico 2010*, 1~349. Rio de Janeiro: IBGE.

_____ (2012b). *Censo Demográfico 2010. Educação e Deslocamento: Resultados da Amostra*. Rio de Janeiro: IBGE.

_____ (2013). *Projeto Saúde Amanhã. Prospecção Estratégica do Sistema de Saúde Brasileiro. População e Saúde*. Rio de Janeiro: Fiocruz.

_____ (2014). *Pesquisa Nacional de Saúde 2013: Percepção do Estado de Saúde, Estilos de Vida e Doenças Crônicas - Brasil, Grandes Regiões e Unidades da Federação*. Rio de Janeiro: IBGE.

_____ (2015a). Estimativas da população residente no Brasil e unidades da federação com data de referência em 1$^{st}$ de julho de 2015.

_____ (2015b). Resolução N° 4, de 26 de agosto de 2015-a. Divulga as estimativas da População para Estados e Municípios com data de referência em 1° de julho de 2015, constantes da relação anexa, Diário Oficial da União N° 165, 28 de agosto de 2015, Seção 1, página 69.

_____ (2016). Sistema de Informações Ambulatoriais do Sistema Único de Saúde (SIA/SUS). Ministério da Saúde (Departamento de Informática do SUS) Datasus.

_____ (2016a). Cadastro Nacional de Estabelecimentos de Saúde. Ministério da Saúde (Departamento de Informática do SUS) Datasus.

_____ (2016b). Sistema Nacional de Transplantes do Brasil. Ministério da Saúde.

_____ (2016c). Evolução das Unidades Móveis Habilitadas. Ministério da Saúde, Secretaria de Atenção à Saúde, Departamento de Atenção Básica, Sala de Apoio à Gestão Estratégica (SAGE).

_____ (2016d). Redes e Programas. Saúde Toda Hora: Atenção às Urgências. Unidades de Pronto Atendimento (UPA) em funcionamento, junho de 2016.

Carvalho, A. I. (1995). *Conselhos de Saúde no Brasil: Participação Cidadã e Controle Social*. Rio de Janeiro: Ibam/Fase.

Fleury, S. (2011). Reforma dos serviços de saúde no Brasil: Movimentos sociais e sociedade civil. *The Lancet, Saúde no Brasil*, 4~5.

Fleury, S. , & Ouverney, A. M. (2012). Política de saúde: Uma política social. In Giovanella, L. et al. (Eds.). *Políticas e Sistemas de Saúde no Brasil*, 25~57. Rio de Janeiro: Fiocruz.

Lobato, L. V. C. , & Giovanella, L. (2012). Sistemas de saúde: Origens, componentes e dinâmica. In Giovanella, L. et al. (Eds.). *Políticas e Sistemas de Saúde no Brasil*, 2nd edition, 89~120. Rio de Janeiro: Editora Fiocruz.

Morel, C. M. (2006). Inovação em saúde e doenças negligenciadas. *Cad. Saúde Pública*, *22*(*8*), 1522~1523.

Noronha, J. C., Lima, L. D., & Machado, C. V. (2012). O Sistema Único de Saúde: SUS. In Giovanella, L. et al. (Eds.). *Políticas e Sistemas de Saúde no Brasil*, 2nd edition, 365~393. Rio de Janeiro: Editora Fiocruz.

Paim, J. et al. (2011) O sistema de saúde brasileiro: História, avanços e desafios. *The Lancet, Saúde no Brasil*, 11~31.

PAHO & WHO(2015). *Health Situation in the Americas: Basic Indicators 2015*. Washington D. C. : PAHO/WHO.

Schmidt, M. I. et al. (2011). Chronic non-communicable diseases in Brazil: Burden and current challenges. *The Lancet, 377*(*9781*), 1949~1961.

Silva Jr., J. B., & Ramalho, W. M. (2015). *Cenário Epidemiológico do Brasil em 2033: Uma Prospecção sobre as Próximas Duas décadas*. Textos para Discussão, 17. Rio de Janeiro: Fundação Oswaldo Cruz.

Vasconcelos, C. M. & Pasche, D. F. (2009). O Sistema Único de Saúde. In Campos, G. W. S. et al. *Tratado de Saúde Coletiva*, 531~562. São Paulo: Hucitec; Rio de Janeiro: Fiocruz.

Victora, C. G. et al. (2011). *The Lancet, 2011. Saúde no Brasil*, *6*, 90~102.

WHO(2015). *World Health Statistics 2015*, Part II, Global Health Indicators, Ch. 7 Health expenditure, Table 7, 125~136.

# 14

# 고령자 복지서비스*

## 1. 머리말

사회정책을 수립하기 위해서는 무엇보다도 국내 인구구조의 변화를 이해하는 것이 중요하다. 또한 현존하는 체계를 역사적 배경은 물론 실제 이행되는 사회서비스의 현황을 기반으로 이해해야 한다.

브라질은 26개의 주와 1개의 연방지구를 더하여 총 27개의 주로 구성된다. 이 장은 브라질 연방이 도입하고 각 주 및 도시가 준수·이행하는 정책을 기초 자료로 하였다. 브라질의 지방정부에게는 지방 특유의 정책을 이행할 수 있는 자율성이 있지만, 이 경우에는 연방의 지원을 받을 수 없다. 그로 인해 이러한 정책들은 연방정부가 재정적으로 지원하거나 공동으로 재정을 부담하는 정책에 비해 우선순위가 낮으며, 관련법과 정부 프로그램에 귀속된다.

---

* 이 글은 "브라질 고령자를 위한 사회정책: 체계, 발전상 및 도전과제"(Social policy for elderly population in brazil: paradigms, advances and challenges)를 번역한 것이다.

이 장에서는 브라질의 고령자를 위한 사회정책을 이해하기 위해 브라질에서 현재 제공 중인 서비스에 영향을 미치는 인구통계학적·정책적 측면을 논하고자 한다. 또한, 브라질 인구고령화가 가속화되는 추세임을 고려할 때, 고령자의 사회적 권리보장 측면에서 그간 많은 진전이 있었음에도 불구하고 효과적 사회보장을 확보하기 위한 더 많은 공공정책 도입이 필요함을 확인할 것이다.

뿐만 아니라 사회적 투자의 감소와 함께 최소권리국가 상태에 놓인 브라질의 사회정치적 변화와 관련하여, 현재와 미래에 고령자를 위한 사회정책이 계속 직면하게 될 도전을 도출하였다. 이러한 내용은 브라질의 고령자 사회보장제도의 개요에서 다룬다.


## 2. 인구통계학적 변화

Vasconcelos & Gomes(2012)에 따르면 20세기 이후 브라질의 인구통계학적 변화는 인구의 증가와 경제발전의 상관관계에서 기인한다. 다양한 사회에서 여러 가지 방식으로 진전되었음에도 불구하고, 출생 및 사망률은 1950년 이후 브라질의 인구통계학적 변화에 결정적 요소로 작용했다. 브라질의 두드러진 인구통계학적 특징인 역사적·사회적 불안정과 관련한 브라질의 특이성에 주목해야 한다(Brito, 2008; Vascocelos & Gomes, 2016). 젊은 세대가 주를 이루던 인구구조에서 고령인구의 비중이 증가하며, 농촌인구에서 도시인구로 중심축이 이동하여 2010년에는 인구의 84.36%가 도시에서 거주하는 것으로 나타났다.

〈그림 14-1〉에서 볼 수 있듯이, 2004~2014년까지 60세 이상 인구가 9.3%에서 13.7%로 증가하였다. 이처럼 브라질 인구의 연령대 전환이 눈에 띄게 빠른 속도로 진행되는 추세이다.

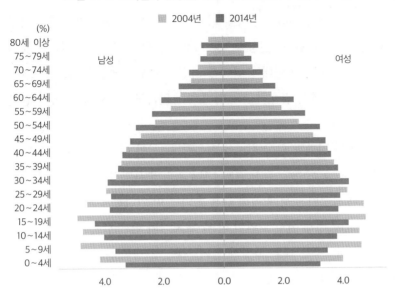

〈그림 14-1〉 브라질의 연령별, 성별 인구분포(2004년, 2014년)

자료: IBGE(2015).

80세 이상 연령집단은 2004년 1.2%에서 2014년에는 1.9%로 증가한 약 200만 명을 기록했다. 2030년과 2050년에는 해당 연령군이 각각 290만 명, 660만 명에 달할 것으로 예상된다. 브라질 국립통계원(2015)의 조사[1]에 따르면 2001년에는 60대가 인구의 9%를 차지하였다. 실제 인구연령 피라미드 상에서도 상층부는 증가한 반면 하층부는 감소하였다. 이 같은 변화의 근본적 원인 중 하나는 출산율의 감소이다. 2004년에서 2014년 사이, 가임여성 1인 당 자녀수는 2.32명에서 1.74명으로 25% 줄었다. 이러한 인구통계학적 변화의 가속화는 향후 몇 년 안에 인구구조가 현저하게

1) 브라질 국립통계원(Instituto Brasileiro de Geografia e Estatística: IBGE)은 브라질의 통계, 지리, 지도제작, 측지 및 환경정보를 담당하는 기관이다. 국립통계원은 10년마다 국가인구조사(national census)를 실시하며, 질문지는 연령, 가구소득, 문해율, 교육, 직업 및 위생수준과 같은 정보들로 구성된다.

바뀔 것을 시사한다.

또한 자녀 수가 감소하고 전통적 가정보호 방식이 변화한 까닭에 가족구조에도 변화가 나타난다. 전통적으로 여성의 역할은 가족을 보살피는 것에 집중되었으나, 특정 연령대에 다다른 여성은 거꾸로 돌봄을 필요로 한다. 결과적으로 핵가족이 감소하였으며, 노인 1인가구 비율이 14.4%에 달한다(IBGE, 2013).

돌봄에 대한 사회적 환상에는 돌봄제공자로서의 여성의 역할이 자리 잡고 있다(Faleiros, 2016). 관찰 결과, 배우자와의 사별 또는 이혼을 한 상황에서 고령의 남성이 여성에 비해 결혼을 더 많이 원하는 것으로 보인다. 한편 남성 노인에 비해 여성 노인이 더 많이 자녀와 함께 사는 것으로 나타났다. 노인의 대다수는 다른 사람과 함께 살며, 25세 이상의 성인자녀와 함께 사는 노인의 비율이 30.7%에 달한다. 60세 이상 인구 중 가족부양의 책임을 가진 것으로 확인된 노인의 비율은 공식적으로 1%이다(Camarano, 2007).

브라질에서 노인들이 가족에게 많이 의존하기도 하지만, 이와 동시에 복지 및 사회부조로부터 얻은 재원을 통해 고령자에게서 젊은 층에게로 소득의 이전이 발생함을 발견할 수 있다. 국립통계원(2013)의 자료에 따르면 가장의 64.2%가 60세 이상이며 그중 24.4%는 가장의 배우자이고 11.4%는 다른 상황에 놓인, 즉 자녀와 함께 사는 것으로 나타났다.


## 3. 정치적 변화

Faleiros(2016)는 고령자를 위한 정책 수립과정에서 주 정부와 사회 간의 관계를 통해 발견할 수 있는 네 가지 패러다임을 제시한다. 마찬가지로 고령자에 대한 관심 및 서비스 제공과 관련한 정치적·사회적 발전은 사회경제구조와 연관이 있다. 이러한 구조는 브라질의 자본주의 역학에 의해 변화한다(Faleiros, 2008). 고령자의 권리 강화는 매우 최근에 이루어졌으며, 열악한 생활환경에 처한 65세 이상의 고령자 및 장애인을 위한 보편적 의료보장, 기여형 연금 및 사회부조[2]의 3가지 사회보장권을 규정한 1988년 헌법에서 비로소 명시되었다.

사회서비스 제공을 위한 도구와 시스템은 뒤에서 다룰 네 가지 패러다임으로 정의될 수 있다. 계층 간, 권력집단 간 모순과 상충 그리고 사회적 관계와 문화적 상황이 국가별로 다른 양상을 띠는 것처럼, 이러한 패러다임은 해당 국가나 주의 자본주의적 프로세스와 상관관계를 가진다. 또한 여러 가지 상황 속에서 다양하게 발생하는 인구통계학적 변화와도 맥을 같이한다. 일례로 유럽에서 수립한 고령자정책은 미국이나 아시아에서 채택한 정책과는 서로 다르다(Caradec, 2008; Faleiros, 2008; Esping-Anderesen, 1996; Flora & Heidenhaimer, 1990; Aureliano & Draibe, 1989 참고). 그러나 이러한 과정은 근로기준 및 인권 합의서, 고령화에 관한 국제회의, 라틴아메리카 회의 등의 국제기구 결의안을 포함한 국제적인 규제상의 변화를 반영한다.

신자유주의와 세계화의 흐름 속에서 고령화정책 또한 변화하는데, 특히 사회보장 혜택과 관련하여 주로 연령을 근거로 접근성을 제한을 하려는 방향이 강조된다. 가령 미셰우 테메르의 현 브라질 정부(2016~2018년)는 연금권에 제한을 두는 신자유주의 경향을 따른다.

고령자를 위한 브라질의 네 가지 정책 패러다임은 서로 다른 역사적 시기와 관련 있다. 박애주의 패러다임은 16세기부터 19세기까지 지배적이었고, 사회보험 및 사회보장 패러다임은 20세기에, 적극적 고령화 패러다임

---

2) LOAS(Lei da Assistência Social, 〈법률 제8742호〉, 1993년 12월)로 알려진 〈사회부조 기본법〉(Organic Law of Social Assistance)은 공공정책으로서의 사회부조 혜택을 규제하는 법이다.

은 특히 1988년 헌법에 명문화되어 21세기에 발전하였다.

식민지 브라질(1500~1822년)과 브라질 왕조(1822~1989년) 시대에는 박애주의모델이 주를 이루었다. 이러한 모델 혹은 패러다임은 빈곤에 대한 도덕적 접근으로서 빈곤층 노인에게 동정심을 갖는 온정주의적 관점, 종교조직이나 민간 및 '보호'기관이 제공하는 사회서비스정책이 근간을 이룬다. 공화정 시대에는 1889년 이후 다양한 모델이 접목되었다.

식민지와 왕정기에는 종교적 활동이 팽배하였는데, 대부분 노인을 위한 기부와 쉼터활동으로서 가톨릭교회가 주도하였다. 그중에서도 빈첸시오회(São Vicente de Paula Society)를 대표로 한 오자남(Ozanam) 사회철학의 활동이 두드러졌다.[3] "동정적 노인 차별주의"(*compassionate ageism*) 혹은 도덕적 성격의 자선이 중심이었다. 구체적인 지원 방식은 주로 노인들을 위한 집단거주지나 쉼터를 만드는 것이었다. 그러나 이러한 모델은 여전히 격리 형태로 운영되었으며, 쉼터기관의 박애주의적 성격을 포함하였다.

1930년 이후 제툴리우 바르가스(Getúlio Vargas) 정부의 산업화과정에서 박애주의모델과 양로원(쉼터)이 해체되었다. 1930년 이전에는 커피를 생산하는 농업 부르주아를 중심으로 한 농산물 수출산업이 브라질 경제의 대부분을 차지하였다. 1929년에 대공황과 함께 브라질의 수출이 감소하자 농산물 수출 집단의 정치적 지배력에 의문을 표출한 중산층이 시위를 벌이기 시작하였고, 1930년 혁명으로 이러한 지배력은 해체되었다(Faleiros, 2010).

이러한 맥락에서 사회보험이 제조, 금융 및 수출경제 종사자들은 물론 파업을 선동했던 근로자들을 포함한 더 넓은 계층에게 확산되었다. 뒤이어 연금보험이 일정 이상 연령의 철도 및 항만 근로자, 광부, 선원, 은행원,

---

3) 프레드릭 오자남(Frederic Ozanam, 1813~1853년)은 프랑스 문학연구가이자 언론가, 사회정의 옹호자이다. 빈첸시오회 설립자이기도 하다.

기업인들을 대상으로 기여에 근거하여 수립되었다.

1934년 헌법은 1923년 이후 수립된 철도 근로자의 사회보장권을 명시하였다. 당시 헌법은 고령 인력에 대한 보호를 시민권이 아닌 노동권으로 설정하였고, 농촌의 노동자들 역시 이에 포함시켰다. 이는 기여에 대한 안전성을 확보하는 모델로서 재산과 지주, 기업을 위한 보장과 상호보완관계에 있었다.

바르가스 대통령은 1937년부터 1946년까지 독재정권을 유지하였다. 제2차 세계대전 이후 헌법을 통해 보험모델을 유지하였으나, "노년의 결과에 반하는"(against the consequences of old age)이라는 다소 이상한 표현을 사용하였다(art. 157). 민주주의 시대인 1960년대에는 대규모 노동조합의 압력으로 〈사회보장 기본법〉이 정교화되었다. 이와 더불어, 퇴직연금보호에 대한 접근성을 확보하려면 노동 시간에 따른 기여도가 필요했다. 노령은 생애주기나 정상적 연령진행이 아닌 노동으로부터의 배제로 이해되었다. 사회보험정책은 임금제에 기초하였으며, 파트너십이나 직무에 따라, 또는 주택·식료품·보호를 대가로 고용된 대부분의 농촌 노동자를 제외한 채 더 잘 조직화된 집단들의 압력하에 구성되었다.

1964년 군부독재기에 사회보호의 형태에 변화가 나타났다. 1967년 헌법은 "노년에 대한" 사회보장(art. 158)을 인용하였는데, 보건의료 등에서의 일부 금전적 혜택과 관련이 있었다. 민간의 박애주의적 지원의 감소와 공공부조 및 공공보험의 강화에 주목할 필요가 있다. 1974년에 이르러서야 70세 이상 국민의 월 소득 기준을 최저임금의 50%로 확립하였다. 이와 더불어 브라질은 노인생활센터를 지원하였다. 이와 동일한 활동이 상업사회사업부(Serviço Social do Comércio: SESC)가 동원한 여러 조직에 의해 활성화되었다. 그리고 노인 문제는 사회적 관심사로 대두되기 시작했다.

독재정권의 위기 속에서 고령자의 시민권을 주창하는 브라질은퇴자연맹(Confederação Brasileira de Aposentados: COBAP)이 부상하였다. 1975년에는 같은 맥락에서 최저임금 혜택의 절반을 기초로 한 농촌노동자보장기금(Fundo de Previdência para Trabalhadores Rurais: FUNRURAL) 설립이 주창되었다. 집권당은 도시뿐만 아니라 농촌 지역에서까지 표밭을 잃을 것을 우려하여 이를 허용해야만 하는 상황이었다. 독재정권은 단 두 개의 정당만을 허용하고 자신의 통제하에 두었다.

직접선거를 위한 투쟁 끝에 1984년 신헌법에 대한 논의가 시작되었고, 1988년에 마침내 신헌법이 세워졌다. 이는 독재주의의 종식이었다. 브라질은 신헌법의 틀 내에서 보건의료에 대한 보편적 접근성, 기여형 사회보장, 최빈층을 위한 포용적 사회보장을 통해 민주적 복지모델을 강화하였다. 고령자의 시민권은 1988년 헌법에 복수의 조항으로 포함되었으며, 보험료뿐만 아니라 그에 상응하는 고령자의 요구사항들을 수용하기 위한 사회부조체계를 포함하도록 계획하였다. 헌법 제203조는 생계수단이 없는 것으로 증명된 노인들의 월 최저임금 혜택을 보장하였다. 이와 더불어 정책 수립에 국민의 참여를 독려하였다.

1988년 헌법과 사회적 압박의 결과, 사회보장법 이외에 다음의 세 가지 법안이 추가적으로 고령자를 위한 사회보장을 규정하였다. 바로 〈사회부조 기본법〉(Organic Law of Social Assistance: LOAS, 〈법률 제8742호〉, 1993년), 〈국가노인정책〉(Política Nacional do Idoso: PNI, 〈법률 제8842호〉, 1994년), 〈노인법령〉(Estatutodo Idoso, 〈법률 제10741호〉, 2003년)이다. 〈사회부조 기본법〉은 사회보장을 받지 못하는 65세 이상 국민과 사회적 취약 계층인 장애인을 대상으로 한 연속현금급여(Benefício de Prestação Continuada: BPC)를 규정하였다.

〈국가노인정책〉은 정부가 서로 다른 영역에서 실시되던 고령화정책을 통합하여 수립한 것으로, 국가노인위원회를 설치하도록 규정하였다. 그러나 해당 위원회는 행정부의 지원이 없어 설치되지 못했다. 〈국가노인정책〉의 핵심은 고령자의 권리와 참여가 가족, 사회 및 주 정부로부터 제공되어야 하고, "고령화는 사회 전체의 문제"이며 시민권 형성에 포함되어야한다는 점이었다.

그리고 이 시점에 이르러 고령자의 역할에 가치를 부여함으로써 적극적 고령화의 패러다임을 구축하게 된다. 1996년 〈법령 제1948호〉는 각 부처별 노인의 권리 이행을 위한 관리 역량을 확립해야 한다고 규정하였다. 그러나 이를 준수하지 않을 때에 가해지는 제재 조치가 법에 포함되지 않았기에 여전히 권고안 수준에 머물렀다. 또한 양로원은 유지되었으나 관련 서비스 및 절차가 존재하지 않았다. 2001년이 되어서야 사회복지부가 민간부문의 노인서비스 프로그램과 사업을 지원하기 위한 기능을 규정하는 정책을 마련하였다. 이러한 정책은 공공부문과 민간부문으로부터 지지를 받았으나, 권리를 보호하기 위한 관리 패러다임은 존재하지 않았다. 권리와 권리 박탈의 모순 사이에서 서비스 제공을 허가하는 책임은 민간기관들에게 있었다.

2003년 공표된 〈노인법령〉은 〈국가노인정책〉과 동일한 가이드라인을 가졌으며, 노인의 권리를 규정할 뿐만 아니라 제재 조치를 명시하고 우선순위를 확립하였으며, 장기요양기관 규제, 폭력퇴치 등과 함께 개인의 기본권을 중심으로 노인 문제에 접근해야 한다고 독려하였다. 제도적 관점에서 보면 박애주의모델이 해체되고 보험이 그 자리에 들어섰다. 고령화는 시민권 행사의 형태이자 인간의 기본권을 구체화하기 위한 사회보호의 형태로 구체화되었고, 인간 존엄이 강조되었다. 적극적 고령화는 명확하게 정의되어 가족, 사회 및 정치적 영역으로부터 지지를 받는다. 또한 노인권리위원회의 설립을 포함하여 지자체가 더 강력한 책임을 갖는 고령화 정책의 분권화로 규정된다.

국가노인위원회는 2002년 말에 설립되었다. 2016년 기준으로 연방 주의 모든 기구 그리고 50% 이상의 지자체에서 노인권리위원회가 운영 중이다. 위원회는 정부 및 비정부 대표들로 구성된다. 2006년 제1차 국가노인

권리회의(National Conference about the rights of the elderly person)가 개최되었으며 이후 2009, 2011, 2015년 등 3차례에 걸쳐 후속 회의가 개최되었다.

적극적 고령화 패러다임은 노인 참여 독려와 네트워크 돌봄에 대한 정의와 더불어 보건 영역에서 강조되어 왔다. 이 주제는 2002년 개최된 세계고령화총회(World Conference on Ageing)에서 발표되었으며, 세계보건기구(WHO)는 보고서를 통해 삶의 방식뿐만 아니라 기회 추구의 측면에 집중할 것을 제안하였다. 브라질 연방정부는 지우마 호세프(Dilma Rousseff) 대통령 재임 중 2013년 말에 주 정부들과 적극적 고령화 정책에 합의하였다. 2013년 9월 30일 〈법령 제8114호〉(Decree Law 8114)에 의해 창설된 '적극적 고령화를 위한 부처협의회'의 첫 회의가 개최되었다. 해당 협의회는 〈국가노인정책〉이 제정된 지 약 20년이 지난 후에야 창설된 것이다.

협의회의 목적은 주지사들이 서명한 공약에 의거하여 브라질 내 고령자 돌봄을 위한 공공정책 로드맵과 계획을 수립하도록 하는 것이다. 공약에는 세 층위의 정부(연방, 주, 지자체)를 위한 실행안이 포함되며, 주 정부와 지자체에 사업 이행 자율권을 부여하는 내용을 담았다. 몇몇 지자체는 신체 활동을 위한 실외 공원과 문화 프로그램, 생활센터 및 보건의료 교육 및 특화 시설을 설치·운영한다. 독거노숙노인 및 동반인을 위한 돌봄 프로그램들이 존재하는 반면, 치매노인과 (신체기능적으로) 의존도가 높은 노인들을 위한 구체적 가정 내 돌봄과 관련한 정책은 턱없이 부족한 형편이다. 한편 주 및 지자체 내에서 노인위원회 설립을 위한 노력이 진행되고 있다.

룰라 정부 하에서 〈국가노인정책〉의 조정 권한은 2009년 사회개발부에서 브라질 연방공화국 대통령 직속 인권 사무국으로 이전되었다. 2010년에는 개인과 기업의 수익 일부 기부를 허용하는 국가노인기금(〈법령 제12213호〉)이 창설되었다. 현대 시민권의 확립은 박애주의모델인 퇴직자돌봄주택을 해체시켰다. 2016년 연방정부의 개혁기에 법무부 내 국가노인사무국이 신설되었으나 해당 정책에 대한 정부의 지출이 현저히 감소하였음을 주목할 필요가 있다.

적극적 고령화 패러다임은 은퇴자 중 납세자 비율이 감소하는 반면 수명은 증가하는 상황에서 정치경제적 변화와 관련한 공적 담론에 포함되었다. 고령자를 위한 정책은 신체활동 및 돌봄을 강화하여 질병 발생을 감소시키는 삶의 방식을 구축한다. 다음 주제에서는 〈법률 제8742호〉(1994년) 가 어떻게 노인권을 확립했는지, 위에서 언급한 다른 유형의 정책들과 관련이 있는지 살펴보고자 한다.

## 4. 서비스 제공

이 법안은 1988년 헌법 이후 보건의료 및 사회서비스와 같은 사회보장의 측면에서 노인 돌봄서비스를 제공할 것으로 기대된다. 브라질의 보건의료 및 사회서비스 영역에는 기초보호와 중도 복잡성 및 고도 복잡성에 해당하는 보호 간의 차이가 존재한다. 기초사회보호는 1차진료건강센터와 사회부조정보센터(Centros de Referência da Assistência Social: CRAS)를 통한 가족건강 전략으로 구성된다. 중도 복잡성에 해당하는 보호는 특화된 의원과 사회부조전문정보센터(Centros Especializados de Assistência Social: CREAS)에서 이루어지며, 거리 및 가정 내 돌봄에 대한 접근성을 제공한다. 고도 복잡성에 해당하는 보호는 통합돌봄기관 및 민간가정, 패시지 하우스, 호스텔, 가족 대리인, 홈스테이, 직업보호 등을 통해 제공한다.

2012년에 38만 473명, 2013년 41만 8,861명(통합사회부조체계 인구조사),4) 2014년에는 50만 9,343명의 노인들에게 사회부조서비스가 제공되

---

4) 통합사회보장제도 인구조사(CENSO SUAS)에서는 지자체와 사회부조위원회가 작성한

었다. 2014년 기준 브라질 내 지자체 중 98.5%에 해당하는 5,485개 지자체에 8,088개의 사회부조정보센터가 존재하였고, 2014년 인구조사 결과 1,384곳은 교통이동팀을 보유하였다고 응답하였다.

같은 기간, 사회부조전문정보센터는 2,372곳이 있었고, 특별사회보장시설 방문자의 66%는 과실 또는 다른 형태의 폭력에 의한 노인 피해자들이었다. 사회부조전문정보센터에서 제공하는 돌봄서비스는 노인의 권리침해 상황을 극복하고 가족의 붕괴를 예방하며 지역사회와의 결속을 강화시킨다.

2013~2015년까지 노령인구를 대상으로 《건강하게 나이들기 위한 주요 정보》(Important Tips for Aging in Good Health)라는 제목의 책자가 50만 부 배포되었다. 그러나 여전히 주거돌봄시설은 박애주의의 영역에 머물러 있으며, 공공시설이 차지하는 비중은 5.2%에 불과하여 전체 노인인구의 약 1%만을 포괄한다(Camarano, 2010).

경찰 보호와 관련하여, 2016년 브라질 연방 내 전 지역에 83개의 노인경찰서가 설치되었다. 그중 가장 많은 수를 차지한 주는 산타 카타리나와 상파울루로, 각각 27개소, 18개소가 설치되었다. 법무부에서 30명의 노인보호검찰(Prosecution of Defense for the Elderly Person)을 파견하여 브라질 내 모든 주에서 업무를 수행하도록 했지만 각 주의 수도에 집중되었다.

노인문맹퇴치, 개방대학, 폭력에 대한 인식 제고를 위한 범국가적 캠페인 및 돌봄제공자 교육과 같은 다양한 프로그램이 운영된다. 하지만 여전히 전체 노인의 26.6%는 글을 읽고 쓰지 못하며, 문맹퇴치 프로그램의 목표 달성률은 25%에 그친다. 한편 룰라와 호세프 정부는 노인 돌봄제공자 4만 8,130명에게 직업교육 및 훈련을 제공하였다.

---

전자양식을 사용하여 데이터를 수집한다. 브라질의 다양한 사회부조 수단을 통해 제공되는 서비스·혜택의 물리적 구조 및 관리, 인적 자원 등과 관련한 정보를 제공하는 것을 목표로 한다.

또한 2007~2010년까지 노인건강에 대한 도서 초판본 1,300만 권이 배포되었다. 2012년에는 해당 도서의 제2판 123만 8,093권이 배포되었으며, 2014년에는 제3판 102만 2천 권이 배포되었다. 2015년에는 582개의 지자체에 배포되었다.

## 5. 불평등 지표

사회보장시스템의 구축에도 불구하고 브라질의 고령화 불평등은 여전히 남아 있다. 이처럼 불평등한 상황은 자본주의 사회구조의 일부분을 형성하며 고령화가 사회경제학적으로 영향을 받도록 만든다. 불평등한 시스템으로부터 영향을 받은 사실 중 한 가지는 노인을 대상으로 한 폭력이다. 폭력 사건 고발은 콜센터의 시스템에 기록되는데, 2015년에는 3만 2,238건의 신고가 접수되었고 그중 대부분이 과실 혐의인 것으로 나타났다(75%). Faleiros(2007)가 수집한 폭력 관련 데이터에 따르면 가해자의 대부분은 자녀들이었다(54%).

노인건강정보시스템(Information System of Health of the Elderly) 데이터는 경제적 불평등 상황을 보여 주는데, 브라질 고령자의 대다수가 최저임금 이하의 소득을 번다는 사실을 지적할 필요가 있다. 국립통계원(2013) 자료에서 언급된 바와 같이, 노인 1.6%의 소득이 최저임금의 절반 수준인 것으로 나타났다. 39.2%가 최저임금의 절반 이상, 23.5%는 최저임금의 1~2배 이상, 그리고 24.3%만이 최저임금 2배 이상의 소득이 있는 것으로 집계되었다. 전체 소득의 28.9%가 근로소득이었으나, 근로 유형으로 보면 70.8%가 비공식 근로이다. 노인들을 포함해, 비공식 근로는 소득을 보완하기 위하여 자주 이루어진다. 노인의 26.34%가 노동시장에 남아 있다는 점은 주목할 만한 사실이다. 이들 중 상당수는 은퇴 후에도 계속 일을 하며, 17. 21%는 빈곤선 이하에 속한다.

노인건강정보시스템 데이터에 의하면, 14. 20%가 일상생활에서의 활동이 불가능한 것으로 나타났으며 자신의 건강 상태가 양호하거나 매우 좋다고 응답한 비율은 절반이 채 안 된다(45%). 사망원인은 다음과 같이 나타났다. 순환계 36. 67%, 종양 17. 25%, 호흡기 계통 14. 52%, 당뇨병 6. 11%, 기타 내분비질환 및 신진대사 1. 55%, 소화기질환 4. 67%, 외부 원인으로 인한 사망 3. 51%, 전염 및 기생충에 의한 질병 3. 29%.

뿐만 아니라 전염병에서부터 퇴행성 질환으로 인한 노인사망률의 역학적 전이를 살펴볼 필요가 있다. 또한 공격, 교통사고 및 자살과 같은 외부 원인에 의한 사망을 강조하는 것 역시 중요하다.

소득과 관련하여, 국립통계원(2013)에 따르면 60세 이상 조사 대상 중 23. 7%는 퇴직금 또는 연금 수급자가 아니었으며 7. 8%만이 퇴직금과 연금을 적립 중인 것으로 나타났다. 퇴직금과 연금을 적립한 60세 이상 비율은 성별에 따라 차이를 보이는데, 남성과 여성의 비율은 각각 2. 8%, 11. 7%였다.

60세 이상 연령대에서 퇴직금 또는 연금을 받지 못하는 노인의 비율이 높은 이유는 이들이 노동시장에 계속해서 참여한다는 사실과 관련이 있는 것으로 보인다. 실제로 이 연령대의 고용률은 27. 1%였으며, 그중 15. 3%는 고용된 상태이거나 은퇴한 것으로 나타났고, 주당 평균 근로시간은 34. 7시간으로 집계되었다. 65세 이상 연령대에서 퇴직금 또는 연금을 받지 못하는 인구의 비율은 15. 0%였으며, 고용률은 19. 4%, 성별로는 남성과 여성이 각각 29. 6%, 11. 6%로 차이를 보였다. 자료 취합이 이루어진 데이터에 따르면 60세 이상 노인들의 주 소득원은 퇴직금 또는 연금이었으며(66. 2%), 65세 이상 집단의 경우에는 소득원 중 퇴직금 및 연금의 비율이 더욱 높게 나타났다(74. 7%).

# 6. 사회보장급여

지리통계연구원의 2013년 전국가구조사(PNAD)에 따르면 소득 기준과 상관없이 60세 이상 고령자 중 퇴직금 또는 연금을 받는 사회보장 수급자의 수는 2,627만 9,134명에 달했다. 이는 전체 노인인구의 81.9%에 해당하며, 남성이 1,168만 6,920명, 여성이 1,459만 2,214명이었다.

사회보장급여 이외에도, 사회보장기여에 해당되지 않는 65세 이상 고령자를 지원하는 사회부조급여의 일부로서 한 가지 프로그램이 존재한다. 헌법(제203조)에 명시된 연속현금급여(BPC)가 바로 그것이다. 연속현금급여는 일인당 소득이 최저임금의 4분의 1이 되지 않는 노인들을 대상으로 한다. 이 급여는 극빈층 노인에게만 지급되며, 다른 복지급여보다 광범위하게 적용된다.

2014년, 고령자 대상 연속현금급여와 월별생활보조금(Renda Mensal Vitalícia: RMV) [5] 수급자는 총 191만 1,770명이었으며, 2005~2014년 사이에 전체 급여지급액은 약 164억 헤알에 달했다. 수급자는 81% 증가하였으며, 전체 연속현금급여 금액의 50%가 극빈가정에 전달되었다.

이러한 사실을 감안할 때, 연속현금급여는 수급자가구 예산의 평균 79%를 차지한다. 연속현금급여가 65세 이상 노인가구의 빈곤 감소에 중요한 역할을 함이 분명하다. 그러나 이러한 사실에도 불구하고 연속현금급

---

5) 월별생활보조금은 〈법률 제6179호〉에 의거해 1974년에 도입되었으며, 근로가 불가능하거나 생계유지를 위한 소득원이 없는 70세 이상 노인 및 장애인을 지원하려는 목적이었다. 그 후 1991년 〈법률 제8213호〉에 의거해 새로운 사회부조급여가 채택되기 전까지 월별생활보조금을 유지하기로 하였다. 1988년 연방헌법 제5장 제203조에 따라 공표된 이 사회부조급여가 바로 연속현금급여로, 〈사회부조 기본법〉하에 구체화되었다. 현재 월별생활보조금은 1995년 12월까지 수급자만을 대상으로 운영된다. 자세한 정보는 사회개발부 웹페이지를 참조하라(http://mds.gov.br/assuntos/assistencia-social/beneficios-assistenciais/renda-mensal-vitalicia).

여는 네리(Nery, 2014)가 고안한 급여 프로그램으로 공공재원에 중요한 역할을 한 보우사 파밀리아와 비교되면서 정치인들과 경제학자들 사이에서 커다란 논쟁의 주제가 되어 왔다. 하지만 연속현금급여는 일인당 소득이 최저임금 4분의 1에 못 미치는 가정에게 가장 중요한 소득원이다.

마찬가지로, 미셰우 테메르(Michel Temer, 2016~2018년)의 신자유주의 정부는 20년 동안 전년도 물가상승률 수준으로 연방예산의 조정을 제한하는 〈헌법 개정안 제241호〉를 통해 연방정부의 지출 감축을 꾀하고 있으며, 이를 위해 연속현금급여 대상의 기준을 변경하자는 논의가 현재 정치인들 사이에서 오간다. 이와 관련하여 보건, 사회부조, 교육 관련 지출이 제한될 것으로 예상된다. 동일한 관점에서 정부는 사회보장 개혁을 준비 중이다. 모든 국민의 최소 은퇴연령을 65세로 조정하는 방안이 주를 이루며, 관련 규정은 아직 발표되지 않은 상태다.

이와 같은 개혁의 결과를 아직 완전하게 예측할 수는 없으나, 정부의 자체 경제 연구팀인 IPEA는 향후 수년 내에 고령자인구에 영향을 미치는 보건정책(De Pavia et al., 2016) 및 사회부조정책(Vieira et al., 2016b)과 관련된 예산이 전체적으로 감축될 것이라는 전망을 내놓았다. 정부가 이와 같은 개혁을 하려는 이유는 자본가들과 국제투자자들의 신뢰를 회복하는 것과 관련이 있는 것으로 판단된다.


## 7. 맺음말

브라질에서 고령자를 위한 정책은 국내 세력 간 상호압박과 국제적인 영향 하에서 복잡한 방식으로 역사적 과정을 거치며 발전해 왔다. 극빈층에 대한 박애주의와 도덕적 패러다임은 쉼터 및 거주보호기관에 여전히 존재하며, 농업 사회와 식민지 브라질, 천주교의 관계 속에서 정교화되었다. 오늘날 이러한 개념이 〈노인법령〉에 이상적으로 포함되었으나, 수급자가 받는 사회급여의 70% 가량을 부과하는 수준이다. 분산된 사회보험 패러다임은 고령자의 은퇴 후와 관련된 사항들을 고려하였으나, 이것이 생애주기에 대한 고려는 아니었다.

24년간의 독재정권 이후 1988년 헌법에서 농촌 노동자들을 포함한 고령자를 인권과 시민권이 완전히 통합된 권리의 주체로 인식하였다. 1993년에는 〈사회부조법기본법〉에 의해 공공정책의 일환으로 사회부조가 제공되었으며, 지속적 및 일시적 급여의 제공을 규정하였다. 1994년에는 국제사회의 권고를 받아들여 〈국가노인정책〉을 통해 고령자의 시민권을 검토, 정부부문의 실행방식을 구체화하였다. 2003년에는 〈노인법령〉하에서 노인의 권리를 침해하는 것에 대한 제재 원칙을 확립하였다.

법적 틀은 다양한 정부 영역(연방, 주, 지자체)의 규범에 의해 최종 수립되었다. 브라질은 보편적 보건시스템을 보유하였고, 고령자 대다수가 이를 이용한다. 2014년 60세 이상 인구의 74.9%가 사회보장급여를 받았다. 같은 해 노동시장에 참여한 여성 노인의 비율은 12.3%였다(Camarano, Kanso&Fernandes, 2016).

앞서 살펴본 바와 같이, 브라질의 인구통계학적 변화가 상당히 진행되면서, 전염병의 이동, 가족구성 변화 및 공공정책 및 관련서비스의 영역에서 도전과제를 안겨 준다. 법적 틀이 마련되었음에도 불구하고 권리 실행은 여전히 갈 길이 먼 상황이다. 특히 보건의료부문의 경우 장비와 숙련된 인력, 자원의 부족으로 인해 더욱 그러하다. 노인 치료가 우선순위에 있기는 하지만, 대기자 수요와 서비스 이용에 소요되는 시간이 점점 길어지는 추세이다. 충족되지 못한 수요가 여전히 남아 있는 것이다.

작은 정부를 표방하기 위한 정치적 과제는 서비스 제공에 더욱 큰 영향을 미치게 될 것이며, 급여의 감소, 혹은 급여 접근성을 제한하는 결과를 낳을 것이다. 가령 은퇴 연령을 65세로 규정하거나, 연속현금급여 기준 연령을 상향 조정하는 식이다. 고령자의 조직화는 국가노인포럼(National Forum of Older People), 각종 브라질은퇴자연맹(COBAP)과 같은 위원회 및 협회를 통해 활성화되었다(Faleiros, 2016). 그러나 이러한 조직화는 대규모 유출입을 발생시키므로 조직을 유지, 발전시키기 위한 노력이 필요하다. 일부 노조는 노인 단체들에게 여러 가지 지원을 제공하기도 한다.

요약하자면, 노인의 인권은 전 인류의 의제임을 인식하는 것이 중요하다. 노인 인권은 더 이상 사회와 연방정부의 부담이 아닌 우리 모두가 달성해야 하는 목표이기 때문이다.

## ■ 참고문헌

Aureliano, L, Draibe, S. M. (1989). *A Especificidade do "Welfare State" Brasileiro. In Economia e Desenvolvimento*, 3. Brasília: CEPAL/MPAS.

Borges, G. M., Ervatti, L. R., & Jerdim, A. de Ponte. (Eds.) (2015). *Mudança Demográfica no Brasil no Início do Século XXI: Subsídios para as Projeções da População*.

Brito, F. (2008). Transição demográfica e desigualdades sociais no Brasil. *Revista Brasileira de Estudos de População, 25(1)*, 5~26.

Brasil (2014). *Censo SUAS 2014: Análise Dos Componentes Sistêmicos da Política Nacional de Assistência Social-Brasília.* Federal District: MDS, Secretaria de Avaliação e Gestão da Informação, Secretaria Nacional de Assistência Social.

_____(2014). *Mapa das Políticas, Programas e Projetos do Governo Federal para a População Idosa: Compromisso Nacional para o Envelhecimento Ativo.* Secretaria de Direitos Humanos da Presidência da Republica.

_____(2016). *Sistema de Indicadores de Sáude e Acompanhamento de Política do Idoso.* Ministério da Sáude.

Camarano, A. A. (Ed.) (2010). *Cuidados de Longa Duração para a População Idosa.*

Rio de Janeiro: IPEA.

Camarano, A. A., Kanso, S., & Fernandes, D. (2016). Brasil envelhece antes e pós(PNI). In Alcântrara, A., Camarano, A. A., & Giacomin, K. C. (Eds.). *A Política Nacional do Idoso-Velhas e Novas Questões*, 63~106. Rio de Janeiro: IPEA.

Caradec, V. (2008). *Sociologie de la Vieillesse et du Vieillissement*, 2nd edition. Paris: Armand Colin.

De Freitas, R. S. & Maciel, C. A. da Silva (2014). Sobre o BPC: Eveolução, limites e desafios. IV Jornada Internacional de Políticas Públicas.

De Paiva, A. B., Mesquita, A. C. S., Jaccoud, L., & Passos, L. (2016). *O Novo Regime Fiscal Suas Implicações para Política de Assistência Social no Brasil*. Nota técnica, 27. Brasilia: IPEA.

Esping-Andersen, G. (1996). *Welfare States in Transition*. Geneva: Unrisd & London: SAGE Publications.

Faleiros, V. de P. (2007). *Violência Contra a Pessoa Idosa: Ocorrências, Vítimas e Agressores*. Brasília: Universa.

_____(2008). *A Política Social do Estado Capitalista*. São Paulo: Cortez.

_____(2010). *Estratégias em Serviço Social*. São Paulo: Cortez.

_____(2013). Desafios de cuidar em serviço social: Uma perspectiva crítica. *Katálisis, 16*.

_____(2016). A política nacional da pessoa idosa em questão: Passos e impasses na efetivação da cidadania. In Alcântrara, A., Camarano, A. A., & Giacomin, K. C. (Eds.). *A Política Nacional do Idoso-Velhas e Novas Questões*, 537~572. Rio de Janeiro: IPEA.

Ferrera,, M., Hemerijck, A., & Rhodes, M. (2000) *O Futuro da Europa Social: Repensar o Trabalho e a Proteção Social na Nova Economia*. Portugal: Celta Editora.

Flora, P. & Heidenhaimer, A. J. (1990). *Development of Welfare States in Europe and America*. New brunswik: Transaction books.

Freitas, R. S. de, Maciel, C. A. da S. (2014). Sobre o BPC: Eveolução, limites e desafios. IV Jornada Internacional de Políticas Públicas paper.

Giacomin, K. C. & Maio, L. G. (2016). A PNI na saúde. In Alcântrara, A., Camarano, A. A., & Giacomin, K. C. (Eds.). *A Política Nacional do Idoso-*

velhas e Novas Questões, 135~174. Rio de Janeiro: IPEA.

IBGE (2014). *Pesquisa Nacional por Amostra de Domicílios: Síntese de Indicadores Sociais, Uma Análise das Condições de Vida das População Brasileira 2014*. Rio de Janeiro: IBGE.

_____ (2015). *Pesquisa Nacional por Amostra de Domicílios: Síntese de Indicadores 2014, Coordenação de Trabalho e Rendimento*. Rio de Janeiro: IBGE.

Nery, P. F. (2014). O Programa assistencial mais caro do Brasil: Sobre o benefício de prestação continuada e uma comparação com o Bolsa Família. *Boletim do Legislativo, 16*.

Silva, E. P., Peixoto, F. L., Coutinho, P. M., & Costanzi, R. N. (2014). O perfil dos beneficiários do regime geral de previdência social (RGPS). *Informe de Previdência Social, 26* (2).

Vasconcelos, A. M. N., & Gomes, M. M. F. (2012). Transiçãodemográfica: A experiênciabrasileira. In *Epidemiologia e Serviços e Saúde*, (*21*) 4, 538~548.

Vieira, F. S. & Benevides, R. P. de Sá. (2016). *Os Impactos do Novo Regime Fiscal para o Financiamento do Sistema Único de Saúde e para Eftivação do Direito à Saúde no Brasil*. Nota técnica, 28. Brasília: IPEA.

# 15

# 장애인 복지서비스*

## 1. 머리말

이 장은 사회적 취약 계층이라는 점에서 차이점보다는 유사성이 더 많은
두 집단, 노인과 장애인의 브라질 내 인구학적 현황을 살펴보는 것으로 시
작한다. 노인과 장애인이라는 두 사회집단 모두 도시 내에서의 접근성 향
상을 필요로 하며, 자신들의 활동과 사회적 참여를 지원해 줄 보조기술이
부족하여 어려움을 겪는다. 또한 여기서는 장애 및 장애가 갖는 사회적 의
미라는 측면에서 브라질 사회의 변천사는 물론, 더 이상 단순한 급여의 개
념이 아닌 시민권의 개념으로서 사회보장을 이해하고 접근한 정책인 통합
사회부조체계(Sistema Único de Assistência Social: SUAS)의 이행으로 사회
부조정책이 최근 어떻게 수립되고 있는지 간략히 다룬다. 이러한 변화들은
인간 및 사회발전을 촉진하기 위한 기타 사회정책과의 연결선상에서 국가

---

* 이 글은 "브라질의 장애인에 대한 사회보장"(Social protection of persons with disability
  in Brazil)을 번역한 것이다.

사회부조정책을 통해 다양한 서비스, 프로그램 및 혜택을 제공했던 시기인 1998년 연방헌법 제정의 준비과정에서 시작되었다.


## 2. 브라질 장애인 인구집단 개요

브라질 국립통계원(IBGE)이 실시한 2010년 인구통계조사에 따르면 브라질의 장애인 문제는 지극히 광범위하여 공공정책 및 국가개발 측면에서 개인, 사회, 경제 등의 다방면에 영향을 주는 것으로 나타났다. 장애인 한 명의 주위에는 가족, 친구, 전문가 등 최소 4명이 관여한다. 이를 통해 미루어 볼 때, 브라질인 대다수가 어떤 방식으로든 장애인 문제에 직간접적으로 관여함이 분명해진다.

브라질 인구 중 어떤 형태로든 장애를 가진 사람 수는 4,560만 6,051명으로 전체 인구의 약 24%를 차지한다. 이 숫자는 아르헨티나의 총인구(4,313만 1,966명)를 넘어서며, 코트디부아르 일반인구 수(2,267만 1,331명)의 거의 2배에 이른다. 어떤 형태로든 장애를 가진 사람 중 약 12%가 아동 또는 10대 청소년으로, 이들은 가장 취약한 계층임과 동시에 법, 정치, 사회적 우선계층이기도 하다.

사회적 여건상 장애는 이미 그 자체로 개인적·사회적 취약성의 요인이 된다. 특히 아동 및 10대 청소년기에 장애가 발생할 경우 그 여파가 커지는데, 그 이유는 이 시기에 운동, 감각(시청각), 지능, 정서발달에 결핍을 일으켜 아동을 취약한 상황에 처하도록 만들 수 있는 고위험 인자들이 많기 때문이다.

브라질의 장애인 중 153만 2,672명(3.36%)이 아동(0~9세)이며 1,306만 1,898명(28.64%)이 노인(60세 이상)이다. 이 두 집단이 전체 장애인구 중 32%를 차지한다. 성별로 살펴보면, 여성 장애인 수가 2,580만 681명

### 〈표 15-1〉 성별, 장애 유형별, 연령별 장애인의 수(2010년)

(단위: 명)

| 연령대 | 장애인 | 시각장애 | 청각장애 | 신체장애 | 정신장애 |
|---|---|---|---|---|---|
| 남성 | | | | | |
| 0~4세 | 204,414 | 86,588 | 43,663 | 74,527 | 37,159 |
| 5~9세 | 585,371 | 380,273 | 128,916 | 74,846 | 85,602 |
| 10~14세 | 905,501 | 655,727 | 161,554 | 87,981 | 116,301 |
| 15~19세 | 883,678 | 642,802 | 145,578 | 89,408 | 114,085 |
| 20~24세 | 977,392 | 699,266 | 169,696 | 116,157 | 114,635 |
| 24~29세 | 1,049,229 | 733,922 | 196,116 | 143,919 | 115,235 |
| 30~39세 | 2,178,045 | 1,452,215 | 463,985 | 397,893 | 217,643 |
| 40~49세 | 3,612,635 | 2,915,991 | 618,389 | 654,916 | 206,838 |
| 50~59세 | 3,917,879 | 3,247,962 | 819,294 | 944,944 | 170,836 |
| 60~69세 | 2,797,588 | 2,162,306 | 872,176 | 976,045 | 108,343 |
| 70~79세 | 1,802,408 | 1,315,654 | 788,592 | 848,169 | 74,994 |
| 80세 이상 | 891,330 | 626,979 | 500,652 | 570,728 | 47,927 |
| 합계 | 19,805,370 | 14,919,685 | 4,908,611 | 4,979,623 | 1,409,598 |
| 여성 | | | | | |
| 0~4세 | 180,889 | 81,635 | 35,380 | 66,545 | 27,818 |
| 5~9세 | 561,998 | 409,653 | 104,479 | 64,801 | 51,537 |
| 10~14세 | 1,021,229 | 830,479 | 142,209 | 84,714 | 72,847 |
| 15~19세 | 1,113,851 | 934,433 | 143,647 | 102,282 | 72,206 |
| 20~24세 | 1,238,507 | 1,014,182 | 164,800 | 123,449 | 73,971 |
| 24~29세 | 1,327,710 | 1,074,833 | 177,488 | 160,638 | 76,708 |
| 30~39세 | 2,860,483 | 2,236,819 | 416,143 | 526,945 | 162,641 |
| 40~49세 | 4,948,007 | 4,324,838 | 581,745 | 1,062,913 | 187,918 |
| 50~59세 | 4,957,435 | 4,225,706 | 757,994 | 1,693,297 | 170,131 |
| 60~69세 | 3,621,381 | 2,880,288 | 806,254 | 1,749,645 | 114,421 |
| 70~79세 | 2,488,850 | 1,841,084 | 796,865 | 1,541,113 | 95,334 |
| 80세 이상 | 1,460,341 | 1,000,747 | 681,704 | 1,109,641 | 96,584 |
| 합계 | 25,800,681 | 20,854,707 | 4,808,708 | 8,285,983 | 1,201,936 |

자료: IBGE/CENSO(2010). 자료 수집 및 정리, 기술지원 및 정보는 SEDPcD/SP.

(56.57%)을 차지한다. 이들 집단을 보면, 아동과 노인은 나이 때문에, 여성은 성별 때문에 모두 취약한 상황인데, 이들에게 장애까지 있다면 이는 취약성을 한층 높이는 연관인자라 말할 수 있다.

기대수명 증가로 브라질에서는 중요한 인구통계적 변화가 진행 중이다. 이로 인해 나이와 장애의 두 가지 요인에 의해 이중의 취약성에 처한 장애인의 수가 늘어나는 양상이 나타난다. 이러한 인구통계적 변화는 정부와 시민사회에 커다란 도전과제를 부여했으며, 그 결과 상당수의 새로운 사회적 요구가 생겨났다.

여기서 우리가 주목해 보아야 할 것은, 서로 다른 조건에서 발생한 장애인과 노인이라는 사회적 이슈가 상호 차이점보다 유사점이 더 많다는 사실이다. 이 두 인구집단은 접근성 요건, 기술적 지원, 간병인의 도움, 건강문제, 장애의 발생 측면은 물론 일반적인 취약성 차원에서도 서로 접점을 갖는다. 장애인과 노인은 소득 감소와 지출 급증으로 인해 생활 여건이 악화된 상황 속에서 살아간다. 이런 점 이외에도 생산 능력을 과대평가하는 사회 분위기 속에서 장애인과 노인은 편견과 무시라는 형벌을 받으며 살아야 한다. 이런 사실들은 이들의 시민권 회복 그리고 가족 및 공동체 생활이라는 측면에서 사회부조의 역할에 공통분모가 있음을 시사한다.

온라인으로 발행한 보고서를 통해 이탈루 하시드(Italo Rachid) 박사는 브라질 국립통계원에서 조사한 결과를 발표했다.[1] 이에 따르면 현재 브라질의 60세 이상 인구는 2,100만 명으로 전체 인구의 약 11%를 차지한다. 또한, 60세 이상 인구가 2025년까지 약 3,200만 명으로 늘어나 세계 6위의 장수국 자리를 차지할 것으로 예상되었다. 여기서 알 수 있는 사실은 15세 이하 청소년 100명 당 65세 이상 성인의 수가 50명을 넘어서게 될 것이란

---

1) 자세한 연구 내용은 Terceira indade 웹페이지를 참고하라(www.aterceiraidade.com/vivendo-com-saude/condicoes-de-vida-do-idoso-no-brasil).

점이다.

1990년대부터 브라질의 인구고령화는 되돌릴 수 없는 장기적 추세임이 더욱 명확해졌다. 연령대별 인구 전망에 따르면 2000년에서 2050년 사이에 청년의 비율은 28.6%에서 17.2%로 지속적인 감소세를 보이는 반면, 성인인구의 비율은 66%에서 64%로 완만하게 감소할 것으로 예상된다. 이에 따라 노인인구에 더욱 주목해야 하는데, 노인인구의 비중이 2000년의 5.4%에서 2050년에는 18.4%로 상대적 증가세를 보임으로써 브라질의 인구고령화를 더욱 심화시킬 것이기 때문이다.

브라질의 건강 및 고령화 관련해서 UN에서 발표한 조사 결과는 더욱 경각심을 준다. 현재 50세 이상 인구의 36.5%가 어느 정도의 장애를 가졌거나, 길을 건너고 계단을 오르는 등의 간단한 일에도 어려움을 겪는다. 의료서비스 측면에서 활동의 제약은 더 많은 비용을 의미한다는 사실을 주지할 필요가 있다.

상파울루 소재 국가데이터분석시스템재단(Fundação Sistema Estadual de Análise de Dados: SEADE)의 연구를 보면, 침대에서 소파로 이동하거나, 옷을 입거나, 밥을 먹거나, 스스로 청결을 관리하는 등의 간단한 일상생활을 하는 데 도움을 필요로 하는 사람의 수가 연령이 높아짐에 따라 증가하는 것으로 나타났다. 이 연구에 따르면 65~69세 응답자의 46%가 이러한 일을 해내는 데에 도움이 필요하다고 답했다. 또한 80세 이상의 경우, 상시 돌봄이 필요한 정도의 장애를 가진 사람이 28%를 차지한 반면, 도움이 필요 없다고 답한 수는 15%밖에 되지 않았다.

오스바우두 크루스 의료재단(Fiocruz)의 건강불평등연구소에서 전국가구조사(Pesquisa Nacional de Domicílios: PNAD)에 기반하여 발행하는 인구고령화지표는 고령화과정에서 건강불평등을 야기할 가능성이 있는 사회적 결정요인이 존재함을 시사한다. 개인의 생물학적 조건이 수명에 영향을 미친다는 사실 이외에, 어떤 사람에게는 수명 연장에 기여하지만 다른 사람에게는 그렇지 않은 요인들에 대해 수많은 연구자들이 의문을 가진다. 이 가운데에는 의료서비스의 공급 및 접근성과 관련된 지역적 차이가 있다. 많은 연구자들은 교육 및 소득 같은 요인들이 수명 연장에 유리한 한편 고령화의 질에도 영향을 미칠 수 있다는 점을 지지한다.

연령대를 불문하고 어느 정도의 장애를 가진 사람들은 자신의 장애가 가난과 결합될 때 두 배로 배척 및 소외를 당하며, 사회적 위험 및 권리의 침해가 일어날 수 있는 환경에 더 쉽게 처하게 된다. 비엘러(Bieler)는 아래와 같이 언급한다.

가난과 장애 사이에는 악순환의 고리가 존재한다. 가난한 사람들은 우수한 영양, 건강, 위생 등에 대한 접근성 부족으로 인해 장애를 갖게 될 위험성이 더 크다. 장애는 이들을 가난에서 벗어나게 해줄 수 있는 교육, 고용, 공공서비스에 대한 장애물로 작용하게 된다.

장애인의 대다수는 가장 불리한 사회적 계층에 속하며, 장애의 원인은 대부분 가난, 기본적 보장의 불안정, 폭력 등과 연결된다.

장애가 국가적 차원, 또는 심지어 전 세계적 차원의 사회·경제적 개발의 문제이자 경제성장 및 소득분배의 기회에도 영향을 미치는 요인이라는 인식을 찾아보기는 쉽지 않다.

그러나 비엘러는 아래와 같이 현실을 설명한다.

… 장애는 장애인과 그 가족들의 경제적 기여를 감소 혹은 제거함으로써 경제적 산출물을 감소시키는 경향이 있다. … 최근 세계은행이 실시한 연구에 따르면 장애인을 배제함으로써 생기는 전 세계 GDP 손실금액이 연간 1.71~2.23조 달러(전 세계 GDP의 5.35~6.97%)에 달한다고 한다.

세계은행에 따르면 개발도상국 빈곤층의 약 15~20%가 장애를 갖고 살아간다. 더불어 이들의 높은 실업률이 심각한 GDP의 손실을 야기한다. 이들의 인구수가 남반구에서는 향후 30년 간 120% 증가하는 반면, 북반구에서는 같은 기간 40%만 증가할 것으로 추산된다. 북반구와 남반구 모두 상대적 고연령층에서 장애인의 수가 가장 크게 늘어나는 추세이며, 특히 65세 이상에서 이런 현상이 두드러진다. 지난 20년 간 많은 진전을 이뤄왔음에도 불구하고, 브라질에서는 장애인을 위한 공공정책이 장애인을 위한 돌봄과 삶의 질 향상 측면에서 실패한 경우가 많았음을 확인할 수 있다. 대표적 예는 아래와 같다.

· 보건, 교육, 복지, 문화, 스포츠 등의 서비스에 대한 접근성 부족.
· 전문 서비스가 부유한 지역에 집중.
· 브라질 북부, 북동부, 중서부 지역에서 전문 서비스 및 인적 자원 확충 실패.
· 장애에 대한 전체론을 바탕으로 한 고도로 전문화된 기술적 관점에서의 전문적 교육훈련을 중단.
· 정책, 프로그램, 서비스 지침 및 원칙을 서비스 패러다임(통합)에 기반한 모델에서 지원 패러다임(포용)에 기반한 모델로 전환.

이러한 틀 안에서 일반적인 장애인, 특히 빈곤에 처한 장애인은 아동, 노인, 여성에 초점을 맞춘 사회부조활동의 주 대상이 된다. 국내의 취약계층을 대상으로 하는 보건 프로그램, 교육 및 사회보호활동에는 장애인들을 그 대상자로 포함시켜야 하며, 특히 고용 및 소득 프로그램의 수혜를 받을 수 있도록 해야 한다.

브라질에서는 장애 문제가 돌봄만이 아니라 인권의 신장 및 보호와도 관계된다는 이해를 바탕으로 장애인 공공정책이 개발되어 왔다. 사회부조의

영역에서 지원주의모델로부터 탈피하여 사회보장 개념에 기초한 국가사회
부조정책이 시행된 것도 최근의 일이며, 이 정책은 여타 분야별 정책과 구
분된 독자적 정체성을 확보해 가고 있다.

이 지점에서 사회적 포용원칙의 근간인 지원 패러다임에 바탕을 두고 장
애인에 대한 사회부조 영역의 개념과 실행을 통합시켜야 할 필요성이 대두
된다. 실상, 맥락이나 사회적 환경은 포용적으로 바뀌어야 한다. 그렇게
되면 장애인들이 공공 영역에 접근하거나 머무를 수 있고, 비장애인들과
동등한 환경에서 사회 내의 재화와 서비스를 사용할 수 있을 것이다.

## 3. 브라질 사회부조의 기원과 역사

요시다(Yoshida)는 브라질 내 사회부조 초기의 주요 특징을 다음과 같이
요약한다.

자선활동과 부조금으로 대변되는 사회부조는 도움이 필요한 모든 이의 권리
를 보장하는 정책으로부터 더욱 더 멀어져 왔으며, 최빈곤 취약 계층을 가정
과 지역공동체의 삶으로부터 분리시키려는 경향이 높은 일련의 환경 및 형편
없는 조치들로 그 성격을 규정할 수 있다.

1930년대 브라질의 농업의 붕괴로 인해 대규모 농촌 이탈이 발생하면서
대도시의 인구가 급증하였고, 그 결과 초기 산업화과정의 핵심인 노동력
공급이 원활할 수 있었다. 새롭게 나타난 노동자 계급의 관리 및 규제를 위
하여 국가는 제도적, 이념적 전략을 병행하였고, 이 과정에서 사회복지사
가 매우 중요한 대리인의 역할을 하게 되었다(Pereira, 2007).

최초의 복지제도는 1937∼1945년 독재기의 "신체제"(Estado Novo) 하에

서 등장했는데 그 내용은 다음과 같다.

- 1938년에 설립된 국가사회복지위원회(Conselho Nacional de Serviço
  Social: CNSS)는 보건복지부 협력기관의 하나로서 국가 및 정부의 관
  할하에 최초의 사회부조 규정을 수립하였으며 문화 및 자선단체의 표
  본을 만들었다. 비록 사회부조를 제공하는 기관에 공적 지원을 하는
  보조적 기능을 담당하긴 했지만, 국립사회복지위원회는 브라질 관료
  체제 내에 수립된 사회부조의 원형이었다. 국립사회복지위원회의 목
  표는 공공 및 민간의 자선활동을 중앙집중화 및 조직화하는 것이었으
  며 정치적 후원 메커니즘 및 자금과 공적 보조금의 관리를 위하여 사
  용되었다.
- 브라질 재향군인복지회(Legião Brasileira de Assistência: LBA)는 1942
  년 8월 28일에 당시 영부인이었던 다르시 바르가스(Darcy Vargas)가
  무역조합연맹 및 국가산업연맹의 지원을 받아 제2차 세계대전 파병
  병사들의 가족이 필요로 하는 도움을 제공하고자 설립한 공공복지기
  구이다. 종전 후에는 도움을 필요로 하는 가구 전반에 도움을 제공하
  는 복지기구로 자리 잡았다.

활동에 필요한 숙련된 인력들이 있음에도 불구하고 재향군인복지회는
늘 영부인에게 보고를 했으며, 당시 정부의 이해관계에 따라 정치적 후원
의 자선활동 측면을 담당했다. 설립 당시부터 재향군인복지회는 강화된 체
계를 가졌으며, 국가 및 지자체의 체계는 정치적 명령, 재향군인복지회의
자금조달 및 연방 차원에서 관리되는 복지연대의 중앙집중형 프로그램에
의존했다.

한껏 추켜세웠던 경제적 기적과는 반대의 양상으로, 군사독재기에 국민
들은 생산시스템에서 소외된 채 더 가난해졌다. 게다가 연방 차원에서 이

루어지는 많고도 구체적인 세분화 및 중앙집중식 프로그램을 재향군인복지회가 이행·공조하면서 국가에 대한 국민의 의존성은 더욱 심화되었다.

1988년 헌법을 통해 사회부조정책의 국가적 통합이 이루어지면서 연방차원의 독점이 사라졌고 국가의 의무로 인식되는 복지 및 사회보장의 측면에 삼각 사회보장을 형성함으로써 사회복지의 새로운 차원이 열렸다. 공적역할에 대한 정의는 거의 이루어지지 않았지만, 시민권의 특성 및 일반 지원 또는 비상시적 긴급지원 종료에 대한 가정을 바탕으로 사회복지는 고립된 정책을 벗어나게 되었다.

이러한 신개념을 바탕으로 사회부조는 사회보장에 대한 기여와 무관하게 국가의 의무이자 필요로 하는 사람에게 주어지는 권리로서 자리매김했다(브라질 연방공화국헌법 제203조). 그에 따라 사회보장이란 용어에 새로운 의미와 중요성이 부여되었다. 사회보장이 "복지국가주의, 과보호, 가부장주의"를 대표하는 것이 아니라 최소한의 삶의 질에 대한 권리를 대변하는 것이 된 것이다. 오늘날에는 사회보장이 생존권뿐 아니라 공동체의 삶에 귀속 및 포용되는 영역까지 아우르는 시민권 개념에 기초함으로써 그 의미가 더 촘촘해졌다

탈집중화와 참여의 확대를 원칙으로 설립된 새 사회복지조직은 연방 단위의 집중화 및 정부의 관리로 인한 민주화의 결핍에서 탈피했다. 그러나 재향군인복지회 역시 사회부조체계하에서의 공조 임무에서는 자유로울 수 없었다. 1995년에 자금의 분배와 관련하여 불만이 생겨나면서 재향군인복지회는 막을 내리게 되었다.

2003년 12월에 열린 제4차 사회부조 국가회의(The Fourth National Conference on Social Assistance)에서 국내의 탈집중화 및 참여형 사회부조 활동 관리조직 재정비를 위한 새로운 정책적 방향이 승인되었다. 3개 연방지구를 포괄하며 탈집중화 및 참여형 제도통합을 목적으로 하는 전국구 관리모델 통합사회부조체계의 시행이 〈법령 제8747호〉, 이른바 〈사회부조

기본법〉(Lei Orgânica da Assistência Social: LOAS)에 의거해 1993년 12월 7일에 결정되었다.


## 4. 장애인을 위한 패러다임 및 돌봄기관

브라질에서는 페드루 2세(1840~1889년)에 의해 시각 및 청각 장애인을 위한 양육 · 간호기능을 가진 최초의 의료기관이 설립되었으며, 같은 시기에 장애인 돌봄 분야에서 중요한 역할을 하던 시민사회의 여러 부문에서 뒤이어 기관들이 설립되었다. 보호시설 입소 패러다임에 전적으로 기반한 이러한 기관들이 1960년대 중반 브라질에서 성행하였고, 그로 인해 장애인들을 사회와 분리시키고 이들의 삶 속에 기관을 편입시키는 등의 되돌리기 힘든 영속적 과정이 진행되었다.

경제적으로 발전 가능성이 없다는 사실이 드러나며 이 모델에 대한 비판이 일어나자, 외래진료나 교육 전문가를 서비스에 통합하는 방식으로 기관들의 변화가 강제되었다. 정부의 개입이 부재하여, 또는 정부의 정책이 실패한 결과, 사람들은 돌봄 및 치료 제공기관들이 준비 · 제공하는 자선활동을 주로 종교단체와 연결시켰다. 거의 대부분의 경우, 이러한 기관들은 예산이 제한되어 있었으며 기본적 보살핌을 제공하는 모델과 긴밀히 연결된 임무를 띠었다.

이 기간(1960년대 후반~1970년대 초반), 브라질에서 NGO가 생겨나기 시작했다. 초기에 NGO와 연계하여 장애인을 돌보았던 사회복지사들은 장애인의 인간관계 중심에 있는 부모, 친구, 가족이었다. 본질적으로 돌봄과 쉼터의 기능을 담당했던 이들 기관은 늘 자선활동을 과학이론과 접목하고자 애썼으며, 특정 장애 유형에 대응하기 위한 노력을 시작했다. 이들은 장애인이 가장 필요로 하는 서비스를 제공하고자 노력했으며, 지금도 정부가 채우지 못하는 빈틈을 메워 주는 역할을 한다.

표준화와 그 이후의 통합적 개념을 바탕으로 한 서비스 패러다임은 "사회적 규범에 근접한 표준 및 일상생활의 여건을 제공하여 장애인이 가능한 한 사회적 기준에 근접한 삶을 누릴 수 있게 한다"는 목표에서 수립되었다 (American National Association of Rehabilitation Counseling, 1973).

서비스 패러다임에 근거한 이 모델은 사회적 통합에 의문을 제기하는 살라망카 선언(1991) 등의 국제적 문건이 부각되던 1990년대 초까지 지속되었다. 그 이후, 서비스 패러다임과 사회적 통합에 대한 목적의식은 사회적 포용 및 지원 패러다임의 원칙에 그 자리를 내어주기 시작했다.

이 주제에 대한 논의가 이루어지면서 장애인은 장애의 유형이나 등급에 상관없이 비장애인과 똑같은 시민으로서 동일한 결정권을 갖고 사회에서 가용한 기회를 누릴 수 있게 되었다. 여기서 도출되는 결론은 장애인이 공동체에서 제공되는 서비스를 필요로 한다는 점이다. 그러나 이들은 또한 사회의 모든 재화와 서비스가 모든 시민의 이용을 보장하는 방식으로 사회 자체가 재편되는 것을 필요로 한다.

이러한 개념은 사회적 포용의 원칙을 특징으로 하는 제 3의 패러다임의 부상, 그리고 장애인도 가족과 함께 사회의 구성원으로 살아갈 권리가 있으며 다른 시민이 누리는 것과 동일한 것을 누릴 수 있어야 한다는 사상에 기초한다. 장애인을 바라보는 새로운 시각이 정립되면서, 이에 따른 새 행동양식이 만들어져야 한다는 새로운 패러다임이 나타났다. 이러한 패러다임의 변화는 더 넓은 사회적 맥락의 변화와 떼어 놓을 수 없다. 시민사회 및 사회정치적 환경의 변화로 NGO들은 설립 및 활동 측면에서 심대한 변화를 겪어야 했다.

이러한 변화의 양상에서 두 가지 측면이 강조된다. 첫째는 NGO가 정부와 일반 대중에게서 새로운 위치를 차지하게 되었다는 것이며, 둘째는 장애인의 돌봄과 사회적 포용 개념의 이해 및 발전과 관련된 측면이다.

장애인들에게 이는 급격한 변화를 의미했다. 이는 장애인들이 사회적 포용 과정의 필수 요소인, 스스로의 입장을 대변하고 자신이 속한 소규모 그룹의 의사결정과정에 영향을 미치며 심지어 정치적 의사결정 메커니즘 에도 참여할 수 있는 능력을 갖게 되었다는 의미이다.

## 5. 브라질 내 장애인들의 활동 및 조직

최초의 장애인 단체는 삶과 여가의 기회, 개인적 경험의 공유 등을 특징적 으로 추구했다. 이들 단체는 어떤 형태로든 공식화된 건 아니었지만 스스 로 인정받고 권리를 존중받기 위한 정치적 조직으로 향하는 첫 발을 내디 뎠다. 1970년대, 장애인들의 정치운동은 장애인에 의해 조직 및 운영되는 단체들로 구성되었으며, 이는 장애인에게 도움을 제공하는 단체들과는 구 별되는 것이었다.

이들의 정치운동은 1970년대 후반에 들어서면서 두 가지 사회적 현상 측 면에서 이목을 집중시켰다. 정권의 힘이 약화되고 1981년 UN에 의해 국 제장애인의 해(Ano Internacional das Pessoas Deficientes: AIPD)가 제정되 는 상황 속에서 군사독재를 극복하기 위한 노력이었을 뿐 아니라, 이 과정 에서 의료 및 기타 재활 관련 전문가나 가족 등의 여타 사회적 담론은 배제 되었음에도, 장애인이 자신의 권리를 진정으로 대변하는 대변자이자 사회 적 변화를 이끌어 가는 효과적인 대리인으로 인정을 받게 되었다.

라나 주니어(Lanna Junior, 2016)는 브라질 장애인운동의 역사에 관한 자신의 글을 통해 다음과 같이 말했다.

브라질 군사독재는 1964년에 시작되었으며 1985년 선거에서 21세기 권위주 의 이후 최초의 민간인 출신 대통령인 탕크레두 네베스(Tancredo Neves)가

선출되면서 (비록 간접선거이긴 했지만) 막을 내렸다. 이른바 "납의 시대"라 불리던 기간에 시민권은 모든 부문에서 제한되었다. 정치적 권리와 시민의 권리가 축소되었고, 법적으로 존재하긴 했지만 사회적 권리는 통용되지 못했다. 검열이 횡행하고 자유가 구속되었다.

… 이 기간은 사회운동의 재편 및 일반 대중들의 요구 속에서 노조의 득세를 촉발시킨 시민사회의 적극적 참여로 특징지을 수 있다. 민주화를 향해 나아가는 브라질의 또 다른 모습이었다.

권위주의체제에 의해 재갈이 물리기 이전의 사회운동은 정치적 세력으로 재부상했다. 정치참여의 갈망을 표출한 사회 구성원들은 다양했으며 흑인, 여성, 원주민, 노동자, 노숙자, 무토지 농민 그리고 장애인 등을 아울렀다. "

사회운동, 특히 장애인 단체의 운동은 브라질 민주화 역사에 길이 남을 사건을 거치며 나타난 단합된 민중의 힘으로 만들어진 "시민헌법"이라 불린 신 연방헌법(1998년 공포) 초안을 작성하는 과정에서 그 힘을 발휘했고 사회적으로도 인정을 받았다. 브라질의 헌법은 장애인들의 권리보장 측면에서 문헌 전반에 걸쳐 큰 진전을 이루었다.


# 6. 통합 사회부조를 위한 투쟁

비록 공공정책으로 수립되긴 했지만, 시민권 인정이라는 측면에서 사회부조는 사회가 구조적으로 정치경제에 좌우되는 자본주의적 사회경제라는 맥락에 자리한다. 기업의 재화와 서비스에 대한 보편적 접근성 촉진과 도덕 영역에서 국가적 책임으로의 변화에 초점이 맞춰진 법적 영역에서의 사회 복지의 변화과정 및 그 연속성은 끊임없는 전파와 투쟁을 필요로 한다. 이를 통하여 통합사회부조체계(Single Social Assistance System)는 포괄적 사회보장제도로써 공식적으로 자리 잡게 되었으나, 사회적 취약성이 큰 계층을 위한 혜택급여, 프로그램, 프로젝트, 서비스를 실현하기 위해 필요한 새로운 정치 및 관리문화 정착의 절차, 책임, 관행을 검토할 필요가 생겼다.

통합사회부조체계의 실행은 제공되는 서비스의 높은 품질을 추구하여야 한다. 따라서 적정 수준의 임금 및 근로를 보장받는 다부문 숙련근로자와 지속적 교육훈련 및 프로그램, 프로젝트, 혜택급여, 서비스의 공식화, 시행, 감시, 평가에 대한 참여 그리고 사회적 관리를 보장하는 것으로써 그 체계를 삼아야 한다. 사회정책에 대한 또 하나의 주요 가이드라인이 되는 것은 보건, 교육, 노동, 문화 등의 여타 정책과 공조 가능한 서비스 네트워크를 구축해야 한다는 과제이다.


## 7. 현재의 통합사회부조체계: 목표, 체계, 운영, 자금

2004년 국가사회부조정책 (Política Nacional de Assistência Social: PNAS) 은 장애, 빈곤으로 인한 배척, 기타 공공정책에 대한 접근성 제한, 향정신성 약물 복용, 다양한 폭력, 핵가족화 등의 결과로 인한 정서적 연대·우애·사교성의 상실 및 취약화, 인생주기적·개인적 약점 등의 위험한 상황에 놓인 취약 계층 가족, 개인, 집단의 사회보장을 위한 복지 목표를 설정하였다. 자코지 (Jaccoud, 2009) 에 따르면 현 사회부조정책에서 제공하는 사회보장이란 다음과 같다.

사회적 위험이나 사회적 박탈과 같은 상황을 해결하기 위한 사회적 서비스 및 혜택급여 제공에 관한 공공계획 또는 국가 규정의 집합 … 그 목표는 광범위하고 복잡하여 사회적 위험에 대한 보장뿐 아니라 기회의 균등화, 결핍과 빈곤에 대한 대응, 사회적 불평등 퇴치, 사람들의 사회적 여건 향상 등을 포괄한다.

2005년에 수립된 통합사회부조체계(SUAS)는 탈집중화 및 참여형 사회부조활동과 관리조직모델에 대해 기술한다. 개념과 절차의 국가적 통합, 서비스 표준, 서비스 품질, 평가지표 및 결과, 자금조달시스템 수립, 세 층위의 정부 간의 책임 배분 등이 이루어져야 한다. 그리하여 국가 정책으로서의 사회복지를 위한 새로운 제도적 기반을 구축하는 규정을 수립해야 한다.

통합사회부조체계는 사회부조활동을 두 가지 유형의 사회보장으로 정리한다. 첫 번째는 사회적·개인적 위험을 예방하기 위한 기본사회보장(Proteção Social Básica: PSB)으로서 사회적 취약 계층에 속한 개인과 가정에 프로그램, 프로젝트, 서비스, 혜택급여를 제공하는 것이다. 두 번째는 이미 위험에 처했거나 유기, 학대, 성적 학대, 약물 등으로 인해 권리를 침해당한 개인과 가정을 위한 특별사회보장(Proteção Social Especial: PSE)이다. 기본사회보장은 국내의 사회적 위험을 완화시키는 것이다.

개인과 가정이 일상생활에서 마주치는 과제들을 해결하기 위해 반드시 사용해야 하는 자원들을 강화시키기 위한 일련의 조치들을 통해 기능한다. 그럴 때만이 기본사회보장이 권리 침해를 예방하고 취약성과 위험성을 감소시킬 수 있다. 이 유형의 보장은 위해 요소에 대한 노출 위험 제거가 가정과 공동체, 사회화, 욕구에 대한 관심, 가정을 위한 지침 등을 통해 보장될 수 있다는 원칙을 바탕으로 작동한다. 기본사회보장은 여전히 다양한 계층의 보장에 필요한 프로젝트와 구체적 서비스에 의해 이루어진다(SUAS, 2007).

사회부조정보센터(Centros de Referência de Assistência Social: CRAS)는

연속현금급여(Benefício de Prestação Continuada: BPC) 및 "보우사 파밀리아 프로그램" 수혜자를 우선순위로 하여 담당 지역에 거주하는 가정과 개인을 위한 서비스인 가족보호 및 돌봄 통합서비스(Serviço de Proteção e Atendimento Integral à Família: PAIF)를 통해 기본사회보장서비스를 실시할 책임을 맡는다. 기본사회보장에 관한 통합사회부조체계 국가 유형(National Typification of SUAS, 2009)에 따르면 다음과 같은 서비스들이 제공된다.

- 가족보호 및 돌봄 통합서비스(PAIF)
- 생활서비스 및 연결성 강화
- 장애인과 노인을 위한 가정에서의 기본적 사회보장서비스

특별사회보장서비스는 사회부조권이 침해된 경우에 권리의 회복 및 가정, 공동체, 사회적 연대의 재건을 위해 적절한 생활 여건을 보장하는 데에 목적을 둔다.

사회부조전문정보센터(Centro de Referência Especializado de Assistência Social: CREAS)는 권리를 침해당한 사람에게 특화된 서비스를 제공할 책임을 가진 국립기구이다. 중도 복잡성의 특별사회보장은 방치, 유기, 위협, 학대, 물리적·정신적 폭력, 차별, 인권 및 사회권의 사회적 위반 등의 상황 속에서 살아가는 가정과 시민을 그 대상으로 한다. 중도 복잡성의 사회보장에서 제공되는 것은 다음과 같다.

- 가족 및 개인을 위한 보호서비스 및 전문 돌봄
- 사회적 접근에 관한 전문서비스
- 자유의 수호를 준수하는 사회교육적 방식을 통한 청소년 사회보장서비스(LA) 및 지역봉사활동(PSC)

· 장애인, 노약자 및 그 가족을 위한 특별사회보장서비스
· 거리 노숙자를 위한 전문서비스

고도 복잡성의 특별사회보장은 부양가족이 없거나 위험한 상황에 처해 있고 가정이나 공동체 밖에서 특별사회보장을 필요로 하는 개인들에게 돌봄서비스를 제공한다. 대안적 돌봄서비스는 차별의 극복 및 구체적 목표를 위한 실천을 목적으로 기관 내 쉼터에 우선순위를 두고 추진한다. 고도 복잡성의 사회보장에서 제공되는 것은 다음과 같다.

· 기관주택서비스: 기관 쉼터, 경로주택, 주택-홈, 포괄적 주거
· 거주지 홈서비스
· 부양가족 홈서비스
· 재해 및 공공 비상사태 시 보호서비스

통합사회부조체계에는 취약한 환경의 극복을 위해 연속적으로 특정 집단(빈곤으로 인해 취약한 환경에 처한 노인과 장애인)에 제공하는 복지 혜택급여(계속수당 및 단발성 수당)가 포함된다. 취약 환경 극복을 위해 기본운영 규범(Norma Operacional Básica: NOB)의 평가 기준에 따라 장애인과 노인을 위한 연속현금급여 등의 혜택급여 제공과 사회부조서비스 간의 공조 및 시너지가 권고된다(SUAS, 2005).

자금조달 측면에서 통합사회부조체계는 서비스 이용자를 위한 통상적인 자선단체모델의 논리에서 탈피했다. 통합사회부조체계는 협조융자를 통해 세 층위의 정부에 책임을 부여하는 방식으로 주 및 지자체 기금을 위한 국가 기금으로부터 자금을 자동 이전함으로써 서비스에 필요한 자금을 조달한다. 이 모델은 서비스, 프로그램, 프로젝트, 혜택급여의 이행을 위한 연방기구의 자치권을 존중한다. 통합사회부조체계에서는 사회복지활동에

필요한 자금조달에 사회부조서비스의 특성, 기본 또는 특별, 중도 또는 고도 복잡성 여부가 근본적인 영향을 미친다.

통합사회부조체계는 현재 〈법령 제 12435호〉(2011년)의 규율을 받는다. 브라질처럼 높은 수준의 불평등을 극복하기 위해 경제·사회적 여건을 급진적으로 변화시킬 수 있는 사회부조정책은 현실적으로 존재하지 않으므로 우리가 스스로 착각에 빠지면 안 된다. 하지만 불공정하고 불평등한 명령에 대항할 권리와 반패권적 자주성 확보할 수 있는 가능성이 있는 만큼, 최빈곤층을 해방시켜 줄 잠재력이 사회부조정책에 내재해 있음을 과소평가하는 것도 옳지 않다.


## 8. 통합사회부조체계와 장애인

전 세계 다른 지역들에서와 마찬가지로, 브라질은 가부장적이고 위계적인 사회적 환경을 바탕으로 제약이자 부적응으로 장애를 이해하여 왔다. 이러한 가부장적, 위계적 사회는 동정 및 인내의 관점에 기초하여 사회·정치·경제·문화적 장벽을 세움으로써 장애인들을 배척하며 소외시켰다. 이러한 맥락에서 정부·비정부기관을 통틀어 완전한 발달이나 개성을 무시한 채 영구적 분리를 지향하는 방향으로 장애인을 대하는 방식의 정책 및 활동이 대체로 채택되었던 것이다.

브라질의 장애인 공공정책은 인권의 신장 및 보호와 연관성이 있다는 이해에 기초한다. 사회부조가 가부장적 돌봄에서 공공정책으로의 재편을 통해 국가의 의무이자 시민의 권리로 확장되는 시기는 20세기 후반으로 거슬러 올라간다.

국가사회부조정책(Política Nacional de Assistência Social: PNAS)과 통합사회부조체계(2005)는 사회부조 네트워크를 통한 권리의 재건, 가정과 사회의 연대 강화, 장애인의 자율성 개발을 목적으로 서비스와 혜택급여를 제공함으로써 이러한 낡은 패러다임과의 단절을 가지고 왔다.

통합사회부조체계는 브라질에서 비준되어 2009년에는 헌법에도 적용된 장애인권리협약이 설명하는 장애인에 대한 새로운 개념을 채택한 최초의 정책이었으며, 장애인 권리에 관한 최상위 제도로 자리매김했다.

장애인: 비장애인들과 동등하게 완전하고 효과적으로 사회활동에 참여하는 데 장애가 되는 육체적, 정신적, 지능적 또는 감각상의 장애를 장기간 가진 사람(LOAS-Law No. 8742).

이처럼 장애인에 대한 새로운 개념이 제안된 것에서 장애를 특정 개인에게서만 나타나는 것으로 보던 시각에서 벗어나 기회 및 사회적 참여의 평등에 불리한 환경을 조성하는 장애물들과의 관계의 결과로 보기 시작했다는 점을 주목해야 한다. 이 정의를 통해 장애가 미치는 영향력을 줄이기 위한 사회적 활동의 중요성이 부각되며, 이것이 전술한 장애물의 제거 또는 감소에 유리하게 작용할 것이란 점을 알 수 있다.

따라서 통합사회부조체계에 있어 장애인은 최우선 대상이며, 특히 취약성과 사회적 위험이 존재하는 환경에 처한 경우라면 더욱 우선시된다. 취약성이나 위험 상황에 따라, 장애인 공동체에 기본사회보장과 특별사회보장 양쪽의 사회복지 네트워크 서비스가 참여해서 기존 서비스모델을 능가하는 결과를 내야 한다.

2009년 11월 11일 국가사회부조위원회 결의안(Resolution of the National Council of Social Assistance, CNAS n. 109)은 전국적으로 기본 및 특별사회보장서비스를 표준화하는 국가사회부조서비스분류(National Classification of Social Assistance Services)를 도입하여 대상자, 각 서비스의 목적, 사회부조권의 보장에 대한 기대 결과 등을 확립하였다.

장애인의 보호라는 측면에서 사회부조의 주요 역할은 장애인 가구에 공간을 제공하고 공동체와의 협업을 통해 사회적 지지를 촉진하는 것이다. 이러한 활동은 사회부조정보센터를 통해 사회적 위험을 예방하고 기본사회보장을 추진하는 것을 기본적 특징으로 한다.

2009년 통합사회부조체계의 국가사회부조서비스분류에서 장애인, 특히 기본사회보장(가족보호 및 돌봄 통합서비스, 생활서비스 및 연결성 강화)의 이용자 중 다양한 연령대에 속한 연속현금급여 수혜자들이 혜택 우선순위로 설정되었다. 그러나 가족보호 및 돌봄 통합서비스(PAIF)는 가족 간 연대의 약화 및 고용 기회, 사회적 권한 신장, 공동체에 대한 접근 제약 등으로 인해 사회적 취약 상황을 겪는 장애인과 노인, 특히 연속현금급여 수령자와 소득이전 프로그램의 수혜를 받는 가족 구성원들을 대상으로 한다.

이러한 기본사회보장서비스는 장애인들이 교육, 노동, 보건, 특별 운송수단, 접근성 개발 프로그램, 지역별 서비스, 시민권 보호와 특화교육 및 재활 프로그램 등의 기타 공공정책서비스에 쉽게 접근할 수 있도록 하는 데에 기여해야 한다.

특별사회보장에는 장애인, 특히 기관에 입소하는 과정에서 가족의 부양을 받지 못해 의존적 상황에 놓인 사람들의 구체적 욕구를 충족시키기 위한 중·고도 복잡성 서비스가 있다. 여기에는 노숙 장애인과 요양원에서 불안정한 생활을 영위하는 장애인들이 포함된다.

장애인을 위한 중도 복잡성의 특별보장은 유기, 물리적·정신적 학대, 기관입소 요청, 성적 학대, 노숙 등의 상황을 주로 다루어야 한다. 사회부조전문정보센터 팀은 이러한 상황에 개입할 수 있도록 스스로 역량을 키워야 한다. 이 단계의 보장 조치는 권리 침해나 폭력 여부에 관계없이 장애인을 위한 특화서비스를 제공하는 것으로 혼동되곤 한다.

가족 및 개인을 위한 보호서비스 및 전문 돌봄(PAEFI) 외에도 중도 복잡성 사회보장은 의존적 상황에 놓인 장애인과 그 가족을 장애인, 노약자 및 그 가족을 위한 특별사회보장서비스를 통해 지원한다. 이 서비스는 사회부조전문정보센터, 관련 특수기관, 이용자의 가정 또는 주간센터(Centros-dias) 등을 통해 제공된다.

주간 센터는 수용, 가족, 공동체, 사회생활, 자율성 발달 측면에서 이용자의 습득능력 확대에 기여하는 일련의 조치를 통해 의존적 상황에 놓인 장애인과 그 가족의 권리가 침해되어 발생하는 취약성 및 개인·사회적 위험 상황에 필요한 전문 돌봄서비스를 제공하는 것을 목적으로 한다.

이는 여러 부문의 팀이 이 중 돌봄서비스를 받는 장애인과 가족 간병인의 자율성 촉진을 위해 수용 행동, 경청·정보 제공 및 지도, 자가돌봄 지원, 가족·단체·사회생활의 발달 지원, 공동체 지원 네트워크의 식별 및 강화, 보조기술에 대한 식별 및 접근, 서비스·가정·공동체에서의 자율성 지원, 가족 간병인에 대한 조언 및 지원 등을 통해 특별사회보장서비스와 개인별 돌봄을 제공하여 유대감, 자율성, 사회적 포용을 강화시키는 사회적 도구라 할 수 있다.

센터에서 서비스가 제공되는 동안 이루어지는 돌봄에는 일상생활 전반에 대한 감시와 조언, 전문가가 처방한 구강 또는 외부복용약물, 음식섭취 지원, 위생 및 개인적 돌봄, 사고 예방활동, 가능성을 고려한 오락 및 직업 활동, 전문가(언어치료사, 물리치료사, 직업치료사 등) 협동치료, 건강증진 및 사회적 포용의 전파, 일상생활 안팎에서의 움직임 감시, 가족들을 위한 지침의 제공 등이 포함된다.

고도 복잡성 사회보장의 경우에는 다뤄야 할 상황이 더 명확하며 가족관계 및 사회적 유대의 단절과 관련된다. 그에 따라 분류된 포용적 거주(Residência Inclusiva)로써 쉼터 서비스의 필요성이 대두된다. 이 분야에서의 사회부조 정체성의 발생 및 통합은 특별보장의 지원 및 공조를 담당하는 사회부조전문정보센터에 달려 있다.

고도 복잡성 사회보장의 포용적 거주로서 기관수용서비스가 장기요양시설의 요양원을 중심으로 한 모델을 극복하는 데에 돌파구가 되었다. 소그룹에게 제공되는 돌봄은 개인별로 이루어져야 하며, 가족 및 공동체 생활뿐 아니라 지역공동체에서 이용 가능한 장비와 서비스의 활용을 장려해야 한다. 숙소에서의 일상생활은 개인의 잠재력을 발달시키는 방법으로 활용되어야 하며, 관리 및 공동생활규약을 이용자 정보에 근거해 참여·집단적 방식으로 수립해야 한다. 이 방식은 가족환경에 좀더 근접한 발전적 관계를 목적으로 주거기능, 안락한 환경, 적절한 물리적 구조를 삽입한 공동체 단위에서 작동한다.

요양원이나 장기요양시설과 달리, 포용적 주택은 가구 당 10명을 예상하며, 여타 기획서비스와 공조하여 운영되어야 한다. 관련 건물은 기존의 규제 요건 및 이용자 욕구에 맞게 구성되며, 생활환경, 위생, 건강, 안전, 접근성, 사생활 보호를 제공하게 된다. 포용적 거주의 주거형 돌봄서비스는 의존적 환경에 놓인 장애인 청년과 성인, 특히 연속현금급여 수혜자들을 대상으로 한다. 이들은 스스로 살아갈 수 있는 여건이 안 되고 가족의 지원을 받지 못하거나 장기거주기관에도 들어가지 못하는 사람들이다. 그목표는 일상생활에 대한 적응력 개발, 의존적 성향이 다양한 거주자들 사이의 공동생활 촉진, 생산적 포용을 위한 자격 취득 및 재교육 네트워크 활용 촉진이다.

고도 복잡성의 사회복지에서는 공동 주택서비스가 장애인을 위한 대안으로 주목받고 있다. 이 서비스는 가족 간의 유대를 상실하거나 극도의 취약 환경에 놓여서, 또는 스스로 살아갈 여건을 갖추지 못한 채 노숙을 하는 상황에서 유기, 취약, 개인·사회적 위험을 경험하는 18세 이상에게 보호, 지원, 주거보조 등을 제공한다.

이 서비스에서는 건물을 비롯하여, 공동체연대의 강화, 통합, 사회적 참여, 대상자들의 자율성 개발 등을 지원해야 한다. 이 서비스는 거주자들의 자율성과 독립성을 점진적으로 강화시키기 위해 공동관리 또는 자가관

〈표 15-2〉 브라질의 지역별 노인 및 장애인 대상 연속현금급여 금액(2015년)

(단위: 헤알)

| 지역 | 수당 | | 총 수당 | 지급된 총금액 |
|---|---|---|---|---|
| | 장애인 | 노인 | | |
| 북부 | 244,992 | 185,615 | 403,607 | 377,962,408 |
| 북동부 | 925,044 | 617,944 | 1,542,988 | 1,354,979,355 |
| 남동부 | 710,293 | 759,068 | 1,459,361 | 1,289,884,276 |
| 남부 | 265,113 | 187,711 | 452,824 | 397,290,887 |
| 중서부 | 181,420 | 173,905 | 355,325 | 312,112,615 |
| 브라질 전체 | 2,326,862 | 1,924,243 | 4,251,105 | 3,732,229,540 |

리시스템으로 개발되어야 한다. 주거시설의 공동관리(재정 및 운영관리),
이용자에 대한 심리사회적 모니터링, 기타 사회부조서비스, 프로그램, 혜
택급여 및 기타 공공정책으로의 재전환을 위해 보증된 전문인력을 활용해
야 한다. 사회부조 네트워크의 여타 장비는 물론, 주택서비스에서 사용되
는 건물은 장애인들의 포용을 가능케 하기 위한 접근성 기준을 충족해야
한다.

또한, 다양한 사회적 · 전문적 참가자들뿐 아니라 장애인들이 제안해 온
주요 변화들, 그리고 여러 정부기구와 개인들 간의 부문 간 협업에 대한 욕
구가 포함되는 이러한 장애인 이슈의 복잡성을 감안할 때, 특별보장서비스
와 전문적 교육의 관련성은 더욱 커진다.

파울라(Paula, 2013)에 따르면 장애인 사회보장 분야에서 이룬 진전에도
불구하고, 여전히 차별 및 기관입소 문제 등을 해결하는 데에 많은 과제가
산적하여 있다. 장애인 공동체 생활의 질을 유지할 수 있는 사회보장정책
을 만들 필요성도 존재한다. 이러한 도전과제들을 극복하려면 장애인 공동
체에 대한 다양한 관점에서의 토론을 비롯하여 사회복지의 구시대적 개념
과 마침내 결별한 다양한 기본 및 특별보장서비스의 목적에 대한 토론이
이루어져야 한다.

또 지원 패러다임과 사회적 포용원칙에 근거해 장애인을 대상으로 하는

사회복지 영역의 개념과 실행을 통합하고 다양한 여건과 사회적 환경을 좀 더 포용적으로 만들어야 한다. 그리고 공공 영역에 대한 접근성과 지속성을 보장하고, 장애인이 비장애인과 동등한 바탕에서 사회적 재화 및 서비스를 획득할 수 있게 해야 한다. 이는 삶의 질과 사회적 포용이라는 새로운 가정을 바탕으로 장애인의 새로운 삶의 여건을 추구하는 것으로 귀결된다.

## 9. 소득이전정책 내의 연속현금급여

연속현금급여는 1988년 헌법에서 보장하는 권리이며, 자신의 생계를 스스로 감당하지 못하거나 가족의 도움을 받지 못하는 노인(65세 이상)과 장애인을 대상으로 최저임금 기준의 월 기본소득을 제공한다. 어떤 경우든 대상자는 1인당 소득이 최저임금의 4분의 1 미만인 가구에 속해야 한다.

이 수당은 정해진 예산 내에서 연속적으로 지급되며, 이용자에게 소득 안정성을 제공할 것과 사회복지를 하나의 권리로 정의하는 규정에 의해 운영된다. 연속현금급여의 목표는 노령화와 장애로 인한 취약 상황이 소득의 부족으로 인해 더욱 악화되는 노인과 장애인을 보호하고 이들에게 지원을 제공하며, 사회정책 및 기타 지원책을 쉽게 이용할 수 있도록 하고, 이들이 겪는 사회적 약점을 극복하며 자율성을 획득할 수 있게 하는 데 있다.

## 10. 맺음말: 브라질의 법 관련 기타 성과

장애인권리협약에 서명한 것뿐 아니라, 브라질은 이 문건을 연방헌법의 일부로 채택했으며, 그 안에 포함된 선진 수칙 일체를 국내의 최상급 법령으로 채택했다. 이 협정의 실행을 보장하기 위해, 2015년 브라질은 장애인 사회정치운동의 지도자들이 적극 참여하는 가운데, 이 협정의 정신이 장애인에 대한 혜택급여 및 기회 균등으로 실현되게끔 하는 포용에 관한 법을 제정했다.

현재 브라질은 경제상황의 악화로 인한 심각한 정치적 위기에 직면하였다. 지난 20년간의 사회적 진전을 훼손함으로써 빈곤 및 취약 계층이 위기에 내몰리지 않도록 경제구조를 개선하려고 애쓰는 이들은 오늘날 주창되는 정책들에 우려를 표한다.

지금까지의 업적을 지속적으로 보호해야 한다는 인식하에, 우리는 그 성패가 국가사회부조정책(Brazilian National Policy Social Assistance)과 같은 혁신적이고 진전된 정책을 유지하는 데에서 더 나아가 점차 강화시켜나가기 위한, 장애인을 비롯한 브라질 사회조직의 역량에 달려 있다고 확신한다.

# ■ 참고문헌

Bieler, R. B. (2007). HIV-AIDS e deficiência: Uma abordagem de desenvolvimento inclusivo: Apresentação em Brasilia. Instituto Interamericano sobre Deficiência e Desenvolvimento Inclusivo, 05 de Março de 2007.

Bieler, R. B. & Werneck, C. (2005). *Manual sobre Desenvolvimento Inclusivo para a Mídia e Profissionais de Comunicação*. Rio de Janeiro: WVA Editor.

Brasil (1988). Constituição da República Federativa do Brasil. Brasília.

_____(1993). Lei no. 8.742, de 7 de dezembro de 1993, Lei Orgânica da Assistência Social(LOAS). Brasília.

_____(2004a). Resolução no. 145 de 15 de outubro de 2004, approves a Política Nacional de Assistência Social(PNAS). Brasília: Ministério do Desenvolvimento Social e Combate à Fome.

_____(2004b). Política Nacional de Assistência Social. Brasília: Ministério do Desenvolvimento Social e Combate à Fome.

_____(2005a). Resolução CNAS no. 27 de 24 de fevereiro de 2005, presenting the Norma Operacional Básica do Sistema Único de Assistência Social(NOB-SUAS).

_____(2005b). Resolução no. 130 de 15 de julho de 2005, approves Norma Operacional Básica(NOB/SUAS). Ministério do Desenvolvimento social e Combate à Fome.

_____(2007a). Decreto no. 6.214, de 26 de Setembro de 2007, amending LOAS which provides for the organization of Social Welfare and regulates the Continued Benefit-BPC.

_____(2007b). SUAS(Sistema Único de Assistência Social). Brasília: Ministério do Desenvolvimento Social e Combate à Fome, Secretaria Nacional de Assistência Social.

_____(2007c). Política Nacional de Assistência Social(PNAS). Brasília: Ministério do Desenvolvimento Social e Combate à Fome(MDS), Norma Operacional Básica(NOB)/SUAS.

_____(2009). Tipificação Nacional de Serviços Socioassistenciais, Resolução no. 109, de 11 de novembro de 2009. Brasília: Conselho Nacional de Assistência Social.

_____(2011). Convenção sobre os Direitos das Pessoas com Deficiência: Legislative Decree no. 186 of July 9. 2008: Decree no. 6949 of 25 August 2009, 4th edition. Brasilia: Secretariat for Human Rights, National Secretariat for the Promotion of Rights of Persons with Disabilities.

_____(2013). Tipificação Nacional de Serviços Socioassistenciais, Reprint 2013. Ministério do Desenvolvimento Social e Combate à Fome.

EUA(1973). Rehabilitation Act of 1973. American National Association of Rehabilitation Counseling.

Jaccoud, L. (2009). Proteção social no Brasil: debates e desafios. In *Concepção e Gestão da Proteção Social não Contributiva no Brasil*. MDS/UNESCO.

Lanna Jr., MC. M. (2016). O movimento político das Pessoas com Deficiência.

Paula, A. R. (2009). Manual para gestores da proteção básica projeto UNESCO 914BRA3026. Relatório de consultoria ao Ministério do Desenvolvimento Social e Combate à Fome, Secretaria Nacional de Assistência Social, Departamento de Proteção Básica.

Pereira, C. de Barros. (2007). Assistência social em territórios estigmatizados- Um estudo da fundação leão XIII, em vila ipiranga, Niterói. Ph. D. thesis. PUC Rio.

Rachid, Í. (2016). Condições de vida do idoso no Brasil. Postado em Vivendo com Saúde.

São Paulo(2015a). Norma técnica: Serviço de Acolhimento Institucional para Jovens e Adultos com Deficiência em Residência Inclusiva. Publicação no D. O. C de 04/07/2015, pag. 89 e 90. Secretaria de Assistência e Desenvolvimento Social.

_____(2015b). Resolução comas: SP no. 1020, from june 30, 2015.

Yoshida, E. (2016). SUAS e a Proteção Social das Pessoas com Deficiência. Lecture at course "Trabalho Socioeducativo com Pessoas com Deficiência", São Paulo.

# 16

# 아동 및 보육서비스*

## 1. 머리말

1990년 7월 13일 〈법률 제 8069호〉(Law 8069), 즉 〈아동청소년법〉(ECA)
이 제정될 수 있었던 것은 전국거리소년소녀운동(MNMMR)을 통해 대규
모 시민사회운동이 촉발되고 아동 및 청소년의 중요성이 부각되면서 제헌
국민의회의 관심을 불러일으킨 결과였다. 또한, 그 결과 브라질의 아동 및
청소년 문제가 기본적 인권문제로서 정치적 논의 및 1988년 제정된 연방헌
법에 반영되었다. 이를 잘 보여 주는 것이 다음의 제 227조 조항이다.

아동 및 청소년, 청년을 절대적 우선순위로 삼아 이들에게 생존, 건강, 식품,
교육, 레저, 전문교육, 문화, 존엄성, 존중, 자유, 가족, 공동체 생활에서의
권리를 보장하여 주고 이들을 모든 형태의 부주의, 차별, 착취, 폭력, 학대,

---

\* 이 글은 "아동과 청소년의 권리 촉진 및 보호를 위한 공공정책 네트워크와 아동보호위원
회"(Public Policy Networks and Child Protection Councils in the promotion and
defense of the rights of children and adolescents)를 번역한 것이다.

억압으로부터 보호하는 것은 가족, 사회 그리고 국가의 의무이다(Brazil, 2010).

〈법률 제 8069호〉(ECA)의 제정을 통해 위 조항 및 그 후속 법 조항들이 통합되었다. 그 결과, 1979년 〈신 청소년법〉과 그 전신인 1927년 〈청소년법〉에 담긴 "비정상적 상황에 관한 원칙"으로 대표되는 브라질의 아동·청소년 대상 공공정책의 전통적 모델과 비교되는, Peter Hall(1993)이 제3의 패러다임이라고 제안한 변화가 일어났다. 이러한 패러다임 변화에 영향을 미친 주요 요인들로 인하여 아동·청소년을 바라보는 새로운 접근법이 수립되었다. 이 접근법이란 ① 권리의 주체, ② 발달을 위하여 특정한 조건이 필요한 이들, ③ 절대적 우선순위가 부여된 사람들로 아동 및 청소년을 이해하는 관점이었다(Coêlho 1997: 62). 실행이라는 관점에서 이러한 변화는 〈아동청소년법〉의 조항에 의거해 아동 및 청소년을 위한 공공정책에 반영되는 세 우선순위, 즉 ① 내용의 변화, ② 방법의 변화, ③ 관리의 변화에 그 초점이 맞추어진다(da Costa, 1992: 12).

위에서 전술한 중요성에도 불구하고, 〈아동청소년법〉이 공포된 지 26년이 지났지만 〈법률 제 8069호〉가 시민들에게 수많은 "사문화된 법률" 중 하나가 되지 않기 위해 해야 할 일들이 아직 많다. 본 연구의 목적은 연방지구 브라질리아의 파일럿 플랜(Plano Piloto) 지역 아동보호위원회의 경험을 분석함으로써 아동 및 청소년의 완전한 보호를 위한 네트워크가 어떻게 작동하는지 그리고 이 네트워크가 법에서 규정한 바에 따라 어떻게 통합되었는지 입증하는 것이다. 본 연구의 바탕이 된 현장조사는 서비스 네트워크의 구축 및 통합과 아동·청소년의 권리보장에서 아동보호위원회 및 아동보호상담사들이 맡는 역할을 일관되게 분석해야 할 필요성으로부터 시작된 것이다. 아울러 이 문제와 관련된 문헌들을 살펴보면 아동 및 청소년의 권리 증진·보호·보장을 위한 핵심기구인 이 위원회의 역할 분석

(Carvalho & Campelo, 2000), 공공정책 이행에 필요한 사회적 참여와 협력의 분석(Silva, Jaccoud and Beghin, 2005), 무엇보다 아동보호상담사들의 활동을 대상으로 한 분석(da Silva, 2011)이 부족함을 알 수 있다. 또한, 일반적으로 공공정책을 다룬 문헌을 제작하는 데에 있어서도 큰 격차가 나타나는데(Souza, 2006), 특히 공공정책 네트워크 부분에서 이러한 점이 두드러진다.

이 장은 브라질리아 남부 아동보호위원회(Conselho Tutelar Brasília Sul) 및 브라질리아 북부 아동보호위원회(Conselho Tutelar Brasília Norte)로 지정된 연방지구 파일럿 플랜 지역 아동보호위원회의 운영을 분석하는 것을 목적으로 한다. 우리는 〈아동청소년법〉에 명시된 공공정책 네트워크의 구축 및 통합을 위한 위원회 상담사들의 효과적 역할을 증명할 증거를 수집하기 위하여, 위원회에서 중추적 역할을 담당하는 상담사들의 역할에 특별히 방점을 두고 연구를 진행하고자 한다.


## 2. 연구방법

아동보호위원회 및 상담사들의 역할에 대한 자료와 정보의 수집은 탐색조사를 통해 이루어졌다.[1] 해당 연구는 개방형 및 폐쇄형 질의를 종합한 설문지를 배포하고 구조화 및 반구조화 인터뷰를 진행하는 방식으로 수행되었다. 우리는 자료 분석에 정성적 방법을 활용하였다. 세부적 방법론은 정성적 내용 분석을 대응분석, 역사적 분석, 설명의 반복적 구성의 세 가지 전략으로 구분한 Laville과 Dionne(2009)의 영향을 받았음을 밝힌다. 이

---

[1] 이 연구는 이미 브라질리아대학 사회사업부문의 전문교육 영역에 대한 여타 연구 및 분석의 기초로 활용되고 있다.

분석에서는 설명의 반복적 구성이라는 전략을 채택할 것이다.

이 연구는 윤리적 측면에서 인간이 개입된 연구에 대한 지침과 표준을 제시한 국립보건위원회의 〈결의안 제196/96호〉 규정을 준수하였다. 또한 브라질리아대학 인문과학부 연구위원회 윤리분과의 승인을 받았으며 다음의 질문에 대한 해답을 얻는 것을 목적으로 한다. "아동 및 청소년의 보호를 목적으로 하는 공공정책 네트워크의 구축 및 통합에 있어 연방지구 아동보호상담사들의 역할은 무엇인가?" 이러한 목적을 달성하기 위해 수립된 기본 목표는 아동 및 청소년보호 네트워크의 통합에 대해 이해하는 것이다. 이는 연방지구 아동보호위원회의 역할을 연구함으로써 가능할 것이다. 이 연구의 범위를 제한하기 위해 우리는 〈아동청소년보호법〉 권고안과의 비교를 전제로, 아동보호위원회가 시작·주도하는 네트워크 통합 프로세스를 이해하고, 네트워크 내에 자신의 역할을 통합시키는 과정에서 상담사들이 직면하게 되는 잠재력과 한계를 파악하며, 네트워크 통합에 관한 실제 데이터를 분석하고자 한다.

브라질 아동보호체계(Sistema de Garantia dos Direitos da Criança e do Adolescente: SGDCA)를 구성하는 국가 서비스 중 대다수가 남부 아사(Asa Sul) 지역과 북부 아사(Asa Norte) 지역의 두 거주지로 구성된 파일럿 플랜 지역에 집중되었다. 이러한 이유로 우리는 파일럿 플랜 행정구역을 분석하기로 하였는데, 이곳에는 각각 5명의 위원으로 구성된 2개의 아동보호위원회기구가 있다. 여기에 속한 총 10명의 위원이 이 연구의 전체 표본이다. 이 연구는 사례 연구이므로 이 표본은 대표성을 가진다. 이러한 연구의 접근방식이 갖는 특징을 분석되는 상황의 수적 제한, 분석의 깊이, 귀납법적 접근에 대한 중요성 부여로 정리할 수 있다. 이는 이미 구축된 연역적 접근 및 확증적 모형과 양립할 수 없는 것이 아니라 해도 새로운 이론이나 모형의 발전에 기여할 수 있을 것이다(Gauthier, 2003: 129~158). 현재 연방지구에는 33개의 아동보호위원회기구와 총 165명의 상담사가 있으며,

자원과 시간의 부족을 감안할 때 상당한 숫자다.

데이터 취합은 2011년 4월부터 12월까지 각 응답자가 근무하는 기관을 통해 이루어졌다. 연구 참가자의 익명성 유지를 위해 정성적 분석 시에는 가명을 사용했다. 상담사 중 카를루스, 펠리페, 엘레나, 파트리시아, 조아나(Carlos, Felipe, Helena, Patricia, Joana)는 브라질리아 남부 위원회에서 근무 중이며 마테우스, 파울루, 조앙, 알리니, 마리아나(Matheus, Paulo, João, Aline, Mariana)는 브라질리아 북부 위원회에서 근무 중이다. 인터뷰 외에도 자료 분석을 위한 문헌 연구, 현장관찰, 간접적 문서기록 분석 등을 실시했다.


## 3. 공공정책 네트워크 및 아동보호체계

1988년 새로운 연방헌법 제정으로 새로운 개인적, 사회적 권리 및 보장이 대두되면서 여기에 담긴 공공 및 시민 중심주의가 촉발되었고, 그로 인해 1990년대 초부터 브라질 내에서 공공정책이란 용어가 힘을 얻어 왔다. 공공정책이 주목을 받게 된 또 다른 요인으로는 글로벌화와 인터넷으로 대표되는 커뮤니케이션 기술에 대한 접근성 강화의 영향으로 사람과 지식의 유입이 증가했다는 점이다(지식과 정책의 이전). 공공정책에 대한 최소한의 정의는 Dye(1984: 1) 및 Howlett과 Ramesh(1992: 4)의 연구에서 찾아볼 수 있는데, 여기서는 "정부가 하기로 또는 하지 않기로 결정한 모든 것"이라고 정의된다. 즉, 특정 문제에 대해 의사결정을 하지 않거나 해답이 부재한 것 또한, 비록 부정적 의미를 띠긴 하더라도 하나의 행동으로서 공공정책에 해당한다는 것이다. 유럽, 특히 프랑스의 경험에서 영향을 받은 Meny과 Thoenig(1989: 130~131)는 사회의 한 분야 또는 특정 지역에 대한 정부의 조치로서 공공정책을 고려할 경우 그 정의를 보건의료, 안보,

이민자정책, 파리시 관련 도시정책, 유럽공동체 등으로 더 광범위하게 제안했다. Thoenig(2004)는 다음과 같은 정의들을 제안했다.

공공정책이란 실증적으로 파악되고 분석적으로 구축되는 구체적인 사회정치적 현상이다. 이론상으로는 상대적으로 쉽게 정의할 수 있는 대상이다. 그러나 현실에서는 그러한 정의가 연구자들에게 어려움으로 작용한다. 공공정책이란 공공의 수요와 문제점을 관리하고 정책을 '수립'하기 위한 공공시스템의 역량이며, 여기서 공공정책의 중요성이 드러난다(Thoenig, 2004: 332).

Muller과 Surel(1998: 13~23)은 공공정책의 여타 핵심 요인들을 접목함으로써 전술한 정의를 확장시켰다. 이들은 공공정책을 행동의 규범적 틀과 정부의 표현의 결과, 그리고 동시에 지역적 질서의 근간을 정의하는 것으로서 사회적 구성과 연구의 결과로 이해했다.

공공정책 네트워크의 개념에 대한 그 선도적 징후 중 하나를 Castells(1999)의 저술에서 찾아볼 수 있다. 1980년대 당시 저자는 사회가 정보기술 혁명을 기치로 새로운 형태의 상호작용과 사회적 조직을 향해 1970년대를 뒤로 하고 거침없이 나아갈 것이라 확신했었다. 이러한 관점에서 저자는 네트워크에 대해 다음과 같이 서술한다.

네트워크는 네트워크 내에서 커뮤니케이션을 할 수 있는 한, 새로운 교점을 통합시키며 무제한적으로 확장해 나갈 수 있는 개방형 구조이며, 그러기 위해서는 동일한 커뮤니케이션 코드를 공유해야 한다(가치나 성과 목표 등). 네트워크에 기초한 사회적 구조는 균형 유지에 대한 위협 요인이 없는 개방적이자 고도의 동적, 혁신지향적 시스템이다(Castells, 1999: 498).

Castells(1999)가 목도한 역동성에 고취된 공공정책 네트워크는 특히

1980년대 이후 글로벌 거버넌스의 변화를 기반으로 한 학문적 논의과정에서 인지된 공공행동 네트워크에 그 기원을 둔다. Le Galès(1995: 13~31)에 따르면 복잡한 환경에서의 (공공행동) 네트워크는 서로를 인지・인정하고 자원을 거래・교환하며 규범과 공동의 이해를 공유하는 조직들 간의 어느 정도 안정적이고 비계층적인 협력의 결과이다. 이러한 네트워크들은 정치적 의제를 수립하고 공공정책을 결정・실행하는 데 결정적 역할을 한다. 공공행동 네트워크에 관한 분석은 유일한 통치 중심으로서 획일화된 국가 비전이 아닌 점진적 성격을 강조하는 공공정책에 대한 이해에 뿌리를 둔다.[2] Kenis와 Schneider(1991)는 정책 네트워크의 기원을 1970년대에 두고, 정책 네트워크가 현대 민주주의 공공행동(거버넌스)의 통치 및 조율이라는 측면에서 변화가 갖는 결정자적 역할에 대한 일련의 실증적 관찰에 대응하는 적절한 은유라고 주장했다.

이들에 따르면 이러한 변화를 이끌어 가는 것은 다음의 요인들이다.

① 시민사회의 조직 및 정치사회적 환경에서 조직적인 정치적 행동가의 분포 밀도, ② 분야별 분리 또는 공공행동 프로그램의 기능적 차별화 경향, ③ 전술한 두 가지 요인이 전개된 결과로 공공정책에 개입할 수 있는 역량을 가진 행동가들의 증가, ④ 정책과 공공행동 프로그램 사용자의 상당한 증가, ⑤ 국가의 지방분권화 및 분열, ⑥ 공공과 민간 간 경계의 침식, ⑦ 공공행동 측면에서 민간 행동가들의 역할 증대, ⑧ 공공정책의 초국가적 적용, ⑨ 전 세계적인 정치사회적 복잡성을 바탕으로 하는 정보통제 및 상호의존성의 중요성 증대(컴퓨터화 및 과학화)(Kenis & Schneider 1991: 34~36).

---

2) 이 분석의 관점은 그람시(Gramsci)가 제안한 확장 국가의 개념을 근거로 하는데, 그 이유는 이 분석이 갖는 투과성이 국가로 하여금 사회계급과 사회적 행동가들의 이행 역량에 따라 지속적으로 스스로를 재설정하도록 만드는 시민사회의 정치적 행동에 의한 것이기 때문이다.

아동보호체계(SGDCA)는 현 시대 공공정책 네트워크의 가장 중요한 사례 중 하나이다. 〈법률 제8069호〉의 제86조는 공공기관과 시민사회가 권리의 증진과 보호를 위한 법적 수단의 이행 및 메커니즘의 기능을 위해 공조·통합할 것을 촉구하며, 아동보호체계는 아동과 청소년의 권리를 통제하고 이를 세 층위의 정부(연방, 주, 지자체)를 통해 실행할 특권을 가진다. 이러한 특성은 제86조에서 다음과 같이 명시된다. "아동과 청소년의 권리 이행을 위한 정책은 국가, 주, 연방지구 및 지자체의 공조를 통한 정부 및 비정부적 행위들을 통해 이루어져야 한다."

아동보호위원회는 아동과 청소년의 인권을 보호하기 위한 전략적 영역에 해당한다. 그러한 배경하에 이들 위원회는 〈법률 제8069호〉 이행에 있어 결정적 역할을 수행하는데, 그 이유는 이들이 아동과 청소년의 완전한 보호를 위한 네트워크 통합 단계의 지표 역할을 하기 때문이다. 이러한 책임은 해당 법률의 제5편 제5장 제131조에 명시되어 있다. "아동보호위원회는 비사법적, 영구적, 자율적 기구로 이 법에 정의된 바에 따라 아동과 청소년의 권리 준수를 보장할 책임을 사회로부터 부여받았다."

〈아동청소년법〉의 제132조에는 다음과 같은 내용도 함께 명시한다.

연방지구의 각 지자체 및 행정구역에는 지역 행정의 일부로서 최소한 하나의 아동보호위원회가 있어야 한다. 위원회는 4년 주기로 지역 주민들이 선발하는 다섯 명의 위원으로 구성되며 새로운 선거를 통해 한 번의 임기 연장이 가능하다(Brazil, 2012).

아동청소년권리보장위원회(Conselho Nacional dos Direitos da Criança e do Adolescente: CONANDA) 〈결의안 제113호〉 및 〈아동청소년법〉에 명시된 대로, 공공정책 네트워크는 시민사회 및 브라질 정부기관의 관심을 잘 나타낸다. 특히 〈법률 제8069호〉의 준수 및 인권의 관점에서 이 법과 국제규범과의 관계 및 관련 사법부의 역할이 강조된다. 3) 또한 공공정책 네트워크는 정책의 분할 및 구획화에서 탈피하기 위한 정치 의제 구축과정 및 의사결정과정에서 상호작용이 진정 필요함을 보여줌은 물론, 해당 법을 준수하는 데 필요한 수단을 제공한다. 4) 아동보호위원회와 권리위원회는 시민사회의 주요 압력 메커니즘으로 작용한다. 왜냐하면 이 위원회들은 아동 및 청소년 복지에 필수불가결한 서비스의 수요를 만족하기 위해 공공정책의 개선 및 확장을 제안하고 요구할 수 있는 특권을 가졌기 때문이다. 그러나 아동보호위원회는 권리위원회와는 차별화되는 특징들을 가진다.

권리위원회는 〈아동청소년법〉 제86~89조에 명시된 바대로 세 층위의 정부인 지자체, 주, 중앙정부 각각의 관할 정부와 공동위원회의 형태로 구성되며, 시민사회도 동등한 정도로 참여한다. 위원회 구성원들은 급여를 받지 않는 반면, 그 역할은 일반 대중들에게 잘 알려져 있다. 한편 아동보호위원회는 해당 공동체에서 선발된 임기 4년의 대표자 5명으로 구성되며, 지자체 법 또는 연방지구에서는 연방지구 법에 의해 결정된 고정급여를 받는다. 5)

아동보호위원회는 〈아동청소년법〉 및 국제규범에 명시된 아동 및 청소년의 권리와 의무 이행을 보장할 의무가 있다. 그 역할을 충실히 이행토록 하기 위해 아동보호위원회는 권리위원회와 마찬가지로 공공정책 개발과정

---

3) Teixeira, C. N. (2010). International Law and the Protection of Children and Adolescents as a Human Person. in Caraciola, A. B. et al. *Statute of the Child and Adolescent 20 Years*, São Paulo: LTR, 290~302를 참고하라.

4) Silva, E. et al. (2001). *Statute of the Child and Adolescent: A Decade of Rights, Evaluating Results, Designing the Future.* Notebooks for Citizenship Collection, Campo Grande-MS: UFMS, Ministry of Justice를 참고하라.

5) 이 연구를 뒷받침하는 현장조사가 완료된 후인 2012년 7월 25일, 국회는 아동보호위원회를 규율하기 위해 〈법률 8069호〉(ECA)의 제132, 134, 135, 139조를 개정한 〈법률 제12696호〉를 통과시켰다.

에서 아동·청소년 권리침해보고서를 받아 보고하고, 보호 네트워크에 지원을 요청하며, 실행 및 입법부문을 지원할 권한을 가진다. 아동보호위원회의 의무는 〈아동청소년법〉 제13조에 명시되었다. 이에 따라 아동보호위원회는 해당 지자체의 아동청소년권리보장위원회와 협력하여 권리 침해 및 의무 불이행 위험을 예방하는 데에 힘쓴다. [6]

아동보호위원회에는 하위 구분이 없으며 지자체 법의 승인이 있을 경우 창설할 수 있다. 2012년 7월에 제정된 〈법률 제12696호〉에 따라 아동보호위원회의 역할은 한 민주적 선택절차에 의해 정당성을 부여받는 공공요원으로서의 아동보호상담사들이 공동체 내 관계성을 바탕으로 담당하게 되는 역할과 직접 관련되거나 여기에 좌우된다. 이러한 관계는 일반 시민이 아동보호상담사가 되는 데에 결정적 변수로서 〈아동청소년법〉에 규정되었다. 아동보호상담사에 대한 내용을 담은 〈아동청소년법〉 제133조는 아동보호위원회의 일원이 되기 위해 지원하려면 다음의 요건, 즉 ① 훌륭한 도덕성, ② 21세 이상, ③ 해당 지자체 거주자라는 요건을 충족해야 한다고 명시한다. 아래는 상담사들과 진행한 설문조사를 통해 얻은 데이터를 분석한 것이다.


## 4. 연구결과 및 논의

연방지구 아동보호상담사의 연령대에 대한 데이터를 보면 이들 중 대부분은 생산가능 연령에 속하였는데, 그 이유는 응답자의 80%가 30~50세에 해당하기 때문이다. 이들은 브라질의 민주화, 1988년 연방헌법의 공포 및

---

6) 대통령 직속 인권담당 특별사무국은 수평적 소통을 가능케 하기 위해 '아동청소년 정보시스템'(SIPIA)이라는 명칭의 데이터베이스 시스템 구축을 시도했다.

〈법률 제 8069호〉의 제정으로 이어지는 역동성이 절정에 이른 시기에 교육을 받은 이들이다. 남성 대 여성의 비율이 50:50으로 절대적 균형 상태를 보이는데, 이는 아동기와 청소년기에 대한 관심이 성별을 넘어선다는 것을 나타낸다. 또한 이를 통해 알 수 있는 것은, 근본적으로 성 격차에 기인하여 보살핌과 보호를 여성의 책임으로 간주하는 가부장적 모델로부터 브라질이 한 걸음 벗어났다는 것이다. 가부장적 모델에서는 여성을 보살핌을 주는 역할을 맡은 존재로 못 박아 가정과 가족이라는 테두리 내에 가두었으며, 그러한 역할이야말로 여성이 자신의 사랑과 애정을 드러내는 방식이라 규정하였다.[7]

이들의 출신지와 출생지를 살펴보면, 비록 남동부 출신이 50%로 다수를 차지하기는 하지만 브라질 내 5개 지역 출신이 모두 포함되었다. 이러한 점에서 이 데이터가 연방지구 및 파일럿 플랜의 인구구성 상황과 완벽히 일치한다는 사실을 알 수 있다. 또 하나 흥미로운 사실은 상담사들의 혼인 여부다. 상담사의 50%가 결혼 상태이며, 40%가 독신, 10%가 이혼을 했다는 점으로부터 꽤 중요한 사실을 발견할 수 있었다. 아동과 청소년을 보호한다는 목표에 갖는 관심은 개인의 경험과 무관하다는 사실이다.

하지만 이러한 데이터를 통해 우리는 노동시장의 구조적 위기가 발생한 시점에서 아동보호상담사라는 직책이 직업화되는 것에 대해, 또한 모든 노동권을 부여받는 노동시장에 정식으로 진입할 수 있는 가능성의 미진함 여부에 대해 의문을 제기하게 된다. 2012년 브라질리아의 상담사를 뽑기 위한 선발과정 중에 이 주제가 미디어와 소셜 네트워크상에서 광범위하게 논의되었다. 연방지구 내 33개 기구의 상담사 165명을 뽑는 자리에 총 5,417명이 지원했다. 아동과 청소년의 보호라는 대의에 사회가 갑자기 관심을

---

7) Brugère, F. (2011). *L'éthique du 'care'*. Collection Que sais-je?, Paris: PUF를 참고하라. 특히 95~114면을 참고하라.

쏟게 된 이유가 2,937.71헤알의 월급 때문이라는 주장이 소셜 네트워크 및 지역신문에 실리며 선발과정에서 이목을 집중시켰다. 연방지구에서 가장 가난한 지역 중 하나인 위성도시 Ceilândia에 가장 많은 지원자가 몰렸는데 그 수는 총 749명에 달했다. 2012년 7월 제정된 〈법률 제12696호〉에 따라 상담사들은 정규직이 되었다. 상담사가 얻는 유명세와 급여의 수준을 고려할 때, 이는 상담사가 되려는 관심이 급증하게 된 배경을 설명하는 결정적 요인이 될 것으로 보인다. 이러한 주장은 2009년 상담사 선발과정에서 공식 지원자만 900명에 달했다는 사실에도 근거를 둔다.[8]

앞의 주장을 확인하는 또 다른 중요한 사실은 지원자 중 20%가 공무원이었으며(고등학교 학력만을 요구하는 행정직), 나머지 80%는 임시직 종사자였다는 점이다. 이러한 점을 이들이 상담사가 되고자 했던 결정적 요인으로 간주할 수 있을 것이다. 고려해야 할 또 다른 연관 요인은 정치적 특성과의 관련성이다. 지원자들의 응답을 보면 이들 중 60%는 입법부 보좌관으로 근무했던 적이 있고, 그중 한 명은 심지어 국회의원에 출마한 경력까지 있다. 이러한 데이터를 통해 우리가 알 수 있는 것은 아동보호위원회의 일원이 되고자 지원한 배경에는 정치적 동기가 있을 수도 있다는 것이다. 그러면 여기서 궁금증이 생긴다. 급여를 받는 일자리가 확보된다는 측면 이외에, 상담사라는 자리가 정계에 입문하고자 하는 이들의 목적을 이루어 줄 정치 및 미디어적 쇼케이스의 일종이자 도약대로써는 어느 정도까지 기능하는 것인가? 또한 브라질 내륙 지역의 경우에는 이러한 정치적 관련성과 지방정부의 특성을 고려할 때 어떤 양상을 보일 것인가? 이러한 질

---

8) Correio Brasiliense 신문, 2012년 8월 22일 자. "More than 5 thousand people competing for the position of Child Protection Advisor in the Federal District" (http://www.correiobraziliense.com.br/app/noticia/cidades/2012/08/22/interna_cidadesdf,318635/mais-de-5-mil-pessoas-concorrem-ao-cargo-de-conselheiros-tutelares-no-df.shtml) (2012년 8월 30일 접속)를 참고하라.

문에 답하려면 새로운 연구가 필요해 보인다.

상담사들의 교육 수준은 놀라울 정도였는데, 이 연구에서 확인한 사실은 브라질 내 다른 지역에서 파악된 것과 상이한 결과였다. 응답자의 70%가 고등교육을 수료한 학위 소지자였고 나머지는 대학을 다니고 있거나 중퇴한 상태였다. 전공은 법학, 교육학, 심리학 등 인문학 전공이 두드러졌다. 대부분의 지자체에서 상담사에 대한 전문교육이 "문제의 핵심"으로 간주되기 때문에, 위원회에 대한 인식 및 위원회의 정체성은 전문적 기술 및 경쟁력의 습득 여부와 긴밀한 관련성을 갖는다. 고려해야 할 또 다른 요소는 상담사 대다수가 아동과 청소년의 권리에 대한 구체적 교육훈련은 물론 아동보호위원회에 대한 적절한 정보조차 얻지 못한다는 것이다. 위원회와 상담사들의 행동이 미치는 가장 큰 영향력은 상담 업무와 직접적인 연관성을 갖는 가족 및 보건의료 분야에서 잘 나타난다. 교육기관 및 근로관행에 대한 영향력은 유의미하지 않다(Frizzo, 2006). 상담사들이 자신의 역할을 원활히 수행할 수 있도록 이들을 긴급히 교육훈련해야 할 필요성이 여전히 존재한다. 심지어 그것이 보고서 기록이나 소개 업무 같은 단순 반복적 업무라 할지라도 말이다(Costa et al, 2007).

응답자의 종교적 성향을 보면 응답자의 50%가 자신을 가톨릭이라고 답변하였다. 자선기관이나 사회부조 등을 통해 아동과 청소년을 지원하는 데 있어 전통적으로 가톨릭이 관여도가 크다는 사실을 이러한 데이터로 확인할 수 있다.[9] 비록 나머지 50%가 복음주의, 강신론자, 유대인 심지어 무신론자에 이르는 가톨릭 이외의 다양한 종교에 속한 것으로 나타났지만, 가톨릭기관들이 사회복지서비스 제공에 깊이 관련되어 있다는 사실은 사람들에게 상담사가 되고자 하는 동기를 제공하는 주요 요인 중 하나인 것

---

9) Coêlho, A. B. de S. R. et al. (2001) *Childhood, Adolescence and the Third Sector in the Federal District.* SER Social, Brasilia: Department of Social Work, University of Brasilia, 277~311을 참고하라.

으로 보인다. 인터뷰에 참여한 상담사들이 제출한 프로필을 보면 이들이 이 직업을 지망하게 된 것은 자신의 계획과 의지에 따른 것으로 나타난다. 또한, 이들의 응답 내용을 보면 응답자 10명 모두가 상담사가 되어 역할을 수행하기에 앞서 아동 및 청소년 권리 이슈에 대해 정치적 행위자로서 활동했던 경험이 있다는 사실을 알 수 있다. 응답자의 50%가 과거에도 이러한 활동들을 해 왔고, 특히 제3부문에서 봉사활동을 한 경험이 있다고 밝혔기 때문이다.

## 5. 자신의 역할과 책임에 대한 상담사들의 이해

상담사들이 그러한 역할을 맡고자 하게 된 이유에 대해 분석하였으니, 이제는 자신의 역할에 대한 이해가 어느 수준인지 살펴볼 차례다.

상담사 파울루의 답변: 아동보호상담사는 〈아동청소년법〉에 명시된 바에 따라 아동과 청소년의 권리를 보호해야 합니다. 하지만 상담사는 권리를 침해당한 적 있는 아동에게 필요한 서비스와 네트워크를 마련하는 역할을 담당한다고 생각합니다. 따라서 상담사의 역할은 좀더 예방적 측면에 초점을 맞춰야 합니다. 예를 들어, 브라질리아 북부 위원회는 올해(2011년) 초 파일럿 플랜의 모든 교사 및 교육계의 멘토들과 회의를 했습니다. 그 자리에서 우리는 교육위원회의 역할, 아동과 청소년의 권리 그리고 폭력, 자퇴, 유급 등의 상황에 대해 상담사에게 통지해야 할 각 학교의 역할에 대해 역설했습니다. 따라서 저는 아동과 청소년의 권리를 명확히 밝히고 사람들과 대화를 갖는 이러한 역할이야말로 아동보호위원회가 신고가 될 때까지 마냥 기다리고만 있는 것보다 훨씬 효과적이라고 생각합니다(2011년 4월 인터뷰).

파울루의 말은 중요한 의미를 담고 있다. 왜냐하면 비록 그가 자신이 해야 할 역할에 대해 이해하고 있다손 치더라도, 이러한 이해를 다른 모든 응답자가 공유하는 것은 아니기 때문이다. 응답자의 대다수(80%)는 아동과 청소년의 권리 침해와 관련해 자신이 근무하는 기관에 접수된 즉각적 요구에 대응하는 데에 자신의 역할이 한정되어 있으며, 자신의 역할은 아동과 청소년을 위한 보호서비스 네트워크에 소개를 하는 정도에 불과하다고 믿고 있었다. 이 사실을 증명하기 위해 우리는 이 이상의 데이터를 제시하고자 한다. 이 데이터들을 보면 권리의 이행을 촉발하는 것은 권리의 침해이며, 따라서 권리 침해에 대한 신고가 있어야만 아동보호위원회가 권리의 "이행"을 실시한다는 인식이 드러난다. 이러한 상황을 놓고 볼 때, 〈법률 제8069호〉에 명시된 내용과 실제 적용에는 거리가 있음을 알 수 있고, 이는 결국 국민의 권리, 그중에서도 가장 기본적인 권리를 보장하는 데 있어 국가의 역할이 얼마나 미약한가 증명하는 것이다. 이러한 현실은 이미 1980년대에 널리 입에 오르내렸던 Bobbio의 논문에 힘을 실어 준다. 그 내용은 다음과 같다.

… 현대 국가에서 인권의 영역 — 보다 정확하게는 사람에게 권리를 선포, 인정, 정의 및 부여하는 규칙 — 은 확실히 규범과 실질적 이행 간에 상당한 격차가 존재하는 분야이다. 그리고 이 격차는 사회적 권리의 영역에서는 심지어 더 크게 존재한다(Bobbio, 1992: 77).

또한, 국가가 권리를 보장토록 유도하는 이유가 되는 권리의 침해는 상담사의 역할, 결과적으로 아동보호위원회의 역할까지 법제화시키는 경향성을 보인다.[10] 이는 조직화된 시민사회의 요구를 대변하는 기구로서 아

---

10) Nascimento, Maria Lívia do, and SCHEINVAR, Stela, How the Councils' Practices

동보호위원회가 갖는 잠재력을 잘못 표현하는 결과를 야기한다. 권리위원회와의 대화를 통해, 또는 아동과 청소년의 권리 보호를 위한 사회적 운동이나 포럼에 대한 지원을 통해 아동보호위원회가 이행해야 하는 일들은 주단위 포럼 및 본부가 연방지구에 위치한 아동과 청소년의 권리보호를 위한 국가 포럼(Fórum Nacional dos Direitos da Criança e do Adolescente: FNDCA)의 사례를 따라야 할 것이다. 모든 응답자들은 자신의 역할이 아동과 청소년의 권리보장이라고 답했으나, 이들의 말은 단지 상담사의 의무에 관해 규정한 〈아동청소년법〉 제131조를 반복하여 말한 것에 지나지 않는다. 단 한 명의 상담사만 예방적 사회사업을 수행하고 해당 공동체에 이를 설명하는 일을 하고 있었다.

## 6. 아동보호체계 또는 사회적 보호 네트워크에 대한 의문

공공정책의 교류 및 부문 간 협력은 아동보호체계의 핵심요소이며 2006년의 국가 아동청소년권리보장위원회 〈결의안 제 113호〉에서도 찾아볼 수 있다. 또한 이는 연방 집행당국과 더불어 〈아동청소년법〉에 규정된 공공정책 네트워크를 규제하는 수단이 된다. 아동보호체계는 아동과 청소년의 권리보장에 대한 행정 및 사법부 간의 공조를 보여 주는 혁신적인 제도이며 〈그림 16-1〉의 기관 도표를 통해 시각적으로 표현할 수 있다.

이 체계의 배경에는 뒤따른 서비스의 지원을 바탕으로 공공정책 네트워크가 제대로 기능하도록 하기 위한 노력이 깔려 있으며, 탈중심적 관점에서 아동과 청소년의 양도 불가능한 권리를 다루고 있다. 여기에는 특정 법

---

are Becoming Jurisdictional, Aletheia, n. 25(2007년 1월/6월), 152~162의 내용을 참고하라.

과 사법 및 공공안전 시스템과 충돌하는 교육, 보건의료, 사회복지, 청소년을 위한 국영 사회교육 제도, 사법 및 공공안전 시스템 등이 있으며, 아동과 청소년의 권리를 보장하고 침해를 예방하기 위해 노력하는 아동·청소년 권리의 후견인이자 수호자로서의 브라질 경찰국도 포함된다. 아동보호위원회는 지자체 또는 (연방지구의 경우) 지구 단위의 서비스를 제공하는 과정에서 이러한 5가지 공공정책을 상호 연결시키는 역할을 하는 기구이다. 그러나 이들의 역할은 여기서 끝나지 않는다. 브라질 경찰국과 더불어 이들 위원회가 핵심적인 역할을 해야 하는 분야는 국가의 역할이 누락된 상황에서 권리를 보장하고 권리 침해를 예방하는 것이다. 특히, 서비스에 대한 접근성 격차를 드러내 주는 지표의 수립을 바탕으로 지자체의 권리위원회와 협업하는 것이 중요하다.

그러나 제도적 장치의 정교화와 그 바탕이 되는 혁신에도 불구하고, 현실적으로는 극복해야 할 도전들이 남아 있다. 특히 서비스 네트워크의 구현에 많은 과제들이 있다. 비록 아동보호체계를 구성하는 모든 정책이 정

〈그림 16-1〉 아동청소년 권리보장체계의 구성

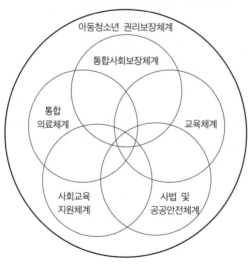

치적·행정적인 지방분권화를 지침으로 삼지만, 여전히 브라질 공공정책의 교류 및 부문 간 협력은 부문별로 분열된 논리를 최소화하고자 하는 지속적인 지역 내 활동으로 특징지을 수 있다. 이러한 정책은 대개 연방정부에 의해 수립되지만, 그 이행은 지방분권적으로 이루어진다(Monerrat & de Souza, 2009 :219). 이는 전형적인 상부하달식 의사결정모델로, 이러한 구조하에서는 의사결정과정에서 이행과 관련된 부분이 누락됨에 따라 지자체가 정책 이행에 있어 자율성을 선호하도록 유도되거나, 자원 부족 및 서비스 품질 저하를 해결해야만 하는 극단적 상황으로 내몰리게 된다. 그리고 그 결과 격차가 발생하는 것이다(Lipsky, 1980: 13~23).

상담사들이 아동과 청소년의 보호를 담보하는 네트워크로서 아동청소년권리보장체계가 갖는 의미에 대해, 또한 그 안에서 자신들이 해야 할 역할에 대해 어떻게 생각하는지 알아보기 위해, 이들이 이 아동보호체계를 〈아동청소년법〉과의 관계 속에서 그리고 아동보호체계가 권고하는 서비스 네트워크와의 관계 속에서 어떻게 바라보는지 질문을 던졌다. 그 답을 들어보면 상담사들이 부문 간 교류 및 협력을 통해 아동보호체계를 구성하는 아동보호위원회, 기관 및 공공정책 간의 관계성이 중요함을 명확히 이해하지 못한 것은 물론이고, 이 네트워크의 진정한 의미조차 파악하지 못한 것으로 나타났다. 네트워크 및 자신의 역할에 대한 응답자들의 인식을 잘 보여 주는 답변을 살펴보자.

상담사 조아나의 답변: … 이 네트워크는 공통의 사회적 목표를 가진 서로 다른 조직들로 구성되어 있습니다. … 이 네트워크는 제대로 기능을 못하고 있는데 그 이유는 이런 네트워크가 기존에 없던 새로운 것이기 때문입니다. 지금까지는 대단히 개인주의적이었고 각자 좋아하는 것이 있었지만, 이제는 그렇지 않습니다. 우리가 거기에 무언가를 더하면 그것이 네트워크가 되는 거죠(2011년 4월 인터뷰).

상담사 마리아나의 답변: … 이 네트워크들은 아이들을 도와주고 우리를 지원해 주며, 아이들이 학교나 의사, 또는 치과의사를 필요로 할 때 우리의 일을 도와주는 기구입니다. 이것이 바로 네트워크의 역할이죠. 아동 및 청소년 보호와 연결된 기구인 것입니다(2011년 4월 인터뷰).

위의 답변들을 통해 흥미로운 사실을 알 수 있다. 앞서 주지했다시피 응답자들은 아동과 청소년의 완전한 보호를 위한 네트워크의 의미를 이해하지 못하고 있다. 이들은 이러한 보호 네트워크가 국가의 보장 의무가 있는 서비스 네트워크로 한정되어 있다고 주장한다. 그러나 이들이 소개 업무를 할 때 그 대상이 되는 분야는 교육, 보건의료, 사회부조, 공공안전, 사법 또는 서비스 네트워크의 일부인 기타 시스템이다. 게다가 두 사람의 답변으로 볼 때, 이들은 아동보호위원회를 다른 정부기관의 부속기관이나 보조기구 정도로 생각하고 있으며, 따라서 적극적인 권리 증진을 위해 스스로 나서기보다는 소개 업무에 자신들의 역할을 국한시키려고 한다. 이들의 답변은 상담사들이 완전한 보호 네트워크의 의미를 제대로 이해하지 못할 뿐아니라 공공정책 네트워크 관점에서 활동하는 데에도 어려움을 겪고 있음을 주장하는 다른 연구들에 신빙성을 더한다. 학교에 다니며 지속적으로 교육을 받을 권리와 같은 가장 기본적인 권리를 보장하는 부분에서 이런 사례는 더욱 두드러진다. 교육권과 같은 기본적 권리의 침해를 야기하는 요소들을 해결하기 위한 공동 행동이 지금까지도 이루어지지 않았다. 11) 브라질 보건의료시스템(SUS)을 통해 제공되는 공공의료서비스에 대한 접근권과 관련하여 상담사들이 보고한 내용을 보면 이와 동일한 문제점이 발견된다. 특히 권리 침해가 외래환자진료에서부터 복잡한 의료시술에 보장

11) De Souza, M. P. R., Teixeira, D. C. da Silva. & Da Silva M. C. Y. G. (2003). Children Protection Council: A New Instrument Against School Failure? *Psychology in study* (Psicologia em Estudo), Maringá, 8(2) 71~82를 참고하라.

에 이르기까지 광범위하게 일어나는 심각한 사례에서 이러한 문제가 많이 발견된다. 이러한 사실을 통해 여타 브라질 내의 도시들에서 파악된 데이터가 사실임을 확인할 수 있다(Prado, Fujimori & Cianciarullo, 2007).

도입부에 인용한 연방헌법 제 227조에 따르면 아동과 청소년의 권리는 국제규범에 명시된 권리들과 더불어 양도할 수 없는 기본권의 성격을 가진다. 그러나 아동과 청소년의 기본적 요구를 보장하기 위해 노력하는 과정에서 상담사들이 겪어야 했던 난관을 통해 이 네트워크나 아동보호체계를 만든 정부와 기관들 앞에 극도로 무력한 상황이 펼쳐지고 있음을 알 수 있다. 이러한 제약들로 인해 상담사들은 아동과 청소년의 권리보장을 위해 비공식적 수단으로 손을 뻗을 수밖에 없게 된다. 만약 관계당국의 권리 침해 및 태만이 발생하여 이 네트워크를 통한 협업 및 그 기능의 발휘가 대단히 어렵다면, 연방헌법과 〈아동청소년법〉에 명시된 아동·청소년의 복지보장을 위한 서비스정책 네트워크를 촉진하고 운영해 나가기 위한 협력 시나리오를 고려해 보아야 한다.

상담사의 역할을 제한하는 또 다른 이슈는 위원회의 원활한 업무 수행에 필요한 물리적 인프라이다. 브라질리아 남부 아동보호위원회의 상담사들은 방문한 사람들을 만날 때 사용할 수 있는 접견실을 각자 배정받는다. 그러나 각 접견실은 방음이 잘 되지 않아 사적 영역을 보장하기 어려운 수준이다. 또 한 가지 우려되는 점은 직원 수의 부족이다. 이 위원회에는 두 명의 비서와 한 명의 운전기사밖에 없기 때문에 결과적으로 자신의 권리를 침해당한 사람들을 지원할 여력이 되지 않는다. 또한, 방문객을 맞이하는 모습이나 상담사 인터뷰 중에서 직원 교육훈련이 부족하다는 것이 명확히 드러났다. 우리는 직원들이 상담사의 역할은 물론 자신의 역할도 제대로 이해하지 못한다는 것을 발견할 수 있었다. 더욱이 직원들이 아동보호위원회를 찾아 온 사람들을 맞이하는 과정에서는 비윤리적인 태도가 분명히 드러났는데, 이들이 자신의 권한을 벗어나서 시민들을 불쾌하게 만드는 질문들을 하고 있었던 것이다. 아동보호위원회 직원의 교육 부족은 아래의 답변에서도 확인할 수 있다.

상담사 파울루의 답변: … 아동보호위원회는 내부에 자격을 갖춘 직원들을 고용했어야 합니다. 왜냐하면 상담사들에게는 임기가 있기 때문입니다. 상담사는 3년 간 근무한 후 3년 더 근무를 연장하는 것이 가능하기는 하나 기본적으로 임시직입니다. 위원회는 영구적 조직이 되어야 하며, 제도적 틀을 만들어야 합니다. 위원회에서 근무하는 사람들은 위원회를 위해 봉사해야 하고 거기에 맞는 역량과 자격을 갖춰야 합니다. 위원회의 행정직 직원들은 인권 분야에서 일하는 데 필요한 자격을 갖추지 못했습니다(2011년 4월 인터뷰).

브라질리아 북부 아동보호위원회의 상황은 이보다 심각하다. 이곳의 상담사들은 개별적인 접견실조차 없었다. 따라서 상담사를 만나러 온 사람들이 자신의 삶에 대해 털어놓거나 아동 또는 청소년의 권리 침해 사례를 신고하려는 경우에 이들의 사적 영역이 전혀 보호받을 수 없다는 말이다. 구조적 문제 이외에도, 아동보호위원회는 사회로부터, 특히 아동보호체계를 구성하는 기관들로부터 제대로 된 인정과 존중을 받기 위한 투쟁을 끊임없이 펼치고 있다. 권리가 침해당한 상황에서, 또는 더 나아간 이상적 예방적 조치를 통해 아동과 청소년의 권리 수호자로서 자신의 역할을 수행하는 과정에서 이들이 아동보호위원회의 요청을 제대로 준수하지 못하는 상황을 이러한 투쟁 및 상담사들이 경험하는 무력감을 통해 설명할 수 있을 것이다.

# 7. 맺음말

앞서 분석결과를 통해 우리는 지역사회의 주민과 구성원들에 의해 선택된 아동보호위원회 상담사들의 활동에 의해 형성되는 시민사회의 역할이 중요한 돌파구라는 사실을 알 수 있다. 이러한 과정을 통해 특히 부각되는 것은 아동과 청소년의 완전한 보호를 위한 네트워크의 통합과정에 있어서 시민사회의 참여가 중요하다는 점이다. 그러나 이 과정에는 결함이 있다. 상담사들이 〈아동청소년법〉 제136조에 명시된 자신들의 의무를 준수할 수 없기 때문이다. 또한 상담사들에게 가장 심각하게 결핍된 것 중 하나가 제136조 제9항의 조항을 준수하지 못하는 부분인데, 이 조항에 명시된 상담사의 11가지 의무 중 한 가지는 다음과 같다. "아동과 청소년의 권리 충족을 위한 계획과 프로그램의 예산안을 마련하는 과정에서 지역의 집행당국에 조언을 제공한다." 이러한 일이 발생하는 이유는 상담사들이 자극-반응 관계에 매몰되어 권리를 보장하기 위한 적극적 역할을 수행하지 못하기 때문이다.

공공정책 네트워크의 수립은 정치적·제도적 통합을 상정한다는 원칙으로 미루어 볼 때, 이러한 네트워크를 수립하는 근간이 되어야 할 지방자치제가 아동보호위원회와의 협력 측면에서 그 역할을 다하지 못했음이 명백히 드러난다. 지방분권의 원칙이 보건의료, 교육, 사회복지 등 대부분의 공공정책에 뿌리 깊게 자리하고 있음을 고려할 때, 이러한 점들이 동일한 네트워크를 정부의 다른 영역이나 단계에서 구축하는 데 큰 걸림돌로 작용한다. 네트워크 통합에 아동보호상담사들이 쏟는 노력은 교육, 보건의료, 사회복지, 공공안전, 사법 등의 영역에서 서비스 네트워크에 속하는 임직원 및 공무원들과 더 긴밀한 관계를 구축하기 위해 취하는 직간접적 연락으로 한정된다. 아동과 청소년의 완전한 보호를 위한 네트워크의 통합을 위해서는 네트워크가 드러내고 있는 결함에 대한 정량적·정성적 데이터

조사를 통한 체계적, 순차적, 지속적 행동이 필요하다. 이 과정에서 아동보호위원회가 핵심적인 역할을 해야 하는데, 그 이유는 아동과 청소년에 대한 효과적이고 효율적인 보호에 있어 현재 당면한 어려움과 제약요인들을 매일 경험하는 곳이 바로 아동보호위원회이기 때문이다. 그러나 현재 네트워크가 가지고 있는 결점만을 드러내는 것이 아동과 청소년에게 필요한 권리의 보장을 무시하고 방관하는 현 상황을 변화시키는 데에 충분한 수단이 되지는 않는다. 위원회를 대표하는 담당자로서 아동보호위원회 상담사들이 아동과 청소년의 완전한 보호를 보장하기 위해 세 층위의 정부 및 시민사회와 공동의 노력을 적극적으로 경주해 나가야 할 필요성이 있음이 분명하다.

이를 현실화시킬 적절한 계획은 상담사들이 보호 네트워크의 결함에 대한 데이터를 시스템화하는 것이다. 따라서 여기서 다시 한 번 지자체 아동청소년권리보장위원회와의 협업 필요성이 대두된다. 왜냐하면 지자체 아동청소년권리보장위원회가 지자체의 공공정책, 예산 관리, 국가적 활동의 감독을 결정할 의무를 가졌기 때문이다. 지자체 단위에서 데이터 시스템화 작업이 완료되면 지자체의 위원회(연방지구의 경우에는 지구 위원회)와 아동보호위원회, 두 위원회가 자신들이 조사한 내용을 기반으로 국가 아동청소년권리보장위원회와 협력할 것을 제안하고, 네트워크 결함에 관해 수집된 데이터를 가지고 〈아동청소년법〉이 권고한 대로 아동과 청소년의 완전한 보장을 효과적이고 효율적으로 제공하도록 국가에 압박을 가할 수 있을 것이다. 연방지구 파일럿 플랜(공공자원의 배분 측면에서 혜택을 받는 지역으로 간주됨)의 아동보호위원회조차 이 시스템을 가동시키지 못한다는 사실은 브라질 내 다른 아동보호위원회가 처한 현실에 의구심을 자아내게 한다.

전술한 모든 내용들을 고려할 때 〈아동청소년법〉에 언급된 아동과 청소년의 권리 및 의무는 국가로부터 보장·집행되지 못하고 있다고 말할 수 있다. 우리는 〈법률 제 8069호〉와 그 법의 구현과 집행을 담당하는 기관 및 관계자들의 실제적 실천 사이에 엄청난 차이가 존재함을 알 수 있다. 이러한 문제점은 단지 관계자들이 네트워크 내에서 자신의 역할을 오해했기 때문만에 생긴 것이 아니며, 운영상의 결함 때문에도 발생한 것이다. 어떠한 법과 정의도 이를 침해하는 것을 당연시할 수는 없다. 시스템 입력 단계에 문제가 있는 네트워크는 의도한 목표를 달성하기 위한 모든 노력을 수포로 만든다.

또한 이 결론을 통해 지적할 부분은, 사회적 보호를 이행하는 적극적 수호자로서 국가가 해야 할 효과적인 역할 및 현 시대에서 사회적 보호라는 말이 갖는 의미에 대해 논의가 필요하다는 것이다.

■ 참고문헌

Brasil (2006). Subsecretaria nacional de promoção dos direitos da criança e do adolescente, sistema nacional socioeducativo - SINASE. Brasília: Secretaria de Direitos Humanos da Presidência da República.

_____(2007). Conhecendo a realidade. Brasília: SEDH-PR, CONANDA, Pró-Conselho.

_____(2009). Levantamento nacional do atendimento socioeducativo ao adolescente em conflito com a lei. Brasília.

_____(2010a). Constituição da República Federativa do Brasil. Brasília: Senado Federal.

_____(2010b). Estatuto da Criança e do Adolescente, 3rd edition. Brasília: TJDFT.

_____(2013a). Sistema de Garantia de Direitos (SGD). Brasília: Presidência da República, SDH.

_____(2013b). Lei 12.696/2012. Brasília: Presidência da República.

Bobbio, N. (1982), *O Conceito de Sociedade Civil*, 2nd edition. Rio de Janeiro: Graal.

_____(1992). *A Era dos Direitos*. Translation by Coutinho, C. N. São Paulo: Editora Campos.

Brugère, F. (2011). *L'éthique du 'care'*. Collection Que sais-je? Paris: PUF.

Carvalho, D. B. B., & Campelo, M. H. G. (2000). Conselho tutelar: Aparato Jurídico-Institucional do ECA em defesa da criança e do adolescente. In *VII ENPESS: Encontro Nacional de Pesquisadores em Serviço Social*. Brasília.

Castells, M. (1999). *A Sociedade em Redes*. São Paulo: Editora Paz e Terra.

Coêlho, A. B. de S. R. (1997). Política de proteção à infância e adolescência e descentralização: O caso do conselho municipal de direitos da criança e do adolescente de João Pessoa (PB). Master thesis. Universidade Federal da Paraíba.

Coêlho, A. B. de S. R., Matias, A. P. G., Assunção, C. R., Gonçalves, D. G., Paixão, E. R., Reis, M. A. dos., & Santos, M. de J. S. (2001). Infância, adolescência e terceiro setor no Distrito Federal. *SER Social*, 277~311.

CONANDA (2012). Resolução 113 do CONANDA.

Costa, M. C. O. et al. (2007). O Perfil da violência contra crianças e adolescentes, segundo registros de Conselhos Tutelares: Vítimas, agressores e manifestações de violência. *Ciência & Saúde Coletiva*, 2 (5).

da Costa, C. G. (1992). *O Novo Direito da Criança e do Adolescente no Brasil: O Conteúdo e o Processo das Mudanças no Panorama Legal*, 2. Rio de Janeiro: Cadernos do CBIA.

da Silva, M. S (2011). Na fronteira da defesa de direitos: A capacidade de vocalização dos conselhos tutelares de Santa Catarina. Ph. d. thesis. Universidade Federal do Paraná.

Dye, T. R. (1984). *Understanding Public Policy*. Englewood Cliffs: Prentice Hall.

Frizzo, K. R. & Sarriera, J. C. (2006). Práticas sociais com crianças e adolescentes: O impacto dos Conselhos Tutelares. *Psicologia, Ciência e Profissão*, 26 (2).

Gauthier, B. (2003). Recherche sociale: De la problématique à la collecte de données, In Gauthier, B. (Ed.). *Recherche Sociale: De la Problématique à la Collecte de données*, 129~158. Sainte Foy: Presses de l'Université du Québec,

Hall, P. (1993). Policy paradigms, social learning, and the State: The case of economic policymaking in Britain. *Comparative Politics, Politics,* 25(3), 275 ~296.

Howlett, M. C., & Ramesh, M. (1992). *Studying Public Policy: Policy Cycle and Policy Subsystems.* Oxford: Oxford University Press.

Jornal Correio Brasiliense (2012). Mais de 5 mil pessoas concorrem ao cargo de Conselheiros Tutelares no DF. http://www. correiobraziliense.com. br/app/ noticia/cidades/2012/08/22/interna_cidadesdf, 318635/mais-de-5-mil-pessoas-concorrem-ao-cargo-de-conselheiros-tutelares-no-df. shtml. 2012. 8. 30. 인출

Kenis, P., & Schneider, V. (1991). Policy networks and policy analysis: Scrutinizing a new analytical tool box. In Marin, B., & Mayntz, R. (Eds.). *Policy Networks: Empirical Evidence and Theoretical Considerations.* Frankfurt: Main Campus.

Laville, C. & Dionne, J. (2009). A construção do saber: Manual de metodologia da pesquisa em ciências humanas. Porto Alegre, Artmed, Belo Horizonte: Editora UFMG.

Le Galès, P. (1995). Les Réseaux de politiques publiques entre outil passe-partou et théorie de moyenne portée. In Le Galès, P., & Thatcher, M., *Les Réseaux de Politiques Publiques: Debat Autour des Policy Networks.* Collection Logiques Politiques. Paris: L'Harmattan.

Lipsky, M. (1980). *Street-Level Bureaucracy: Dilemmas of the Individual in Public Services.* New York: Russel Sage Foundation.

Mendez, E. G. (1991). *Liberdade, Respeito, Dignidade.* Brasília: Unicef & Governo do Brasil.

Mèny, Y., & Thoenig, J. C. (1989). *Politiques Publiques.* Paris: PUF.

Monerrat, G. L., & de Souza, R. G. (2009). Políticas sociais e intersetor-ialidade: consensos teóricos e desafios práticos. *SER Social,* 26, 200~220.

Muller, P., & Surel, Y. (1998), *L'analyse Des Politiques Publiques.* Collection Clefs. Paris: Montchrestien.

Nascimento, M. L. do & Scheinvar, S. (2007). De Como as práticas do Conselho Tutelar vêm se tornando jurisdicionais. *Aletheia,* 25, 152~162.

Prado, S. R. L. D. A., Fujimori, E. & Cianciarullo, T. I. (2007). A prática da integralidade em modelos assistenciais distintos: Estudo de caso a partir da saúde da criança. *Texto Contexto-enfermagem*, *16*(3), 399~407.

Rodrigues, M. D. L. A. (2007). Formação de conselheiros em direitos humanos. Brasília: Módulo II Conselho dos Direitos da Criança In Secretaria Especial de Direitos Humanos da Presidência da República.

Silva, E. et al. (2001). *Estatuto da Criança e do Adolescente: Uma Década de Direitos, Avaliando Resultados, Projetando o Futuro.* Campo Grande: Editora UFMS, Coleção Cadernos para a Cidadania.

Silva, F. B., Jaccoud, L., & Beghin, N. (2005). Políticas sociais no Brasil: participação social, conselhos e parcerias. In Jaccoud, L., & Silva, F. B. et al. (Eds.). *Questão Social e Políticas Sociais no Brasil Contemporâneo*, Brasília: IPEA.

Smanio, G. P. (2010). A Concretização da doutrina de proteção integral das crianças e dos adolescentes por meio de políticas públicas. In Caraciola, A. B. et al. *Estatuto da Criança e do Adolescente 20 Anos.* São Paulo.

Souza, M. P. R. D. et al. (2003). Conselho Tutelar: Um novo instrumento contra o fracasso escolar? *Psicologia em Estudo*, *8*(2), 71~82.

Teixeira, C. N. (2010). O direito internacional e a tutela da criança e do adolescente como pessoa humana. In Caraciola, A. B. et al. *Estatuto da Criança e do Adolescente 20 Anos*, São Paulo.

Thoenig, J. C. (2004). Politique publique. In Boussaguet, L., Jacquot, S., & Ravinet, P. (Eds.). *Dictionnaire des Politiques Publiques.* Paris: Les Presses Sciences Po.

# 17

# 주택 및 주거서비스*

## 1. 머리말

역대 브라질 정부에게 저소득층 주택 공급 문제는 지속적인 도전과제였다. 20세기 중반부터 시작된 급격한 도시화로 인해 저소득층을 위한 주택 공급 상황은 더욱 악화되었다. 특히 주요 대도시의 부족한 도시 인프라 및 주택 공급, 더 나아가 기존 주거지 불안정성은 세계 주요 경제 대국으로 부상하는 국가적 위상에 무색하도록 브라질 내 엄청난 사회적 불평등을 극명하게 보여 준다.

브라질 주택정책의 역사를 살펴보면, 1964년 브라질 군부 쿠데타 직후 권력을 장악한 군사정권은 당시 주택 문제에 관한 대중의 압력을 잠재우고자 최초의 국가적 주택정책을 수립하였다. 이러한 정책의 일환으로 국영주택은행(Banco Nacional de Habitacional: BNH)과 주택금융시스템(Sistema

---

\* 이 글은 "브라질의 주택정책: 성과 및 도전과제"(Housing policy in Democratic Brazil: Performances and challenges)를 번역한 것이다.

Financeiro de Habitacional : SFH) 이 발족되었다. 국영주택은행과 주택금융 시스템은 근로자보증기금(Fundo de Garantia do Tempo de Serviço : FGTS) 과 브라질 저축융자시스템(Sistema Brasileiro de Poupança e Empréstimo : SBPE) 으로부터 자금을 받았다. 근로자보증기금은 브라질 정규직 근로자들을 대상으로 임금의 8%에 해당하는 금액을 의무적으로 적립하도록 하는 일종의 국가 연기금이고 브라질 저축융자시스템은 자율적인 저축기금이다. 근로자보증기금은 저소득층을 대상으로 한 주택자금조달에 활용되었고, 브라질 저축융자시스템은 중산층 및 고소득층의 주택 구입을 지원하는 데에 활용되었다(Arretche, 1990).

이러한 국가 주택정책은 1980년대 중반까지 시행되었으나 극빈곤층 주거지원이라는 당초의 사회적 목표를 달성하는 데는 실패했다. 다만 고소득층의 주택대출 상환을 지원하는 기능이 계속 유지됨으로써 주택개발업체들의 수익을 보장해 주었을 뿐이다. 이러한 까닭에 이 정책을 시행한 지 10년 후인 1975년에는 최저임금 5배 이하 소득가구들에 대한 국영주택은행의 지원 규모가 국영주택은행 보유 재원의 3%에 불과했다. 정책 시행 20년 동안에 걸쳐 전체 재원의 70% 정도가 중산층 및 고소득층을 위한 대출지원으로 활용되었다. 중산층과 고소득층은 심지어 보조금까지 지원받았다(Azevedo, 1988; Bolafi, 1979; Arretche, 1990).

정책 입안 측면에서 국영주택은행의 제도적 틀은 독재정권하에 확립되었기 때문에 극도의 중앙집중식 의사결정이라는 특징을 보인다. 브라질 군사정권에 대한 여러 연구를 보면, 코스타 이 시우바 장군(General Costa e Silva) 과 이후 메지시 장군(General Médici) 집권기에는 재무장관이 이끄는 국가통화위원회가 중앙의 핵심 의사결정기구 역할을 수행했기 때문에, 일부 기업 리더들만이 공공정책에 영향력을 행사할 수 있었다(Viana, 1987). 이후 게이제우 장군(General Geisel) 정부에서도 대통령이 임의로 직접 주재하는 경제개발위원회와 사회발전위원회라는 두 위원회가 모든 정책을 입안함으로써 국가관료체제를 일원화하고 통제하였다(Codato, 1997).

이 연구에서는 이러한 중앙통제식 의사결정에 대한 대안으로 등장한 "나의 집, 나의 삶"(Programa Minha Casa Minha Vida, 이하 PMCMV)이라는 브라질의 새로운 주택정책을 분석해 보고자 한다. 이 새로운 주택정책은 노동자당(Partido dos Trabalhadores: PT) 출신의 룰라(Lula) 대통령(2003~2010년)과 지우마 호세프 대통령 집권 1기(2011~2014년) 동안 민주정부의 주도로 수립되었다.

본 연구의 핵심 질문은 "PMCMV가 효과적이며 정당한 제도적 틀을 갖춘 공공정책인가?" 하는 것이다. 처음에 제시한 일정에 따라 목표의 최소 80%를 달성하였는지 여부를 정책 실행 효과성의 판단 기준으로 삼아 이를 달성했다면 효과적인 정책으로 간주할 것이다. 또한 제도적 틀로서의 정당성은 공공정책 관련 다양한 주체들의 요구를 수용, 반영하였는지 여부를 기준으로 판단할 것이다.

레이프하르트(Lijphart, 1999), 스타크와 브루츠(Stark & Brustz, 1998)는 민주제도적 체계가 공공정책에 미치는 영향을 이론적으로 공식화하였는데, 이 연구는 의사결정체계의 정당성을 이들의 이론적 공식을 따라 정의하였다. 전통적인 견해에 맞서, 레이프하르트(Lijphart)는 의사결정권을 행정부에 집중시키는 제도적 틀에 기반한 '다수결 민주주의'가 의사결정이 분산된 '합의에 기반한 민주주의'보다 우월하다는 실증적 증거는 존재하지 않는다고 지적한다. 그는 또한 다수결모델이 가지는 신속성(정책에 영향력을 행사할 수 있는 거부권을 행사하는 정치적 주체의 수가 상대적으로 작은 데서 기인하는)이 정부의 정책에서는 반드시 더 좋은 결과로 이어진다는 가설에도 동의하지 않는다. 1)

---

1) "사회의 각 주요 주체들의 기대에 반하여 '결정권'을 가진 정부가 일방적으로 결정하고 강요하는 정책에 비해, 더 광범위한 합의를 기반으로 도출된 정책일수록 성공 가능성도 높고 당초 계획대로 실행될 가능성 또한 높다(Lijphart, 1999: 260)."

통치가능성과 대표성(상대적으로 많은 정치 주체들이 참여하는 제도적 의사결정체제의 특징) 간의 상호균형을 연역적으로 상정하는 다수결모델에 대해 이의를 제기한 또 다른 제안으로는 스타크와 브루츠(Stark & Brustz, 1998)의 연구가 있다. 이 연구에서는 공공정책의 안정성과 성공적 실행 가능성은 정책의 내부적 결속력에 달려 있다고 주장하며, 다양한 정치 주체 간의 격렬한 토의와 협상을 요하는 제도일수록 내부적 결속력이 줄어든다는 일반적 예상과는 달리 오히려 그러한 제도일수록 내부적 결속력이 증가함을 것을 보여 주었다.

이 시점에서 PMCMV가 '성장촉진 프로그램'(Programa de Aceleração do Crescimento: PAC)의 일환으로 2009년에 발족되었음에 주목할 필요가 있다. 성장촉진 프로그램은 2007년 룰라 정부가 다양한 인프라 분야에 대한 공공투자를 통해 브라질의 낮은 경제성장률을 끌어올리겠다는 목표를 가지고 발족한 프로그램이다. 2008년 글로벌 금융위기를 기점으로 더욱 강화된 성장촉진 프로그램은 룰라 정부와 지우마 정부의 핵심 프로그램이 되었으며, 그 이름이 시사하듯이 브라질의 고속성장을 최우선적으로 추진하는 데 그 초점이 맞추어졌다. 이러한 맥락에서 PMCMV에 대한 연구 및 분석은 의사결정체계가 프로그램 성과에 미친 영향을 살펴보고, 연역적 논리에 기반하여 수립된 전통적인 이론적 관점, 즉 더 폐쇄적인 공간이 더 신속한 의사결정을 도출하는 데 필요하다는 관점에 이의를 제기하고 이를 검증해 볼 수 있는 좋은 기회가 될 것이다. 이와는 반대로, 중대한 상황에 대한 대응책으로서 공공정책을 수립하는 경우, 상대적으로 더 다양한 정부 및 시민사회 주체들이 의사결정의 공간에 참여하는 사례를 파악할 수 있다면 이 역시도 중요한 실증적 분석 결과가 될 것이다.

이 장의 구성은 다음과 같다. 머리말에 이은 이 장의 2에서는 PMCMV의 역사적 배경 및 제도적 주요 특징(규정 및 조직 등)과 프로그램 효과성을 보여 주는 핵심 성과를 정리하여 제시하였다. 이 장의 3에서는 PMCMV

입안 및 시행과정에 참여한 주체 및 이해관계를 정리, 제시하였다. 이러한 분석을 통해 앞서 언급한 연구 질문에 대한 답을 제시한다. 즉, PMCMV가 기업들뿐만 아니라 다양한 정치 주체들과 사회 주체의 요구를 반영하기 위해 노력했지만 정치적 정당성이라는 측면에서는 여전히 미흡한 점들을 안고 있음을 확인하게 될 것이다.


## 2. PMCMV의 추진 배경, 특징 및 성과

1930~1970년대까지 브라질은 높은 경제성장률을 기록하였다. 고도로 불평등한 사회구조를 유지했음에도 불구하고, 브라질은 이 시기에 현대적 도시산업사회로 탈바꿈하였다. 하지만 1980년대 초반에 이르러 국가 주도 산업화 및 국가발전모델의 한계점에 부딪히고 외국 자본에 대한 의존도가 높아진 상황에서 외채위기가 발생하였다. 브라질은 장기적인 초인플레이션과 저성장(1994년까지 지속)의 늪에 빠지게 되었고, 이러한 상황은 1990년대 신자유주의정책의 영향으로 더 악화되었다(Bresser-Pereira, 1996).

국가의 투자 및 경제 활성화 역량이 위축되고 위기가 닥친 상황에서 국영주택은행의 주택정책을 포함해 다수의 정부 정책은 좌절되었으며, 국영주택은행도 1980년대 중반에 폐쇄되었다. 이 기간에 주택 분야에서의 정부 정책은 각 주 정부와 상파울루(São Paulo) 등 대도시 정부가 추진한 부분적 주택정책이 전부였다. 그 결과 카르도주(Cardoso) 정부(1995~2002년) 임기 말에 이르러서는 브라질의 주택정책을 위한 재정이 취약해졌으며, 제도적인 측면에서도 1988년 헌법의 요구를 충족시키기 위해 발의한 혁신정책인 〈도시법령〉을 2001년에 공표한 것 이외에는 별다른 성과가 없었다.

2003년 룰라(Lula) 대통령이 취임하고 가장 먼저 추진한 조치 중 하나가 바로 도시부(MCIDADES)를 발족한 것이었다. 노동자당의 주요 리더이자 히우그란지두술(Rio Grande do Sul) 주의 전임 주지사를 역임한 올리비우 두트라(Olívio Dutra)가 도시부의 장관직을 맡았다.[2] 두트라 장관은 도시 개혁을 제안할 임무를 맡은 전문가 팀의 자문을 받아 위생, 교통, 도시구 역 계획 등의 분야에서 주택정책과 도시개발정책을 통합하고자 했다. 자문 을 맡은 전문가들은 이전에 상파울루에서 운영되었던 노동자당의 시민연 구소가 1980년대부터 조직하여 추진해 온 '하우징 프로젝트'에도 참여한 바 있는데, 이 프로젝트는 "브라질 내 사회운동에 대한 대응책"이자 국영주 택은행모델의 대안으로 추진되었다.

룰라 정부는 도시부를 창설했을 뿐 아니라 국가도시위원회(Conselho Nacional das Cidades: CNC)와 국가사회주택시스템(Sistema Nacional de Habitação de Interesse Social: SNHIS)을 발족하였다. 국가사회주택시스템 은 국가주거계획(Plano Nacional de Habitação: PlanHab)을 위하여 기금을 제공하는 등 초석을 마련하였다. 이후 더 자세히 설명하겠지만, 국가주거 계획은 PMCMV의 기본구성에 중요한 영향을 미치게 된다.

구조적 특징 측면에서, 국가도시위원회는 당시 입안 중이던 국가도시개 발정책(Política Nacional de Desenvolvimento Urbano: PNDU)의 민주적 운 영을 담당하는 중요한 운영기구로서 발족되었다. 또한 위원회는 룰라 정부 의 정치적 성향을 그대로 반영하였는데, 정부는 다양한 위원회를 설립하여 브라질 사회와 여러 국가기관 간의 대화를 촉진하고자 했다(Pogrebinschi & Santos, 2011).

국가주거계획은 국가도시컨퍼런스를 통해 시민사회와 주 정부 및 시 정 부와의 협의를 거쳤으며 도시부의 하부기관인 국가주택사무국(Secretaria

---

2) 도시부의 발족은 브라질 내에서 오랫동안 전개되어 온 도시 개혁 사회운동의 결과이다. 도시부에게 맡겨진 임무는 "사회적 불평등을 해소하고 도시를 인간미 넘치는 공간으로 탈 바꿈시키며, 국민들의 주택, 위생, 교통에 대한 접근권을 확대하는" 것이다.

Nacional de Habitação: SNH)에 의해 더욱 구체화되었다. 이 컨퍼런스의 개최를 위한 2년여에 걸친 준비 과정에서 시민사회와 정부기관의 주요 관계자들이 참여했고, 더불어 브라질 각지의 다양한 기관 및 단체 간에 열띤 토의와 협의가 이루어졌다. 또한 국가도시위원회 구성원들과 국가사회주택기금(Fundo Nacional de Habitação de Interesse Social: FNHIS) 운영이사회의 직접적인 지원도 이루어졌다. 국가주택사무국의 이사 중 한 사람이 언급했듯이 국가주거계획은 브라질의 주택정책 입안이 다시 시작됨을 알리는 신호탄으로, "브라질의 현재 및 미래의 주거 수요를 해결하기 위한 장기적 전략을 수립하고, 모든 브라질 시민들에게 기본적으로 쾌적한 주거환경을 제공하는" 것이 그 목적이다(도시부 웹사이트에 게재된 PlanHab 자료 5면 참조).

국가주거계획을 설계하는 과정에서 브라질 저소득층의 주택 수요 진단 및 전망, 주택상품 가격 책정, 보조금 수요 산출 등 여러 가지 중요한 분석 및 연구가 이루어졌음을 감안할 때, 사실 국가주거계획 입안은 국가주택사무국 팀의 역량을 구축하는 과정이었다고도 볼 수 있다. 인터뷰 대상자들이 지적했듯이, 국가주거계획이 제안하는 정책들은 향후의 주거보조금 지급 대상의 주택 공급에서 부족한 물량(2023년에는 2,300만 채)을 충당하기 위한 목표를 설정하는 것과 더불어, 국영주택은행 및 인민주택기업(Popular Housing Companies)와 같은 국가 주도의 전통적인 주택 공급 프로그램을 뛰어넘는 동시에, 멕시코 비센테 폭스(Vicente Fox) 정부의 사례와 같은 실험적인 정책 오류를 방지하고자 한다. 비센테 폭스 정부는 도시 지역의 교통, 교육, 의료서비스 프로젝트와 새로운 주거 개발 프로그램을 연계하지 않고 단순히 저소득층에게 보조금만을 지급했었다.

도시부는 정책을 실행하기 위한 재원을 확보하고자 주택 분야와 관련된 정부재정을 확대하는 한편, 근로자보증기금(FGTS)과 보조금을 동시에 활용하는 전략을 구사하였다. 2004년에는 〈법률 10391호〉가 승인됨으로써 민간부문 주택금융과 주택 건설을 위한 법적 안전장치가 추가적으로 확보되었다. 또한 2005년 국가통화위원회는 은행들로 하여금 예금 수입의 일정 비율을 주택 금융에 투자하는 것을 의무화하는 결의안을 채택하였다. 또한 〈법률 11124호〉를 근거로 국가사회주택시스템을 체계화하였으며, 국가사회주택기금을 발족하였다. 다만 정부의 재정부문이 반발하여 도시부의 당초 제안보다 그 범위가 축소되기는 했지만, 수정안이 의회에서 승인되었다. 또한 근로자보증기금의 신탁이사회가 2005년에 〈결의안 460호〉를 채택하였는데, 이 결의안에 따라 주택보조금기금 재원이 늘어남으로써 저소득층에 대한 보장 범위가 확대되었다.

이러한 일련의 조치들에 힘입어 주택 건설이 가속화되었다. 카르도주 (Cardoso) 정부와 룰라 정부에서의 성과를 비교해 보면, 2002년에는 주택금융시스템이 총 14억 헤알을 동원하여 주택 2만 5천 채(기존 및 신규 주택)를 매입한 데에 그친 반면, 2008년에는 총 250억 헤알을 투자해 주택 28만 채를 매입하는 성과를 거두었다(Royer 2009).

이처럼 PMCMV를 수립할 수 있었던 일련의 제도적 변화를 살펴보면, 룰라 정부 제1기에서 제2기로 넘어가는 과정에서 브라질의 경제적 여건이 변화하며 정부기구의 변화를 가져왔으며, 그 결과 정부의 정책 입안을 위한 다수의 의사결정기구들이 신설되었음을 알 수 있다. 내각 수석장관실 (Casa Civil)은 정부 각 부처의 제도 및 규정을 조율하는 본연의 임무 이외에 당시 수석장관실 장관이었던 지우마 호세프(Dilma Rousseff)의 지시에 따라 재무부, 기획부와 더불어 2008년 경제위기에 대응하기 위한 국가경제정책을 관리·운영하는 중책을 담당함으로써 경제부문에 대한 정부의 참여를 확대하고 투자에 필요한 공적 자금을 확보하는 데 중요한 역할을 수행하였다(Loureiro, Santos & Gomide 2011).

내각 수석장관실은 주택부문에서도 핵심적인 역할을 수행하기 시작했다. 2009년 3월 PMCMV가 공식적으로 발족되기 훨씬 전에 호세프 장관은 건설부문 유수 민간기업인 시렐라(Cyrela), 로시(Rossi), MRV, 토레 (Wtorre), 로도벤스(Rodobens) 등과 접촉하였고, 최저임금 기준 10등급 까지의 가구들을 위한 1백만 호의 주택을 건설하는 것에 협의하였다. 협의 의 내용에는 보증기금 조성안도 포함되었는데, 그 세부적인 내용은 이 장 의 뒷부분에서 논의하고자 한다. 2008년 경제위기로 인해 민간 건설부문 의 성장이 둔화되었으나, 이전 수년간 부동산 시장의 활황에 힘입어 자사 주 발행 및 토지 매입에 대규모의 투자가 이루어진 이후였다. 이에 따라 건 설사들은 정부의 우선적 과제가 된 신규 주택 공급정책에 호의적인 입장을 취하였고, PMCMV를 이미 건설 중인 주택을 판매할 수 있는 수단이자 기 업의 투자 수익을 보장하는 중요한 기회로 인식하게 되었다. 사회적 관점 에서 보면 민간 건설부문이 이끄는 경제 활성화는 고용 창출의 기반이 되 었다.

PMCMV는 글로벌 금융위기 대응책 마련을 위한 경제적 요인 이외에도 올리비우 두트라(Olívio Dutra) 도시부장관을 경질하고 진보당(Partido Progressista: PP)의 마르시우 포르치스(Marcio Fortes)를 후임 도시부장관 으로 선임하게 된 브라질의 정당 정치적 배경과도 관련이 있었다. 당시 브 라질 정부는 의회 내에서의 정부에 대한 지지를 강화하고자 정부 부처 개 혁을 위한 협상을 진행하고 있었다. 두트라 장관과 함께 여러 명의 기술 자 문역이 도시부를 떠났고, 그 결과 특히 국가주거계획과 같은 정책이 그 추 진 동력을 잃게 되면서 민간 건설사의 이해관계를 고려하는 정책의 영향력 이 커지는 등 일부 개발정책이 희석되었다. 이러한 변화를 보여 주는 증거 중 하나가 바로 국가사회주택기금의 축소이다. 국가사회주택기금 규모는 2009년 10억 헤알에서 2010년에는 1억 7,500만 헤알로 대폭 축소되었다.

사실 정치적 측면에서 보았을 때, PMCMV의 등장은 이전 두트라 장관 이 이끌던 도시부의 주택정책이 전제했던 것과는 다른 방향의 정책적 우선 순위를 제시하는 결과를 낳았다. 이는 2008년 경제위기에 대한 신속한 대응 필요성, 정부 우선순위정책 운영에서 내각 수석장관실이 담당한 역할의 중요성, 그리고 기업들로부터의 압박으로 인해 일어난 결과였다. 이들 우선순위정책을 이해할 때에는 도시부 내 명령체계의 변화를 함께 고려하는 것이 좀더 효과적일 수 있다. 다시 말해 PMCMV는 주택부문의 새로운 패러다임을 상징하는 것으로, 사회정책으로서보다는 하나의 경제정책으로서 구상된 것이었다. 국영주택은행 시기에 그랬던 것처럼 PMCMV 수립 당시에도 역시 경제 활성화가 저소득 근로자의 주거환경 개선 및 주택부문 적자의 축소 등보다 우선시되었다.

룰라 정부 초기 주택정책에서 PMCMV로의 전환은 이러한 패러다임 변화를 명백히 보여 주는 것이기는 했지만, 이러한 변화는 정부의 정책에서 주택정책이 우선순위정책으로 간주되는 상당히 긍정적인 효과를 가져왔으며, 주택정책이 성장촉진 프로그램에 포함됨으로써 주택정책을 위한 예산은 삭감되지 않는다는 보장을 받게 되었다.[3]

이상의 도시부의 정책 방향 변화에도 불구하고 국가주택사무국은 도시개혁 및 사회공익 주거지 제공정책과 관련해 계속해서 도시부의 핵심 프로그램으로 남아 있었다. 또한 경제위기 기간에 국가주택사무국은 경제 활성화를 위한 대안을 정부에 제시할 수 있었으며, 이러한 정책 대안은 국가주거계획을 구상하는 과정에서 더욱 구체화되었다. 사실 기업부문에 관련하여 대안을 제시하는 국가주택사무국의 정책적 역량은 Brasil Habitar나 성장촉진 프로젝트 등 과거의 관련 프로젝트를 통해 축적한 기술 전문가들의 경험에 그 바탕을 두었다. Brasil Habitar 프로젝트는 국가사회주택보조금 프로그램(Programa de Subsídio à Habitação de Interesse Social: PSH)을 운용하며 미주개발은행(Inter-American Development Bank: IDB)과 합의하

---

[3] 브라질 헌법에 의거, 예상 세수 확보가 어려운 경우 의회가 승인한 예산을 행정부가 전액 집행하는 것은 불가하다.

여 추진했던 프로젝트이고, 성장촉진 프로젝트는 브라질 도시의 빈민 지역 파벨라(Favela)를 도시화하기 위해 추진된 프로젝트이다.

이처럼 국가주택사무국 전문가들의 참여로 탄생하기는 했지만, 제도적 관점에서 볼 때 PMCMV는 국가주택사무국의 제안과 재무부의 규제체계를 감안하는 동시에 민간부문과의 협상에 기반을 두고 내각 수석장관실이 주도하여 정립한 정책이다. 이에 따라 PMCMV는 주택 건설을 활성화하거나 기존 주택을 매입 혹은 리모델링하는 메커니즘을 확립함으로써 2년 내에 100만 채의 주택을 저소득층 대상으로 공급한다는 목표를 세웠다. 즉, PMCMV는 연방정부가 제공하는 일종의 보조금정책으로서 구상되었다. PMCMV를 위해 연방정부는 주거임대기금(Fundo de Arrendamento Residencial: FAR)을 조성하여 최저임금 3등급까지의 저소득 가구들을 대상으로 주택금융을 운영하였다. 주거임대기금에서 채무자가 부담하는 상환금은 채무자의 수입에 비례해 결정이 되며, 동시에 CAIXA 은행이 고용한 민간건설사들의 개발 프로젝트 수익성을 담보할 수 있는 수준이어야 한다. 완성된 주택의 최종 공급 책임은 CAIXA 은행에 있다.

주거임대기금의 재원은 각 주의 주택 부족량에 비례해 27개 연방 주에 고루 배분된다. 연방정부가 기금을 배분하고 나면 각 지역의 CAIXA 지점들이 주 정부와 시 정부의 기금 규모, 주택 하한가, 기존 인프라 및 사회부대시설 여부 등을 감안해 프로젝트를 선정한다. 단일 프로젝트 규모는 500채를 초과할 수 없으며 최소한의 건축 기준을 준수해야 한다.

최저소득 3단계까지에 해당하는 가구는 주거임대기금 이외 다른 대안들도 이용 가능하다. 그 첫 번째는 PMCMV-펀딩협의체다. 협동조합, 협회 등의 비영리 법인이 사회발전기금(Fundo de Desenvolvimento Social: FDS) 재원을 활용해 조직한 일종의 펀딩 협의체이며 직접 운용, 글로벌 프로젝트, 공동 프로젝트 혹은 자체 건설 등 다양한 형태의 주택 건설 프로젝트를 추진하는 것이 가능하다. 또한 국가농촌주거 프로그램(Programa Nacional de Habitação Rural: PNHR)이 있는데, 이 프로그램은 농부와 농촌 지역 근로자들을 지원하는 비영리 법인이다. 또 최대 인구 5만 명의 소도시들을 대상으로 하는 PMCMV가 있는데, 이 프로그램의 기금은 민간기관에서 운용한다. 〈표 17-2〉에서는 2009~2015년 사이에 이루어진 이들 펀딩 방식별 주택 공급 수와 투입 재원을 정리하였다.

서민주거보증기금(Fundo Garantidor da Habitação Popular: FGHab)은 월 수입이 최저임금 10등급까지에 해당하는 가구들이 실직 상황에 놓이거나 이들 가구의 상환 능력이 일시적으로 감소하게 되는 경우, 채무자가 금융기관에 상환해야 하는 월 상환금의 상환을 보증하는 것이 그 목적이다. 이 기금은 채무자가 사망하거나 혹은 영구적인 거동 불가능 상황에 처했을 때 금융 대출금뿐만 아니라 해당 등급의 채무자가구가 입은 피해를 복구하는 데 필요한 비용까지도 보장한다. [4]

〈표 17-1〉에서는 PMCMV 1단계의 성과가 증가하였음을 보여 준다. 전체 목표도 초과로 달성하였고, 소득 1등급의 성과 역시 목표치 대비 43% 초과 달성했다. 〈표 17-2〉의 데이터는 더 장기간에 걸친 데이터이며 2011년에 지우마 호세프 정부에서 시작된 PMCMV 2단계의 성과를 확인할 수 있다.

표의 핵심 내용을 정리하면 다음과 같다. 첫째, 소득 1등급에 해당하는 방식의 경우, 특히 농촌지역 공급과 펀딩협의체 방식의 경우, 2009~2010년과 2011~2013년 기간 사이에 상당한 증가가 있었으며 또한 이 시기에

---

4) 이 가구들은 근로자보증기금의 재정적 지원을 받는데, 근로자보증기금은 가구 수입의 최대 20%까지만 대출금으로 제공할 수 있다. 이들 가구는 CAIXA로부터 신용장을 받는데, 이 신용장에는 보험료 할인, 보증기금에 대한 접근권 등이 포함된다. 또한 이들 가구는 주택 개발업체에 직접 대출을 신청할 수도 있다. 이 경우 주택 개발업체 역시 CAIXA의 재정적 지원을 받는데, 이때 최소한으로 충족해야 하는 의무요건은 없다.

<표 17-1> PMCMV의 소득 등급별 목표치, 계약주택 수, 지원 규모(2009~2010년)

| 소득 등급 (최저임금 기준) | 계약 주택 수(채) | 목표치(채) | 목표 달성률(%) | 지원금(천 헤알) |
|---|---|---|---|---|
| 1등급: 0~2.9배 | 571,332 | 400,000 | 143 | 23,708,569 |
| 2등급: 3~5.9배 | 287,165 | 400,000 | 72 | 20,309,665 |
| 3등급: 6~10배 | 145,760 | 200,000 | 73 | 9,009,518 |
| 합계 | 1,004,257 | 1,000,000 | 100 | 53,027,752 |

자료: TCU(2011).

<표 17-2> PMCMV의 소득 등급 · 방식별 계약 주택 수, 지원 규모(2009~2015년)

| 소득 등급 | 방식 | 2009~2010년 | | 2011~2013년 | | 2014~2015년 | | 2009~2015년 | |
|---|---|---|---|---|---|---|---|---|---|
| | | 주택 수[1] | 재정지원[1] | 주택 수 | 재정지원 | 재정지원 | 재정지원 | 주택 수 | 재정지원 |
| 1 | 펀딩 협의체[2] | 8,024 | 24 | 27,121 | 186 | 25.375 | 227 | 60,520 | 437 |
| 1 | 주거 임대기금 | 404,128 | 5,296 | 757,040 | 14,262 | 112,470 | 2,240 | 1,273,638 | 21,790 |
| 1 | 주거 임대기금 (도시화) | | | 28,160 | 524 | 21,333 | 441 | 49,493 | 965 |
| 1 | 공개입찰 | 63,772 | 268 | 110,902 | 857 | | | 174,674 | 1,125 |
| 1 | 농촌지역 | 6,817 | 34 | 156,608 | 1,186 | 58,001 | 386 | 221,426 | 1,606 |
| 소득 1등급 합계 | | 482,741 | 5,623 | 1,079,831 | 17,015 | 217,179 | 3,294 | 1,779,751 | 25,923 / 25,932[3] |
| 2 | 근로자 보증기금 | 375,767 | 8,154 | 885,469 | 21,895 | 680,770 | 21,700 | 1,942,006 | 51,752 |
| 3 | 근로자 보증기금 | 146,623 | 3,445 | 269,607 | 6,601 | 78,004 | 2,745 | 494,234 | 12,790 |
| 전체 합계 | | 1,005,131 | 17,221 | 2,234,907 | 45,511 | 975,953 | 27,739 | 4,215,991 | 90,465 / 90,471[3] |

주: 1) 주택 수는 '채', 재정지원은 미화 백만 달러. 달러는 평균 환율로 1달러당 3.2헤알 기준.
2) 소득 1등급 가구들을 프로그램에 포함시킴으로써 시장 시스템 밖에서 공동 실무팀, 조합 혹은 자가 건설 등으로 서민층의 주택수요를 채우기 위한 주택을 건설하는 방식.
3) 백만 달러 자리에서의 반올림 및 달러화 환산으로 인해 세로줄과 가로줄 간 합계 차이가 발생.
자료: 기관 및 금융기관 데이터베이스. CAIXA 은행 및 Banco do Brasil.[5]

5) 도시부(2016). 2009~2016년 소득 등급별 연간 PMCMV 계약 주택 수 및 재정지원(정부 보조금) 규모(Position 31/08/2016). 2016년 10월 10일 e-SIC 요청으로 입수한 정보 (Protocol: 80200000794201660)이다.

주거임대기금의 브라질 슬럼개발 방식이 등장하였다. 소득 1등급 전체로 보면 계약 주택 수는 2배 증가했으며, 재정지원 규모는 3배 증가했다. 비록 제한된 규모이기는 하지만, 당초 건설업부문 활성화를 위해 기획, 도입했던 PMCMV 프로그램은 서민 주택 공급을 지지하는 사회운동과 연계되어 서민층의 주택 수요를 충족시킬 수 있었다.

둘째, PMCMV 프로그램은 2011~2013년 사이에 정점에 달했는데, 이 기간에 총 450억 달러 이상이 투자되어 220만 호의 주택 계약이 이루어졌다. 2014년에는 브라질의 경제위기가 시작되었고 2015년과 2016년을 거치면서 경제위기가 더욱 악화되었는데, 이때부터 전체 소득 등급을 망라해 계약 주택 수와 재정지원 규모가 모두 줄어들기 시작했다. 하지만 2009~2015년 기간을 종합해 보면, 브라질 정부는 PMCMV 프로그램에 총 900억 달러를 투자했고, 월 소득 최대 2,370달러 이하의 가구들을 대상으로 430만 호 이상의 신규 주택 공급 계약을 체결했다. 이 중에서 40% 정도는 소득 1등급에 속하는 월 소득 712달러 이하의 극빈층 가구들을 대상으로 한 것으로, 이 가구들은 월 납입금의 최대 90%를 브라질 정부가 보조금으로 충당한다.

따라서 분석 대상 기간에 PMCMV 프로그램은 상당한 성과를 거두었다고 평가할 수 있는데, 이는 비교적 짧은 시간 안에 상당히 많은 브라질 국민에게 주택을 공급함으로써 브라질 사회에 긍정적인 사회적 파급효과를 가져왔기 때문이다. 이 장의 3에서는 PMCMV 프로그램에 참여한 다양한 주체의 역할을 살펴보는 동시에 프로그램 설계와 실행과정에서 이 주체들이 어느 정도의 영향력을 행사하였는지 살펴보고자 한다.

## 3. PMCMV 프로그램 참여주체 및 이해 당사자

앞에서 언급했듯이 PMCMV 프로그램은 내각 수석장관실과 재무부 고위 관료들이 기업들과의 협상을 통해 기획한 프로그램으로, 기획 단계에서부터 토지 매입, 공개 입찰 등에서의 정부 투자를 전제로 입안되었다. 내각 수석장관실이 기업의 요구를 조율하고 경제활동 활성화정책을 조정하는 책임을 맡은 반면, 재무부는 프로그램 실행에 필요한 규제를 마련하였다. 도시 개혁 및 '사회적 약자들을 위한 주택' 보조금 제도 도입을 맡은 도시부의 전문가 팀, 특히 국가주택사무국 출신 전문가팀이 서민들의 주택 수요를 파악, 프로그램에 반영하는 막중한 책임을 맡았다. 이 부분은 PMCMV 프로그램을 실제 기획, 추진하는 과정에서 충분히 실현되지는 못했지만, 다행히 소득 0~3등급 서민 가구들을(브라질의 주택 부족 문제의 80% 이상이 이들 저소득층 가구와 관련되어 있다) 프로그램에 포함시킴으로써 이러한 서민 주택 수요 중 일부는 충족되었다고 평가할 수 있다. 사실 저소득층 가구는 영리집단인 기업들에게는 전혀 매력적이지 않은 계층이므로 당초 프로그램 제안서에는 포함되지 않았다.

한편 소득 1등급 가구들을 프로그램에 포함시킴으로써 서민층의 주택 수요를 시장 시스템 밖에서 공동 실무팀, 조합, 혹은 자가 건설 등의 방식으로 주택을 건설해 충족시킬 수 있는 대안을 마련하게 되었다는 점에서도 의의가 있다. 이러한 방식을 가리켜 일명 PMCMV-펀딩협의체 방식이라고 지칭한다. 그럼에도 불구하고 〈표 17-2〉에서 볼 수 있듯이 펀딩 및 주택 계약 수에 있어 PMCMV-펀딩협의체 방식의 비중은 상당히 낮은데, 이는 PMCMV-펀딩협의체 방식을 시행, 확대하는 데에 상당한 운영상의 어려움이 따랐기 때문이다. 이 문제는 뒤에서 더 상세히 다루고자 한다.

연방정부가 PMCMV 프로그램 기획에서 중심적인 역할을 담당하기는 했지만, 의회 역시 보조적 역할로나마 기획과정에 적극 참여하여 소규모

도시들을 프로그램에 포함시키자는 의견 등을 개진하였다. 당초 연방정부의 기획안은 주택 부족 문제가 특히 심각한 대도시와 중간 규모 도시만을 포함했다. 하지만 PMCMV 프로그램 법안이 의회를 통과하는 과정에서 소도시들에 대한 예산 배정도 필요하다는 압력이 있었다. 이러한 의견은 브라질 민주운동당(Partido do Movimento Democrático Brasileiro: PMDB)의 당대표, PMCMV 법안 대표 발의 의원, 각 시 지자체 정부가 주도하였다. 그 결과 최대 10억 헤알의 예산을 확보할 수 있었으며, 공개 입찰 방식을 통해 PMCMV 프로그램의 범위를 인구 5만 명 이하의 도시로 확대할 수 있게 되었다. 이로써 브라질 전체 도시 중 90%에 해당하는 5,037개 도시가 PMCMV 프로그램 대상이 되었다.[6]

각 시 지자체 정부에서 민주운동당에 행사한 압력 이외에 소도시들을 PMCMV 프로그램에 포함시키도록 만든 또 다른 요인은 주택보조금 프로그램(Programa de Subsídio à Habitação: PSH)에 참여한 금융기관들을 동원, 소도시 내 주택 건설에 자금을 투자하도록 유도한 것이다.[7] 정리하자면, PMCMV가 출자하는 주택 수가 대규모이고, 대도시에서부터 소도시까지 브라질 전역을 망라하며, 도시 근로자뿐만 아니라 농촌 근로자들에게도 영향을 미치는 프로그램이라는 점에서 정치인들이 상당히 관심을 가지는 프로그램이 되었다.

---

[6] 다음 웹페이지(http://www.camara.leg.br/camaranoticias/noticias/nao-informado/134936-relator-inclui-cidade-com-ate-50-mil-habitantes-em-mp-sobre-moradia.html)에서 확인할 수 있다..

[7] 도시부의 한 고위 관료가 다음과 같이 지적하였다. "주거임대기금(FAR)처럼 PMCMV는 당초 대도시와 중간 규모 도시들을 중점 대상으로 하였다. Economisa와 같은 제2금융권의 금융기관들이 지방자치단체의회와 힘을 합해 연방의회에서 캠페인을 조직하였다. 우리의 연방의회는 권력이 분산되어 있고 소도시 지자체들의 영향력이 상당히 센 곳이다. [그 결과 소도시 지자체들은 PMCMV 프로그램 적용 범위를] 인구 5만 명 미만의 소도시까지로 확대하게 되었다"

도시 주거환경 건설이라는 측면에서 민간건설사들이 프로그램 설계를 둘러싼 협상에서 중요한 역할을 수행하기는 했지만, 서민들을 대변하는 단체들 역시 비록 높은 수준은 아니지만 어느 정도 영향력을 행사하였다. 하지만 프로그램 개시 후 곧바로 국가도시위원회 내 사회운동단체 대표자들은 발표된 조치들에 대하여 충분한 협의가 이루어지지 않고 있다며 불만을 제기했다. 국가사회주택기금 운영위원회 역시 정책의 입안과정에서 의견 공유가 제대로 이루어지지 못했다고 주장하는 등 비슷한 불만을 제기하였다[FASE(사회복지교육기관연합), 2009)].

온라인 포럼과 웹사이트에서 도시위원회에 참여하던 사회운동가들은 PMCMV 프로그램 설계와 관련한 문제에 우려를 표명하면서, 국영주택은행과 같은 정책적 실패를 반복하지 않기 위해서는 주택 건설이 의료, 교육, 교통 등의 공공서비스 접근권을 보장해 주는 제반 도시정책들과 연계해 이루어져야 한다고 의견을 피력했다. 또한 웹사이트에 PMCMV 및 브라질건축연구소(Instituto de Arquitetos do Brasil: IAB) 관련 도시계획 전문가 및 건축사들과의 중요한 인터뷰나 이들에 대한 기사들을 게재하면서 프로그램과 도시계획부문의 조율이 제대로 이루어지지 못하였으며 빈집의 리모델링을 위한 제도적 장치나 인센티브가 부재하다는 사실도 지적하였다. 뒤에서도 언급하겠지만, 브라질 정부는 프로그램 실행과정에서 이러한 비판에 적극 대응하면서 요구를 어느 정도 수용하고자 노력하였다.

다른 공공정책과 마찬가지로 정부와 공공행정기관들이 이전에는 간과했던 사회적 요구들을 비롯해 감독기관들이 설정해 놓은 제약사항들, 심지어 전문가 및 사회운동단체들의 비판에도 귀를 기울이게 되면서 PMCMV 프로그램의 하부 구성 요소들은 실행과정에서 다시 설계되었다. 프로그램 입안의 핵심적 역할을 맡았던 내각 수석장관실은 실행에서도 프로그램 전반에 대한 종합적 조율을 맡아 계속해서 핵심적인 역할을 수행하였다.

국가주택사무국은 정책 모니터링 및 CAIXA 은행과의 현장 조율을 담당한 여러 위원회에 참여했다. 한편 CAIXA는 PMCMV 프로그램의 재무 운영을 담당하였다. 국가주택사무국은 관련 지침, 규정, 조건 등을 정립하는 이외에도 프로그램의 성과를 평가하고 재정기획처들과의 협력을 통해 프로그램 대상 가구의 소득 상한선을 정하는 업무를 담당하였다. CAIXA는 재무 계약 체결, 건설사 작업 모니터링 등의 업무를 담당함으로써 어느 정도 프로그램 설계에 영향력을 행사하는 한편, 각 프로젝트의 운영 및 실행에 있어 기술적 기준을 정립하는 역할도 담당한다. 사실 CAIXA는 대상 가구들과 건설사, 부동산업체들에 대한 출자 및 개별 프로젝트의 기술, 법률, 재무 규정을 승인하는 업무를 담당하므로 PMCMV 프로그램의 실질적인 운영관리에 있어 핵심적인 역할을 수행한다고 볼 수 있다.

주 정부와 각 시 지자체 정부 역시도 CAIXA와의 업무협약에 서명을 함으로써 PMCMV 프로그램 시행에 참여하고 있다고 볼 수 있다. 본 협약은 프로그램 대상 가구를 파악 및 선정하여 세금을 면제하고, 주택 개발 프로젝트 우선 대상자를 파악하여 이들을 위한 '기술사회서비스'를 시행하는 등 프로젝트 실행과정에서의 제반 업무를 수행하기 위해, 주 정부와 시 지자체 정부와의 원활한 협력을 도모하는 것이 그 목적이다. CAIXA와 업무협약에 서명한 이후에야 비로소 토지 매입, 신규 주택 개발, 기존 주택 리모델링을 위한 입찰 제안 요청서를 CAIXA로부터 받아 그 내용을 분석할 수 있다. 또한 건설사들은 PMCMV 프로그램의 기술 관련 규정에 따라 프로젝트 입찰 및 실행에 참여 하고 프로젝트 종료 후에도 60일 동안 주택을 판매하지 않고 보유하여야 한다. 〈그림 17-1〉은 주거임대기금 투입 PMCMV 프로그램 실행 흐름도이고, 〈그림 17-2〉는 국가도시주택 프로그램(PNHU) 실행 흐름도이다.

여러 공공감독기구 역시 프로그램 실행과 관련한 의사결정과정에 참여한다. 연방사법부와 연관된 감독기구인 연방감사법원(Tribunal de Contas da União: TCU)은 프로그램의 실효성을 높이고자 계약서를 서명하기에 앞

### 〈그림 17-1〉 주거임대기금의 흐름도

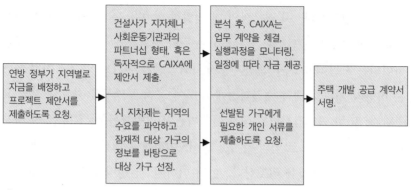

자료: Rolnik et al.(2010).

### 〈그림 17-2〉 국가도시주택 프로그램의 실행 흐름도

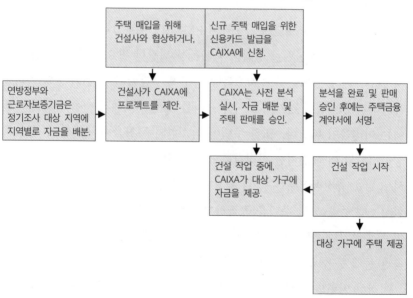

자료: Rolnik et al.(2010).

서 후보 대상 가구가 신고한 소득의 진위 여부를 확인하는 좀더 엄격한 확인절차 도입하거나, 시 정부와의 더 긴밀한 협력을 통해 주택 수요를 더욱 정확히 파악하고 우선순위를 결정하는 등의 조치들을 시행하였다. 연방감사법원은 지원 대상 가구 선정과정과 사회발전기금(FDS)의 재정지원을 받는 비영리 기관의 계약 체결과정에 대하여 공적 투명성을 확보할 것을 요구한다. 또한 연방감사법원 내부 감사기관인 연방감독국(CGU)은 시 지자체 정부들을 대상으로 임의 감사를 실시, 이러한 투명성 요건이 제대로 준수되는지 평가할 것을 권고한다. 이에 더하여, 연방감사법원은 PMCMV 프로그램을 모니터링하고 평가하는 데 필요한 모든 정보, 특히 주거임대기금으로 집행되는 업무와 관련된 데이터를 CAIXS로 하여금 국가주택사무국에 제공하도록 요구한다.

한편 최저임금 0~3단계 가구들이 PMCMV 프로그램 대상 가구에 포함됨에 따라 운영과 관련한 현실적 문제들을 해결할 필요가 있었다. 높은 토지 매입가를 부담하면서도 저소득층 가구가 부담할 수 있는 수준의 가격을 유지하기에는 쉽지 않기에 도시 인프라를 갖춘 지역에 주택을 건설하는 데에는 어려움이 따랐다. 또한 주택이 최소한의 품질을 충족시킬 수 있도록 공공기관의 더욱 철저한 관리감독도 필요했다. 펀딩협의체 방식의 사업에서도 당초 규정을 일부 수정할 필요가 있었는데, 공동 프로젝트나 자체 건설시스템 등을 통해 주택을 공급하고자 하는 사회운동단체들의 착수 자금이 부족하거나, 또는 CAIXA가 앞서 요구한 프로젝트를 수행할 능력이 부족한 문제 등을 우회해야 했기 때문이다.

이러한 일련의 문제들로 인해 PMCMV 프로그램이 설정한 목표와 일정을 달성하기가 어려워졌고, 의사결정과정에서 어느 정도 변화와 혁신이 필요했다. 이에 성장촉진 프로그램을 실행하는 과정에서 각 정책을 대상으로 내각 수석장관실, 재무부, 기획예산관리부로 구성된 운영위원회(CGPAC)가 발족되었다. 위원회들과 더불어, "업무를 통합, 목표를 설정, 실행 성과를 모니터링"하는 임무를 수행하도록 이들 각 부처의 장관들로 구성된 성장촉진 프로그램 경영그룹(GEPAC)도 설치되었다.

이밖에도 성장촉진 프로그램 경영그룹과 운영위원회의 의사결정을 지원하는 데 사용된 정보를 관리, 처리하는 업무를 수행할 일종의 '상황실'을 만들었다. 기획예산관리부가 운영하는 이들 상황실은 ① 특정 부문 업무를 모니터링하는 임무를 수행하는 공무원, ② 성장촉진 운영위원회에 참여하는 3개 정부 부처 대표자, ③ PMCMV 프로그램의 주무처인 도시부의 공무원 등 3개 그룹 전문가들로 구성된다. 주제별로 구성되는 상황실은 일정에 맞추어 결과물을 제대로 낼 수 있도록 물리적 일정 및 재무 관련 일정을 모니터링하고, 프로그램 성과에 영향을 미칠 수 있는 제약사항들을 관리하고, 필요한 경우 공공정책 개선을 지원한다.

이러한 모니터링 시스템은 관련 기관 사이의 업무를 조율하는 데에 상당히 중요한데, 프로그램 병목을 해결함으로써 주택 공급에 걸리는 시간을 단축시킬 수 있다. 인터뷰 내용에서도 확인할 수 있었듯이 이러한 새로운 관리채널을 통해 토지 규제, 환경 인증 등 일련의 문제들을 해결할 수 있었다. 또한 최근 조사에 따르면 이러한 새로운 제도적 장치들을 통해 연방행정부는 의회 내 여러 정당으로부터 지원을 받는 대가로 정부기관의 여러 직책을 양보함으로써 발생할 수 있는 문제(예로, 공공정책 관리감독권 상실 등)를 사전에 방지할 수 있었다(Macário, 2013). 결론적으로 PMCMV 프로그램을 정부의 최우선 의제로 추진하면서 이러한 일련의 모니터링 메커니즘을 준비한 덕분에 PMCMV 프로그램 실행에서 비교적 높은 성공을 거둘 수 있었던 것이다.

반면 프로그램 실행과 관련된 의사결정과정에서 다양한 주체들의 민주적 참여를 확대하고 이들의 요구를 폭넓게 수용해야 한다는 측면에서는 아직 미흡한 부분이 많다. 민간건설사들의 요구는 어느 정도 충족이 되지만 다른 사회적 부문의 요구는 그만큼 충족되지 못한다. 앞서 언급했듯이,

PMCMV 프로그램 개시 이후, 국가도시위원회에 참여하는 사회운동단체 및 국가사회주택기금 운영위원회의 대표들은 정책의 실행을 담당하는 기관들로부터 프로그램 설계 및 실행에 문제가 있다는 불만의 목소리를 듣는다고 토로했다. 이러한 비판 의견 중에 특히 중점적인 것이 바로 〈표 17-2〉에서 확인할 수 있듯이, 주거임대기금 방식에 비해 펀딩협의체 방식에 배정된 예산이 너무 작다는 것이다.

또한 브라질건축연구소(IAB)와 엔지니어조합에 소속된 도시계획 전문가 및 건축사들은 특히 PMCMV 프로그램과 도시의 삶의 질을 개선하기 위한 도시계획부문 및 인프라 프로젝트부문 간의 업무 조율이 미흡함을 문제점으로 지적한다.

사회운동단체들과 전문가들의 이러한 비판에 직면하여, 정부는 공급 대상 주택의 기술 표준을 개선하기 위한 조치를 취하였다.[8] 또한 정책을 담당하는 정부기관들은 CAIXA의 대규모 프로젝트 승인절차를 수정하였다. 이 과정에는 CAIXA의 경영진도 참여했으며, 상호 합의가능한 해결책을 찾기 위해 노력하였다. 일례로 기획부와 브라질 전력공사(ANEEL)는 협상을 통해 주택이 공급되는 시점에 전력인프라 또한 제대로 제공될 수 있도록 협력했다.

이러한 노력에도 불구하고 여전히 충족되지 않는 요구도 있다. 특히 기존 주택의 리모델링 프로젝트를 PMCMV 프로그램에 포함시키는 문제에서는 별다른 진척이 이루어지지 않고 있다. 전문가들에 따르면 기존 주택 리모델링은 정부의 기존 주택 매입이 지연되면서 상당한 법적, 재정적 문

---

8) "지어진 주택들이 끔찍한 수준"이라는 비판을 받자, 호세프 대통령은 전문 건축사인 브라질주거기술연구소 소장에게 대안 프로젝트를 제안해 줄 것을 요청하였다. 이 소장은 사우바도르시 외곽 언덕지대 등 고위험 지역에 강화 콘크리트와 철골 구조물을 이용해 조립식 주택을 건설함으로써 지역 주민들의 요구를 수용하는 한편, 건설비용을 절감하는 혁신적 대안을 제시했다.

<표 17-3> PMCMV 참여주체, 이해 관련 당사자 및 그 영향력

| 국가(정치인 및 관료) | 시민단체 및 민간단체 |
|---|---|
| 1. **브라질 대통령(내각 수석장관실)과 재무부**: 의사결정의 핵심 주체. | 1. **민간건설업부문 및 부동산부문**: 투자 수익 회수 및 주택 시장 활성화, 강력한 영향력 행사. CRECISP(빈집 리모델링을 프로그램에 포함시키고자 했으나 실패). 중간 정도 영향력 행사. |
| 2. **도시부**: 의사결정 핵심 주체, 소득 1등급을 포함시키는 문제에서 상당한 영향력 행사. | |
| 3. **도시위원회와 국가사회주택기금 운영위원회의 정부 대표들**: 위생 및 교통 정책을 더 광범위하게 적용하는 문제에서 일시적 영향력 행사. | 2. **국가도시위원회와 국가사회주택기금 운영위원회의 사회단체 대표**: 위생, 교통 등 도시개발정책을 더 광범위하게 적용하도록 일시적 영향력 행사 |
| 4. **기획부**: 프로그램 모니터링에 영향력 행사. | 3. **사회운동단체**: PMCMV 프로그램에 펀딩협의체 방식을 포함시키는 문제에서 영향력 행사. 프로그램에 빈집 리모델링 프로젝트를 포함시키고자 시도했으나 실패. |
| 5. **의회, 민주운동당**: 프로그램에 소도시를 포함시키는 문제서 일시적 영향력 행사. | |
| 6. **CAIXA**: 프로그램 재정 관련 업무를 담당. 기술 기준 정립, 프로젝트 평가, 연방정부·시 정부·건설사 간 중재 등에서 중요한 영향력 행사. | 4. **시 지자체 단체**: 프로그램의 소도시 포함 문제에서 일시적 영향력 행사. |
| 7. **지역위원회**: 인프라 프로젝트에서 공동 참여자. 일회적 영향력 행사. | 5. **주택보조금 프로그램 관련 금융기관**: 프로그램의 소도시 포함 문제에서 일시적 영향력 행사. |
| 8. **감독기구**: 일시적 영향력 행사. | 6. **주택 및 도시 문제 관련 전문가, 건축사, 엔지니어 협회**: 전문적 비판 의견 개진, 프로그램을 재설계하도록 유도. 일시적 영향력 행사. |
| 9. **성장촉진 운영위원회, 성장촉진 프로그램 경영그룹 및 상황실**: 관리 및 모니터링 업무에서 중요한 영향력 행사. | |

제에 직면하였다. 정부가 더 유리한 조건으로 매입 가격을 합의할 수 없었기에, 현재로서는 신규 주택을 건설하는 비용보다 기존 주택의 리모델링 비용이 더 부담되는 상황인 것이다. 〈표 17-3〉에서는 PMCMV 프로그램에 참여하는 주체와 이들의 영향력을 요약하였다.


4. 맺음말

이상의 분석 결과를 보면, PMCMV 프로그램은 성과 중심의 관리 및 모니터링 구조 등 당초 제시한 목표를 달성했음에도 불구하고, 의사결정과정에서 정치적 정당성을 완전히 확보하지 못한 상황이다. 서민층을 위한 주택 공급운동과 같은 주요 사회주체들의 요구는 기업주체들의 요구보다 영향력이 미약했기 때문이다.

브라질의 주택정책이 과거에 비해 상당한 제도적 진전을 이루기는 했지만, 더 다양한 이해 관련 당사자들을 포함시키지 못함으로써 기존에 수립된 의사결정체계의 완전한 정당성을 아직 확보하지 못하였다. 이 때문에 PMCMV 프로그램은 전문가 및 사회단체들이 요구하듯이 브라질 국민의 삶의 질을 향상시키고 브라질 도시의 주택 품질을 높일 수 있는 체계적인 계획의 수립 및 도시 개혁정책에 그 뿌리를 두기보다는 기본적으로 단기적인 기업 중심의 논리로 운영이 되는 것이다.

또한 2016년 8월, 법적·정치적 관점에서 상당한 논란의 소지가 있는 탄핵절차를 통해 호세프 대통령이 퇴진한 데에 이어 1990년대 신자유주의 정책으로 회귀하려는 움직임을 보이는 후속 행정부의 모습, 빠듯한 국가 예산 등으로 인하여 이전 노동자당 정부의 정책, 특히 PMCMV 프로그램이 위기에 처하게 되었다. 브라질의 새로운 정부는 소득 1등급에 대한 보조금 예산 삭감 예정을 이미 발표하여 이에 대한 지속적 지원이 불가능하게 되었다. 이에 PMCMV 프로그램의 미래는 이전 국영주택은행 프로그램과 마찬가지로 중간 소득 혹은 고소득 가구 중심으로 운영될 가능성이 높아 보인다.

# ■ 참고문헌

Arretche, M. (1990). Intervenção do Estado e setor privado: O modelo brasileiro de política habitacional. *Espaço e Debates, 31*, 21~36.

Azevedo, S. (1988). Vinte e dois anos de política de habitação popular (1964~86): Criação, trajetória e extinção do BNH. *Revista de Administração Pública, 22 (4)*, 107~119.

Bolaffi, G. (1979). Habitação e urbanismo: O problema e o falso problema. In Maricato, E. (Ed.). *A Produção Capitalista da Casa (e da Cidade) no Brasil Industrial*. São Paulo: Alfa-Omega.

Brasil (2010). *Plano Nacional de Habitação, Versão para debates*. Brasília: Ministério das Cidades, Secretaria Nacional de Habitação.

_____ (2011). *Relatório e parecer técnico do governo da República*. Tribunal de Contas da União (TCU).

Bresser-Pereira, L. C. (1996). *Economic Crisis & State Reform in Brazil*. London: Lynne Rienner Publishers, Inc.

Codato, A. (Ed.). (1997). *Sistema Estatal e Política Econômica no Brasil Pós-64*. Hucitec.

FASE (2009). Federation of social welfare and educational agencies — Annual report. Rio de Janeiro.

Lijphart, A. (1999). *Patterns of Democracy: Government Forms and Performance in Thirty-six Democracies*. Yale University Press.

Loureiro, M., Santos, F., & Gomide, A. (2011). Democracia, arenas decisórias e política fiscal no governo Lula. *Revista Brasileira de Ciências Sociais, 26 (76)*.

Macário, V. (2013). Coordenação governamental no presidencialismo de coalizão: O programa de aceleração do crescimento e o seu impacto no ministério dos transportes. Master thesis. Fundação Getulio Vargas.

Pogrebinschi, T., & Santos, F. (2011). Participação como representação: O impacto das conferências nacionais de políticas públicas no Congresso Nacional. *Revista de Ciências Sociais, 54 (3)*, 259~305.

Rolnik, R. et al. (2010). *Como Produzir Moradia bem Localizada com Recursos do Programa Minha Casa Minha Vida? Implementando os Instrumentos do Estatuto da Cidade*. Brasília: Ministério das Cidades.

Royer, L. (2009) Financeirização da política habitacional: Limites e perspectivas. Thesis, Universidade de São Paulo.

Stark, D., & Brustz, L. (1998). Enabling constraints: Fontes institucionais de coerência nas políticas públicas no pós-socialismo. *Revista Brasileira de Ciências Sociais, 13 (36)*, 13~39.

Vianna, M. L. W. (1987). *A Administração do "Milagre"*: O Conselho Monetàrio *Nacional* (1964~1967). Petrópolis: Vozes.

# 주요 용어

## A · B

| | |
|---|---|
| • assistência social | 사회부조 |
| • Associação Médica Brasileira (AMB) | 브라질의료협회 |
| • Banco Nacional de Habitacional (BNH) | 국영주택은행 |
| • Benefício de Prestação Continuada (BPC) | 연속현금급여 (사회부조) |

## C

| | |
|---|---|
| • Cadastro Único | 단일등록 |
| • Caixas de Aposentadorias e Pensões (CAPs) | 직장사회보험 |
| • Casa de Sáude | 헬스케어홈 |
| • Centro de Referência da Assistência Social (CRAS) | 사회부조정보센터 |
| • Classificacão Nacional de Atividades Econômicas (CNAE) | 국가경제활동분류 |
| • Comitê Gestor do Programa de Aceleração do Crescimento (CGPAC) | 성장촉진 운영위원회 |

- Comunicação de Acidente de Trabalho (CAT)  산업재해보고서
- Conselho Deliberativo do Fundo de Amparo ao Trabalhador (CODEFAT)  노동자지원기금 심의위원회
- Conselho Nacional de Assistência Social (CNAS)  국가사회부조위원회
- Conselho Nacional de Previdência Social (CNPS)  국가사회복지위원회
- Conselho Nacional de Segurança Pública (CONASP)  국가공공안전위원회
- Conselho Nacional de Serviço Social (CNSS)  국가사회서비스위원회
- Conselho Nacional dos Direitos da Criança e do Adolescente (CONANDA)  아동청소년권리보장위원회
- Consolidação das Leis Trabalhistas (CLT)  통합노동법

## D · E · F

- deficiências  장애인
- despesa social  사회지출
- Estatuoda Criança e do Adolescente (ECA)  아동청소년법
- FatorAcidentáriodePrevencão (FAP)  사고예방요인
- filantropia  박애주의
- Fundo de Arrendamento Residencial (FAR)  주택임대기금
- Fundo de Desenvolvimento Social (FDS)  사회발전기금
- Fundo de Garantiapelo Tempo de Serviço (FGTS)  근로자퇴직보장기금

- Fundo Garantidor da Habitação Popular (FGHab)　　서민주거보증기금

- Fundo Nacional de Habitação de Interesse　　국가사회주택기금

## I · J

- Instituto de Aposentadoria e Pensão (IAP)　　퇴직 및 연금원
- Instituto de Aposentadoria e Pensões dos Industriarios (IAPI)　　산업체 퇴직 및 연금원
- Instituto Nacional da Previdência Social (INPS)　　국립사회복지원
- Instituto Nacional de Assistência Médica da Previdência Social (INAMPS)　　국립사회복지 사회부조원
- Instituto Nacional do Seguro Social (INSS)　　국가사회보장원
- Inter-American Development Bank (IDB)　　미주개발은행
- Joint Commission International (JCI)　　의료기관 평가기구

## L · M

- Legião Brasileira de Assistência (LBA)　　재향군인복지회
- Mercado de Trabalho　　노동시장
- Ministério da Previdência e Assistência Social (MPAS)　　사회부조 및 사회복지부
- Ministério da Previdência Social (MPS)　　사회복지부
- Ministério das Cidades (MCIDADES)　　도시부
- Ministério do Planejamento, Orcamento e Gestão (MPOG)　　기획예산관리부
- Ministério do Trabalho e Previdência Social (MTPS)　　노동 및 사회복지부

## P

| | |
|---|---|
| • Partido do Movimento Democrático Brasileiro (PMDB) | 민주운동당 |
| • Partido dos Trabalhadores (PT) | 노동자당 |
| • Pensão Familiar | 가족수당 |
| • Plano Nacional de Habitação (Planhab) | 국가주거계획 |
| • Plano Nacional de Qualificacão (PNQ) | 국가자격검정계획 |
| • Plano Nacional de Qualificação do Trabalhador (PLANFOR) | 직업자격검정국가계획 |
| • Pobreza | 빈곤 |
| • Política de Valorização do Salário Mínimo | 최저임금 산정정책 |
| • Política Nacional de Desenvolvimento Urbano (PNDU) | 국가도시개발정책 |
| • Política Nacional do Idoso (PNI) | 국가노인정책 |
| • política social | 사회정책 |
| • Programa Bolsa Familia | 보우사 파밀리아 프로그램 |
| • Programa de Aceleração do Crescimento (PAC) | 성장촉진 프로그램 |
| • Programa de Proteção ao Emprego (PPE) | 고용보호 프로그램 |
| • Programa de Subsídio à Habitação (PSH) | 주택보조금 프로그램 |
| • Programa "Minha Casa Minha Vida" (PMCMV) | "나의 집, 나의 삶" 주택지원 프로그램 |
| • Programa Nacional de Habitação Rural (PNHR) | 국가농촌주거 프로그램 |
| • Programa Nacional de Habitação Urbana (PNHU) | 국가도시주택 프로그램 |
| • proteção social | 사회보호체계 |

- Secretaria Nacional de Habitação (SNH) 국가주택사무국
- Serviço de Proteção e Atendimento Integral 가족보호 및 돌봄 통합서비스
  à Família (PAIF)
- Serviço Nacional de Aprendizagem 국립상업교육서비스
  Comercial (SENAC)
- Serviço Nacional de Aprendizagem 국립산업교육원
  Industrial (SENAI)
- Serviço para Idosos 노인 대상 사회서비스
- Serviço Social da Indústria (SESI) 산업사회사업부
- Serviço Social do Comércio (SESC) 상업사회사업부
- Sistema Brasileiro de Poupança e 브라질저축융자시스템
  Empréstimo (SBPE)
- Sistema de Garantia de Direitos (SGD) 아동보호체계
- Sistema de Garantia de Direitos da Criança 아동청소년 권리보장체계
  e do Adolescente (SGDCA)
- Sistema de Sáude Pública 공공의료제도
- Sistema Financeiro de Habitacional (SFH) 주택금융시스템
- Sistema Nacional de Emprego (SINE) 국가고용정보시스템
- Sistema Nacional de Habitação de Interesse 국가사회주택시스템
  Social (SNHIS)
- Sistema Único de Assistência Social (SUAS) 통합사회부조체계
- Sistema Único de Sáude (SUS) 통합의료체계
- Tribunal de Contas da União (TCU) 연방감사법원